国家语委十二五规划项目"民族语文活态保护与双语和谐乡村（社区）建设研究"
系列成果、云南师范大学汉藏语研究院文库

总主编 戴庆厦

# 民族语文活态保护与双语和谐乡村建设研究

——云南马关县都龙镇个案调查研究

罗骥 余金枝 ◎ 主编

中国社会科学出版社

图书在版编目（CIP）数据

民族语文活态保护与双语和谐乡村建设研究：云南马关县都龙镇个案调查研究／罗骥，余金枝主编.—北京：中国社会科学出版社，2015.5
ISBN 978-7-5161-6134-0

Ⅰ.①民… Ⅱ.①罗… ②余… Ⅲ.①少数民族—民族语言学—研究—中国 Ⅳ.①H2

中国版本图书馆 CIP 数据核字（2015）第 091243 号

| 出 版 人 | 赵剑英 |
|---|---|
| 责任编辑 | 任　明 |
| 责任校对 | 李　楠 |
| 责任印制 | 何　艳 |

| 出　　版 | 中国社会科学出版社 |
|---|---|
| 社　　址 | 北京鼓楼西大街甲 158 号 |
| 邮　　编 | 100720 |
| 网　　址 | http://www.csspw.cn |
| 发 行 部 | 010-84083685 |
| 门 市 部 | 010-84029450 |
| 经　　销 | 新华书店及其他书店 |

| 印刷装订 | 北京市兴怀印刷厂 |
|---|---|
| 版　　次 | 2015 年 5 月第 1 版 |
| 印　　次 | 2015 年 5 月第 1 次印刷 |

| 开　　本 | 710×1000　1/16 |
|---|---|
| 印　　张 | 19.5 |
| 插　　页 | 2 |
| 字　　数 | 355 千字 |
| 定　　价 | 68.00 元 |

凡购买中国社会科学出版社图书，如有质量问题请与本社营销中心联系调换
电话：010-84083683
版权所有　侵权必究

# 《民族语文活态保护与双语和谐乡村建设研究》
## ——云南马关县都龙镇个案调查研究

主编　罗　骥　　余金枝

作者　戴庆厦　罗　骥　余金枝　田阡子　王育弘
　　　陈　娥　李春风　和智利　杨　露　杨伟芬
　　　刘丽媛　张　洁　赵　静　娄朦朦　李敬敬
　　　杨棋媛　杨茜然

# 目 录

第一章　绪论……………………………………………………………（1）
　第一节　本课题研究的价值与意义……………………………………（1）
　第二节　我国民族语文活态保护及双语和谐综述……………………（4）
　第三节　本课题的调查方法设计………………………………………（6）
　第四节　马关县都龙镇概况……………………………………………（12）
　附录：人物访谈…………………………………………………………（23）
第二章　壮汉双语型的南松小组母语活态及双语和谐………………（56）
　第一节　南松小组概况…………………………………………………（56）
　第二节　南松小组壮族语言活态现状及成因…………………………（58）
　第三节　南松小组壮族双语和谐现状及成因…………………………（66）
　附录：南松小组村民访谈录……………………………………………（70）
第三章　箐脚瑶族聚居寨语言活态保护及双语和谐…………………（77）
　第一节　金竹山村委会、箐脚概况……………………………………（77）
　第二节　箐脚瑶族母语文活态现状调查及成因………………………（79）
　第三节　箐脚瑶族双语和谐现状及成因………………………………（84）
　附录：箐脚人物访谈录…………………………………………………（89）
第四章　上波龙苗族聚居寨语言活态保护及双语和谐………………（92）
　第一节　大寨村委会、上波龙基本情况………………………………（92）
　第二节　上波龙苗语文活态现状及成因………………………………（94）
　第三节　上波龙苗族双语和谐现状及成因……………………………（98）
　附录：上波龙人物访谈录………………………………………………（102）
第五章　壮傣杂居寨田坝心语言活态及双语和谐……………………（104）
　第一节　田坝心概况……………………………………………………（104）
　第二节　田坝心壮傣语文活态现状调查及成因………………………（105）
　第三节　田坝心壮族语文双语和谐现状及成因………………………（113）
　附录：田坝心人物访谈录………………………………………………（121）

## 第六章 苗壮杂居区懂腊鱼寨语言活态及双语和谐 (126)
 第一节 茅坪村委会、懂腊鱼寨的基本情况 (126)
 第二节 懂腊鱼寨语文活态保护现状及成因 (128)
 第三节 懂腊鱼寨双语和谐现状及成因 (137)
 附录：懂腊鱼人物访谈录 (145)

## 第七章 苗汉杂居区水洞厂中寨语言活态与双语和谐 (148)
 第一节 都龙社区、水洞厂中寨概况 (148)
 第二节 水洞厂中寨母语活态现状及成因 (149)
 第三节 水洞厂中寨双语和谐现状及成因分析 (154)
 附录：水洞厂中寨村民访谈录 (163)

## 第八章 中越边境南北壮寨语言活力及双语和谐 (170)
 第一节 南北小组概况 (170)
 第二节 南北小组壮族母语文活力保护现状调查及成因 (172)
 第三节 南北小组壮族语文双语和谐现状及成因 (178)
 附录：南北小组人物访谈录 (186)

## 第九章 中越边境韭菜坪苗寨语言活力及双语和谐 (190)
 第一节 韭菜坪概况 (190)
 第二节 韭菜坪苗族母语文活力现状及成因 (191)
 第三节 韭菜坪苗族语文双语和谐现状及成因 (197)
 附录：韭菜坪人物访谈录 (202)

## 第十章 都龙镇彝傣母语转用现状调查 (209)
 第一节 聚居转用型：彝族聚居寨母语转用 (209)
 第二节 杂居转用型：壮傣杂居寨傣族语言转用 (211)
 第三节 城镇转用型 (212)

## 第十一章 都龙镇多民族语文活力的总体分析及理论思考 (214)
 第一节 都龙镇多民族语文活力总体分析 (214)
 第二节 怎样开展母语活态调查 (220)
 第三节 怎样保护都龙镇多民族语文活态 (225)
 第四节 都龙镇多民族母语活力保持的成因 (227)
 第五节 都龙镇民族语文活态保护的理论思考 (231)
 第六节 跨境视角下都龙镇少数民族母语活态保护和发展的必要性 (235)

## 第十二章 都龙镇少数民族双语问题的理论分析 （242）
- 第一节 都龙镇少数民族双语类型的多样性 （242）
- 第二节 都龙镇双语和谐促进了民族的发展 （244）
- 第三节 都龙镇双语和谐的历史渊源 （246）
- 第四节 都龙镇双语不和谐现象及对策建议 （249）
- 第五节 现代化进程中少数民族双语问题的走向 （252）

**附录** （255）

**参考文献** （301）

**后记** （303）

# 第一章 绪论

## 第一节 本课题研究的价值与意义

我国是一个多民族、多语种、多文种的国家，语言资源十分丰富。在现代化高速发展的今天，各民族语言，不管是大民族还是小民族，都会遇到新的挑战，都会出现新的矛盾和问题，需要我们去认识和提出对策。比如，有的民族语言使用人口少，通行范围不广，在强势语言的影响下，会出现不同程度的功能衰退。有的语言甚至会走向濒危。即便是使用人口比较多的语言，也会存在如何适应现代化的需要，处理好标准化和规范化的新问题。再如，各少数民族都面临着如何实现双语和谐，怎样发展双语教育的新问题。诸如此类的新问题，过去我们并未有过系统的调查研究。这些问题可以归纳为两项内容：一是如何对我国民族语言进行活态保护；二是如何搞好双语和谐。所以，对我国少数民族语言的调查及保护是当前我国民族语文研究的一项重要工作。

我国民族语文活态保护，是指保护少数民族语言文字在社会中的活力，使之更有效地为少数民族的存在和发展服务；双语和谐是指母语和兼用语在语言生活中和谐共处、互补互利，促进民族发展、社会和谐。最近几十年，国内外关于语言的调查研究著作有一些，但以活态保护为概念的研究却未见成果。关于语言和谐的研究，虽然国内近年来重视这方面研究，出了一些成果，但总的看来，还是一个薄弱环节，存在大量未知领域，值得去探究。

### 一 活态保护研究的理论价值与意义

民族语文活态保护是一个前人尚未认识的新课题，是民族语文研究中的一个具有重要应用价值和理论意义的课题。在国外很少有这方面的专门研究。在国内，是近几年学术界普遍关注的一个热点议题，但目前也还没有什么专门研究语言活态保护的专著出版，相关的论文也几乎没有。它的理论价值具体有以下几点：

（一）语言活态研究能使我们认识在现代化进程中中国语言使用的现状、特点及演变趋势

人们虽然天天使用自己的语言，但并不完全清楚其特点。我国少数民族语言的活力究竟如何，适用于哪些范围，不同人群的语言特点存在哪些差异；兼用语的情况如何；还有不同语言的走向如何，是功能加强还是功能衰退；青少年的语言使用状况如何，这都是语言研究的新问题。认识这些问题能够使我们从理论上认识语言的存在和演变，不仅对语言学研究是必需的，而且能为社会学、民族学和历史学的研究提供养料。

文山都龙镇是一个多民族的居住地，主要有壮、苗、瑶、彝、傣等少数民族，除了大部分使用本民族语言外，有的民族还兼用、转用其他民族的语言。都龙镇的语言生活呈现出一派和谐的景象，其特点和成因值得研究。研究都龙镇的语言生活，特别是语言活态状况和语言和谐状况，具有重要的理论价值和应用价值。

（二）母语活态的研究具有实际应用价值

民族语文活态保护研究，对制定科学的、符合国情的民族语文政策，增强国家的语言实力，促进社会语言生活的和谐发展具有重要的实际价值。"语言文字科学保护"是《国家中长期语言文字事业改革和发展规划纲要》（2012—2020年）中的一项重要任务。它和历史文化传承，国家统一和民族团结，国民素质的提高以及人的全面发展等方面密切相关，在国家发展战略中具有重要地位和作用。

此次调查以第一手材料显示语言保护的真实数据和客观现状。为国家掌握语言文字保护现状、预测语言使用的发展趋势、制定语言文字政策提供实证性的参考。

（三）母语活态研究具有方法论的创新价值

语言学的研究因不同的内容有不同的方法，语言活力调查有其自身系统的调查方法，要了解语言的保护，先要了解语言的使用现状，包括母语与兼用语的使用情况。此外，本次调查对我国语言文字保护实施数据库管理可以说是一个试验点，以云南省文山州马关县为试点，依据国家人口普查的数据建立语言资源数据库，进而勾画出语言状况地图，该地图可以查到这个镇使用某种语言的人数，可以比较两个镇使用同一种语言人数比例的不同；可以比较不同年龄段语言分布情况；还可以比较不同年份语言分布的情况。

总而言之，进行民族语文活态保护的调查，对搞好我国的民族关系、加强民族团结、处理好民族和谐和语言和谐是非常有意义的。

## 二 双语和谐研究的理论价值与意义

语言和谐是指一个国家、一个地区的不同语言（包括不同的方言）在使用中各就各位，和谐共处，协调有序；在和谐中各尽其责，共同发展；既不相互排斥或歧视，也不发生冲突。也就是不同的语言在社会使用中各就各位，协调有序，在和谐中各尽其责，有序发展。而属于非和谐性质的，则是出现对立的语言矛盾、语言纠纷，甚至发生语言冲突。语言生活和谐，是建立和平文明社会所需要的，也是构建文明社会的重要保障。

文山地区的语言和谐种类很多，有汉语和少数民族语言的和谐、少数民族语言之间的和谐、汉语不同方言的和谐、通用语和方言的和谐、少数民族语言内部不同支系语言的和谐、跨境语言的和谐、本国语和外语的和谐等，但对如此复杂的语言和谐问题之前是缺乏研究的。

（一）双语和谐的研究，能够为国家制定民族语文政策提供理论指导

新中国成立后，废除了民族压迫制度，实行了民族平等政策，我国的语言关系也随之进入了一个新的历史时期。我国政府对待民族语言的基本思想：民族语言不分大小一律平等；反对任何形式的语言歧视。宪法明确规定："各民族都有使用和发展自己语言文字的自由。"语言和谐与宪法的这一规定是一致的，但在如何实现"自由"上有了进一步具体化的内容。我国已进入现代化建设的新时期，各项事业蓬勃发展。要保证现代化建设的顺利进行，必须要有一个和谐的社会环境，包括和谐的语言环境。只有经过调查，认识到我国目前的语言关系，才能为国家制定语言文字的方针政策提供材料，做出更多的指导。只有构建和谐的语言关系，才能保证现代化建设的顺利进行。

（二）双语和谐的研究，有助于深化对语言功能的认识

双语和谐的研究解释了一种语言在与别的语言处于和谐条件下所具有的状态和演变特点，这有助于加深认识语言的使用功能及地位。过去研究语言，很少把语言放在多种语言的关系中去考察，因而对具体语言的功能和地位的认识往往不到位。双语和谐的研究，能够弥补过去的不足，有助于深化对语言功能的认识。

本项目旨在通过调查分析，为我国民族语文活态保护和双语和谐乡村（社区）建设研究提供一个参考，为我国民族语文研究提供一个新案例。本项目的成果对于认识现代化时期中国少数民族语言文字的特点和变化具有创新性价值，对语言学、民族学、社会学、人类学的理论建设都能提供新的养料。

## 第二节　我国民族语文活态保护及双语和谐综述

### 一　我国民族语文活态保护综述

民族语文活态保护，是针对"人类口传和非物质文化遗产"这个概念提出的。目的在于保护濒危的非物质文化，传承人类文明。学界关于这方面的研究成果丰富。例如《活态文化　活态环境　活态保护——苗族多声部情歌的保护模式探讨》（曹祥慧，2008）指出苗族的多声部情歌是根植于活态环境的活态文化，但是目前已经处于濒危的边缘，应采取诸如建立活态传承机制、民族文化进入学生教育等措施来保护这一活态文化。此外，该方面还有大量研究成果，因与本课题的相关度不高，所以此处不详细概述。

联合国教科文组织 2003 年第 32 次会议通过的《保护非物质文化遗产公约》将语言纳入了"非物质文化遗产"范畴，这也就说明了语文活态保护应该作为活态保护的一个重要成分来进行和开展相关的研究。

我国的民族语文活态保护，是民族语文研究的一个重要课题，具有深远的理论意义和重要的运用价值。但是关于这方面的研究，在国外很少见，而国内已日渐成为少数民族语文研究的一个热点议题。虽然针对少数民族语言文字保护的研究已取得了一定的成果，但是把活态保护作为研究范围或者运用此概念的研究还没有出现。那么，究竟语文活态保护的定义是什么呢？我们认为，所谓的"活态"就是语言文字生存的状态，也就是语言文字自然地使用于人类的生产和生活过程当中。"语文活态保护"就是要保护正在被使用的或者濒危的语言文字，保护这种语言文字的使用环境和生存链条，使其真实、自然地被人们所用，并且能一代代地传承下去。因此，本课题就以活态保护为出发点，试图通过对云南省文山州都龙镇的壮、苗、瑶三个民族的语言文字使用状况的调查分析，针对各个民族的具体情况提出语文活态保护的措施。这不仅有利于少数民族地区的语言文字传承，而且是民族语文研究的重要创新。

### 二　语言和谐研究述评

语言和谐研究是近 10 年我国语言研究中的一个新课题。有关语言和谐的研究，国外的研究很少，我国以语言和谐为专题的研究是近十年才兴起的，这些研究涉及语言和谐研究的价值、内涵，影响语言和谐的因素、语言和谐的个案研究等。

（一）语言和谐的相关理论研究

1. 语言和谐研究的价值

在一些论文中都强调指出，语言和谐的研究具有重要的理论意义和应用价值。其研究有利于指导民族地区、方言地区的语文工作，有利于国家语言规划与语言政策的制定，有助于我国现代化的建设，有助于民族关系的解决，有助于我国国际化的进程，有助于构建语言和谐的社会。

戴庆厦在其论著中多次强调和谐研究是"民族和谐、社会和谐的重要组成部分，是语言国情研究的一个重要方面。实现语言和谐，有利于民族团结、社会进步；而语言不和谐，则会引起民族不团结、社会动乱、妨碍社会进步"。

2. 语言和谐内涵的界定及分类

关于语言和谐的内涵，不同学者从不同角度对其进行了阐述。《开展我国语言和谐研究的构想》（戴庆厦，2013）从语言关系的角度对语言和谐的内涵进行了界定："语言和谐是指不同的语言（包括不同的方言，下同）在一个社会里能够和谐共处、互补互利，既不相互排斥或歧视，也不发生冲突。不同的语言在使用中各就各位，协调有序，在和谐中各尽其责，共同发展。一个民族和谐、语言和谐的社会，必须存在尊重对方语言使用的社会风气和民间道德。"同时，笔者还以动态的观念指出由于语言和谐是一个新概念，需要通过实践逐步进行完善。

《语言和谐论》（冯广艺，2006）从语言运用的角度对语言和谐的基本内容进行了论述。《试论和谐语言生活的构建——以云南省语言生活现状为例》（周耘、崔梅，2006）从语用角度提出："和谐语言生活要求特定社会中的人与人之间、各阶层之间、各群体之间的语言行为都呈现为一种相互兼容、彼此协调、均衡有序的发展状态，主要表达社会成员之间在语用行为上的一种认同感。"

对于语言和谐的分类，学界从多个角度进行了分类。《语言和谐论》（冯广艺，2006）将语言和谐分为语内和谐与语外和谐。《开展我国语言和谐研究的构想》（戴庆厦，2013）从多个层面对语言和谐的类型进行了详细的分类。从时间上分为共时语言和谐和历时语言和谐；从语种类型上分为少数民族语言和汉语之间的和谐、少数民族语言之间的和谐、不同方言之间的和谐、不同支系语言之间的和谐、境内外语言之间的和谐、普通话和方言之间的和谐等不同类型的语言和谐；从和谐的程度上可分为高度和谐、一般和谐与不和谐三类。笔者这些观点立足于我国语言和谐的客观实际，角度新颖，见解深刻。

3. 影响语言和谐的因素以及如何构建和谐的语言关系

学界认为影响语言和谐主要有以下几个方面的因素：语言地位、语言功能、语言态度、语言政策、语言使用、语言内部各因素等。针对上述内容来看，构建和谐的语言关系需要从以下几个方面入手：① 坚定不移地坚持我国宪法提出的"各民族都有使用和发展自己语言文字的自由"的基本方针以及语言平等的原则。② 处理好语言竞争与语言和谐、语言互补与语言竞争的关系。③ 处理好多元与一体的关系。

4. 语言和谐的研究方法

《开展我国语言和谐研究的构想》（戴庆厦，2013）对语言和谐研究的特定方法进行了介绍。提出：① 重在个案调查。② 由近到远。指实施步骤上遵循由近到远的原则，在详细分析语言使用现状的基础上追溯历史。③ 以语言学方法为主的多学科治理方法。④ 重视第一线的、微观的、穷尽式的个案调查。

（二）语言和谐的个案研究

语言和谐个案研究的内容主要有：① 汉语和民族语和谐共处的个案调查。② 汉语和外语和谐共处的个案调查。③ 汉语普通话和方言和谐共处的个案研究。④ 汉语内部的和谐。⑤ 国外多语现象研究。⑥ 以语言和谐为议题的会议。

## 第三节　本课题的调查方法设计

这里主要介绍全书的调查方法、语言能力的划分、年龄段的划定以及调查阶段的安排等问题。

### 一　调查方法

本次田野调查的主要目的是了解跨境语言的母语活力和双语和谐的现状。为此，必须制定一套有针对性的调查方法，以期能够全面客观地了解跨境语言的特点。我们在借鉴以往语言国情调查方法的基础上，依据调查目的和各民族语言具体的实际，制定出一套尽量符合都龙镇地区各民族情况的调查方法。课题组主要采用以下几种方法：

（一）田野调查法

没有调查就没有发言权，只有躬耕于田野才能获得最真实、最鲜活的语言调查资料。在整个调查过程中，课题组始终坚持深入大山、深入田野、深入活生生的语言使用环境中去，始终致力于第一线的田野调查，获取鲜活的语言素材。在调查的准备阶段，课题组首先联络当地的少数民族同胞，详细询问村寨的具体情况，初步选定调查点。之后派遣部分老师和学生提前到文山州都龙镇，了解和熟悉调查点的人文地理概况。为随后调查的顺利开展奠定了扎实的基础。

(二) 问卷调查法

本次调查所使用的问卷,共包括两个部分:母语活态和双语和谐问卷表。其中,母语活态调查问卷由母语认同态度、母语使用场合和母语交际对象三个方面组成;双语和谐问卷则由双语态度、多语使用场合和语言和谐三个方面组成。问卷形式主要采取回答问题和表格勾选的方式。通过发放大量问卷和随机抽样调查,能够全面获知各民族的语言活力和使用现状。

(三) 深度访谈法

深度访谈法是语言田野调查中最常用的有效方法之一。在实际调查中,通常选择政府官员、教师、公务员、乡村医生等熟悉当地风土民情的人作为访谈对象,帮助我们从宏观上迅速掌握该点的相关信息。访谈时注意以下几点:① 向被访者讲清来意、重要性及要求,获得对方的信任和支持。② 问题的设置要由浅入深,循序渐进。用词要简洁准确,但切忌直白发问,激发对方的回答兴趣。③ 充分尊重和理解被访者的民族习惯和语言情感,避免想当然的诱导,影响信息的真实性。④ 营造友好轻松的对话氛围,学会倾听对方的讲述。

(四) 参与观察法

要求调查者一方面要有敏锐的洞察能力,能够发现潜藏在生活角落的语言"遗珠";另一方面必须参与到语言使用的各个生活场景中去,如家庭内部、田间地头、集市贸易、婚丧嫁娶、祭祀朝拜等,从中观察和采集有价值的语言信息。

(五) 量化分析法

统计是科学研究的基础方法之一。以往对语言活力和双语和谐的调查多侧重于感性的认识。本次调查,我们借鉴国内外关于语言活力与双语和谐的评价标准,结合所调查语言的实际,建立了自身的母语活力和双语和谐的评价体系和计算方法。母语活力度和双语和谐度的数据化,有助于清晰明了地反映语言的发展状况,为定性研究提供事实依据。

1. 母语(文)活力评分表及活力度等级划分

表1-1　　　　　　母语(文)活力评分

| 序号 | 参 项 | | | 所占分值(分) | 调查结果 | 得分(分) |
|---|---|---|---|---|---|---|
| 1 | 熟练掌握母语的人口比例 | | | 55 | | |
| 2 | 代际传承状况 | 语言 | 6—35岁 | 6 | | |
| | | | 36岁以上 | 4 | | |
| | | 文字(40岁以下) | | 10 | | |
| | | 民间文学(40岁以下) | | 5 | | |

续表

| 序号 | 参项 | | 所占分值（分） | 调查结果 | 得分（分） |
| --- | --- | --- | --- | --- | --- |
| 3 | 通用范围 | 家庭 | 2 | | |
| | | 村寨 | 2 | | |
| | | 公共场合 | 2 | | |
| | | 媒体传播 | 2 | | |
| 4 | 是否纳入考试科目 | | 5 | | |
| 5 | 对母语的认同态度 | | 5 | | |
| 6 | 与跨境同族能否通话 | | 2 | | |
| | 总分 | | 100 | | |

评分具体操作方法：

母语活力评分表共包含6个部分，总计100分。

（1）"熟练掌握母语的人口比例"，是指母语水平达到"熟练"等级的人口数量占调查点总人口的百分比×55分，即为该项得分。

（2）"代际传承状况"分为语言、文字和民间文学的传承三部分。

其中"语言传承"，分为两个年龄段"6—35岁"（青少年段）和"36岁以上"（中老年段），重点关注"6—35岁"年龄段的传承情况。计算方法为：各年龄段母语水平达到"熟练"等级的人口数量占该年龄段总人口的比例×6或×4，即为该项得分。

"文字"和"民间文学"的代际传承，主要关注40岁以下年龄段的传承情况。各分为两个级别："传承"得10分或5分，"不传承"得0分。比如："唱苗歌、讲民间故事、说谚语"等，只要会其中任一项，即可得分。

（3）"通用范围"包括4种场合，每项2分。在任一场合，只要"母语"参与交流，即可得分。分为2个级别："通行"得2分，"不通行"得0分。

其中的"媒体传播"包括收听母语广播、观看母语节目、看母语影视光碟等，符合任一项，即可得分。

（4）"是否纳入考试科目"，分为2个级别："进入"得5分，"不进入"得0分。

（5）"对母语的认同态度"，依据8份"母语态度问卷表"来进行计算。该问卷表设有10个问题，每个问题0.5分，选项中只要选上"母语"或站在"母语"立场的，即可得分。每份问卷包含"母语"选项的问题个数×0.5分，再将8份问卷的得分相加÷8得平均分，即为该项得分。

（6）"与跨境同族能否通话"，分为 2 个级别："通话"得 2 分，"不通话"得 0 分。

母语活力度等级，分为 4 个级别：

一级（稳定保存型）80—100 分；

二级（局部衰退型）60—80 分；

三级（严重衰退型）40—60 分；

四级（基本转用型）40 分以下。

2. 双语和谐评分表及等级划分

表 1-2　　　　　　　双语和谐评分

| 序号 | 参项 | | 所占分值（分） | 调查结果 | 得分（分） |
|---|---|---|---|---|---|
| 1 | 熟练掌握双语的人口比例 | | 60 | | |
| 2 | 对双语的认同程度 | | 10 | | |
| 3 | 双语通用范围 | 家庭 | 3 | | |
| | | 村寨 | 3 | | |
| | | 公共场合 | 3 | | |
| | | 媒体传播 | 3 | | |
| 4 | 双语教学是否进入学校教育 | | 8 | | |
| 5 | 是否存在语言不和谐现象（语言纠纷、语言歧视等） | | 10 | | |
| | 总分 | | 100 | | |

评分具体操作方法：

双语和谐评分表共包含 5 个部分，总计 100 分。

（1）"熟练掌握双语的人口比例"，是指母语和兼用语水平同时达到"熟练"等级的人口数量占调查点总人口的百分比×60 分，即为该项得分。

（2）"对双语的认同程度"，主要从对母语的认同态度和对兼用语的认同态度两方面考虑。参考"语言不和谐问卷"。每个问题，肯定回答得 2.5 分，否定回答得 0 分。最后将 8 份问卷总分相加除以 8，即为该项得分。

（3）"双语通用范围"，包括 4 种场合。每项 3 分，分为 2 个级别："通行"得 3 分，"不通行"得 0 分。

（4）"双语教学是否进入学校教育"，分为 3 个级别："进入"得 8 分，"母语进行辅助教学"得 4 分，"不进入"得 0 分。

（5）"是否存在语言不和谐现象"，从语言纠纷和语言歧视两个方面进行评估，没有语言纠纷和语言歧视得 10 分，有其中任一项得 5 分，都有得 0 分。

双语和谐度等级，分为 3 个级别：

一级（和谐型）80—100 分；

二级（基本和谐型）60—80 分；

三级（不和谐型）60 分以下。

（六）核心词汇测试法

为了在较短时间内有效地掌握各民族不同年龄段人口的实际语言能力，课题组根据壮语、苗语、瑶语各自的特点，从 2000 个常用词汇中分别筛选出了适用于各个民族的最具代表性的四百个词，即"四百词测试表"，用于对不同年龄段的人进行母语能力测试。为方便调查，每个词条均有汉语和民族语的对照。

1. 四百个词的筛选标准

（1）生活常用基本词汇。主要包括以下几类：

天文地理类：天、太阳、云、山、火、水田、旱地、井、坟等；

身体器官类：头发、眼睛、嘴巴、胡须、心脏、手、肩膀、膝盖、脚趾等；

人物称谓类：小孩儿、老人、姑娘、傻子、妈妈、姐姐、舅舅、大伯、嫂子等；

生活用品类：肉、鸡蛋、碗、斧头、扫帚、扁担、衣服、帽子、项圈、耳环、钥匙等；

动物类：鸡、狗、猪、老鹰、麻雀、乌鸦、蝙蝠、啄木鸟、蛇、狼、跳蚤、苍蝇等；

植物类：树、花、叶子、藤、梨、水稻、糯米、玉米、种子、油菜、芋头、蘑菇等；

方位及时间名词类：前、后、左、右、东、西、南、北、上、下、去年、今天、早晨等；

数词类：一、二、三、四、五、六、七、八、九、十、二十、百、千、万等；

动词类：走、跑、跳、吃、抽、穿、吹、打等；

形容词类：热、冷、酸、甜、辣、咸、麻、涩、轻、重、高、低、大、小等。

（2）少许较难的词汇，多为本民族特有的工具类或动物类名词。旨在区分不同年龄段人的母语实际水平。例如：蚂蟥、螺蛳、孔雀、蚂蚱、蜻蜓等。

（3）不选外来借词，多为汉语借词。例如：电视、电话、手机、空调、摩托车等。

(4) 不选文化词及生僻词。例如：灵魂、生活、痛苦、神仙、妖精、学问、歌舞、笔墨等。

2. 四百词的等级

四百词测试依据对所列词汇的熟练程度，可分为 A、B、C、D 四个等级。其中 A 级表示脱口而出的；B 级表示需想一想才能说出的；C 级表示经测试人提醒之后想起来的；D 级表示提醒之后，仍不知道的。

综合评分标准如下：

(1) A 级和 B 级词汇相加数量达到 350 个以上的，语言水平定为"优秀"，即能够较好地掌握测试语言。

(2) A 级和 B 级词汇相加数量为 280—349 个之间的，语言水平定为"良好"，即基本掌握测试语言。

(3) A 级和 B 级词汇相加数量为 240—279 个之间的，语言水平定为"一般"，即语言使用能力出现轻度衰退。

(4) A 级和 B 级词汇相加数量在 240 个以下的，语言水平定为"差"，即语言使用能力出现严重衰退。

对于四百词的测试，一个人通常需要两到三个小时，语言能力较强或认识汉字的则一个小时之内就能完成。

（七）个案调查法

个案调查法，是指通过对选定的调查点的实际探访、记录、描写，从中提取和归纳出规律性的认识，达到以点带面，窥一斑而知全豹的效果。本次调查课题组共选取了辣子寨村委会的南北小组、辣子寨上下小组、倮倮坪小组、保良街村委会南北小组、都龙社区水洞场中寨小组、大寨村委会上波龙小组、金竹山村委会田坝心小组、箐脚小组、茅坪村委会懂腊鱼小组、冬瓜林村委会韭菜坪小组 10 个特点各异的点，每到一个调查点，均采取穷尽式的入户调查方式，深入和参与到百姓的日常生活中，感受鲜活的语言事实，发现语言使用的新特点、新变化。在点的挖掘中强调特殊性，在面的描述中突出普遍性。

二　语言能力的划分

语言能力指个人运用语言的基本能力，通常表现在听、说、读、写四个方面。对于没有传统文字的民族，则不需要调查读、写能力。本次调查的壮族、苗族和瑶族均没有传统文字，所以，我们只依据被访者的听、说能力，将语言能力划分为三个等级：熟练、一般、不会。为了更全面地反映各个民族语言使用的现状，课题组分别对被访者的母语和兼用语的掌握水平做了调查。

三个等级的划定标准如下：

熟练：听、说能力俱佳；日常生活中能够自如地运用该语言进行交际；

一般：听、说能力均为一般或较差，或听的能力较强，说的能力较差；

不会：听、说能力均较为低下或完全不懂。

### 三　年龄段的划定

根据不同民族的特点和实际情况，本次调查，课题组沿用语言国情调查中对年龄段的划分方法，即分为四个阶段：

少年段：6—19 岁

青壮年段：20—39 岁

中年段：40—59 岁

老年段：60 岁以上

由于 6 岁以下儿童的语言能力不甚稳定，所以将统计对象的年龄划定在 6 岁（含 6 岁）以上。

### 四　调查阶段的安排

此次调查大致可分为以下五个阶段（详见附录中的"调查日志"）。

（1）材料准备阶段（2014 年 6 月 15—28 日）：搜集课题相关的资料，制订相应的调查计划，设计调查问卷和调查表。

（2）踩点阶段（2014 年 7 月 11—15 日）：派四人赴文山壮族苗族自治州约见当地的政府人员，获取该地壮族、苗族、瑶族的民族概况，初步选定调查点。

（3）田野调查阶段（2014 年 7 月 16—25 日）：深入调查点入户调查，记录第一手原始材料，包括社会文化、语言使用、语言本体特点等三个方面材料。边收集边整理。

（4）写作补充阶段（2014 年 8 月 6—10 日）：在分析材料的基础上，依照写作提纲，完成初稿。

（5）修改成书阶段（2014 年 8 月 11—20 日）：对全文的架构进行"微调"；润色文字。最终定稿，送交出版社。

## 第四节　马关县都龙镇概况

### 一　马关县、都龙镇概况

都龙镇属马关县。为便于了解都龙镇和全县其他地区的情况，这里先简要介绍一下马关县的概况。

(一) 马关县概况

马关县地处文山州南端，位于东经103°52′—104°39′，北纬22°42′—23°15′。马关县东邻文山州麻栗坡县，西连红河州屏边县，南与越南社会主义共和国接壤，国境线长达138千米，北与文山州文山县毗邻，东北与红河州屏边苗族自治州隔盘龙河相望，西南连接红河州瑶族自治县。县境东西横距79千米，南北最大纵距61千米。全县总面积2767平方千米。

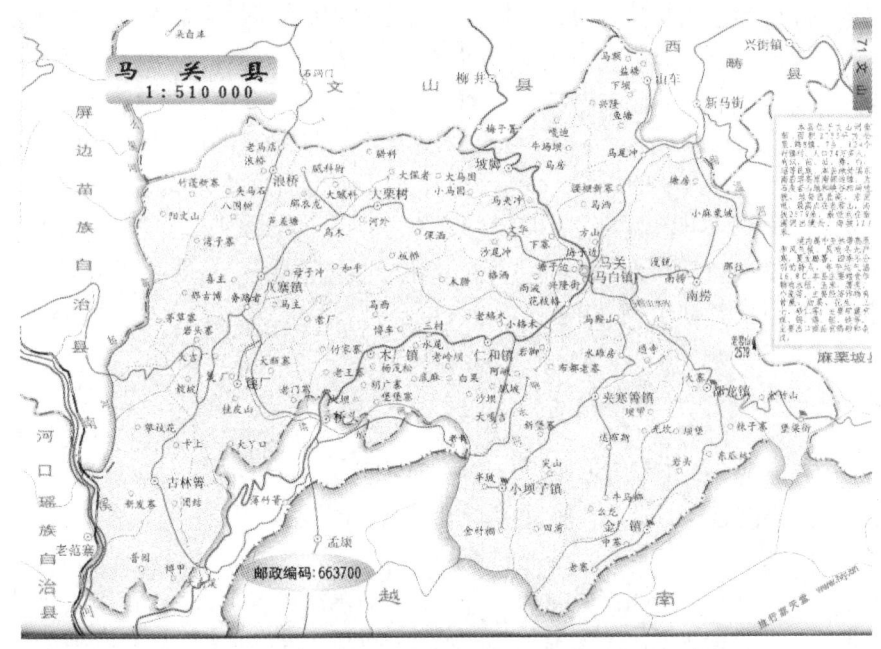

图1-1 马关县政区图

资料来源：http://image.so.com。

马关县现辖马白镇、八寨镇、仁和镇、木厂镇、夹寒箐镇、小坝子镇、都龙镇、金厂镇、南捞镇、坡脚镇、大栗树乡、篾厂乡、古林箐乡，共10镇3乡，120个村民委员会，622个村民小组，4个社区。全县总人口37万人，居住着汉、壮、苗、瑶、傣、彝等11个民族，其中少数民族人口占总人口的50.2%。

马关县地处滇东南岩溶高原南部边缘，没有较大的坝子，山地和窄型谷地面积约占全县面积的87.7%，丘陵盆地占12.3%，全县地貌主要为中切割低山峡谷区、中山缓坡区、中山温凉山区、岩溶山区、丘陵盆地区五种。马关县属亚热带东部季风性气候，最高海拔为2579米，最低海拔为123米，气候的垂直差异大于水平差异。呈现低坝河谷炎热，半山浅丘温暖，高山寒凉的状况。全年平均气温16.9℃，7月最热，平均气温21.7℃，1月最冷，平均气温9.7℃。降水量年分布不均，降水较多的是7月份，较少的是1月份、2月份、12月份。气候灾害以春旱较多，低温、洪涝、冰雹次之。

特殊的地理环境，多样的气候类型，构成马关极为丰富的动植物资源。经农林部门调查，县境内有1465种植物，其中包含众多国家一级、二级保护植物。境内野生动物种类繁多，有一级保护的懒猴，二级保护的猕猴、麝、穿山甲等。

县境内矿产资源丰富，品种多，储量大。地处马关县城东南部的都龙矿区是一个大型金属矿床，铟储量居全国第一位，锡储量居全国第三位。都龙锡锌多金属矿被列为云南省的第二锡锌工业基地。

马关水利资源丰富。马关属红河流域泸江水系。境内有河流42条，年径流总量为185802万立方米。全县龙潭、泉水577处。因其特殊的地形地貌，有"山高水高"的特点，便于利用。地下水天然资源流量为0.5亿立方米。境内河流水能蕴藏量为65万千瓦时，现已开发利用22万千瓦时。2008年，境内建成花坝子电站，咪湖河一、二级电站，大梁子电站等水电站。全县行政村通电率达100%。全县已建成水库15个，灌溉面积达到9.1万亩，水利化程度达33.8%。

多年来，县人民政府坚持以经济建设为中心。2010年完成生产总值36.1亿元，人均生产总值9204元。其中，农业总产值13.5亿元，工业生产总值35.1亿元。对外贸易方面，政府大力实施"走出去、引进来"战略，积极引进云铜、云锡等大型企业入驻发展，招商引资成效明显。边境贸易稳步发展。2010年，实现边贸进出口总额4.3亿元。

马关历史悠久。西汉时属益州郡进桑县；东汉属进乘县；西晋属宁州梁水郡新丰县；唐初属南宁州都督府朗州地；宋代大理国前期，属通海都督矣部，后期属最宁镇矣尼迦部；元至元八年（1271）属南路总管府阿僰万户舍资千户，至元十三年（1276）属临安路矣尼迦部；明代先属八寨长官司，后属临安府阿迷州教化三部长官司；清康熙六年（1667）"改土归流"后，马关属开化府；雍正六年（1728）设"马白关"；嘉庆二十五年（1820）设安平厅；光绪十一年（1885）"中法战争"结束后，越南变成法国殖民地，光绪十三年（1887）中法两国官员勘定中越边境，都龙等地回归中国，名为归人里，为安平厅管辖；民国二年（1913）改厅为县，先属蒙自道管辖，后属云南第二行政督察区，因其与贵州安平县同名，改为马关县；民国三十七年（1948），隶属云南省文山专区专员公署；1958年4月，文山壮族苗族自治州成立，马关县隶属于云南省文山壮族苗族自治州。

（二）都龙镇概况

都龙镇位于马关县东南部，是马关县的一个边陲重镇。镇政府驻地距马关县城23公里。东临麻栗坡县的猛硐乡，南与越南河江省接壤，西与马关县夹寒箐镇相邻，北与南捞镇相接。边境线长是都龙镇最大的特征。经相关部门勘界后，边境线长达31.4千米。

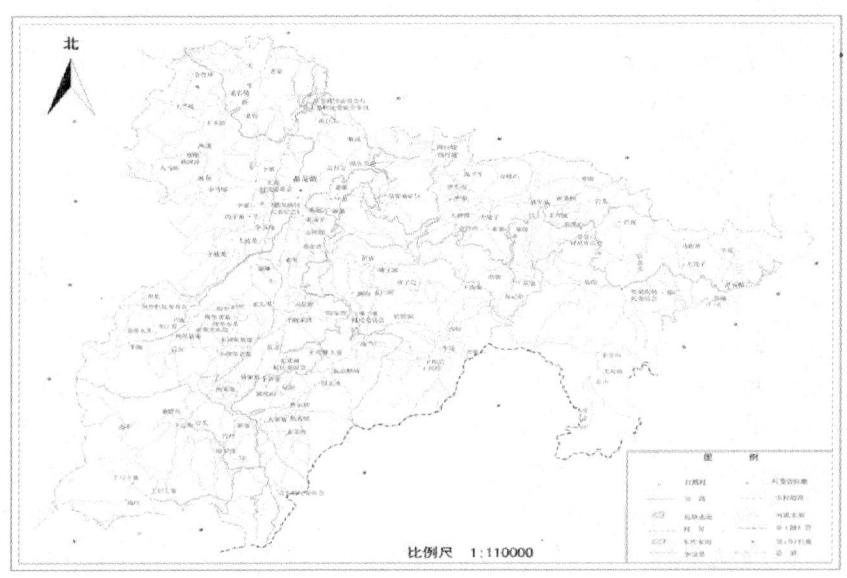

图1-2 马关县都龙镇行政区划图

资料来源：该图由马关县都龙镇镇政府提供。

全镇总面积211.89平方千米，辖1个社区7个村民委员会，153个村民小组。境内居住着汉、苗、壮、瑶、傣、彝等11个民族，9137户33965人。其中少数民族人口占70.8%。

都龙境内最高海拔2579.34米，最低海拔350米。年平均气温16.3℃，年平均降水量1500毫米。全镇耕地为3.6万亩，热区荒山1.5万亩。经济作物有荔枝、香蕉、草果、八角等。

境内矿产资源有铟、锡、铜、铅等矿藏储量丰富。都龙是全国第三大锡都，全国第一大铟产地。矿业为全镇的主要经济增长点。截至2014年4月，全镇共有工矿企业45家。

都龙集市具有鲜明特色。集市逢周日举行，前来赶集的除了都龙境内各少数民族外，还有来自越南的壮、苗、瑶等跨境民族。都龙是一个多民族文化丰富共融的区域，全镇各族民间业余文艺队多达21支，内容丰富多彩含民族传统体育项目、民族歌舞等。

二 马关县壮族、苗族、瑶族概况

马关县的少数民族有壮、苗、瑶、彝、傣等。这里主要介绍壮、苗、瑶三个民族的情况。

（一）壮族概况

马关壮族源于古代越人，越人是我国古代南方最早的一个族系，有於越、闽越、东瓯越、扬越、山越、滇越、夔越、南越、夜郎、西瓯越、骆越等支系。壮族从单一族群演变成多支系的族称，又从多支系的族称转变到现在的统一族称，经历了漫长的过程。在不同历史阶段，壮族有不同的自称和他称。如，春秋战国时，称百越；秦汉时称僚、鸠、百越人等；唐宋时称僚人；南宋时称僮人；元明清至民国称侬人、沙人、土僚、仲家等。马关壮族自称分为四个支系，侬支系、沙支系、土支系和拉支系，这四个支系内部又有许多小类自称。1958年文山建州后，马关境内的这四个支系统称为僮族，直到1965年10月12日，经国务院批准，把僮族改为壮族。

据《中国通史》第二册载，周朝初期，居住在浙江东南一带的"越人"建立诸侯国——越国。在越王勾践灭掉吴国后，向北进兵，诸侯毕贺，号称霸王。故当时越国自东周末年至秦朝初期乃是强国，此间，壮族的祖先越人居住也比较稳定。战国时期越国逐渐衰弱，楚威王大败越兵，古代越人开始向东南方向大量移居。从此，越人起兵反抗从未间断过，宋朝年间斗争更为频繁，壮族祖先向东南、西南流散，进而分散到文山州各县。

据《马关县壮族志》记载，流散到马关境内的壮族先民（侬、沙支系），大致分为三路：其一是从广西邕州等地直接流入马关；其二是从土富州流入西畴、麻栗坡，再到马关；其三是从广南府地流入砚山、文山再到马关。这当中，也有一部分壮族先民不是壮族，因充军、逃难等直接流入马关，后与壮族通婚而改为壮族。根据史书记载，侬、沙支系的壮族先民大量迁徙马关境内的时期，是宋皇祐年间。国民党统治时期，对境内十多个壮族村寨采取"烧、杀、抢、赶"政策，导致壮民大量向境外逃难。

壮族在迁徙过程中，根据自己固有的特长来选择居住的自然环境，一般选择依山傍水、中低海拔、潮湿河畔、便于开垦良田，适宜种水稻的地方居住。凡是壮族聚居过的地方，多数以壮语"那"（田）、"南"（水）、"董"（坝）等命名。

壮族具有悠久的农耕历史，《中国通史》中记载，壮族在很早的时候就有农业，由于各地水源的分布不同，决定了农田的收成多少。《云南通志》、康熙年间的《广西府志》和乾隆年间的《开化府志》这些史书都记载了壮族善耕的悠久历史。从壮族人民近代的生活生产习俗以及史书的记载，说明壮族人始终居住在河流旁边，种植水稻，自给自足。

壮族人民的经济收入来源主要包括种植业、养殖业、加工业、建筑及手工业。种植业是壮族人民最原始的且保留到现在的主业，种植业在整个经济结构中占有主导作用。粮食作物、经济作物、林木是种植业的三大重要组成部分。水稻的种植随着社会经济的发展，从最原始的方式到杂交水稻等现代科学技术的推广，水稻产量逐年增长，壮族人民可以自给自足外，还有商品粮。玉米种植品种广，产量越来越高，除满足口粮外，有些还可作为饲料和商品粮。此外，壮族人民还种植豌豆等其他农作物。主要种植的经济作物是芭蕉、草果、三七等，近几年，壮族经济发展也越来越好。

马关县壮族文化历史悠久，源远流长，是我国少数民族文化的重要组成部分之一，与其他少数民族文化一起，构成我国少数民族文化的宝库。

壮族自古以来就有自己的语言，属于汉藏语系。马关壮语有四个支系，分别为：侬支系、土支系、沙支系、拉支系。四个支系有相同之处，也有细微差异，与广西壮族的南北方言相似。马关壮族除使用本族语外，基本精通本地汉语方言。

在文学艺术方面，马关壮族在不断发展的过程中，创造了光辉灿烂的文学艺术，成为生活中重要的组成部分，反映了各个时期壮族人民的历史和文化习俗。马关壮族文学，主要分为口头文学与字记文学两大类。值得一提的是，山歌是壮族人民口头文学的重要组成部分，是壮族人民的精神食粮，从古至今，每逢婚、丧、喜庆，都少不了山歌的存在。另外，绘画也是壮族人民艺术宝库中的重要组成部分，是壮族妇女刺绣的必要基础。马关壮族能歌善舞，热爱体育运动。自古以来，他们善于利用节庆或劳动之余，举行各种文体活动，丰富自身的文化生活，增强体质。在舞蹈方面，马关壮族擅长的舞蹈类型有铜鼓舞、纸马舞、牛头舞、猫头舞、器械舞。在体育运动方面，马关壮族在开展现代体育运动的同时，保存了许多旧时的运动，有打磨秋、戏轱辘秋、抛绣球、打陀螺、射箭、竹枪、抓子、下棋、拳术、气功等类。

壮族人民工艺历史悠久，工艺品种类多种多样，主要包括：刺绣、编织、花米饭的制作、木雕、石雕、泥塑、银匠、纸作工艺等。

马关壮族人民在天文历法方面没有独特的发明，但是，聪慧勇敢的壮族马关人在生产生活的实践中，善于观察自然现象，抓住节令，适时下种、收获各种农作物，确保农作物的增产增收。在不断发展中，壮族人民积累了大量的生产生活经验，并世代传承下来。另外，马关壮族人民为了生存和发展，克服了客观上文化科学落后的不利因素，克服了居于边远地区，缺医少药的困难，逐步拥有了自己的壮医，这些壮医能够运用丰富的民间中草药和土法治疗疾病。

各民族的生活习俗与其所处的自然环境有着密切的关系。马关壮族的生活习俗在保留古代壮族传统生活习俗的同时，也表现出自己的地域特色。

马关壮族的生活，可分为日常生活饮食习惯和节日生活习俗。日常生活饮食主要包括粮食、肉食、蔬菜水果等。日常主食有扣道、扣基、扣方、捆绑、糍粑、拉基豆豉。居家的午餐和晚餐多食大米熬的粥，带去山上食用的午餐是苞谷做成的松软可口的干食——扣基。捆绑是用糯米、腊肉、草果等多种材料做成的，味道鲜美，香味诱人。糍粑分为净糯米糍粑和杂粮糍粑。节日或待客的主食花米饭是用上等大白米或香米做主材料，在米中加上红糖、白糖、蜂蜜等做成花米饭。花米饭除了六七月的节日作为专用祭祀主食外，平时还用于祭祀死者，并作为走亲访友的礼品。

净糯米糍粑用于红白喜事以及走亲访友的礼品。净糯米糍粑顾名思义是用净糯米做成的，其形状、大小和馅根据不同的使用目的有不同的规格。祭祀用的糍粑均为圆形，没有馅子，直径从4—40厘米不等；结婚、盖新房用的糍粑规格一样，不同之处在于多了由红糖、芝麻面做的馅子，形状与祭祀糍粑不一样，为半圆形或椭圆形。半圆形糍粑流行于小坝子、夹寒箐、都龙、南捞一带，椭圆形流行于马白镇一带。日常生活中食用的糍粑馅子为红糖、芝麻、豆沙，一人可吃完。杂粮糍粑是用苞谷、荞面、小红米面、六谷与糯米和拌而成的。杂粮糍粑仅用于自己食用。

壮族食用肉主要有猪肉、羊肉、鸡肉、鸭肉、牛肉、马肉、狗肉以及各种鱼、虾、田螺水产等。猪肉除了和汉族一样的做法即炒、煮、做腊肉外，还有壮语独特的实用方法："讷乃"、"足"、醡肉和酸肠。醡肉和酸肠是拉支系独有的食猪肉方法，这两道肉菜都是把猪肉加上多种调料和当地特有的香料装入坛子密封2—3个月后再食用，味道鲜美可口。

壮族有自己独特的食用鸡、鸭肉的方法：炒鸡杂碎、清焖、黄焖、馄饨凉拌、酸汤鸡和生血凉拌等。历史上大牲畜一直被壮族人们视为生活的重要伙伴，只有部分地区为了祭祀，首领侬智高在"六月节"的时候才宰杀牛马。随着市场经济观念的深入，壮族人民的生活观念也在悄悄改变，牛马除了满足农耕外，也作为商品出售。壮族食用牛肉、马肉的方法有二：煮熟食用和做"干巴"。

壮族传统服饰以粗布料为主，色彩以青、黑色为主，蓝、白为配色，饰品以白银为主，绣有花草鸟兽的图案。由于地理环境、生活习俗等的不同，马关壮族服饰也有自己的特色。马关壮族可分为侬、土、沙、拉四个支系，各支系女性的服饰差别较大，男性服饰大体相似，都以自织的青色粗布为主，青黑色布帕缠头，上衣的对襟有领或无领，下着宽边大裤。下面我们着重介绍一下各支系女性服饰的特点。

侬支系女性服饰的特点：上衣为青黑色双层，有领，扣子为斜襟布扣或银扣，下着青黑色细皱双层围裙，裙内着宽边裤。头发梳成鬏鬏于头顶，用青黑色长帕缠在头上。喜庆节日、探亲访友用蚕丝制品做外帕（壮语称帕缅）。从西畴、砚山进入马关的壮族妇女，一般穿翘尖形布鞋，鞋身绣有花边图案。内帕、短上衣及围裙外层使用较细的黑布，用"硫星石"做配饰，色彩光亮。

土支系头发梳成髻髻于头顶，插上银制装饰品"抓头"。上衣为无领，斜襟，袖子接口部位配有一节蓝绿色布料，新娘以及送、接新娘的女子服饰胸前两侧分别佩戴两块镶有银泡、吊葱花的装饰品。土支系女子喜欢戴各式手镯和戒指。下身着青黑色粗布料做的筒裙。鞋子为翘尖绣花鞋。

沙支系女性喜欢束发缠头，青黑色布帕双层覆顶，内帕前额镶有银泡。青黑色布料做的斜领短衣，白、蓝色镶边，扣子密集，宽边大脚裤，无皱褶长筒裙，戴有数只银镯、戒指，脚穿圆口翘尖花边鞋。

拉支系束发缠头，青黑色布帕平盖，青黑色斜领扣，长衣，腰系布带，脚穿宽脚鞋。

壮族人民喜欢选择有河、有坝、适宜耕种的地方居住。壮族住房称为"干栏"，下层关牛马，上层为卧室、客厅、厨房。壮族人口较集中的马洒、梁子河、后寨等河冲地带，是连户建筑，各家的房子连在一起，远看就像一栋长长的大房子。小麻栗坡、蚌卡、夹寒箐等村寨是分户建房。壮族地区还有库房，库房一般与住房连着建，贵重物品和粮食多置于库房。

拉支系的住房叫作"柯木"，其意为半边楼。"柯木"与一般地区的"干栏"不一样。"柯木"依山而建，把地形修剪成高低两层，房架覆盖在高低两层台子上，屋内分土、楼各一半。土层做厨房、饭厅、客厅，楼层的一半做卧室，楼层另一半做厕所及牲畜圈，房门设置在山墙上。

在婚姻习俗方面，总体上壮族实行一夫一妻制，青年男女大多是通过自由恋爱来选择自己的配偶，对唱情歌是他们寻找伴侣的主要形式。壮族人办婚事有很多仪式和程序，例如："试探礼"、"兑鸡礼"、"平定礼"、"讨八字单礼"和"传宾郎礼"，还有"敬酒"、"捞鱼"、"回门"等仪式，以及"婚后不做家"等习俗。如今，壮家人的婚事习俗也在逐步简化，相较过去有了很大改变。

壮族人办丧葬比办婚事要隆重得多，特别是对长老的丧事要格外认真，这一点一直沿袭至今。他们有许多烦琐复杂的程序和仪式，如今，这些形式内容也有所简化。

壮族家庭成员有其自己的特点。他们有分家的现象，管理自己的财产和收支等情况，非常民主，男女各有分工，耕地一类的重活由男子承担，播种一类的劳动由女子来承担。壮族比较重视家教，也有自己的家规，如，尊老敬老、互敬互爱、平等待人、不取他人财物等。壮族家里常设的祭祀台案主要有主神台、土地神台、后家神台、阳台等内容。

壮族人民还有丰富多彩的节日,主要有"春节"、"二月节"、"三月节"、"清明节"、"端午节"、"六月节"、"跳掌节"、"尝新节"、"中秋节"、"过冬"等。无论哪个节日都体现了壮族人民对诸神的崇拜,其形式与内容各不相同。壮族人民十分重视道德教育,他们倡导勤奋、团结、忠孝、仁爱、信义等风尚。他们也有诸多禁忌,违者会遭家族白眼,小辈则会当场被长者批评指责。他们信仰家庭诸神、社会诸神以及佛教、道教和儒学。

"骨刻历算"是壮族人民从古代流传下来的占卜术,它是壮族的一门早期预测学,壮族人民至今仍沿用这一习俗。

(二)苗族概况

马关苗族大部分聚居于中越边境地区,是一个跨境而居的民族,他们与居住于越南北部边境地区的苗族同源。截至2008年,全县13个乡(镇)都有苗族分布,其中以县城以南的6个边境镇,即夹寒箐、都龙、金厂、小坝子、仁和、木厂为最多。全县共有368个苗族村寨,占全县村寨的24%。其中单一苗族村寨235个,占苗族村寨的63.9%;与汉族杂居的79个,占苗族村寨的21%;与其他民族杂居的村寨54个,占苗族村寨的14.7%。

马关苗族自称"赫蒙"、"蒙"。在马关苗族"蒙"的自称中,还分为五个直系,即"蒙颛"、"蒙诗"、"蒙邶"、"蒙豆"、"蒙巴"。马关苗族家庭均为父系家庭,有一代两人的小家庭,有两代、三代的中等家庭,还有四代同堂的大家庭。

进入马关的苗族晚于其他民族,他们绝大多数是明末清初迁入,条件较好的地方都被先来民族占有,他们只好到荒僻的山区从事原始的不定居生活。深居山区和边境一线,交通、信息闭塞,所以生产的产品主要是自给自足,只有极少量用来交易换取生活必需品。因此,马关苗族经济主要以传统种植业、养殖业为主,20世纪90年代后期,随着水、电、路通到山区,苗族的林业、商业、手工业才逐渐发展起来。

近些年,马关交通和通信发展迅速,全县124个村委会全部通公路,1542个自然村中有1336个通了公路,自然村通公路率达96%,苗族居住的山区村寨通路率达80%。各乡镇安装了移动、联通机站,基本覆盖了全县13个乡镇124个村委会,大部分种田妇女、放牛老农也用上了手机。

花山节是苗族的盛大节日之一,马关踩花山一般都在旧历的腊月十六立花杆,正月初二到初六、初七正式踩山。花山节期间,苗族男女老少都穿上盛装去踩山,特别是苗族姑娘,个个把自己打扮得漂漂亮亮。姑娘和妇女往那儿一站,引来"咪哆"和"又蒙"观看,年轻的对年轻的,年老的对年老的,只要一选中,"咪哆"和"又蒙"们就撑开自己早已准备好的花伞,罩住自己选中的对象，开始对唱情歌。

马关苗族的宗教信仰主要是原始宗教，包括自然崇拜、祖先崇拜和巫术。苗族是一个相信万物有灵的民族，人类必须遵从自然，这种敬畏自然的思想，主要体现在苗族对天和雷神的崇拜。苗族祖先崇拜源于灵魂不灭思想，人与灵魂不可分离，人死后，灵魂会在另一个世界保护家人，正是出于祈求先人亡魂保护和报答祖先养育之恩的心理，才产生了祖先崇拜的宗教文化。

中国苗族服饰可分为四种类型：及大襟"栏杆型"（湘黔川鄂型）、褶裙型（黔东型）、蜡染型（黔中南型）、几何花衣披肩型（川黔滇型），马关地区的苗族服饰属于几何花衣披肩型挑花褶裙式，命名为"马关式"。马关苗族服饰由于支系不同而有所区别，但都大同小异。随着社会发展，苗族山区各支系的交往、交流和通婚逐渐增多，各支系服饰渐渐退出本身单一、朴素的特性，逐步趋向多变、精美、大方。长期以来，苗族服装均为自产自用，1990年前后，在自治州首府文山城梁子街初步形成了一个苗族服饰市场，之后各乡镇妇女开始做苗族服装生意，服装业的发展带动当地的经济发展，也为苗族人民增加了经济收入。

苗族语言属于汉藏语系苗瑶语族苗语支，中国苗语被划分为湘西方言、黔东南方言和川黔滇方言。川黔滇方言分为川黔滇、滇东北、贵阳、惠水、麻山、罗珀河及重安江七个次方言。居住在马关的苗族属于川黔滇方言区川黔滇次方言的第一土语。马关苗族四大支系的语言差别不大，都能通话。

自从1954年中国科学院语言研究所民族语言调查工作队赴云南等省开展民族语言调研工作以来，苗文的创制、苗文培训班的建立及扫盲班的开展，促进了苗语汉语双语教学的进程。2005年，县教育局、县民族宗教局选择金厂民族小学作为苗汉双语教学点，收到了良好的效果。

1982年，文山州苗族语文工作者对中国科学院制定的拉丁字母形式的苗文方案进行修改，继而编写教材在苗族人民中推广使用。马关苗族使用的是川黔滇方言苗文方案。

苗族人民在长期的历史发展进程中，凭着自己的聪明才智创造了丰富多彩的文化艺术，其中的文学形式主要是民间文学，而民间文学又主要是口头文学，包括神话、传说、寓言、故事、谜语、谚语和歌谣等。

（三）瑶族概况

马关县瑶族与云南大多数瑶族一样，大杂居、小聚居。在空间地域分布上主要沿着边境线散居，与苗、壮、傣等各民族世代杂居。在越南一侧也有瑶族同胞跨境而居，马关边境沿线都散落有瑶族村寨。

瑶族旧时称"瑶人"、"徭人"和"莫徭"，中华人民共和国成立后用"瑶"字，统称瑶族。马关蓝靛瑶自称"金门"，大板瑶自称"育棉"。瑶族是一个历史悠久的民族，自认是盘皇、盘瓠的子孙。瑶族源远流长，秦汉以前和苗族一起居住在武陵郡（今川、黔、湘、鄂连接地带），唐朝初始向贵州五溪、广东、广西、云南一带扩散，就在这一时期已有部分瑶族先民流入马关，故有现今瑶族在追根溯源中说自己的祖先是五陵蛮和五溪蛮。元朝时期又有一批瑶族由广西百色、贵州兴义地区迁徙入马关。民国时期原居住在红河流域、文山州各县和广西大瑶山的一批瑶族又因躲避战乱，游耕进入马关县。

1957 年经国家民族事务委员会识别，瑶族是单一民族。马关县瑶族多数属于自称"门"或者"金门"，他称"蓝靛瑶"或"靛瑶"的支系。马关瑶族有蓝靛瑶（又称山子瑶，因种植蓝靛得名）、大板瑶（又称盘瑶）两个支系。2000 年，全国第五次人口普查时，马关县有瑶族 1841 人。截至 2010 年，马关县瑶族人口为 2038 人，占全县总人口的 0.55%。马关的瑶族分布在古林箐、篾厂、南捞、小坝子、夹寒箐等镇，共 4000 多人，其中古林箐和篾厂最多，分别是 1000 多人。

瑶族多居住在海拔 800 米以上水源较好的山区或半山区的森林中，素有"瑶族占箐头"的说法。

马关瑶族以大米、玉米、小米为主食。蔬菜有青菜、白菜、黄瓜、芋头、生姜、辣椒、豌豆、饭豆、野菜等。肉食以猪、鸡、鸭、牛、飞禽走兽为主，忌狗、马肉，一日三餐，喝酒吸烟较普遍。

瑶族先人"好五色衣服"，总体是男简单、女复杂。男装为黑色或青色，下身穿宽裆长裤，束腰带。衣襟与裤脚用红、绿丝线绣花，头包黑帕，长约一丈多，两端绣有花纹。旧时赤脚行走，裹绑腿，现代普遍穿解放鞋和皮鞋。妇女多穿蓝靛染色无领对襟长衣、长裤，自织花腰带，将长衣前后下摆至脚跟部并又提束到腰间，腰带束紧，翻露四角镶的红布条，衣袖口镶有五色布花边，头戴银（竹、铝）顶盘，全身佩戴银器牌扣、项圈、耳铃等首饰。幼童头戴西瓜帽，四周吊银制响铃，用红、紫、蓝、绿色叠成彩穗，有银制牌"长生保命"字钉在帽檐上，帽脚有篆文花绣边。

清道光年间瑶族相当一部分人的住房是"三根叉叉两面坡，三块石头一口锅，生活贫困就搬窝"的茅草房。中华人民共和国成立后，瑶族群众定了居，多数盖了瓦房和砖木结构房，人畜分居。瑶族房屋多依山，起房盖屋要先请先生看风水，一般坐南朝北或坐北朝南居多。

娶亲要经过自由恋爱、问亲、订婚、接亲、回门等程序。瑶族实行一夫一妻制。节日有春节、清明节、端阳节、目连节（农历七月十四）、尝新节、盘王节等。2007 年 11 月 24 日，马关县首届瑶族"盘王节"在篾厂乡大丫口村成功举办，弘扬了马关县瑶族民间文化。

按风俗，男性10岁后要度戒。度戒是瑶族普遍流传的宗教信仰活动，只有经过"度戒"才算是进入成人，才算是真正的盘皇子孙，也就才能找配偶。度戒以经书《长意》为蓝本，书中规定有十条"戒律"和"十问、十答"等主要内容。

瑶族同胞崇拜自然神，祈求自然神保佑，禁忌比较多而繁杂。如狩猎要祭"山神"，捕鱼要祭"水神"，在寨头"雷神庙"不能乱解大小便。老人死后孝子72天内忌砍竹木，一年内超度死者"升天"不能吃动物心肝、肚杂之类肉食。外出做事，听到乌鸦叫或遇妇女大小便、梳头，均认为不吉利而返回，等等。

瑶族历史上实行过火葬，后来改为木棺土葬。丧葬一般经过收殓、出殡、超度、烧灵等过程。

根据毛宗武先生（2004）的介绍，国内至今已调查并整理出音系的语言资料中，仅勉语资料就至少有广西的江底、大小河、六定、罗香、长坪、览金、甲江、滩散、东山、石口、牛尾寨，湖南的两岔河、庙子源、棉花坪，广东的公坑、大坪，云南的十里香、梁子、都龙、梭山脚，以及贵州的盘石和海南的新安22个语音点。

此次调研选取了马关县都龙镇的村寨。瑶族寨在都龙镇只有一个寨子：金竹山村委会箐脚小组。箐脚小组的瑶族是蓝靛瑶，语言为汉藏语系苗瑶语族瑶语支勉语。

## 附录：人物访谈

（一）马关县民族宗教局局长李涛访谈录

访谈对象：李涛，男，42岁，壮族

访谈时间：2014年7月16日上午10点50分

访谈地点：马关县民族宗教局办公室

访谈者：课题组全组成员

整理者：和智利

访谈开始前，由课题组余金枝教授向李局长介绍课题组进行该课题的缘由、目的和意义。简述了课题组所选的个案调查点及选点思路。

**问**：李局长，您好！请您简单介绍一下马关县的民族情况。

**答**：首先欢迎各位老师和同学的来访。我们会竭尽所能地给你们提供所需资料和联络等方面的帮助。我们马关县下辖13个乡镇，总人口37万多人。世居民族11个。少数民族人口占全县人口的50.2%。少数民族人口中人口最多的是苗族，共 8 万多人。壮族 5 万多人。彝族 2.5 万千多人。傣族 6000 多人。瑶族 1861 人。马关共成立了 6 个民族协会，分别是：苗（族）、瑶（族）、壮（族）、傣（族）、彝（族）、布依族民族协会。这 6 个民族协会中，除瑶族外都有相关著作出版。

问：为什么 6 个少数民族协会中，只有瑶族协会没有自己的成果出版呢？

答：首先瑶族人口较其他民族人口少，只有 1000 多人。其次瑶族本族人中文化程度不高，对民族文化了解的人较少。因此暂时还没有出成果。

问：马关的民族关系如何？跨境民族之间的关系怎么样？

答：过去偶尔会存在村寨间关于地界纠纷。但最近几年政府加大民族和谐的宣传力度并做了大量的群众工作，现在村寨间没有民族纠纷，跨境民族间的关系也是比较和谐的。虽然越南政策和中国政策不同，但是我国边境经济条件比越南边境好，许多越南人都愿意嫁给中国边民。因此，许多边民都在越南有亲戚，逢年过节两国边民互相往来是常有的事情。农忙时节，许多边境上的居民都会请越南人过来做工。逢边境集市，越南人也会过来赶集。目前，跨境民族婚姻中外来媳妇的户口问题是一个难题。由于涉及跨国婚姻，办理程序复杂并且比较困难。许多外来媳妇没有中国国籍，不能享受新农合和农保等政策。这是我们目前和未来有待解决的问题。

问：马关各民族的民族语言保存得如何？

答：总体来说，各民族的语言都保留得很好。拿我们壮族来说，村子里只有部分小孩不会说壮语。我们本来就是这个民族，我们不能把民族语中断了，一定要把民族语传承下去。

问：马关各民族的文字保存得如何？马关有苗文、壮文书籍出版吗？

答：苗文、壮文等文字只有年长的学者会。中青年人都不懂本民族的文字。马关有苗文、壮文的书籍。书籍出版我们都是委托给各个民族协会去做的。

问：马关有民族语言的电台和节目吗？

答：以前有，现在没有了。只有文山有民族语言电台和节目。

问：马关有民族文化传承人吗？

答：有的。民族文化传承人需要由文化局和宣传部等相关机构上报，最后由相关部门颁发证书。民族文化传承人具体到某一民族文化。如壮族有版画传承人、洞经音乐传承人等。壮族"魔公"（巫师：葬礼时念经者）也有传承人。这些传承人基本都是老年人，他们通常会在晚年找几个本民族人传授下去。

**问**：各民族的节日都相同吗？

**答**：不一样。各民族有自己的节日。壮族过的节日有：农历二月初一至初三的二月节，祭"龙神"、"农神"、"社穆神"；农历三月初一至三月初三的三月节，祭"神王"；农历六月初一至初六的六月节，祭壮族农民起义首领侬智高以及秋收前的尝新节。苗族的则是农历正月初的花山节。彝族农历六月二十四的火把节。瑶族农历九月过盘王节。虽然各民族都有自己的节日，但是各民族在过节时，都会邀请其他民族的人来参加。各民族共庆某一民族的节日在马关是很常见的。在马关这些民族中，民族节日和活动开展得较好的是苗族、壮族和彝族。

**问**：马关有什么宗教？是否有本土的宗教和宗教场所？

**答**：这边主要有天主教、伊斯兰教、基督教、佛教、道教。砚山、文山的伊斯兰教教堂是通过相关机构挂牌的。马关没有大的宗教场所，只有一些小寺庙。初一或者十五，年轻女性会到周围寺庙上香、吃素斋。马关的宗教是比较和谐的。外来的正规宗教都是欢迎的，但是打着宗教旗帜宣扬非正规思想都是禁止的。

**问**：李局长，您是壮族人，您认为马关县不同地区的壮族语言是否有差异？

**答**：马关县不同地区的壮语都能交流，我们都是同一支系的。整个文山州的壮语差异就比较大了。各地区语言保存情况会有差异。

**问**：马关壮族的服饰有什么特征？越南壮族服饰和马关壮族服饰有差异吗？

**答**：壮族服饰多用青、蓝、黑、白四种颜色的布料制成，刺绣以花草鸟图案为主，配以银首饰做装饰。马关壮族有侬、土、沙、拉四个支系，各支系女性服饰都有差异。男性服饰大体相似。通常用青黑布包发，上身着对襟上衣或马甲，下着宽边大裤。现在日常生活中60岁以上的老人都穿民族服装。而年轻人觉得穿民族服装干活不方便，所以平时基本不穿，只在节日穿。越南的壮族服饰比我们的简单，布料比较薄，装饰比较随意。他们的裤子比我们的窄。他们无论男女都爱穿人字拖。

过去民族服饰都是手工制作的，缝制衣服的布料都是用草本植物染色。制作民族服饰也称得上是一门手艺。现在都改用机器制作了，所以会手工缝制民族服饰的人也越来越少。因此，手工制作的民族服饰价格特别贵。

**问**：我们准备选都龙镇的6个村作为个案点，请您帮我们看看选得是否合适？

**答**：你们选都龙镇是很明智的。都龙镇是马关县的边境乡镇之一。都龙镇有苗、瑶、壮等多个民族。都龙是一个多民族的民族语文活态保护和双语和谐研究具有代表性和典型性的乡镇。都龙镇下辖 8 个村委会、153 个村小组。你们选的这 6 个点中包含了苗、壮、瑶 3 个民族。从地理位置看既有边境村，也有非边境村。所以这 6 个点都比较有价值和代表性。

问：听您这么说，我们心里就有底了。感谢您给我们提供了这么多有用的信息和帮助！

答：这是我们应该做的。有什么困难你们就说出来，我们会尽量协助你们。预祝你们的课题顺利进行。

（二）文山州民族研究所所长田维香访谈录

访谈对象：田维香，女，35 岁，蒙古族，本科学历，民族研究所所长
访谈地点：文山州民族宗教局民族研究所
访谈时间：2014 年 7 月 11 日下午
访谈者：余金枝、李敬敬
整理者：李敬敬、余金枝

问：田所长，您好！请您做个简单的自我介绍。

答：我叫田维香，蒙古族，但是不会说蒙古语，老家是文山州西畴县，2003 年从云南民族大学人文学院民族学专业毕业。我的丈夫是苗族人，不会说苗语。我还有一个女儿，上小学二年级，她也不会说苗语。虽然她爷爷奶奶平时用苗语交流，但是不会刻意教孩子学苗语，所以孩子也只会说简单的几句，比如爸爸、妈妈之类的。

问：请简单介绍一下民族研究所的情况？

答：2003 年我到民族研究所工作的时候，民族研究所还叫语言文字办公室，大概是在 2006 年改名的。民族研究所主要是做一些调研，涉及经济、文化各个方面，比如民族贫困，文化保护现状方面。8 个县我们都去过了，但是还没有自己的项目，主要是贯彻实施省里的要求。去年我们做过一个有关文化丢失、民族文化抢救与保护方面的调研。我们不作系统的调研，主要是了解概况，写出调查报告。

我们民族研究所有八个人，负责八个民族，分别是壮族、苗族、瑶族、彝族、回族、蒙古族。壮族的同事也不会说自己的民族语言了。整个民族宗教局只有一个是汉族，其他都是少数民族，壮族、苗族、瑶族、彝族多一些。同民族的人平时交流时基本说本民族语言，有些也不说，还有些已经不会本民族语言了。工作人员的后代很少会说本民族语言，有些是刻意教孩子学习的，但是在农村生活的基本都会说。比如，我有一个同事是壮族人，他就会说本民族语言。调研员王万荣，今年 50 多岁，她的女儿大概是 1986 年或者

是 1987 年出生，会说苗语，有苗语名字，她们在家交流都是用本民族语言。

各民族过自己民族传统节日的时候，如果是大规模的，也会请我们民族研究所参加。

问：关于各民族的情况，有没有文献资料？

答：我这里有《文山苗族壮族自治州民族志》，可以送给你们一本，里面对各民族的人口及分布、来源、习俗等方面都有详细的介绍。

我们还有自己的期刊《文山民族》。这个刊物是文山州民族宗教事务委员会主办的，只是在内部发行的一个民族题材专业性的期刊，一年四期。刊物的宗旨是"宣传民族政策，传播民族知识，弘扬民族文化，促进民族团结进步"。

问：请您介绍一下文山州的语言使用情况。

答：壮族、苗族、瑶族，三个民族的语言保留得比较好。在文山基本没有苗族、壮族、瑶族等聚居寨整体转用其他语言的情况，只是有些年轻人可能不会用，中老年人还都会说本民族语言。其他民族与苗族、壮族杂居的人都会说苗语、壮语。在一些偏僻地区，壮族、苗族、瑶族的老年人和小孩儿还是母语单语人，他们还不会说汉语，比如，我丈夫的弟媳妇和她两岁多的孩子，是麻栗山的苗族，她们都不会说汉语。在西畴县麻栗山乡学龄前儿童基本都是母语单语人。

有些寨子 20 岁以下的年轻人基本不会说本民族语言，但是这种情况在壮族、苗族中相当少，他们都能听懂，也会简单地说几句。

彝族等民族有语言丢失的情况，也有整体转用其他民族语言的情况。比如都龙镇的辣子上寨、辣子下寨和倸倸坪三个寨子的彝族人都不会说彝语，整体转用汉语。花椤在广南县有四五个村寨，西畴县有一个村寨，都在两个县的交界。学龄前儿童、妇女，和我丈夫的弟媳妇情况一样，都不会说汉语。

问：文山州在民族语文建设方面的成果都有哪些？

答：广播电台，壮语、苗语、瑶语的节目每天都有，除了偏远地区，州内基本都可以收听。

电视台有壮语、苗语、瑶语的新闻，这些新闻就是用民族语言来翻译文山新闻、中央新闻，三种语言一周内交叉播放。这个节目在文山电视台综合频道播出，播放时间为半小时，文山州都可以看到。

民族影视译制中心，现在属于电视台管，有 20 多个人，每个民族都会有三四个人。这些节目也主要是会说本民族语言的老年人喜欢。年轻人很多都不会本民族语言，也就不会收听。

一些少数民族的读物主要是由苗学会、壮学会出版的。现在的民族学会主要有壮学会、苗学会，瑶族、彝族、白族、傣族各一个。

苗族也有自己的网站，其他民族的网站还没有见到。

问：文山州的民族教育情况如何？

答：各个民族的本民族教材，都是省教育厅和省民语委统一做的，主要是壮文、苗文和瑶文的。内容是小学一年级到六年级的语文、数学课本，都是汉语教材的翻译本。这些教材都会发到学校，但是学校很少使用。有些地区没有双语教师，或者对于双语教学不热心，所以基本不用本民族的教材。学校对于本民族教材的使用也没有强制性的要求，教材的使用都是自愿的。

文山城里没有民族小学。砚山、富宁、马关各有一个民族小学，麻栗坡有个民族中学，在校学生每年都会有政府补助。这些学校也没有规定要学民族语言，但是也有教习情况，比如花椒，老师对民族语的传承意识很强，就会自主教学生学习民族语。

问：文山州各民族传统习俗保留得怎么样？

答：保留得还比较完整。本民族服饰，壮族、苗族、瑶族、彝族穿得比较多。中老年妇女习惯穿本民族衣服，但是男士很少穿本民族服饰，年轻人一般不穿，只是在重大节日的时候才穿本民族的传统服饰。

各民族的传统节日，苗族、壮族、瑶族都还在过，比如壮族也过三月三，瑶族盘王节，彝族火把节。还有壮语的花饭节，今年是在农历六月二十四日。这个节日全州都过，但是时间不统一。各个民族也会去互相参加纪念节日。除了这些，在文山州的各个民族晚上还会到广场去跳本民族的舞蹈。

各民族的一些民间故事、民歌，现在的年轻人基本都不会了，中年人会的也很少，老年人一般都还会。

问：文山州跨境民族的情况怎样？

答：跨境民族有6个，壮族、苗族、瑶族、彝族、傣族和仡佬族。这些民族境内外的民间来往还比较多，跨境婚姻也很多，但是不登记的多，登记的是少数。

问：政府对各少数民族有怎样的扶持政策？

答：在学生升大学时有优惠加分情况，比如说壮族和苗族都有加分。但是政策会有变化，每年的加分程度也不一样，而且农村和城市户口的情况有区别。10个少数民族，壮族、苗族、瑶族、彝族、仡佬族、蒙古族、傣族、白族、布依族和回族，不是每个少数民族都有这种情况。富宁县的山瑶由于太贫困了，是重点扶持的对象，在那儿有为山瑶专门办的学校，山瑶的孩子在那儿学习文化课。

（三）马关县教育局教育股股长易全德访谈录

访谈对象：易全德，男，54岁，汉族，中专，马关仁和人

访谈时间：2014 年 7 月 16 日下午
访谈地点：马关县教育局办公室
访谈者：余金枝、赵静、娄朦朦
整理人：娄朦朦

问：易股长您好，能给我们讲述一下您的个人情况吗？
答：1980 年中专毕业以后，我在仁和岩脚小学教了 7 年书，其间什么科目都教。之后在仁和中心小学、马关三小和马白镇小学担任校长，从事教学管理方面的工作。2000 年调入教育局工作至今。

问：请您介绍一下马关县学校的总体情况，比如学校数量、师资情况等。
答：马关县共有 113 所完小，15 所初小，21 所幼儿园，16 所初中，一所普高和两所职高。有 3849 名教职工，其中有 3795 人是专任教师。

问：都龙镇有哪些学校呢？
答：镇上是都龙镇中心学校，下面的每个村委会都有学校，分别是东瓜林村中心学校；茅坪村中心学校；辣子寨村中心学校；保良街村中心学校；金竹山村中心学校；坝保村中心学校；来龙小学；大寨村中心学校和坝地小学。

问：家离学校远的孩子可以住校吗？
答：学前班到六年级的学生，周一至周五期间可以在学校宿舍寄住。而且享受政府补贴，学费、生活费全免，每月生活营养餐的补助是小学生 165 元，中学生 185 元。

问：马关县学生的入学和升学情况如何呢？
答：马关县小学生入学率达到 100%。其中金厂和小坝子受教育程度最高，文盲率为零。初中生入学率也达到了 100%，不过到了初二以后，继续上学的孩子会陆续减少，普通高中升学率为 41.12%，职高入读率为 44.47%，大学入学率不到 20%。

问：为什么在初中阶段以后学生入学率低了呢？
答：一是因为有些民族有早婚的传统，初中毕业后就回家完婚，苗族早婚的情况较多；二是因为在接受完九年义务教育以后，很多学生都外出打工或自主创业，不再接受学校教育。

问：幼儿园的情况呢？
答：目前马关县只有 21 所幼儿园，基本都在乡镇上。有的乡镇幼儿园是民办的，有的是利用闲置校舍建立起来的。

问：幼儿教师和孩子的情况呢？
答：幼儿教师并非都是专业教师，有的是转干的，而且他们不一定会民族语。孩子的汉语水平与当地民族的分布状况有关，如果周围没有汉族，他们的汉语水平较差，所以靠近乡镇政府的小孩往往掌握汉语比较早，汉语水平要好一些。

问：马关县的双语教学是什么样的情况呢？

答：我们县有 10 所校点开展少数民族双语教学，共有教学班 21 个，少数民族双语教师 21 名，学生 643 名，分布在边远少数民族地区。但是双语教学并没有得到真正的推行。主要是有几个困难：第一，双语课挤占了正常教学的时间，影响学校对教师的评价，涉及教师的切身利益；第二，教师需要背民族语和汉语两门课，任务量重；第三，在教学过程中，民族语只起辅助作用，教师只是利用民族语言去解释书本上的知识，没有严格意义上的双语课堂。

问：双语教材呢？

答：有的地方上级发放的双语教材与当地民族不匹配，所以在教学中用处不大，基本上是，上级发放的教材，我们再分发到各个学校，可是在实际课堂教学中用得并不多。

问：那有没有双语老师呢？

答：我们这边缺乏严格意义上的双语教师，教师只能在课堂上进行语言教学，而没有文字方面的教学。刚入学的孩子不会说汉语，我们将会民族语的老师安排在低年级，用民族语辅助教学。

问：县上有没有双语教学的培训呢？

答：县上没有这方面的培训，但是金厂民族小学（该校是由云南省教育厅命名的两所学校之一）的老师曾参加过省教育厅的双语培训，不过实际上大多是讲精神，没有讲知识。

问：教师通常用什么语言授课呢？

答：20 年前，少数民族的教师都会说他们自己的民族语，但近三年参加工作的教师中会说民族语的少了，基本上都是说普通话。教育局考虑到民族教师的分布情况，一般将会说民族语的教师安排在低年级，可以更好地给刚上学不懂汉语的孩子讲课。

问：孩子们学习语言的顺序是什么呢？

答：小时候跟着大人们说民族语，上学后通过课堂教学开始学习普通话，他们并不会说方言，直接从母语到普通话，没有云南方言的过渡阶段。

问：各乡镇有没有乡土教材呢？

答：没有，教育局不统一安排，根据地方的实际情况来定。

问：请您谈一谈体现民族特点的教育情况？

答：仁和小学每周星期五下午开设民族版画课，专门请民间传承人给学生上课，曾经有中央电视台前来录制过节目。

问：境外孩子接受教育的情况呢？

答：今年有40多个越南的孩子跟着他们的母亲嫁过来，虽然没有落上户口，但是同我们国家的孩子一样享受着九年义务教育。

问：教师们用普通话上课，越南孩子们能听懂吗？

答：能，两国靠近边境地区的语言基本上是一样的，可以互相通话，所以他们能听懂这边老师的话。

问：少数民族的学生在高考、中考中享受加分政策吗？

答：少数民族的考生可以在中考和高考中加10分，边境地区的考生会加10分，边疆的少数民族会加20分。

问：民族语的使用情况如何呢？

答：总体感觉民族语言逐渐被汉语同化。不过近年来，有些家长有意识地让孩子学说自己的民族语，让他们形成对自己语言的认同感。

问：少数民族孩子说民族语会有自卑感吗？

答：没有自卑感，因为周围都是母语同胞，相互交谈都用母语，所以不会觉得不好意思。如果有外族在的时候，就会用方言跟他们进行交流，因为说民族语他们听不懂。（采访过程中，在旁的一位工作人员开玩笑地说道："在马关，我们汉族才是少数民族，我本人和丈夫都是汉族，特别希望自己的孩子是少数民族，可以享受到国家扶持少数民族的政策。"）

（四）文山州教育局语言文字办朱玲莉访谈录

访谈对象：朱玲莉，女，1968年生，汉族，专科学历

访谈地点：文山州教育局语言文字办办公室

访谈时间：2014年7月11日下午

访谈者：余金枝、李敬敬

整理者：李敬敬、余金枝

问：朱老师，您是什么民族？

答：我是汉族。我曾是幼儿教师，已在教育局工作十年，现在从事有关幼儿教育的工作。有关幼儿教育方面的问题，你们尽管问我。

问：请您就文山学校建设方面谈一谈您的了解？

答：文山州民办学校有257所，独立设置的少数民族学校共34所，幼儿园1所，小学31所，中学2所。

丘北博仁、富宁的山瑶，国家领导特地为濒临灭绝的民族在就医就学方面给予扶持。在富宁第一小学为山瑶开设的班级有50个孩子，吃住在学校。这些孩子上学前不会说汉语，都是在学校学会了说汉语。

问：文山州学生教育情况是怎样的？

答：2007年九年义务教育已在全州普及，最后一个是广南县。

我主要从事幼儿工作，所以对幼儿教育的情况比较了解。幼儿园的入学年龄是3岁，文山州有9万多孩子，幼儿园共308所，民办的幼儿园有240所，公办68所，村级开设有独立的幼儿园。但是我们的幼儿园入园率还需要提高。

经过统计，包括幼儿园、小学、初中、高中、特殊教育学校的各个民族在校生共378696人，其中彝族就有67183人，壮族有192402人，苗族有88285人。

问：文山州有双语教材吗？

答：有双语教材，这些教材主要是壮语、苗语、瑶语和汉语的双语教材，而且都是按照国家规定征订的。学校对于双语教学有课时要求，要求教师教材课程都要到位，课程都要在课表中体现。

双语教师现在文山州有，在马关、富宁、麻栗坡也有。双语教学主要是在低龄段，三年级以前是用母语和普通话教学，四年级以后就能用普通话流畅朗读课文和交流。

文山州现在有11个民族，壮族、苗族、瑶族、彝族最多，除了回族，其他民族都已不同程度地汉化，因为族际婚姻很普遍。

问：幼儿园有没有体现本民族文化的教材或相关教学内容？

答：有的，这个是我们对幼儿园的民族团结教育的要求，一定要把当地的资源整合进教材中。各个学校会有不同的课程，这些课程也是学校自己挖掘。州里的幼儿园、学前班都是用普通话授课，但是学校的音乐、舞蹈、体育、游戏等方面都有结合民族文化的学习。

我们曾经在今年6月26—28日组织过比赛，这一比赛是全州规模的，主要是整合乡土资源进入教学课堂的竞赛。比如马关县幼儿园的参赛课程，是结合壮族绣球来进行的教学活动，探索绣球的多种玩法。

有些幼儿园自己设计园服，都是结合本民族的服饰特色来设计的。学校的课程都会体现民族的特色，广南县幼儿园把民间乡土收集来的东西做装饰墙，都是很有意识地在传承民族文化。

问：幼儿园中各民族相处情况如何？

答：相处都很融洽，各民族对其他民族的风俗习惯也很尊重。比如丘北幼儿园、文山州幼儿园都有一个小的回族食堂，充分尊重其他民族的饮食习惯。

问：文山与越南接壤，有越南学生来文山就读吗？

答：有，多呢。大学主要是文山学院有不少留学生，高中生也有在文山上学的，小学的数据没有统计过，但也有很多在文山读书的。

（五）马关县司法局副主任访谈录

访谈对象：李树荣，男，54岁，瑶族（蓝靛瑶），古林箐镇平安寨人，中专学历

访谈时间：2014年7月16日下午

访谈地点：马关县民族宗教局会议室

访谈者：李敬敬、杨露

整理者：李敬敬

问：李副主任您好，很高兴能采访您！请您做个简单的自我介绍。

答：你们好！我是古林箐平安寨人，蓝靛瑶。我会说瑶语、写瑶文，是瑶学会的成员，现在在司法局上班。从1990年到1993年在昆明市委党校读中专班。我爱人是汉族，她只会50%的瑶文，所以我们在家都说汉语。我有双胞胎女儿，1989年生的，都是瑶族，大女儿在马关县人大上班，二女儿在民政局的下属单位上班。

问：请您谈谈马关瑶族的情况。

答：马关的瑶族分布在古林箐、篾厂、南捞、小坝子、夹寒箐等镇，共4000多人，其中古林箐和篾厂最多，分别是1000多人。

古林箐的瑶族是从湖南到广东、广西再到云南的。各寨子的语言差异不大。

瑶族人数比较少，2007年成立了瑶族小组，2008年成立了瑶学会。瑶学会不收任何费用，只要填写申请表，参加活动就可以。现在瑶学会有会长、副会长、秘书长、三个监理、一个秘书、一个会计、一个出纳，会员大概有50多个，农村的会员比较少。瑶学会的活动政府不会干涉，向政府写请示，得到允许就可以。

问：马关瑶族受教育情况怎样呢？

答：古林箐的孩子从3岁开始上幼儿园。马关县读大学的瑶族还是很少的。辍学现象以前有，现在很少，70%的人都完成了九年义务教育。

学校一直没有双语教学。我上学的时候就已经用汉语教学了，学生听不懂老师的汉语，老师听不懂我们的瑶语。老师领着我们读什么，我们就读什么，还用图画来辅助教学。

问：马关瑶族都会说瑶语吗？

答：马关80%的瑶族都会说瑶语。我是古林箐人，对古林箐比较了解，就谈谈古林箐瑶族的情况吧。我们寨子里的瑶族都会说瑶语，两三岁的小孩

儿和老人的瑶语没有差别。有些工具类的瑶语长时间不用，现在我都不知道怎么说了，但是老人还是会说的。如果有汉族在场，出于尊重就说汉语。有些年轻人觉得瑶语人比较少，说瑶语有自卑感，所以说瑶语的人越来越少了。

瑶族大部分都会苗语，箐脚50岁以上的瑶族人都会苗语。苗瑶两个民族都能互相听懂，还可以对山歌。

问：寨子里的人还会写瑶文吗？

答：老人还都会写瑶文，我也会一点，但是会写瑶文的年轻人很少。

问：瑶族现在还在过什么节日？

答：我们现在过的节日有春节、上元节、二月二、三月三、盘王节、端午节、六月二十四、七月半、八月八。

春节我们瑶族本来就过。过年的晚上12点以前要封门，意思是把一年的瘟疫、妖魔鬼怪关在外面，第二天早上开门迎接好的事物，要取新水洗脸，洗掉旧的东西。大年初一只允许男人串门，女的不能串门。这有两个原因，一是女人的生理周期被看作是不干净的东西，不能在别人家，怕破财。二是初一男的要看书，女的要在家绣花。从改革开放开始，过年都要贴汉族的对联。对联的内容根据家庭情况来定，比如家里人有在外地的，就贴"平安顺利"之类的。以前都是要找瑶族会写对联的来写，现在都是买的。

上元节就是正月十五，汉族人叫元宵节。二月初二我们做粑粑、烧纸来祭龙，都是各家献各家的。代表龙的形象的东西各个寨子不同，有的是石头，有的是山。三月初三这一天我们要做黄米饭。

盘王节每年时间不一样。我们认为盘王是创世者，他到达的时间就是过节的日期。在马关是农历四月十一、十二。马关县里两年或者三年组织一次，寨子里每年都过。过盘王节的时候唱歌、跳瑶族的舞蹈，比如铜铃舞。祭品是猪、鸡，还做苞米饭。

端午节我们也包粽子，每个粽子最少两公斤。我们祖祖辈辈都过端午节，但是不知道为了纪念什么，也不知道为什么吃粽子。老人说端午节是肚子疼的节日，算是最下等的节日，可过可不过。

六月二十四这天我们祭天公地母，也是各家祭各家的，献三天。祭品是鸡，有多少杀多少。

七月半是比较隆重的节日。七月十四这天要烧纸来献老祖宗，有的人家还杀猪。

八月初八是吃新米的节日，可过可不过。

问：瑶族的传统习俗保留得怎样？

答：保留得比较好。

成人礼是瑶族比较隆重的传统习俗，一直到现在都过。只有男孩过成人礼，女孩不过。在12—16岁之间，挑一年办三天的成人礼。过成人礼的时候必须要穿民族服装，请五到七个有威望的人来做，教习瑶文、五行八卦和做人的道理。过了成人礼才可以结婚。成人礼的时候要杀猪，最后猪肉都是要师傅带走的，并且只用前腿不用后腿。如果是用了后腿，那这个师傅以后就不能再做师傅了。

瑶族家家户户都有家谱，家谱上男女都有，三代或者五代一转。我家的辈分字是定、国、树、有、发、明、才。我家两个女儿没按这个辈分字排，因为当时难产，所以用名字来冲冲喜气，就起名李俊和李晨。

我们现在还用天干地支纪年，用五行八卦来算前途等，如果你的东西被偷了，算卦师傅还可以算出小偷是男是女，比较准。因为女孩儿不过成人礼，所以女孩儿都不会五行八卦。

问：瑶族的婚丧仪式有何特色？

答：瑶族的婚丧传统到现在还保留着。婚礼要办三天，分别是过礼、迎娶、迎娶回家。新郎要过关卡才能迎娶新娘，过不了就会有人指点。过去都是老人包办婚姻，经过这些关卡新郎才见新娘第一面；现在自由恋爱，程序都简化了。以前和其他民族不通婚，改革开放以后与汉族、苗族、壮族等开始通婚，同姓也可以结婚了。我们寨子里有很多族际婚姻，我爱人是汉族，兄弟媳妇分别是壮族、瑶族、彝族、汉族。现在结婚不会考虑民族的因素。

丧礼很隆重，和其他民族也有区别。丧礼一般是两天两夜。老人过世后日子长了不能放在家里，拿到山上搭了棚子，找日子下葬。早上买路，必须找三个人，一个道师、一个师公、一个引师，都听从引师指挥。三个人要念指路经，要作斋，帮死者超度。道师、师公、引师一起念经，内容不一样，各念各的。年纪轻的一个人要念五遍，年长的要念七到九遍。如果死者结婚了没有后代，不能超度，请一个道公或者师公挡在门外，不能回家。如果死者还没过成人礼，就以为是来骗老人的，不能超度，请个师傅把他的灵魂打到十二层地狱，不能见天日。

问：您对瑶族的语言和传统文化的态度如何？

答：我觉得瑶族的语言文字和传统习俗还是需要保护的。年青一代会瑶语的越来越少，他们缺乏民族自信心，对他们来说民族语言也不是特别重要，觉得民族语言可会可不会。我对这种现象表示理解，但是也担心瑶语的消失。传统文化也需要保护，像五行八卦，会的人越来越少，这对我们民族的发展是很不利的。我觉得最重要的还是增强年青一代的民族意识，这样他们才能积极主动地学习瑶族的语言文字和传承瑶族的文化。

问：瑶族和哪个民族关系最好？

答：和苗族的关系最好。我们和苗族的接触时间最长，而且苗族是很仗义的民族。

问：瑶族和周边县市的瑶族联系如何？

答：和河口的瑶族联系最多，和湖南、广西的瑶族联系也比较多，我还有亲戚在广西，交流没有障碍。

问：和境外瑶族的联系如何？

答：和越南的瑶族有来往。古林箐离边境线只有两公里，走路只有两三个小时。边境上的来往不需要办多少手续。边境寨的瑶族和越南瑶族也通婚，通婚率有20%—30%。

（六）马关县苗族协会会长熊天武访谈录

访谈对象：熊天武，男，苗族，马关县苗族协会会长

访谈时间：2014年7月16日上午

访谈地点：马关县人民政府一楼会议室

访谈者：课题组全体成员

整理者：杨露

问：熊会长您好！您能介绍一下马关县的基本情况吗？

答：好。马关县地处云南省的东南部，文山州的南部。距离省城昆明约369公里，到州府文山市约50公里。全县土地面积约2676平方千米，下辖4乡9镇，共有120多个村民委员会。总人口为37.2万人。该地最高海拔约为1729米，最高峰为都龙镇的老君山。最低海拔约为123米。全年几乎无霜无雪。

问：会长，您家是哪里的？

答：我家是木厂镇的。该镇主要分布着苗、汉、壮、傣、布依等民族，苗族相对较少。在马关县，苗族比较聚居的村寨有金厂镇、都龙镇、夹寒箐镇、小坝子镇等。全县的少数民族人口约为35万人，其中苗族就有8万人左右。

问：您能谈谈马关县苗族的整体情况吗？

答：这里的苗族主要分布在13个乡镇，470个自然村小组，共有17280户，75120人。其中，"美丽乡村"项目扶持建设的自然村有79个。目前，约有79.3%的苗族村寨，生活水平尚未达到小康。全县有453个苗族村寨已通公路，占总数的96%。剩余的17个村寨预计将在今年年内实现村村通。马关县的苗族大多居住在山高坡陡的山地或丘陵地带，生活条件相对艰苦，要想摆脱贫困，就必须先修路，路通了，援助物资才能运输进去。

在马关县政府里，苗族公务员共计120人。与其他民族相比，数量相对

较少。亟须加强苗族教育和人才培养工作。近两年，我们协会也积极采取一些措施，改善苗族的受教育环境，促进苗族本土人才的培养。比如，在苗族当中开展苗语学习培训班，积极倡导中小学实行双语教育，每年协助成绩优秀的苗族贫困学生申请助学贷款等。

问：苗族协会是什么时候成立的？在促进苗族文化的传承方面做了哪些工作？

答：苗族协会成立于2004年，迄今已经有三届了。第一届苗族协会出版了《马关苗族》这本书，这为苗族文化的传承奠定了基础。每年春节的正月初三到初六，我们苗族协会都会组织和举办苗族最具特色也最隆重的节日——花山节。在开幕式上会有大型的民族文艺表演、传统服装展示、体育竞技等活动。今年，中共文山州委员会将花山节的主题定为"情满花山"。中央电视台还专程到马关进行现场拍摄，并制作完成了长达20分钟的宣传片。此外，在节日当天，还有来自美国、加拿大、老挝、湖南、四川等国内外的苗族同胞一起来踩花山。美国的苗族同胞兴奋地告诉我们："我们是从老挝迁到美国的，来到马关，我看到了一千年以前我们苗族生活的样子！"花山节打开了外界了解马关，认识苗族文化的窗口。为马关县的招商引资搭建了一个很好的平台。

问：越南的苗族过我们这边的节日吗？

答：每年过花山节，越南的苗族都会自发赶来参加。他们还会用苗语跟我们对山歌，彼此交流也很流利。

问：刚才在来的路上，我们碰到几个越南人，打招呼他们也不理睬。感觉他们很怕跟陌生人说话。这是为什么？

答：越南人是通过小路进入中国的，没有办理相关的入境手续，害怕被中国公安发现将他们遣送回国。所以，他们在路上一般都低着头，也不跟周围的人交谈。

问：越南人到马关来做什么呢？

答：这段时间越南边民的农事都忙完了，他们就来马关周边找工作。我们这边农忙的时候，常常需要雇人帮忙，而越南人的劳动力报酬比较便宜，很多农户都喜欢雇用越南人。一般工资为50元/天，提供食宿，吸引了大量的越南人来此打工。

问：您能分辨马关苗族和越南（的）苗族吗？

答：能看出来。他们的肤色和服饰都跟我们不一样。越南的苗族皮肤偏黑，民族服饰的色调以黑色为主，质地也很单薄。很容易辨别的。

问：这里与越南通婚的现象多不多？越南人为什么喜欢嫁到中国？

答：与越南通婚的现象还是很普遍的。我们这里的生活条件比越南好。在家庭关系中,男性负责养家糊口,女性负责照顾家庭。农业已实现机械化生产。而在越南的边境地区,农业生产基本还靠人背马驮,男性负责上山打猎,女性负责料理家事。她们普遍认为中国的女人很幸福。所以,越来越多的越南人嫁到中国,而且边境的越南人基本都会讲汉语普通话。

但是,跨境婚姻存在一个问题,即通婚的外国人的户口、医疗等问题。目前,我国的政策是境外人员落户需要办理相关的审批手续,在中国出生的亲生子女可以直接落户,享受正常的九年义务教育。随迁的非亲生子女则不可在中国接受教育。由于没有落户,越南媳妇也不能加入我国的农村合作医疗保险。

问:马关县边境地区两国之间的关系如何?

答:还是比较和睦的,没有发生民族纷争。在边界上生活的苗族,把自己的家当作哨所,房子当作哨房,自觉地守卫着我们的国土。

问:这里苗族的婚丧习俗有什么特点吗?

答:老人去世时,要请一位指路人唱诵指路经。接着,为逝者更衣入殓。摆好后,就开始打鼓吹芦笙。文山苗族,在婚礼和葬礼上都有击鼓环节,鼓点和鼓的颜色不相同。用于婚礼的大鼓是红色的,用于葬礼的大鼓是黑色的。

问:马关县会苗族文字的人多吗?越南的苗族会不会?

答:不多,只有少部分老师和干部会。马关小学曾举办过苗文培训班,部分老师和干部是通过这次培训学会的。越南的苗族只会讲苗语。

问:马关县有没有会苗文和汉文的老师?

答:有的。据我了解,大概有十人。

问:掌握民族文字,在各类考试中,如公务员考试、中高考等,有优惠政策吗?

答:没有。但少数民族学生,有10分的高考加分。

问:这里的苗族有宗教信仰吗?

答:没有,只是常常教育下一代要尊老爱幼。

问:马关县有没有苗族服装加工厂?

答:在文山市有两三家,大多是用机器批量生产的,手工缝制的店铺非常少。这些衣服主要销往越南,逢年过节时才会穿。

(七)马关县壮学会前会长卢兴让访谈录

访谈对象:卢兴让,男,73岁,壮族,马关县壮族协会前会长

访谈时间:2014年7月16日下午

访谈地点:马关县壮族协会活动点

访谈者:田阡子、王育弘、和智利、杨伟芬、刘丽媛、张洁

整理者：张洁

问：卢会长，请您先介绍一下您的情况。

答：我是1941年出生，家在马洒，1962年中师毕业后在南捞小学任教，也教过初中。全家都是壮族，侬支系，家里祖孙四代所有人都讲壮语。

问：您觉得壮语在这里发展得怎么样？

答：在这里，30岁以上的壮族人都还可以，基本听说都会。但这些年好多人到外面去读书、参加工作，不少年轻人都不会说了，但他们大都还会听，所以我们要成立壮学会，写壮族民歌。

问：卢会长，您懂壮文吗？

答：我没学过壮文，所以不会看壮文书，现在要想学就很困难了。但我们现在要写壮族歌，把壮族的这些东西流传下去。前几年，我们还编写出版了马关壮族民歌集，厚厚的一本民歌集，里面的民歌都是我们编委组下农村搜集来的，我们不认识壮文，所以都是汉语注音，再翻译成汉语意思，比如壮语的"马"读音和汉语的"来"音相同，我们就用"来"注"马"。每年的农历三月三是我们壮族节日，我们会举办各种壮族活动，比如唱山歌，通过这些来发扬传播我们的壮语，很多壮族同胞会穿着民族服饰参加活动。

问：壮文都是方块字吗？

答：都是方块字，在广西那边会写的人比较多，在这边就很少了。

问：卢会长，您的普通话讲得很好啊，除了壮语您还会讲其他少数民族语言吗？

答：其他少数民族的话我不会，普通话是以前工作的时候经常用。

问：卢会长，您觉得这边壮族多语人多吗？

答：这样的人一般在壮族和其他民族杂居的村寨，少数民族之间互相能听得懂彼此的话。比如在我家那边，80%的人都是壮族，还有苗族、汉族，其他民族很多人都能听懂我们的壮语，我们也能听懂他们的语言。

问：您觉得现在很多年轻人壮语掌握得不好的原因有哪些？

答：唉！（无奈的表情）我觉得：一是学校教学都使用汉语。小孩子一进学校都使用汉语，汉语倒是说得很好，壮语就不怎么说了，等到孩子上初中、高中、大学，长期在县城或是省城，基本就不讲壮语，很多就只会听不会说，有的连听都不会了。二是近些年有很多年轻人外出打工。这些年轻人只有逢年过节才回来，有的几年不回来，也不会讲壮语了。

问：您觉得在农村，壮语保存得是不是更好？

答：是的，所以我们现在建议寒暑假的时候，父母将孩子送回老家，学习壮语。

问：您觉得马关县壮族是迁徙过来的还是原来就在这里？

答：多数是原来就是这里的，有从湖南、广西、贵州迁徙过来的，不是很多。

问：这里经济发展得怎么样？

答：坝区的经济发展得比较好，过去靠种粮，养猪、牛、马。现在主要是水果，多数是芭蕉、甘蔗。

问：请您给我们介绍一下马关壮族的民居特点。

答：以前都是栏杆式，中间住人，下面养家畜，上面放粮食，现在都是钢筋混凝土房子了。

问：请您给我们讲一下马关壮族的风俗习惯和民族服饰。

答：农历二月的时候要祭龙；六月有个"花米饭"节日，传说是为了祭祀宋代壮族起义英雄侬智高。当时起义军被困在山上，老百姓为了骗过敌人，用花草将米饭染成各种各样的颜色，骗敌军说是有毒的，送去给起义军，后来起义军打败了敌人。从那以后，"花米饭"成为一种节日。服饰方面，过去男子要穿长衣、马褂、宽脚裤、头帕，大部分是黑色，女的都是自己织布、染色、做衣服，材料都是山上的植物，比如白芨、板蓝根等。现在除了春节、婚嫁时，老人会穿，其他几乎没有人穿了。

问：会长，成年男子和未成年男子的头帕一样吗？

答：一样的，不区分。

问：喜事和丧事有什么特点吗？

答：没有什么特别的，和汉族的基本差不多。

问：请您讲一下"摩"和"鸡卜"，现在还有吗？

答：现在也还有的，就是用来看事情的好坏，选择好日子等。

问：民族里有什么忌讳吗？

答：没有什么忌讳。

问：马关县还有壮医吗？

答：有的，多数是在各个村子里，他们都用草药。

问：有壮族的文化传承人吗？我们看那个刘三姐的对歌，她也是壮族，现在还有对山歌的习俗吗？

答：还没有正式的、有证书的文化传承人。很多壮族人，看到某一样东西，就可以联系起来唱歌，可以唱很久。远方来亲戚和过节的时候还是会对山歌，平时很少。

问：有没有什么申报联合国文化遗产的项目？

答：暂时还没有，但我们有个比较大型的活动，耍纸马，祖祖辈辈流传下来的，现在每到节日，我们都会耍纸马。

问：您给我们介绍一下边界的民族情况，比如通婚。

答：越南人多数是来这边卖工（打工）的，来这边做工两三年，回家就有钱盖房子了，他们那里很穷。从我们这边去越南那边的比较少，他们来我们这边很自由，我们去他们那边不行。通婚的也不是特别多，他们那边不允许女的嫁到我们这里，但有时候没有办法，那边太穷了，还是有一些越南姑娘嫁过来。

问：壮语和傣语通吗？和其他语言呢？

答：最多30%，和其他语言不通。

问：傣族也有"花米饭"，和你们的一样吗？

答：不一样，他们的是照着我们做的。

问：您的语言里汉语借词多吗？

答：看和谁说，和正宗的壮族说，就很少，如果和不是很懂壮语的人，汉语借词就多。

（八）文山苗族网站站长张元奇访谈录

访谈对象：张元奇，男，1952年生，苗族（白苗），初中学历，文山苗族网站站长

访谈时间：2014年7月12日上午

访谈地点：张元奇家

访谈者：余金枝、李敬敬

整理者：李敬敬、余金枝

问：张老师，您好！请您简单介绍一下自己的情况，好吗？

答：我是文山州马关县麻栗坡人，白苗。我是家里最大的孩子，小妹妹今年30多岁。我有一个儿子，现在在文山城里打工。我和我爱人离婚已经10多年了，她现在在老挝。我曾经在昆明当过7年兵，后来又回到了麻栗坡干了一年的生产劳动。1977年12月文山州委去麻栗坡招收成员组建民族工作队，我就报名参加了，当时的工作主要是到乡下去宣传党的政策。1980年，民族工作队分工作的时候我被分到民族干校。1985年我到了文山州的民族委员会的民族语言文字研究室，一直工作到2002年退休，到今年已经退休12年了。

问：您在民族干校和民族语言文字研究室主要从事哪方面的工作？

答：民族干校成立于1980年，1982年民族干校开办民族语文培训班。从1982年到1984年，我在民族干校当苗语老师。

民族语言文字研究室就是现在的民族研究所，我从1985年就在那里工

作，主要从事苗语的推广研究工作，从副科长到科长再到副主任最后到主任，一直工作到了退休。

问：文山州苗文推广的情况如何？

答：最早是1957年曾有10多个人到贵州学习苗文，回来之后就在当时的文山地区的地委党校办了两期培训班，学员共七八十个人。到了"文化大革命"，这个工作就停止了。虽然培训班没有了，但是民间的学习传授并没有完全停止。1982年民族干校开办培训班标志着苗文教学的正式恢复。苗文班是由五六个单位发起的，学员必须经过推荐才能到干校学习苗文。一些学员回去之后，开始在农村教别人学习苗文。那些年轻人教学的热情很高，就相约串村去办苗文班。群众学习苗文的积极性也很高，老师当时没有工资，他们只是交一点钱供老师吃饭。除了州的民族干校培训班，各县也有培训班。

1992年前后，由州民委、教育局在农村的小学搞双文教学，用的是扫盲课本，双文教学的老师都是农民。1995年，人事局给民委转干的指标，由民委去考察老师，优秀的就转为公办老师，苗文、瑶文、壮文的老师都有转公办的现象。

问：张老师，现在文山州的苗语使用情况怎样？

答：文山城里，现在还是有很多人会说苗语的。在街上大人孩子都可以大声地用苗语交流，因为他们不会觉得有压力，完全没有自卑心理。在马关也是这样的，但是在富宁可能不行，因为富宁的苗族人数少。民族自豪感，还是和人口数量有一定关系的。

很多人现在说的苗语，和过去的已经有了区别。过去所有的苗族支系 z、zh、dr 都有，但是现在60岁以下的人这几个音都合并了，60岁以上的都还没有合并音。年纪大一点的这三个音变成了一个 zh，在很多年轻人那里却变成了 z。出现这种变化的原因可能是父母教孩子学话的时候，孩子发音不准确，那么为了交流家长就跟着孩子读，慢慢地孩子就会认为他读的那个错误的音是正确的。跟我学习苗语的人当中有很多人这三个音也已经不分了。区分比较好的是富宁县的白苗，因为远离交通线和城镇；还有麻栗坡的董干镇，发音都很清晰。在岩头寨，除了声母以外，l 调和 s 调也已经不分了，他们的音是比 l 调低一点，比 s 调高一点，比如"买"和"卖"，他们就分不清了。

问：现在文山州有哪些部门专门从事民族语言文化方面的工作？

答：有三个部门，分别是广播电台、电视台、民族影视译制中心。

文山人民广播电台1979年成立。在文山成立了广播电台直到现在，广播电台苗语、壮语、瑶语的节目都有。这些节目的内容就是每天用民族语翻译新闻，还有一些文艺节目，这些节目的时间比新闻长，但不是每天都有。

其他的节目就是关于生活生产知识、党的方针政策的。新闻是早中晚都有，文艺节目只在晚上有。电台的播音员壮族、苗族、瑶族三个民族都有，当时招工的时候一共是十几个，但是现在没有那么多了，可能都分到了新闻组、编辑组。刚开始这个电台节目是中波的，文山地区应该都能听到，最多越南能听到。后来有了两套节目，一套中波的，一套调频的。再到以后就只有文山城能听到了。现在全州除了偏远地区基本都能听到。

电视台在2008年前后开播了民族语言的节目，民语新闻，只有15分钟，其他的节目都没有。电视节目只是文山城能看到，在农村是看不到的。新闻好多都用苗语说不了，必须要借汉语词汇。所以能听懂苗语说的新闻，当然也能听懂汉语的，并且文山城的人都能听懂汉语的。这个节目的作用是有的，但不太大。

民族影视译制中心，原来是属于电影公司的，后来改革把这个划到了电视台。文山州电影公司在1988年前后成立了译制组，翻译电影，有壮族、苗族两个民族，共5个人。这个工作到1993年前后就停止了。大概是2005年，电影公司又成立了译制中心，但是只有一个文化局的苗族同胞来管这件事。一直到2011年前后，才改名为译制中心，归到了电视台。现在也只是一个人在管，让别的单位的同志过来配音，不过人数都是不定的。现在他们翻译的都是一般的数字电影、电视，要先到省里发行，有专门的机器放，一般的VCD不能播放。译制中心只是翻译汉语的电影、电视，自己没有制作节目。

**问**：在苗语方面您做了哪些工作？

**答**：这么多年以来我一直都在从事苗语歌曲创作，到现在为止我翻译汉语的歌曲大概有200首，我写的苗语歌大概有10首。

现在我还在教苗语，从今年3月开始的，先是有一个人来上课，后来又有别人来，从5个人发展到10个人。周日晚上在我家面授，还有一些我通过网络教课。做这个事情，首先是因为对苗语语言文字的民族情感，还有就是我自己很喜欢苗文。

**问**：文山州和越南接壤，这里的跨国交流是什么样的状态呢？

**答**：这里的跨国交流应该说还是比较多的，文山城里就有很多越南的苗族过来打工，现在大概有几百人，工资是1000元左右。来中国打工的越南人当中，到马关的是花苗、到富宁的是白苗。越南支系和中国接壤部分的苗族支系是一样的。

（九）与都龙镇镇政府领导的座谈

访谈对象：李保能，男，汉族，本科学历，都龙镇党委书记

访谈时间：7月17日上午
访谈地点：都龙镇镇政府会议室内
参加人员：项目组全体成员；都龙镇党委书记李保能、王副书记、蔡副书记、赵副镇长、镇政法副书记
访谈者：余金枝及项目组全体成员
整理者：刘丽媛

会议开始之前，余金枝老师将此课题相关资料向书记及各位领导展示，并介绍了课题基本情况以及课题组成员。都龙镇党委书记李保能代表所有镇政府成员对课题组的调研表示热烈的欢迎。书记表示，都龙镇的民族语言资源丰富，课题组来边疆调研民族语言的活动对于都龙镇非常有意义，感谢课题组对都龙镇的关心。

**余金枝**：请书记先给我们介绍一下都龙镇的基本情况。

**李书记**：好的，那由我先来介绍一下都龙镇的镇情概况，都龙镇地处马关县东南部，全镇国土面积212平方千米，镇政府驻地距县城23公里，东邻麻栗坡县猛硐乡，南与越南河江省黄树皮、箐门两县接壤。都龙镇主要有四个特点：一是边境线长：边境线长达58.4千米，全镇有4个村委会20个村小组，974户3870人与越南直接接壤，有对越通道2条（茅坪、南松），便道8条，目前正在修边境国防道。二是民族众多：都龙境内居住有11个民族，以汉、壮、傣、苗、瑶为主体民族，少数民族人口占全镇人口总数的70.08%。三是资源丰富：全镇耕地面积34396亩，境内有物种丰富的省级自然保护区——老君山，森林覆盖率27.2%。境内矿产资源丰富，有两个矿山，属于国企，在云南省内都比较有名，产值占全镇经济收入的50%以上。另外，都龙镇是全国第一大铟资源地，中国有60%左右的铟在云南，而云南70%以上的铟在都龙。除此之外，境内现已探明的矿产有锡、铜、锌等30余种，潜在开发价值超过400个亿，素有"中国第三锡都"之称。四是群众精神文化生活丰富多彩，民族民间文化活动内容丰富。

**余金枝**：李书记，都龙镇目前的建设重点是什么呢？

**李书记**：我们镇目前正在争取大量建设基础设施，改善少数民族贫困地区的生产生活条件。目前正在做三个片区的道路建设。到2020年，少数民族也要进入小康社会，所以改变少数民族生产生活条件是目前的首要任务。

**余金枝**：那么农业方面的发展呢？

**李书记**：我们现在主要抓的是延边境一线的农业开发，我们已经引进了上海的750万元的项目。这样的项目对于都龙就如"输血"一样，只有输入了血，我们自己才能"造血"，这样经济才能循环发展起来。

**余金枝**：我们知道，都龙镇的少数民族之间关系融洽，语言关系比较和谐，那么政府在维护民族关系稳定方面做了什么努力呢？

**李书记**：稳定这个问题还是要回归到经济发展上，少数民族生活好了，关系自然和谐，也只有边疆少数民族稳定了，内地才能稳定，少数民族生活没有顾虑，才能继续保卫边疆。现在边疆老百姓要富起来，还需要中央政府的支持，也借你们这次的调查项目，向中央呼吁给予政策倾斜，给予资金项目，这样才能发展边疆经济。都龙镇目前基层条件差，希望此次调研能够为我们介绍一下边疆的发展情况。

**余金枝**：我们这次的项目由我领队，戴教授也会赶来指导工作。我们主要想调查研究少数民族母语的推广、母语活态保护以及双语和谐的情况、经验和问题。国家语委委以我们重任，希望我们这一次能够做一个科学的量化标准，供其他地区参考。都龙镇的不同民族使用不同语言受到尊重，说明民族关系和谐，这里肯定有政府的支持。还有，我们这一次调查后还要出一本书。8月5日初稿完成，10月出版，出来以后会给镇政府寄过去。我们也正在摸索一个如何做好这一课题的经验，为了完成这次任务，我们选了六个点，思路是这样的：边境两个点，非边境两个点，杂居一个点，聚居一个点，我们想请您提点意见。

**李书记**：这些点都比较有代表性。

**余金枝**：那么这些点的路况怎么样？

**李书记**：路况都可以，到时候我们会派车跟你们去。

最后，余金枝老师向书记介绍了调研的计划以及需要都龙镇政府帮助的地方，镇长表示积极配合，提供了最佳路线。课题组全体成员鼓掌感谢镇上的全力支持。

（十）都龙镇党委副书记、政法委书记熊开良访谈录

访谈对象：熊开良，男，36岁，苗族，大专学历

访谈时间：2014年7月17日下午

访谈地点：都龙镇政府三楼副书记办公室

访谈者：和智利、赵静

整理者：赵静

**问**：熊副书记，您好。请简单介绍一下您的情况。

**答**：我叫熊开良，苗族人，出生于1978年，老家是金厂镇龙山村的。我2002年毕业于云南公安高等专科学校，也就是现在的云南警官学院。毕业后在广南县公安系统工作，后来调到了马关县南捞派出所担任所长，之后

又到了八寨派出所。2013年9月来都龙镇，主要负责政府的工作，不过还保留了公安系统的身份。曾荣立一等功两次，五次被评为"先进个人"和"优秀共产党员"，并荣获云南省第三届"百姓最喜爱的人民警察"。

问：请您介绍一下都龙镇的情况吧。

答：都龙镇主要有两大特点：一是矿藏丰富，二是少数民族众多。都龙镇地处马关县东南部、富饶神奇的省级自然保护区老君山脚下，是祖国的边疆重镇。东邻麻栗坡县猛硐乡，西面、北面分别与金厂、夹寒箐、马白、南捞等镇交界，南与越南河江省箐门、黄树皮两县接壤，国境线长58.4千米，有两条公路与越南对接。这里矿产资源丰富，其中锌矿储量达365万金属吨，锡矿储量约为30万金属吨，为全国第三位、全省第二位大锡都，铜、铅、钨等矿藏储量也很可观。全镇总面积211平方千米，辖8个村委会，总人口30830人，其中苗、壮、彝、瑶、傣等10个少数民族人口占67.3%。

问：您会说苗语吗？

答：会的。我从小就说苗语，从小学一年级到三年级都是使用苗汉双语。听不懂汉语的时候，老师就一句苗语一句汉语带过来。现在一家人已经住在马关县城。我妻子是大理白族，现在能听懂而且也会说苗语。我们在家都说苗语，我的孩子们一半说汉语一半说苗语。我妻子回到老家跟我父母他们都说苗语。在老家那边都是说苗语的。我回家跟老家的亲戚、朋友在一起时还是比较喜欢说苗语。如果矿上有什么事情或者下去到老百姓家里，我遇到苗族就说苗语，同事之间都是说汉语方言。如果下去考察工作，即使当中有苗族，我还是会说汉语，总不能让其他民族觉得我偏向苗族。我还能听懂壮语。

问：您妻子是自己主动学习苗语的？

答：她是外语学院毕业的，英语专业，现在在马关一中教书。她本人就比较关注语言的状况。我在广南的时候她就会主动学习当地方言，结婚以后又学说苗语，现在回家跟老人们都是说苗语。

问：您小孩都会说什么语言？

答：她对民族语是比较感兴趣的，但平时跟她的朋友们在一起交流还是喜欢说汉语，回家跟亲戚都是说苗语，也会说一点白苗语。她外婆带的时候教了一点白语，白语跟汉语的音很像。农村的小孩都还是说苗语，我们平时休假的时候都带孩子回老家，跟村里的人交流。

问：您希望孩子学苗语吗？

答：当然希望了。我跟妻子都比较重视教她苗语。金厂那边的中学每星期都有苗语培训课，但是都龙没有。金厂中学的老师还成立了苗族基金会，专门帮助生活困难、读书困难的苗族学生。我们两口子也都很重视这个问题，本来想资助一些困难的苗族学生，或者组织一些学习苗语的活动，可是经济条件不允许。

**问**：苗族跟外族通婚的情况怎样？

**答**：以前可能比较严格，一般都不跟外族通婚，不过现在都自由了。我父母也希望我找一个苗族的妻子，但苗族重男轻女，觉得女子读书没有用，女孩子读书的较少，文化水平不高，所以我就找了白族的。

**问**：政府有没有针对苗族女子的关怀政策呢？

**答**：有。省妇联组织了一个昆明女子中学，在二十九中那边，主要是选拔少数民族当中比较优秀的女孩子去读书，我妻子和堂妹都是从这个学校毕业的。那里的政策很好，不用交学费。去年他们也下来宣传过，但是全马关就只有一个名额，名额太少。除此也没有其他政策了，针对少数民族的也没有。

**问**：公务员考试中少数民族有什么特殊政策吗？

**答**：没有。我们公安局需要一些懂民族语的同志，所以有时要招懂民族语的少数民族，要他们到基层或者处理涉及少数民族案件。是为了工作的需求，而不是出于保护民族语言的目的，也不算是对少数民族的特殊关怀。

**问**：您会苗文吗？或者您知道有人会吗？

**答**：我自己也学过，但是对音标不熟悉，学得不准。会文字的比较少。上小学的时候，国家开办过专门学习苗文的培训班，可是后来就没有了。以前政府组织在金厂办过夜校，召集本村的年轻人来学习苗语，但后来也没有了。我妻子从马关电视台那里要来了苗语书，在自学。

**问**：都龙这边有什么促进民族语教学的政策吗？

**答**：目前没有。原来还有金厂民族小学、民族中学，现在都没有民族学校了。金厂那边还有学校开展双语教学，有苗语课，但是都龙这边没有。以前我上初中的时候，同学中2/3都是苗族，也有其他壮族、汉族的。我们的普通话不标准，所以苗族在一起的时候就全都说苗语了。不过老师会鼓励我们说汉语和普通话。

**问**：是不是矿区在这里对都龙的民族教育产生了一些影响？

**答**：可能有。因为有年轻人辍学到矿上打工挣钱，对民族文化和语言的学习不够，也谈不上保护。你们来做这个课题，就是要呼吁大家重视传统的文化保护。我们村干部在外面工作的时候也要进行一些宣传。

**问**：您觉得未来苗语会消失吗？

**答**：如果我们现在还没有保护的意识，到子辈或者孙辈可能就很少有人再讲了。所以，我在家时尽量教孩子多说苗语。我的态度是汉语要学好，这是我们国家的通用语，走到哪里都可以跟别人交流。同时，作为少数民族，也不能忘本，为了更好地传承民族的文化，也要学好本民族的语言。

问：有保护苗族传统文化的政策吗？

答：现在没有什么政策来保护这些。我父亲那一辈的民族意识和国家意识是很强烈的。苗族办丧事会吹芦笙，用树叶吹曲子，还有刺绣等很多的传统，现在几乎都失传了。我知道有些地方会有文化传承人，政府也会给予一定的补助，但是这里没有。

问：熊副书记，我们这里的主要特征就是涉边，那么边境的民族关系如何呢？

答：总体上也是比较和谐的，还可以相互通婚，两边都有亲戚，所以关系还是比较好的。但是毕竟涉及两个国家，双方的边境意识和国土意识还是比较强，当国家利益大于民族利益的时候可能会有些问题，主要焦点还是在国土的界线问题上。

问：边境两国的语言状况呢？

答：因为两边有亲戚或者做生意都要交流，所以都能听得懂。像茅坪、南北这些地方，很多人都会说越南话，越南人也会说汉语。

问：会不会有民族歧视行为或者意识？

答：会有一些。比如有人就把苗族叫"苗子"。那是由于历史文化的原因，苗族一直都是逃难过来的，文化水平较低，但是没有发生过冲突或者打架。十几年前有过一些民族之间的矛盾，但现在都没有这样的事情了，只是在涉及土地的时候可能会发生不愉快的事情，毕竟农民的根本是田地。总体来说，各民族之间还是很和谐的。

问：那如果产生纠纷您会用什么语言去跟他们交流呢？

答：如果涉及多个少数民族，如有汉、苗、壮等，我可能会讲苗语，因为这样会给其中的苗族一种亲切感，从而缓和矛盾。如果只是苗族和汉族，那我就会讲汉语方言，这样不会给汉族造成误解，产生我偏袒苗族的心理。这样做有利于工作的顺利进行。有时还会涉及边境贸易中的一些问题，或者情报什么的，说民族语能更好、更快捷地解决这些问题。

那下面我要说两个问题，希望你们能够记下，通过你们反映到上面：一是各级政府对边疆民族的投入和关怀，我们深切感受到了。但是这里基础设施建设还是需要加大解决力度，比如道路硬化、危房改造等。二是希望上级能够重视边境民族地区的传统文化保护，鼓励和资助民族地区展开传统的文化活动。比如我们可以借鉴美国、泰国等国家或地区在保护民族文化方面的一些好的做法，搞好民族文化。这也有利于民族团结，保持边疆稳定。国家对我们边疆地区的人民每年每户有1000元的沿边定补，这些惠民政策我们心怀感恩，但也要让国家看到我们更多的需要，看到我们保护民族传统文化的期望。

（十一）都龙镇人大主席黄有德访谈录

访谈对象：黄有德，男，49 岁，彝族，函授大专学历，都龙镇人大主席
访谈时间：2014 年 7 月 17 日上午
访谈地点：都龙镇人大主席办公室
访谈、整理者：王育弘

问：黄主席您好！请简要介绍一下您的个人情况？
答：我是本地人，辣子寨村倮倮坪人。1965 年生，彝族。初中毕业后当兵，当兵五年后复员回来在都龙镇计生办从事计生工作多年，后又担任都龙镇副镇长，现在是镇人大主席。文山党校进修，函授大专，法学专业。
问：咱们这里是多民族地区，请介绍一下咱们这里语言文字使用的情况？
答：我是彝族，会说一点彝族话，能听得懂一些当地壮语、苗语的日常用语。我们辣子村有 5 个彝族村小组、8 个壮族村小组、1 个苗族村小组。彝族村小组有 3 个村小组讲彝族话少一点，都讲汉语，是因为靠近镇里。2 个村小组讲得多，是因为他们经常和接壤的越南那边的彝族往来交流，越南那边的彝族话保存得比我们这边好一些。壮语村和苗语村使用母语的情况要比彝族的好一些。文字方面，据我所知，没有人懂彝文，我也不懂，没有人教学培训。
问：请问这里民族众多，各民族之间交往会不会因为语言的不同产生矛盾？
答：不会，我们各民族关系都比较好，不同民族之间一般都用汉语交流。
问：请问咱们这边的民族同境外越南各民族的关系怎么样？
答：各民族的关系都很好，还有越南新娘嫁过来，不过上不了户口，小孩可以上户口。
问：请问对于现在有的少数民族年青的下一代有些母语都不太会说，甚至都不说，就像刚才您也提到你们彝族村小组有的彝族话也讲得少，都使用汉语的情况，您是怎么看的？
答：现在有的少数民族年青的一代都不太会说自己的民族话，甚至不说，这种情况在这里还是比较普遍的，农村、城镇都有，镇里的情况更是如此。主要因为这里是多民族地区，为了方便日常生活、工作、往来交流，各民族基本上都用汉语沟通，都觉得使用汉语方便，所以下一代进行民族语言交流的机会渐渐就少了。另外，这里民族关系比较和谐，各民族之间杂居、相互通婚也会影响语言的使用，像我们倮倮坪是彝族聚居村，32 户彝族，两百来人，但有汉族、苗族、壮族嫁给我们彝族的，我爱人就是汉族，是镇上的，我们都说汉语。两个小孩也不会说彝族话，都说汉语，我们日常

生活中都用汉语交流，老人也不说也不教彝族话。

**问**：您作为多民族地区的基层干部，请问咱们这里基层领导干部工作中语言使用的情况怎样？工作中基层干部懂少数民族语言对工作有怎样的帮助？

**答**：我们这里是多民族地区，在干部的设置上也考虑到多民族地区的原因，所以我们的领导班子有汉族、壮族、苗族、彝族等，这样配置方便下乡工作。比如壮族村有事情需要处理、协调，通常我们会安排壮族干部去处理；苗族村有事情需要处理、协调，我们就会派我们的苗族领导去，当然也不一定，我们这里的干部无论是汉族干部，还是壮族、苗族干部大多数都会听、说一点当地的各少数民族语言，像我之前也说过会说一点彝族话，而且听得懂一些当地壮语、苗语的日常用语，这是多年在民族地区基层工作中练出来的，不然老百姓的工作不好做。基层干部学会听、说不同的民族语言，能用不同的民族语言和不同的民族交流，工作会更方便一些，民族工作中存在的困难相对就要好处理一些。

**问**：请介绍一下你们彝族的服饰、婚丧嫁娶、建筑、文化习俗的保存情况。

**答**：我们这里的彝族服饰、婚丧嫁娶、建筑方面都和汉族一样的，传统文化保存得也不是很好，除了还过火把节，很多习俗已趋同汉族化了。

**问**：咱们都龙镇学校教育怎样？

**答**：都龙对教育很重视。教育普及面、群众受教育的情况等都取得了很大的发展。都龙有1个马关三中、9个小学、1个中心校、8个完小。孩子们一般读书读到初中毕业才去打工，基本实现扫盲。

**问**：以您们彝族为出发点，请您谈谈对当地保存和传承少数民族语言文化传统有何设想？

**答**：我们当然希望能会说自己的民族语言，现在这里主要是重点发展经济，保存和传承少数民族语言文化方面我们做得还不够。现在我们这里除了像壮族、苗族等的一些重大节日有政府支持、组织并承办外，其他民族的一些传统节日主要还是靠民间自发地组织承办。我们和其他民族杂居，也没有这个意识，没有传统文化保护的自觉性，老一辈人也不教年轻人，年轻人也不学。像彝调、彝舞很多人都不会，彝调现在只有几个老人会。保存和传承少数民族语言文化传统除了自己要有意识，还需要各级政府、领导的支持和关心。

（十二）都龙镇副镇长赵永进访谈录

访谈对象：赵永进，男，30岁，汉族，本科学历，都龙镇副镇长

访谈时间：2014 年 7 月 17 日上午
访谈地点：都龙镇镇长办公室
访谈者：田阡子
整理者：杨茜然

问：赵镇长您好，请您简单地给我们介绍一下您的个人情况。

答：我叫赵永进，汉族，1984 年 11 月出生，是马关县马白镇人。2008 年毕业于西南民族大学经济学院，毕业后我一直在马关县国税局工作，2013 年调到都龙镇政府任副镇长，分管民族宗教、社会保障、民政还有非公经济事务。

问：请您介绍一下中越边境地区的民族宗教以及社会情况。

答：都龙镇有 4 个戍边村委会，其中有 20 个村小组与越南接壤，这 20 个村小组群众从出生起就享受国家低保。此外，这 4 个戍边村委会每年每户还享有 1000 元的国家沿边补助。都龙镇共有 11 个民族，7 个村委会，1 个社区，151 个村小组和 2 个居民组。少数民族共计有 5757 户，23815 人，少数民族占全镇人口比例为 70% 左右，主要有苗族、壮族、彝族。

问：人口最多的和最少的民族分别是哪些？

答：人口最多的是苗族，占全镇人口的 41%；人口最少的是瑶族，只有箐脚一个村小组，32 户人家，104 个人，占全镇人口的 0.43%。

问：边境地区有无特殊的民族政策和宗教政策？

答：他们在升学时享有加分政策，边境的汉族也可以加分，少数民族比汉族再多加 10 分。

问：都龙镇边境地区比如国门街的双边贸易情况怎么样？

答：有双边贸易，一星期有两个街天，星期二在茅坪，星期六在国门街，大部分都是越南人来我们这边赶集。他们从中国购买化肥、洗衣粉等生活用品，我们也会从他们那里购买粮食等一些农产品。

问：边境贸易对都龙镇的经济发展有多大的促进作用？

答：由于这些口岸的规模都比较小，所以对整个都龙镇经济的促进作用不是很大，但对茅坪村小组的经济发展起到了较大的促进作用，所以大家都说茅坪的人比较会做生意。

问：目前中越关系如何？

答：中越通婚比较多，主要是那边的姑娘嫁过来，我们这边几乎没有姑娘嫁过去。由于国家有制度限制，那些嫁过来的越南媳妇领不了结婚证，也没有办法在中国落户，但是孩子可以落户。

问：越南媳妇由于没办法在中国落户，是否需要定期回到越南去办理签证等相关手续呢？

**答**：不用，没有那么正式。越南姑娘嫁过来不是通过正规的出关途径，好多都是自己跑过来的，本来她们在越南也没有办理过任何签证，所以也就不必定期回去办理。这也是一个目前比较大的问题，派出所或者边防难以掌握越南籍人员情况。以前省民政局调查跨境婚姻的状况时，我们也曾反映过能否解决越南新娘的户口问题，毕竟跨境婚姻不规范，不便于我们进行管理。

**问**：跨境婚姻有哪些利弊？

**答**：利的一面主要体现在可以给我们带来劳动力，解决劳动力不足的问题。弊端主要是不方便管理和准确掌握她们的动向。

**问**：边境地区是否有一些诸如吸毒、卖淫、嫖娼等非法活动？

**答**：非常少。以前确实是有的，但现在由于管理严格，涉毒和涉黄情况已经很少了。

**问**：由于国家对戍边村委会的优惠政策，非接壤地区的村民有没有搬迁现象？

**答**：嫁娶的情况可能会有，但为了一些优惠政策而搬迁的现象很少。

**问**：请您谈一谈都龙镇的宗教情况。有哪些宗教？有没有本土原始的图腾崇拜或宗教信仰？

**答**：没有大规模的普遍的宗教信仰，个别信仰的宗教基本和汉族相同。都龙镇主要是民族问题比较复杂，一些小的矛盾在所难免，但大体上融合得比较好。

**问**：都龙镇经济发展最大的特点是什么？

**答**：都龙镇矿产资源丰富，主要有锡、铜、锌等资源，素有中国第三锡都之称，是文山州乃至整个云南省的支柱产业之一，也是马关县除马白镇以外最大的纳税乡镇。这成为都龙镇经济发展最为突出的特点。

**问**：都龙镇的经济发展是否得力于它对锡矿的开发？针对锡矿的开采国家有哪些限制措施？

**答**：是得力于它对锡矿的开发。国家有一些限制措施，比如关闭一些粗放的小作坊，重点培养一些正规的较大规模的企业。

**问**：这些企业主要是靠国家扶持还是自己发展？

**答**：都有，云南华联锌铟股份有限公司和云南中金共和公司就是国企，也有一些私企，比如长龙矿业有限公司。很多企业都在矿山上，可能会在镇上建个办公室。整个都龙镇过去有30多个采矿企业，每年仅上缴国税就近2亿元。

**问**：矿产作为一种不可再生资源，有些地方已经出现能源枯竭，针对这个情况政府有哪些措施限制采矿？

**答**：自然保护区的矿产是绝对不能动的，还要定期对自然保护区进行清理，并且政府正在努力使老百姓从矿区上回归到农业开发中来。

**问**：都龙镇算是马关县比较富裕的乡镇了吧？

**答**：都龙镇看起来比较富裕，被称为马关的"小香港"，但实际上老百姓有穷有富，贫富差距比较大。

**问**：老百姓的家庭婚姻情况怎么样？

**答**：整体上不错，离婚的现象也有，离婚率每年基本没有太大的变化。

**问**：当地人是否有族际之间的通婚？

**答**：有。这里的民族融合得比较好，早已打破民族的界限自由通婚，只有一些寨子里面特别传统的老人可能还会有点介意。

**问**：母语保存的情况如何？

**答**：现在的"80 后"、"90 后"会说，但已经不如老人说得那么好了。一些年轻人外出打工要说普通话，只有回到寨子里才会说自己本民族的语言，可能以后讲民族语的人会越来越少。

**问**：这里的聚居村一般分布在哪里？

**答**：瑶族主要聚居在箐脚，彝族主要聚居在辣子寨娃娃洞，聚居村内外来民族比较少。由于地理位置比较偏僻，地质灾害频发，交通不便，导致了这些地方比较封闭，与外界联系少，因此形成了聚居村。

**问**：越南新娘嫁进来以后是否给当地的民族语使用带来了冲击？

**答**：没有。都龙镇的越南新娘约有几百个，对全镇来说毕竟是少数，她们讲的语言对当地的民族语构不成威胁。

**问**：瑶族的经济情况怎么样？对于特困地区国家是否有政策倾斜？

**答**：与其他地方的瑶族相比还是有一些差距的。国家有优惠政策，例如在民族地区或贫困地区，像箐脚和娃娃洞这两个地方，建新房时国家给予危房改造补助资金 15000 元，整体异地搬迁补助共计达 50000 元到 60000 元。

（十三）都龙镇岩头苗寨村民杨超访谈录

访谈对象：杨超，男，23 岁，苗族，本科毕业，自己创业

访谈时间：2014 年 8 月 4 日

访谈地点：都龙镇进龙旅馆

访谈者：李春风

整理者：李春风、李敬敬

**问**：请介绍一下您的家庭情况及学习、生活经历。

**答**：我叫杨超，1991 年生，青苗，2014 年毕业于云南民族大学。我从

小就说苗语，6岁去田坝心小学读书开始学习汉语方言。我还会说大部分的壮语和一点瑶语。我家里有4口人，父母在家务农，弟弟在马关上班。

问：请介绍一下自己、亲人及朋友的语言使用情况。

答：我从小就讲苗语，家里面也都讲苗语。我们村里都是苗族，平时都说苗语。除了苗语之外，村里人都会讲云南方言，村子里50岁以上的人绝大多数都会讲壮语和瑶语。

问：你从什么时候开始有民族观念的？（明确自己是苗族人）周围其他民族是否有比较强烈的民族意识？

答：从小学入学登记才明确自己是苗族，开始有明确的民族意识。周围的大部分民族都有比较强烈的民族意识。

问：你对自己或者别的民族的民族文化了解多少？你喜欢自己的民族、母语和民族文化吗？为什么？

答：对本民族文化比较了解，对壮族、瑶族的民族文化了解一点点。我很喜欢自己的民族、语言和民族文化。因为我是苗族，有民族自豪感，所以我要了解我们民族文化。

问：你认为民族语重要吗？你如何看待学校的民族语言教育因素？你认为应该如何开展教育更适合本地情况？

答：重要。民族语是民族的特征之一，不会说民族语言那么民族特征就很不明显了。我知道的是，文山学院几乎每年都有关于苗族语言文字的培训，但结果并不理想。因为在生活中并不使用苗族文字，本地只有极少数人认识苗族文字。

我认为使用和推广少数民族语言不是靠学习教育就能实现的，应该从实际出发。他们学习的目的，不仅仅是为了确保母语不消失，而应该让他们觉得自己的民族语言有用武之地，让少数民族提高使用自己民族语言的频率和范围。

问：你担心苗族后代不会说苗语吗？

答：如果孩子们待在老家这里，就是不教，他们自己跑出去玩也能学会语言的，慢慢都掌握了。但如果离开家乡，到其他语言环境，即使教了，不使用也没意义了。语言必须用，不用的话，二三十岁以后就不会了。

问：你怎么看当地人的民族关系、民族语言和汉语的关系。与你后来接触的其他地区有什么不一样的地方吗？

答：当地关系非常融洽，本民族内部交流使用本民族语言，与其他少数民族之间交流使用汉语方言。我接触到的一些其他民族内部有的开始用汉语在交流，但是我们当地都是用民族母语，比如苗族、瑶族和壮族。

**问**：当地是否曾因为民族问题而发生矛盾？

**答**：当地民族与民族之间关系非常融洽，没有矛盾。

**问**：你对自己的母语感到担忧吗？为什么？

**答**：我对自己的民族语言感到很担忧。因为当地部分生活条件比较好和在城里工作的苗族，他们的后代很多都不再使用苗语，即使他们会一点苗语，也是说几句很别扭的苗语，更有的直接认为自己是苗族就是个耻辱，就更不可能愿意说苗语了。

**问**：你是否想过有关本民族发展的问题？如果有，是什么？

**答**：有。我认为苗族的发展应该由个别的出色人物来带动，团结本民族，在当地开设各种初级产品的加工厂，让民族富裕起来。我相信"仓廪实而知礼节，衣食足而知荣辱"。

**问**：你打算如何教育自己的下一代？

**答**：等我有了孩子，要教会他苗语和苗族文化，这样苗族的传统才能传承下去。另外，孩子要有作为苗族的自豪感和自尊心。

**问**：你认为政府在民族地区采取哪些方面的措施比较好？

**答**：在少数民族过自己传统节日的时候应该给予支持和帮助，比如在资金方面。另外，政府应该大力弘扬少数民族文化，比如开展并鼓励年青一代学习本民族的文化。

# 第二章　壮汉双语型的南松小组母语活态及双语和谐

南松小组是壮族聚居区。村民母语保留得很好，除了主要使用母语外，还普遍兼用汉语。本章主要对南松小组壮族的母语活态及双语和谐进行描写和分析。

## 第一节　南松小组概况

### 一　辣子寨村委会概况

南松小组地属辣子寨村委会。这里先介绍一下辣子寨村委会的概况。

辣子寨村委会地处都龙镇南边，距镇政府所在地3.5公里，距县城27.5公里。到镇公路为水泥路。有农户545户，人口2152人。下辖13个小组，其中壮族小组7个，彝族小组5个，苗族小组1个。7个壮族小组分布在南松上下组、牛场、上下田房、唐子边、河边。南松上下组、牛场、上下田房是壮族聚居小组，唐子边是壮族、傣族杂居小组，河边是壮族、苗族杂居小组。

辣子寨所辖的各个村寨适合种植水稻、苞谷等农作物，村民还积极种植香蕉、核桃、杉树等经济作物，养殖鸡、鱼等，努力提高经济收入。该村如今已经实现水、电、路、电视、电话五通。近几年，政府投入大量资金帮助南松上、南松下、牛场、上田房、下田房等小组完成异地搬迁。农民生活水平不断提高。

辣子寨村委会所辖的南松上、南松下、上田房、下田房、牛场5个小组与越南接壤，是边境示范村。这5个边境村子分布在龙炭山、南后山，龙炭山、南后山这边是中国的壮族，那边是越南的苗族、拉基族、傣族等。越南壮族和南松壮族的侬话差别不大，相互能通话。农忙时节，越南壮族会来南松小组打工，帮忙采收香蕉。边境村子有的家庭娶越南媳妇，比如田房就有几个来自越南的壮族和拉基族媳妇。边境示范村的村民从一出生就享受每人每月108元的低保。

辣子寨村委会有壮、傣、苗、彝、汉等民族，壮族人口最多，苗、傣、汉人口较少。因此，壮族聚居小组的村民通用壮语，并熟练兼用汉语方言，壮族村民到汉、苗、彝村小组就用汉语。这里的傣语和壮语言基本相通，傣族村民也会用壮族语。辣子寨村委会的彝族分布在辣子寨上下、倮倮坪、娃娃洞、五口洞。

辣子寨村委会设在五口洞，下辖南松卫生所、辣子村小学、辣子寨卫生院。辣子寨村卫生院有3个乡医，一个汉族，两个壮族，他们来南松工作有的两三年，有的十几年。辣子寨小学设在辣子寨，南松孩子都在辣子寨小学上学。辣子寨小学开设学前班到六年级一共7个年级，距离南松小组6—7公里，孩子都住校，三餐免费。辣子寨小学一共有12名老师，其中壮族3名，彝族3名，苗族2名，汉族5名。辣子寨小学的学生有壮、傣、彝、苗、汉5个民族，共246人，壮族学生最多。学前班的老师除了会自己本民族的语言外，还会其他民族语，能够与学前班听不懂汉语的小朋友进行简单交流。辣子寨的孩子在都龙镇中学上学，绝大多数初中毕业后就不再读高中。

二　南松小组概况

南松小组所在地，本村人称为"新寨"，外村人称"南松"。"南松"的"南"取壮语的 nam$^{24}$ "水"，"松"即"松（树）"，南松寓意为有水有松树的地方。南松位于海拔900米的群山之间，四面高山环绕，彩云游离，风光旖旎。村民住宅依山而建，散落在群山之间。

南松距离辣子寨村委会5公里，距离乡政府所在地都龙10公里。连接南松和乡镇府的公路是水泥路，公路建在陡峭的山坡上，路边多处插有直转弯提示牌，路外边是从几十米至上百米高的悬崖。南松南边是牛场、上田房、下田房，西边是娃娃洞，西北边是唐子边，北边是河边。以龙炭山为界，龙炭山西北边是南松，东南边是越南。

南松是壮族聚居小组，属壮族侬支系，自称 pu$^{21}$ noŋ$^{24}$，讲壮语。南松南边的牛场、上田房、下田房部是壮族；西北边的唐子边是壮族和傣族杂居小组，该村的傣族既会傣语，也会壮语；河边是壮族和苗族聚居小组，苗族除了会苗语外部分人还会壮语。除了以上7个壮族村子外，距离南松5公里左右还有4个彝族小组，分别为辣子寨、倮倮坪、娃娃洞、五口洞，这4个小组连成一片，语言使用情况存在较大的差异。娃娃洞从十多岁的孩子到老年人都能较好地使用彝语普拉话，五口洞的青年人和老年人也都使用普拉话，但孩子的彝语不如娃娃洞。辣子寨上下小组和倮倮坪的彝族已经全部转用汉语方言。

南松小组共有农户 77 户，人口 318 人，分为上下小组，各组都是壮族聚居村落。这里年平均气温 22℃，年降水量 1270 毫米，拥有耕地 694 亩，适宜种植水稻、苞谷等；林地有 820 亩，其中经济林地 282 亩；人均经济林地 1.1 亩，主要种植荔枝、香蕉等经济作物。南松的经济来源主要依靠种植业和养殖业。农作物有香蕉、荔枝、甘蔗、辣椒、水稻、苞谷、玉米、土豆、大米等。甘蔗和辣椒是近几年开始发展起来的特色种植业。2012 年全村经济总收入 43 万元。至 2012 年年底，全村都通了自来水、电，家家都有电视机，全村有摩托车 50 多辆，农用车 5 辆。村民人均年收入 1000—2000 元。村里耕地少，年轻人喜欢外出打工，远至广东、广西、浙江、深圳，近至都龙、马关等地。

南松是边境少数民族村寨，不仅享受九年义务教育免收学费的政策，学生一日三餐均由国家免费提供，孩子高考优惠 10 分。近些年，该小组村民的教育程度不断提高，60 岁以上的多是小学学历，40 岁以下的多是初中毕业。

南松壮族的节日有"三月三"——"花米饭"——"祭龙"——"尝新米"。"三月三"在每年的农历三月初三举行，主要是祭祖。近几年的"三月三"马关县壮学会会举办歌舞比赛，南松小组每年都会参加，演唱的歌曲有《敬酒歌》、《娶亲歌》、《送亲歌》等。"花米饭"是在每年农历六月初九举行，用一些有颜色的草、树根把米饭染成五六种颜色。"尝新米"是在每年八月稻谷丰收的时候，邻居之间相互请客。"祭龙"是一个盛大的节日，壮族对龙非常崇拜。南松的龙树是一棵 200 年的吊花树，每年的二月初一，村子里每家都会去一个人，杀一头毛全黑的猪，两只毛红且漂亮的鸡，带上糍粑去龙山祭龙。祭龙的时候，大家会一起聚餐并商讨各种村里的事情。他们也过汉族的春节、清明节。

这里的壮族，民间故事主要是关于壮族的来源以及壮族姓氏来源的传说。相传很久很久以前，全世界被水淹没了，水上漂着一个大葫芦，葫芦里面有一男一女，他们生孩子繁衍后代，这就是壮族祖先的来历。葫芦中的这对男女生出的孩子是一团的，没有手没有脚，他父母就把孩子剁细了到处撒，撒到田里就姓田，撒到塘里就姓唐，撒到梨子树上就姓李。这就是壮族姓氏的来源。南松壮族的主要姓氏有李、黄、王、田、代、龙。

## 第二节　南松小组壮族语言活态现状及成因

调查组为了了解南松壮语的语言活态及双语和谐现状，逐一统计了每户家庭每位成员的语言使用情况，并选取了不同年龄段的 8 人，就其语言活态情况进行测试,还对 13 位不同年龄段的人做了语言活态和双语和谐的问卷调查。

## 一 南松小组壮族语言活态现状

入户调查和访谈显示,壮语是南松壮族族内最重要的交际工具,全民熟练、稳定地使用母语,母语活力旺盛。具体情况是:

(1)母语的使用情况:

我们对全村壮族进行了穷尽式调查。调查详情如表 2-1。

表 2-1　　　　　　　南松壮族母语使用情况

| 年龄段（岁） | 总人数（人） | 熟练 人数（人） | 熟练 百分比（%） | 略懂 人数（人） | 略懂 百分比（%） | 不会 人数（人） | 不会 百分比（%） |
|---|---|---|---|---|---|---|---|
| 6—19 | 78 | 75 | 96 | 1 | 1.3 | 2 | 2.7 |
| 20—39 | 117 | 117 | 100 | 0 | 0 | 0 | 0 |
| 40—59 | 54 | 54 | 100 | 0 | 0 | 0 | 0 |
| 60 岁以上 | 38 | 38 | 100 | 0 | 0 | 0 | 0 |
| 合计 | 287 | 284 | 98.95 | 1 | 0.35 | 2 | 0.7 |

表 2-1 显示,全村共有 287 个语言能力成熟的壮族纳入统计对象。这 287 人中,1 人的壮语不太熟练,2 人不懂壮语,其余 284 人都熟练掌握了壮语。壮语不太熟练的田亚刚(男,15 岁)平时随父母在都龙生活,不懂壮语的李梦婷(女,7 岁)和李春富(男,6 岁)一直跟随父母在外地生活。绝大多数南松村民熟练使用壮语的事实显示南松壮语活力旺盛,代际传承良好。

(2)母语词汇量的大小:

我们用四百词测试了 8 名不同年龄段村民的词汇能力。这 8 人中,有傣族 1 人(其在日常生活中都用壮语),壮族 7 人。被试者的情况如下所示:

表 2-2　　　　　　　8 名被测试者的四百词测试情况

| 姓名 | 年龄（岁） | 性别 | 文化程度 | A | B | C | D | A+B | 等级 |
|---|---|---|---|---|---|---|---|---|---|
| 代相春 | 11 | 男 | 小学 | 276 | 24 | 68 | 32 | 300 | 良好 |
| 陶斯琴 | 17 | 女 | 高中 | 358 | 36 | 3 | 3 | 394 | 优秀 |
| 陆代梅 | 21 | 女 | 本科 | 370 | 25 | 0 | 5 | 395 | 优秀 |
| 代光母 | 34 | 男 | 小学 | 383 | 14 | 3 | 0 | 397 | 优秀 |
| 王荣德 | 46 | 男 | 小学 | 360 | 33 | 4 | 3 | 393 | 优秀 |
| 李明祥 | 54 | 男 | 初中 | 388 | 4 | 6 | 2 | 392 | 优秀 |
| 唐本钱 | 69 | 女 | 小学 | 400 | 0 | 0 | 0 | 400 | 优秀 |
| 陶国敏 | 67 | 男 | 初中 | 384 | 8 | 6 | 2 | 392 | 优秀 |

四百词测试结果中，"A+B"类词 7 人在 390 个以上，1 人为 300。他们对四百词非常熟练，几乎都达到了脱口而出的水平。测试结果为良好的代相春是一位小学生，他的"A+B"类词为 300，C 类词语 68 个，D 类词语 32 个。代相春的 C 类词语一般是他在生活中接触过但用得不多的词语，像"猫头鹰、谷穗、稻草、玉米、荞麦、一（扎）、一（粒）米、磙头、坟、悬崖、儿媳妇"等词语，D 类一般是他还没接触过的事物，如"肝、胆、胃、脚踝、肠子、眉毛、额头、指纹、苗、瑶"等。比他大 6 岁已高中毕业的陶斯琴，"A+B"类词达到了 394 个。这一测试结果与 6 位中老年人的测试结果一样。我们对代相春和陶斯琴做了访谈，两人的父母都是壮族，都是从小就习得了壮语，在家里以及村里都能流利地使用壮语。我们认为造成两者四百词语水平差异的主要原因是两人的年龄和学历差异，这两项差异造成了两者对事物掌握程度的差异。我们还测试了一位长期在南松生活的傣族老人陶国敏，他 20 岁就来到了南松，从那时起开始学习并一直在家里和寨子里使用壮语，他的壮语四百词测试结果，"A+B"共 392 个。

不同年龄段的南松壮人四百词的水平数据见表 2-3：

表 2-3　　　　　南松小组不同年龄段四百词测试情况统计

| 年龄段（岁） | 总人数（个） | A（优秀）人口（人） | A（优秀）百分比（%） | B（良好）人口（人） | B（良好）百分比（%） | C（一般）人口（人） | C（一般）百分比（%） | D（差）人口（人） | D（差）百分比（%） |
| --- | --- | --- | --- | --- | --- | --- | --- | --- | --- |
| 6—19 | 2 | 1 | 50 | 1 | 50 | 0 | 0 | 0 | 0 |
| 20—39 | 3 | 3 | 100 | 0 | 0 | 0 | 0 | 0 | 0 |
| 40—59 | 2 | 2 | 100 | 0 | 0 | 0 | 0 | 0 | 0 |
| 60 岁以上 | 2 | 2 | 100 | 0 | 0． | 0 | 0 | 0 | 0 |
| 合计 | 9 | 8 | 100 | 0 | 0 | 0 | 0 | 0 | 0 |

表 2-3 显示，南松四个年龄段的 9 人，除"6—19 岁"四百词的优秀率为 50%、良好率为 50%外，其他各年龄段四百词的优秀率都达到了 100%。虽然"6—19"岁的青少年组一半优秀一半良好，并不是"良好"者的壮语水平与"优秀"者有实质性的差别，而是前者还处在学习和掌握壮语知识的成长过程中。他在日常生活中对祖辈、父辈、同辈，以及他的祖辈之间、父辈之间、兄弟姐妹之间都用壮语交流，已熟练掌握了日常壮语。四百词语测试结果表明，南松小组的母语不仅在老一辈中保持很强的活力，在青少年中也呈现出旺盛的活力，没有出现代际传承断裂。

我们在实地调查中发现的情况和上面的数据是一致的。在寨子里，南松壮人都用壮语交谈。无论男女老幼，家庭内外，壮语一直是壮人挂在嘴边的语言。

（3）母语的使用场合：

从交际对象来看，南松壮人长辈对晚辈、晚辈对长辈以及同辈之间100%使用母语，只有两个被试者偶尔使用汉语。对于陌生人，他们会根据对方的语言情况选择使用什么语言，如果对方懂壮语就用壮语交流，如果对方不懂壮语就用方言或普通话交流。南松壮人在家里几乎都使用壮语进行交流，没有出现代际断裂。

南松壮人的"民族语文使用场合"访谈显示，该村人不仅在家里、寨子里全都使用壮语，在乡政府、集贸市场、医院、学校等公共场所遇到本族同胞时也用壮语。我们在都龙镇赶街时，遇到两位身着壮族服装的妇女用壮语做买卖。南松壮族遇到附近的唐子边的傣族、河边的苗族时，有时也用壮语交流。南松附近50—60多岁的其他民族的老年人，年轻时经常与壮族村民一起劳动，他们在劳动中学会了一些壮语；40多岁的外族人一般是在牛场小学上学时通过与壮族学生的频繁接触学会了壮语。南松壮人遇到懂壮语的外族人也会使用壮语。我们在调查上波龙以及韭菜坪的苗族时看到的现象证实了这一说法，不少上波龙60岁以上的老人以及部分韭菜坪60岁以上的苗族都会说壮语，有的老人表示他们很喜欢说壮语。可以说壮语是南松以及邻近壮族村寨的优势语言。

每年的"六一"儿童节，辣子寨壮族学生会用壮语演唱壮族歌曲。由于辣子寨小学的壮族学生最多，壮族学生课后用壮语交流，其他民族的学生也在和壮族学生的玩耍中学会了部分壮语。

（4）母语态度：

我们选择了不同年龄、不同性别、不同学历的壮族14人，对他们的母语态度进行了测试。测试结果如下：

**表2-4　　14名被测试者的母语态度测试情况**

| 态度＼选项 | 母语 | 方言 | 普通话 |
|---|---|---|---|
| 最重要的语言 | 5 | 2 | 7 |
|  | 35% | 28% | 50% |
| 最能代表自己的语言 | 14 | 0 | 0 |
|  | 100% | 0 | 0 |
| 最喜欢的语言 | 10 | 4 | 0 |
|  | 71.4% | 28.6% | 0 |
| 最想让孩子学的语言 | 7 | 1 | 6 |
|  | 50% | 7.2% | 42% |

表 2-4 显示，100%的南松壮人认为最能代表自己的语言是壮语。在问及"是否担心自己的母语未来会消亡"时，4 人认为母语不会消亡，对母语充满了信心，10 人担心母语未来可能会消亡，没有人对"母语是否消亡"持无所谓态度。问卷调查表显示，对"本族人外出回来不说母语"这种现象，6 人表示不能接受，4 人表示可以理解，4 人表示无所谓。可见南松壮族对自己的母语具有深厚的民族感情，对不说母语的本族人持包容的态度，同时，对母语的未来也有所担忧。

在问及"如果有本族人成为汉语单语人，您的态度"时，回答为"不能接受"的有 10 人，回答为"无所谓"的 4 人；在问及"在其他民族面前说自己的母语是否觉得害羞时"时，11 人表示不害羞。青年人任光兵表示在对方听不懂的时候会害羞，青年人沈再燕表示无所谓，正在上小学的代相春表示会害羞。这些调查，从不同的角度说明了中老年人普遍对壮语的感情非常深厚，也很自豪，并希望母语能够一直传承下去。相对而言，个别年轻人对壮语的感情有所淡化。

在问及"最喜欢的语言"时，14 人中的 10 人选择了壮语（母语）；问及"最想让孩子学的语言"时有一半（7 人）选择了壮语；问及"最重要的语言"时，35%选择了壮语。所以在"最想让孩子学的语言"和"最重要的语言"时，回答为普通话的比例分别高达 50%和 42%，选择壮语的比例分别为 35%和 50%。

南松壮人普遍认为，孩子从生下来开始学话，最先接触的是壮语，壮语是在潜移默化、不知不觉中习得的，因此，大家觉得习得壮语是一件自然且容易的事情。同时，大家认为普通话是国家的通用语，不会普通话无法跟外人交流，生活会遇到很多困难，而普通话必须有意识地学习才能掌握，因此，一半的人认为普通话是孩子最需要学习的语言。

（5）壮语的跨境特点：

中越边境的壮族长期使用壮语交流。南松种植了大面积的香蕉和甘蔗。农忙时节，与南松隔山相望的越南壮族经常来南松找活干，南松壮人会雇佣这些越南壮人帮忙采收香蕉、甘蔗等，包吃住一天 30—40 元不等，活干完后就回到自己的越南家里。这期间南松壮人与越南壮人用壮语交流，相互都懂对方的壮语。

都龙国门街是中国与越南的一个自由贸易区，赶街日子为周六。我们走访国门街时遇到了不少前来赶街的身着各种民族服装的壮族、苗族等少数民族，有的来自中国，有的来自越南。都龙上了年纪的少数民族老人喜欢身着民族服装；越南少数民族女性，从几岁的小女孩到上了年纪的老妇人都喜欢身着自己民族的服装。

由于两国服装的差异，可以从她们的着装一下子就认出她们的民族和国籍。边民的交流，是根据对方的服装来选择用语，即是使用壮语还是苗语。越南壮族、苗族、拉基族多是来购买中国生产的日用品和食品，如衣服、鞋子、麻辣薯条等。中国人主要是去收购越南人采摘的草药。国门街呈现出一派欣欣向荣、多姿多彩的民族团结、民族和谐的祥和景象。

## 二 南松小组壮族语言活态的成因及启示

上文对全村语言掌握情况的调查以及母语态度的访谈，从不同角度显示了南松壮族母语具有旺盛的活力。如何形成这一现象，我们认为主要有以下六个原因：

（1）民族聚居。南松壮族是一个壮族聚居小组，除了3位没有长期生活在本村的壮族外，本村其余壮族都熟练使用壮语。壮语是南松家庭内部以及南松村寨最重要的交际工具。因此，本村壮族从牙牙学语开始自然而然地习得了壮语。

在访谈时我们遇到这样一种现象：李开洪是本村壮族，会壮语，他妻子张双会是汉族，一直只会汉语，李开洪的两个孩子都只会汉语。汪正仙是本村壮族，会壮语，他妻子李云芬是汉族，李云芬入嫁之前完全不懂壮语，现在能够熟练使用壮语，她的两个孩子也能熟练使用壮语。母语都是汉语的汉族媳妇，她们现在的语言以及她们孩子的语言为何会有这么大的差异？为此，我们向村长询问了这两家的生活情况。村长告诉我们，李开洪一家一直在外地生活，汪正仙一家一直在本村生活。由于汪正仙妻子李云芬一直在南松生活，她的孩子和本村其余的壮族孩子一样，自呱呱坠地起就一直耳濡目染本村的壮语言文化，自然而然地习得了壮语。李云芬本人告诉我们："我自己原来是只会汉语的汉族，入嫁之前完全不懂壮语。刚嫁入时由于不懂壮语，我的生活很不方便，也觉得很不适应村里的生活。两三年后慢慢就听懂壮语了，后来也会使用壮语了，感觉生活方便多了。现在有壮族人在的场合我都会用壮语进行交流"。李云芬自己的切身体验使得她认为壮语非常重要，孩子必须掌握。同时，她明确表示不希望自己的孩子成为汉语单语人，而是一定要掌握壮语。由此可见，民族聚居的语言环境，对于语言活力的保持和代际传承有着非常重要的作用。

（2）深厚的民族情感。调查显示，南松壮人100%选择壮语为最能代表自己的语言。绝大多数人认为最喜欢说壮语，对"如果本族人外出回来不说壮语"的现象，不少人认为这是一种"忘本"。由此可见，南松壮人有较强的民族认同意识。壮语不仅是南松壮人最重要的交际工具，也是维系民族感情的强劲纽带。

（3）族内通婚。入户调查发现，除了两位汉族媳妇和一位汉族入赘的姑爷外，其他南松媳妇，无论是本村嫁本村的还是从外村嫁入本村的，都是壮族，南松小组族内通婚率非常高。族内通婚对壮语活力的保持和传承起着非常重要的作用。

（4）一个民族在当地的人口数量的多少对其语言活力有一定的影响。壮族是辣子寨人口最多的民族，也是都龙镇、文山州人口最多的少数民族。辣子寨共有2152人，其中，壮族人口1133人，占辣子寨总人口的56.2%。壮语在辣子寨和都龙镇形成了一个较大的壮语语用场，使得周围人口较少的彝、汉、傣族也在日常交往中习得了壮语。这些情况表明，由于当地壮族人口众多形成的较大的壮语语用场对南松壮语活力的保持有较大的影响。

（5）跨境民族对语言活力的保持有一定的促进作用。南松壮族跟与南松一山之隔的越南壮族能相互交流，越南苗族也有会壮语的。长期往返中国和越南的韭菜坪村长告诉我们，在都龙、马关、文山、越南靠近中国的地方，只要会壮语或苗语，一般的交流就不会有太大的障碍。由此可见，壮族作为跨境民族，其使用场合的众多对其语言活力的保持有积极作用。

（6）绝大多数人主要生活于壮语语用场以及同族人一起外出的情况对南松母语活力的保持有较大的促进作用。南松壮族孩子从小学到初中都在南松附近上学：小学都在距离南松六七公里的辣子寨小学，初中在距离南松10公里的都龙镇马关三中。初中毕业后绝大多数人不再继续上学，而是回家务农。这部分人的主要生活场所限于有壮语语用场的南松或都龙附近。

少部分年轻人会外出打工。未婚年轻人喜欢与同村人在一个工厂，已婚年轻人都是夫妻俩一起出去。这些人虽然离开了南松，但同村人在一起或两夫妻在一起的情况使得他们仍然习惯用壮语交流，他们的母语能力并没有因为外出而降低。总的来说，南松壮族绝大多数人长期生活在南松、有限的外出人员以及同村人或两夫妻同时外出的情况对南松壮族母语活态的保持有一定的促进作用。

（7）壮语用于媒体。文山电视台两个民族语新闻栏目：壮语新闻和苗语新闻。壮语新闻于每周一、三、五播出，苗语新闻于每周二、四、六播出。这些节目除了每天18时30分在文山电视台综合频道播出外，次日中午12时15分还在文山电视台公共频道重播。其中，《壮语报道》包括《壮语新闻》、《壮乡探秘》、《教你学壮语》等小栏目。这些民族节目旨在挖掘民族文化，反映现实生活，弘扬民族精神，增进民族团结。壮族同胞表示很喜欢看。这些壮语节目对壮语活力的保持起着积极的推动作用。

（8）针对少数民族设立的惠民政策以及高校开设壮语等民族语专业，对壮语活力的维持有一定的促进作用。为了更好地弘扬民族文化和继承民族传统,我国设立了民族民间文化传承人申请制度;我国针对民族地区、边境地区的村民出台了一系列惠民政策:边境低保制度、少数民族高考加分、培养民族骨干等;部分高校开设了民族语言本科专业:云南民族大学民族文化学院开设了壮语、傣语、苗语等专业,这些专业每年向云南少数民族地区招收10—20名懂民族语言的高考毕业生,包括文山的壮族。壮语被纳入高校学科对南松壮语活力的保持有一定的促进作用。

(9)成立了壮学会。马关县成立了壮学会,壮学会会在壮族传统节日组织庆祝活动:三月三的山歌节、花饭节等。举办这些活动既可以庆祝壮族节日,又可以对壮族传统文化的传承保护起到积极的作用。

### 三 南松小组母语(文)活力评分表

为了更好地了解南松壮族母语活力情况,我们依据 "南松壮族母语活力量化"各指标对调查问卷所得的数据进行了量化统计,详情如表2-5:

表2-5  南松小组壮族母语活力量化

| 序号 | 参项 | | | 所占分值(分) | 调查结果(%) | 得分(分) |
|---|---|---|---|---|---|---|
| 1 | 熟练掌握母语的人口比例 | | | 55 | 98.95 | 54.42 |
| 2 | 代际传承状况 | 语言 | 6—35岁 | 6 | 98.23 | 5.89 |
| | | | 36岁以上 | 4 | 100 | 4 |
| | | 文字(40岁以下) | | 10 | 0 | 0 |
| | | 民间文学(40岁以下) | | 5 | 3 | 3 |
| 3 | 通用范围 | 家庭 | | 2 | 2 | 2 |
| | | 村寨 | | 2 | 2 | 2 |
| | | 公共场合 | | 2 | 2 | 2 |
| | | 媒体传播 | | 2 | 2 | 2 |
| 4 | 是否纳入考试科目 | | | 5 | 5 | 5 |
| 5 | 对母语的认同态度 | | | 5 | 4.06 | 4.06 |
| 6 | 与跨境同族能否通话 | | | 3 | 3 | 3 |
| | 总分 | | | 100 | | 87.37 |

表2-5显示,南松壮族母语活力总分为87.37分,属于母语稳定保存性。

南松壮语活力好的方面表现在:南松壮族熟练掌握壮语的人数占总人数的98.95%,母语的熟练程度很高;代际传承中,6—35岁的母语熟练率为98.23%,36岁以上的母语熟练率为100%。年青一辈的母语熟练率只比老一辈低了1.77个百分点,说明年青一辈的母语掌握程度也非常高;南松壮族的壮族山歌传承还不错，村里文艺队中的女性一般都会唱壮族山歌，还多次参加过县里举办的"三月三"山歌节比赛；从使用范围来看，壮语是南松家庭和村寨最重要的交际工具，常在都龙、国门街等集市通行，是文山电视台播报新闻的一种民族语言，也能与越南的壮语互通。由此可知，壮语的使用场所较多，功能较大；南松壮族对母语的认同度也较高。南松壮语活力不太好的方面表现在：壮文已经失传，年青一辈的民间文学传承也不太好，会讲民间故事的年轻人不多。

## 第三节　南松小组壮族双语和谐现状及成因

### 一　南松组双语和谐现状

汉语是我国各民族的通用语，它包括普通话和各地的汉语方言。我国少数民族兼用汉语实际上包括普通话和各地的汉语方言两个部分，他们要兼用汉语除了使用当地汉语方言外，还学习普通话。

（一）全民熟练兼用汉语

我们随机抽取了287位村民，对其云南方言使用水平进行测试和统计，调查结果如下（表2-6）：

表2-6　　　　南松壮族不同年龄段汉语使用水平统计

| 年龄段（岁） | 总人数（个） | 熟练 人数（个） | 熟练 百分比（%） | 略懂 人数（个） | 略懂 百分比（%） | 不会 人数（个） | 不会 百分比（%） |
| --- | --- | --- | --- | --- | --- | --- | --- |
| 6—19 | 78 | 76 | 97.4 | 1 | 1.3 | 1 | 1.3 |
| 20—39 | 117 | 116 | 99.1 | 1 | 0.9 | 0 | 0 |
| 40—59 | 54 | 51 | 94.4 | 3 | 5.6 | 0 | 0 |
| 60岁以上 | 38 | 30 | 78.9 | 8 | 31 | 0 | 0 |
| 合计 | 287 | 273 | 95.1 | 13 | 4.5 | 1 | 0.3 |

调查结果显示，全村壮族的母语都是壮语，以云南方言为第二语言，上到60多岁的蹒跚老人，下到几岁的孩子都能熟练地使用自己的母语和云南方言。

壮语是南松小组族内的主要交际工具，而云南方言是南松壮族与外族之间主要的交际工具。调查还发现，本村会说壮语的壮族人普通话讲得也很流利。这些能够流利使用普通话的壮族人，他们的文化水平并不高，一般为小学或初中，且没离开过都龙镇。他们的普通话主要是通过电视媒体习得的。

母语态度测试显示，南松壮族对普通话非常重视。在回答"最重要的语言"和"最想让孩子学的语言"时，选择普通话的比例分别高达 50%和42%。由此可见，南松壮族非常重视普通话，重视程度甚至超过了母语。对于这一现象可以有以下理解：① 从语言的功能来说，普通话是国家的通用语，使用面最广，因此学好普通话受到壮族人的特别重视。② 老一辈因为普通话不好或不会说交流受限，因此希望下一代好好学习。③ 有一些青壮年外出打工回来后讲一口普通话，影响了村子里的人。

多语言选用调查表显示，约有 71.4%被调查者在与家庭成员和村寨中本族人交流时首先选用壮语，约有 71.4%的人在课堂上首选普通话交流；当被问及"您认为哪种语言最有用"时，约有 57.1%人选择"普通话"，并解释"普通话无论在村子内还是在村子外都可以畅通地与别人交流，是走遍全国都通行的语言"，特别是一些有过外出打工经历的青壮年，在与外界的沟通中不仅认识到了讲好一口标准普通话的重要性，而且经过语言环境的熏陶他们讲得也都十分标准。当被问及"你觉得哪种语言最亲切"时，约有一半以上的人选择了"母语"。

（二）汉语和壮语在使用功能上和谐互补

我们通过对南松小组壮语的使用场合进行问卷调查，调查结果表明母语在村内是他们最主要的交际工具。他们几乎全部都是壮汉"双语人"，能够熟练地运用壮语、云南方言和普通话，并能根据需要灵活地进行转换。在家庭内部，无论是祖辈、父辈、同辈、子辈之间还是祖辈与父辈、父辈与子辈之间，全部使用壮语进行交流；在村寨中与非家庭成员交流时，如果对方也是本族人，也会首先使用壮语进行交流，如果对方不是本族人，出于对对方的尊重，就自动转换为云南方言进行交流。在公共场合如医院、集市、村委会、镇政府等，由于交际对象并非都是本族人，所以他们会首先选用云南方言进行交流。另外，他们在课堂上全部使用普通话，而课后仍然使用母语进行交流。这生动地反映了南松小组汉语和母语在使用功能上的和谐互补。

当我们走进村寨中一户人家时，家中一个 17 岁刚刚高中毕业的小姑娘见到来的都是陌生人，马上走过来用流利的普通话与我们交流，她向我们问明来意并用壮语告知家人。在我们进行"四百词"测试时，每当遇到小姑娘不会说的词汇她都用壮语询问她的奶奶，然后告诉我们这个词汇在壮语中的发音；在和我们当中云南的同学交流时，她都尽量使用云南方言。交谈中我们能够明显地感受到她在壮语、云南方言和普通话之间的熟练运用和自如转换。

### （三）壮族对汉语持一种包容的态度

1. 他们愿意接受汉族的文化，愿意学习普通话

当问及"是否认为推广普通话就是在汉化少数民族语言"时，大多数人选择了"不"。有些人认为普通话的使用范围广，走到哪里都能用，学好普通话可以增强自己的交际能力；有些人认为普通话是很多场合的正式用语，比如开会、宣传等使用普通话才算正式；还有一些人则表示希望自己成为会说许多种语言的"多语人"。由此可见，他们在保留自己母语的基础上对普通话持一种大度包容的态度，并没有认为推广普通话就是在汉化少数民族语言。

2. 他们对说汉语的人能够接纳，并且当判断交际对象不是本族人时，出于对对方的尊重，会选择用汉语进行交流。调查结果显示，100%的被调查者在家庭内部以及村寨中本族人之间交流时首选母语，而在与村寨中非本族人交流时首先使用云南方言进行交流，如果交际对象是从其他地方来的陌生人并且不会讲云南方言时，他们还会尝试着使用普通话与其进行交流。

3. 南松小组双语和谐度分析

表 2-7　　　　　　南松小组壮语文活力度评分

| 序号 | 参项 | | 所占分值（分） | 调查结果（%） | 得分（分） |
|---|---|---|---|---|---|
| 1 | 熟练掌握双语的人口比例 | | 60 | 94.8 | 56.88 |
| 2 | 对双语的认同程度 | | 10 | 10 | 10 |
| 3 | 双语通用范围 | 家庭 | 3 | 0 | 0 |
| | | 村寨 | 3 | 3 | 3 |
| | | 公共场合 | 3 | 2 | 2 |
| | | 媒体传播 | 3 | 3 | 3 |
| 4 | 双语教学是否进入学校教育 | | 8 | 4 | 4 |
| 5 | 是否存在不和谐现象（语言纠纷、语言歧视等） | | 10 | 10 | 10 |
| | 总　　分 | | 100 | | 88.88 |

根据表 2-7 我们可以得知：南松小组双语和谐等级为一级，属和谐型。村民大多能熟练使用双语，且从未发生过因语言不和谐而引起的纠纷。除家庭成员内部以外，村民使用双语的范围也非常广泛。他们普遍有较强的双语意识，认为壮语是他们本民族的语言，应该不断地传承下去；汉语的交际能

力强,学好汉语能实现走到哪里都能与人沟通的愿望。

## 二 壮汉双语和谐的成因

### (一)民族关系的融合

辣子寨村委会有壮、傣、苗、彝、汉等民族,壮族人口最多,苗、傣、汉人口较少。杂居区少数民族长期与汉族友好相处,民族关系融洽。以壮族为例,他们在壮族聚居区内彼此使用壮语进行交流,在同其他民族交往时则使用汉语交流。当问及"别人用自己的母语讲你听不懂时你是否反感",约有57%的人选择了"不反感",约有21%的人选择了"无所谓";当问及"有没有觉得其他少数民族的语言不好听"时,约有86%的人选择了"没有";当问及"有没有因为说不同的民族语而引起矛盾"时,约有79%的人选择了"没有"。由此可见,多民族和睦相处,民族之间关系融洽也是壮汉双语和谐的原因。

### (二)对汉文化的接纳

如今汉语习得途径日益丰富,渠道日益增多。新闻媒体和学校教育的不断发展使得少数民族对汉文化持一种越来越接纳的态度。当被问及"是否喜欢听汉语歌曲"、"是否喜欢看汉语节目"时,他们当中的大多数人选择了"很喜欢",只有少数人选择了"一般";当被问及"如果有民汉双语学校,您是否愿意送您的孩子就读"时,约有78.6%的受访者选择了"愿意"。如今壮族在结婚礼仪、生活习俗等的形式和内容方面也都逐渐简化,有些生活习惯也是从汉族那里学来的。以上资料表明少数民族对汉文化持一种包容接纳的态度,他们愿意学习和吸收汉族文化中的先进成分,这对壮汉双语的和谐十分重要。

### (三)大杂居的分布格局

由于总体的民族分布格局是大杂居,这就使得少数民族与汉族之间必须使用汉语进行沟通,而少数民族内部则可以使用他们本民族的语言进行交流,民族语和汉语都能够得到很好地传承,壮语和汉语也因此可以和谐共处。他们既没有因为推广普通话而逐步淡忘了自己的母语,也没有因为经常在本族人之间使用母语而忽视了普通话的学习。可见,大杂居的分布格局也是形成壮汉双语和谐的重要因素。

### (四)国家平等的语言政策

我国实行各民族平等的语言政策,说哪种语言都不会有被歧视的感觉。在这种平等的政策下,各族人民可以自由地使用本民族的语言而不受任何限制。调查问卷显示,当被问及"别人用自己的母语讲话,你听不懂是否会反感"时,约有57.1%的人选择了"不反感";当被问及"有没有觉得其他少数民族的语言不好听"时,约有78.6%的人选择了"没有"。由此可见,国家平等的语言政策是壮汉双语和谐的基本保障。

# 附录：南松小组村民访谈录

（一）南松小组村长陶玉英访谈录

访谈对象：陶玉英，女，40岁，壮族，初中，村长
访谈时间：2014年7月18日上午
访谈地点：陶村长家里
访谈者：陈娥
整理者：陈娥、娄朦朦

问：陶村长您好，请介绍一下您的年龄、民族、学习经历以及工作等情况。

答：我1973年出生在南松上组，今年40岁，是壮族人，一直在村里生活，已经当了9年的村长。我爱人也是壮族。一年级、二年级的同学有苗族和彝族；三年级、四年级的同学都是壮族，老师是彝族；五年级的同学有汉、彝、苗、壮等民族。我初中在都龙镇三中上的，初中毕业就回家务农了，1995年开始做副村长，2005年开始做正村长。

在镇上的要求下我组建了我们村的文艺队，文艺队现在共23人。我除了担任村长外，还多次被选为辣子寨妇联主任、县人大代表、妇联代表、党代表等，因此，每年都要出席镇里、县里的很多会议。每年农历三月三县上会举办山歌节，我会带领我们村的文艺队参加县上的山歌节。我们这里的山歌都是跟老一辈学的。

我们村干部每天都要去辣子寨村委会上班，上班主要是帮助老百姓搞好生产劳动。镇上每月给我们村主任发1500元的工资。

问：陶村长，能说说您家里和村里的经济情况吗？

答：我家的主要收入是靠种植香蕉。我家种了100多亩香蕉，每年种植香蕉的纯收入是五六万元。我自己家的土地很少，这些土地大部分是租来的，人手不够时就请工人帮忙，请来的工人都是越南的壮族和拉基族。平时家里的农活由丈夫和父母做，种植的作物拿到外面去卖，收入几乎都用在孩子的学费上了。

我们村主要种植水稻、香蕉、荔枝、苞谷等农作物。村里老百姓人均收入一年1000—2000元。村里土地少，年轻人一般都去广东、广西打工了。

从去年开始，镇里鼓励大家种植甘蔗，我响应镇上号召带领全村人种植甘蔗。

问：您父母是什么民族？都会什么语言？您平时跟您父母用什么语言

交流？孩子用什么语言跟你们交流？

答：父亲是傣族，马关三中的老师，现在退休了。我父亲20多岁就来都龙了，会傣语、壮语和方言，母亲是壮族，会说壮语和云南话。平时在家里，我父母跟我们用壮语，父亲与母亲也用壮语交流。父亲有时也会用傣语，我们听得懂。

问：您会说什么话？在家和寨子里都说什么话？您孩子说什么话？

答：我会说壮语、傣语、云南话和普通话。在家里和寨子里说壮语，遇上不懂壮语的说云南话和普通话，去老家说傣语。我的傣语也熟练。最先学会的是壮语，后来跟父母学会了汉语和傣语。我孩子会壮语，还会一点儿傣语。

问：请您介绍一下南松的地理位置、人口、民族、语言以及与周边民族来往的情况。

答：南松距离辣子寨村委会5公里，距离都龙镇10公里。南松是边境寨子，属于辣子寨村委会。辣子寨村委会有13个村小组，其中7个自然村是壮族，包括南松、牛场等，南松周围有牛场、田房、唐子边、河边、娃娃洞等小组。

南松上村有31户，人口143人，南松下村46户，175人，南松上、下村都是壮族，是两个壮族聚居村，属于侬支系，自称pu$^{21}$noŋ$^{24}$，讲壮语。我们壮族跟周围的民族来往多，没有隔阂，一直都很团结。我们和其他民族如彝族、苗族用当地汉语方言交流，有时候也用壮语交流。以前上学时，我们会跟彝族、苗族同学一起玩，非常和谐。

问：你们村的人会唱壮族民歌吗？都会唱些什么歌曲？

答：现在小的还不会，30岁以上的会。老一辈的会唱《敬酒歌》、《娶亲歌》、《送亲歌》等，年轻一辈的跟老一辈学这些歌曲。

问：壮族服装有什么特点？

答：老一辈男女都要戴帕子，用一块黑布在头上盘起来。帽子上面自己绣些花、草、树叶和一些花花鸟鸟；老一辈一套都是黑色，现在的生活装上衣是蓝色，裤子是自己配做的，什么颜色都可以；老一辈男的穿大筒裤，女的穿裙子，现在基本上都穿汉族服饰。

问：从南松到乡政府的是什么路？哪一年修的？这几年南松壮族的生活有什么变化？

答：叫南松公路，1997—1998年修的。变化很大，以前不能解决温饱，生活很困难，现在温饱问题基本解决了；以前房子多是茅草屋、土屋，现在基本都建成砖房了。

问：南松周围有什么民族？

答：南松周围有壮族、彝族、苗族、傣族。娃娃洞全是彝族，说普拉话；

河边有壮族、苗族，苗族会壮语和苗语；唐子边有壮族和少数傣族，傣族说傣语和壮语。

问：南松与越南接壤的是什么山？辣子寨哪些村子与越南接壤？与越南接壤有哪些民族？

答：龙炭山是中越分界线，龙炭山西北边是中国，东南边是越南。辣子寨跟越南接壤的5个小组是南松上、南松下、上田房、下田房、牛场。

越南靠近南松的山区有壮族、傣族、苗族、拉基族，越南壮语和我们壮族的侬话差不多，相互都听得懂，但是他们说的壮语没有我们的壮语好听。越南的傣族也会壮语。

问：你们和越南的壮族、拉基族交往多吗？南松村有亲戚在越南那边吗？

答：越南的壮族、拉基族每个月会自己来我们这里找活干，干完了就回去了。我们没有亲戚在越南。

问：请介绍一下越南那边壮族、苗族的经济和生活情况。

答：一山之隔的越南没有发展经济的条件。越南的壮族来我们这里帮忙采收香蕉，30元一天，从他们到我们村有两三公里的路。

问：南松壮族有族际婚姻和跨国婚姻吗？

答：南松壮族族内通婚率很高，也有跟汉族、苗族、彝族结婚的，但很少。我们小组没有越南媳妇，田房有几个来自越南的壮族和拉基族媳妇，他们在中国生活得挺好。

南松有个壮族姑娘嫁给彝族村子的小伙，这女孩跟彝族村民都说汉语方言。

问：村民们都会说壮语吗？都在什么场合说？我们村的云南话是从哪里学的？

答：我们在家里和村子里都说壮语，有汉族人在的情况下讲云南话。云南话是在村子里学的，后来在学校也讲云南话。

问：农忙之余我们村有些什么活动？

答：我们村有个南松书屋，闲时会去书屋看看书，有时还会去唱唱歌。

问：村干部会不会说民族语？

答：村干部有壮族、苗族，他们会讲民族语言。

问：南松的教育情况如何？您孩子的语言和学习情况呢？

答：这里没有幼儿园，孩子5岁前不上学，6岁去辣子寨上学前班，一直上到小学毕业，初中都在都龙镇上。我们村里的孩子一般初中毕业就出去打工。不继续读书主要是因为没有钱，很少有读到大学的。村里有十多个青年人在外面打工，远至广东、广西、浙江、深圳，近至都龙、马关等地。有些人外出打工就在外面结婚生活。

我有两个孩子，都会壮语，我的大女儿今年从文理学院毕业，明后天要去参加云南省公务员面试；二女儿今年刚刚参加完高考。

**问：** 您可以听懂广西那边的壮语吗？文山、砚山那边的壮语听得懂吗？

**答：** 听不懂广西那边的壮语。砚山壮语大部分能听懂。

（二）辣子寨村委会主任张正平访谈录

访谈对象：张正平，男，46岁，壮族，辣子寨村委会主任
访谈时间：2014年7月18日
访谈地点：都龙镇辣子寨村委会南松小组
访谈者：田阡子、杨伟芬
整理者：杨伟芬、陈娥

**问：** 村主任，您好，请您介绍一下您的个人情况及经历。

**答：** 我叫张正平，1968年出生在辣子寨村委会上田房村小组，是辣子寨土生土长的壮族侬支系人，初中文化程度。在牛场读小学，1987年毕业于马关三中，之后6年曾在绿塘和牛场当过小学老师。1994年回到上田房村小组当村会计，同时担任民兵班班长。在中越边境制止越南把农作物种到中国国土上，还负过伤。2001年加入中国共产党，之后在辣子寨村委会担任过文书等工作，现在担任村委会主任。

**问：** 村主任，请您介绍一下您的家庭及语言使用情况。

**答：** 我家里有四口人，妻子，两个女儿和我。我和两个女儿是壮族，妻子是汉族。大女儿嫁到牛场小组，小女儿还在家。由于妻子是汉族，刚开始不会说壮语，家人之间的交流用汉语。现在妻子已经会听说壮语，孩子和我都说壮语，但我们家人在家的时候已经习惯说汉语，在外面遇到壮族人的时候我和孩子会用壮语和他们交流。

**问：** 请您介绍一下辣子寨村委会的基本情况。

**答：** 辣子寨村委会地处都龙镇南边，距政府所在地3.5公里，到镇公路是土路，距县城27.5公里。有13个村小组，其中有7个壮族小组，5个彝族小组，1个苗族小组，现有农户545户，人口2152人。其中，壮族284户，人口1133人，傣族18户，59人，苗族67户，315人，彝族176户，654人，少数民族占总人口的99%，是一个少数民族杂居的地区。

本村经济来源主要靠农业和热带水果，热带水果有荔枝、香蕉、米汤果、焦桃、甘蔗，种植面积为703亩，冬季农业主要有茄子、辣子、酸汤果、玉米等农作物，农民生活水平在不断提高。同时辣子寨村积极种植香蕉、核桃、杉树等经济作物，养殖鸡、鱼等努力提高经济收入。该村如今已经实现水、

电、路、电视、电话五通。近几年，政府投入大量基金帮助南松上、南松下、牛场、上田房、下田房等完成异地搬迁。本村还有5个边境示范村：南松上、南松下、上田房、下田房、牛场，这些村小组的孩子从一出生就享受低保。

辣子寨壮族姓氏主要有李、代、黄、王、田、龙等。

问：您在村委会开会的时候，用什么语言？

答：辣子寨村委会的民族有壮、傣、苗、彝、汉，壮族人口最多，苗、汉人口较少。因此，在壮族聚居的村小组用壮语，到汉、苗、彝村小组就用汉语，傣壮语言基本相通，在傣族地区也会用壮语。针对各村小组大家能听得懂的语言，用壮、汉语进行交流。在壮族小组用本民族的语言交流能拉近彼此之间的关系，不用壮语和自己民族的人交流，会觉得非常别扭。

问：现在请您介绍一下壮族的重要节日？

答：壮族的"三月三"，主要是祭祖。"花米饭"，每年农历六月初九，用花米草染成不同颜色。"尝新米"，每年八月稻谷丰收的时候，邻居之间会请客。壮族人民对龙非常崇拜，每年的二月初一，这是一个盛大的节日。我们村龙山的龙树是一棵200年的吊花树，每年的二月初一，村子里每家派一个人参加龙山的祭龙仪式。祭龙的时候，杀一头猪（毛发全黑的猪）、两只鸡（毛发红且漂亮的鸡）以及糍粑来祭龙。这期间，大家一起聚餐，同时提出各种问题大家一起商讨，讨论完了就回家。

问：请您介绍一下辣子寨村壮族人民的婚丧嫁娶习俗以及壮族人生活、技术等。

答：现在的壮族结婚和汉族的差不多，有些地方的壮族人在结婚的时候，要求新娘穿壮族服饰，戴头帕，而新郎可以不用穿壮服，现在的壮服都是从街上买来的。丧事的时候，要请摩工念经。壮族人自己独特的壮菜有凉鸡、凉鸭，以前的壮族染布技术很发达，现在村子里染布的很少。

问：村子里的壮族人过年会贴春联吗？

答：会贴，都是汉族的春联。

问：请您简单介绍一下辣子寨小学的情况。

答：辣子寨小学有12间教室，从幼儿园到六年级。学校里有苗族老师2名，壮族老师3名，彝族老师2名，汉族老师5名。幼儿园的老师除了会自己本民族的语言之外，还会其他民族的基本用语，这样，刚读幼儿园的小朋友在听不懂汉语的时候就能够简单交流。

问：您担心辣子寨村壮族孩子壮语水平下降吗？

答：不担心，因为孩子们在学校会有壮族同学，会和他们用壮语交流，在家父母是壮族的他们之间也会用壮语交流，他们周围有壮语的交流环境，因此他们的壮语水平不会下降。孩子们很聪明,在学校有苗、彝等其他民族的同学,他们还会一些其他民族的语言。

问:村子里有寺庙祭神吗?

答:没有寺庙,村子里的人主要崇拜龙,有祭龙的传统习惯。

问:村里什么时候请白马先生?

答:家里不顺或有人生病时会在农历的七月十五或正月十五请白马先生。白马先生有的是壮族,有的是苗族。壮族白马说壮语,苗族白马说苗语。做法事时,白马先生先会在厅堂里烧香,用棕榈做的扇子一边扇风一边还念叨着驱邪的咒语。

问:这几年南松壮族的生活有什么变化?

答:近几年我们吃的、穿的,还有住房都有改善,种田种地只要打打药水就可以了,不像以前用牛耕。我们这里已经种了五六年的香蕉,村民的收入也增加了不少。以前种的是水果甘蔗,去年开始种榨糖甘蔗。

问:我们壮族与周围其他民族来往多吗?

答:以前跟汉族不来往,跟苗族来往多。周围很多苗族都会壮语,壮族会苗语的也很多。50岁以上的壮族和苗族一般都会对方语言,他们经常一起吃饭、相互做客、一起劳动,来往多,有些壮族还会苗族山歌。我也会一些苗语。

问:越南壮族和傣族跟我们的壮语差别大吗?

答:越南的壮族、傣族,他们的话跟我们差不多。

(三)南松小组村民唐本钱访谈录

访谈对象:唐本钱,男,69岁,壮族,小学,南松小组村民

访谈时间:2014年7月18日上午

访谈地点:南松小组组长家中

访谈者:余金枝

整理者:杨露

问:爷爷您好!听组长说,您是村里唯一的祭祀先生。您能具体讲讲壮族的祭祀习俗吗?

答:好。老人去世后一般要在家里安放三天。第一天,子女为逝者清洁身体,穿好新衣新鞋。第二天,丧事的主要仪式才正式开始。在这一天要提前请祭祀师傅,一般由3人或5人组成,多由村子里德高望重的老者担任,分别称为先生、师公和麽公。先由麽公布置好祭台,喊逝者回家来吃饭。接着,由先生和师公根据死者的生辰和死亡时辰择定吉时举行入殓和下葬仪

式，避免给子孙后代带来霉运。第三天的晚上，先生和师公同时用壮语唱诵经文，曲调和唱词内容各不相同。根据推算的时辰，将逝者的棺材抬到山上的安葬处。

问：您明白唱词的意思吗？

答：知道。我还能用方块壮文写下来。主要是讲述逝者的生平以及如何养育孩子的故事。比如老人怎样含辛茹苦用背带把孩子养大。父母都背烂了几身衣服，孩子长大了，却没有什么留给老人的。尤其是女孩外嫁后，一般只有在父母快过世的时候才回来，很对不起家人。能够听懂的人，常常会流下感动的泪水。

问：出殡的时候有什么禁忌吗？

答：一般选择在早上出殡。不能与对面来的棺材相撞。人影不能被压在棺材下面。

问：您平时还去哪些地方做祭祀？

答：我还去过都龙、保良街、新寨、南北、麻栗坡等壮族聚居的村寨，帮他们看房屋的风水、做些祭祀唱诵等。

问：您还知道哪些寨子有祭祀师傅？

答：这附近的村镇一共有 5 个人会唱。其中田房小组有两个人，牛场镇有两个人，南松小组只有我一个人会唱。年纪最小的 36 岁，最大的就是我了。

问：您有没有找到传承人？

答：有的。我们村子里有一个 38 岁的壮族年轻人，叫李志海，主动跑来跟我学习。

问：您是跟谁学的呀？

答：我是跟一位表亲叔叔学的。小时候经常看他们唱，觉得很好听，时间久了，就学会了。

问：您是从什么时候开始做祭祀先生的？

答：我原来是村委会的支部书记，2000 年退休以后，就开始帮人们看红白事。到现在已经有 20 多年了。这几年，祭祀活动越来越流行，很多年轻人都请我们去做。

# 第三章 箐脚瑶族聚居寨语言活态保护及双语和谐

箐脚瑶族虽然只有95个人,但还能稳定地保留自己的母语。除母语以外普遍兼用汉语,少数人还会兼用壮语和苗语。本章就对箐脚瑶语的语言活态和双语和谐进行描写和分析。

## 第一节 金竹山村委会、箐脚概况

箐脚是一个瑶族聚居的寨子。从行政区划上看,是一个村民小组,隶属于马关县都龙镇金竹山村委会。

### 一 金竹山村委会基本情况

金竹山村委会是一个行政村,隶属于马关县都龙镇,位于都龙镇东部,属于山村。北边与老君山交界,东邻堡梁街村委会,西面与都龙村委会相邻,南面与越南相交,属于山区。

该村距离都龙镇18公里,交通便利。国土面积30.29平方公里,海拔1083米,年平均气温16℃,年降水量1275毫米,适宜种植水稻、苞谷等农作物。主要的经济作物有香蕉、草果、甘蔗等。海拔在800米以下的8个村小组,有3000亩甘蔗和7000多亩的香蕉,他们的甘蔗统一由云南英茂公司专门收购,香蕉也有专门的人收购,只是受市场影响,价格忽高忽低。其他800米以上的8个小组主要种草果。

金竹山村委会辖新堡寨、箐脚、黄角树、岩头、田坝心、南加、新寨、老寨、大良子、金竹山、大路脚、中寨、华头山等16个村小组,有农户799户,乡村人口3162人,其中农业人口2949人,劳动力人口1955人,从事第一产业的有1787人。农民人均年纯收入2374元,主要以种植、养殖等收入为主。全村种植业年收入258万元,畜牧业年收入322万元,林业年收入67万元。其中,第二、第三产业年收入210万元,工资性年收入28.68万元。

截至2011年年底,该村有676户通自来水,有756户通电,拥有电视机农户741户，安装固定电话或拥有移动电话的农户数731户。进村道路为土路，交通不便。距离最近的车站和集贸市场18公里。

全村有803户人家，3216人。主要居住的民族有苗族、瑶族、傣族、布依族、壮族、汉族，其中苗族人口最多，占54%，其次是壮族，占36%。村里的各民族相处融洽，交往频繁，还有一些互相通婚的情况。

该村的义务教育已经全部普及，适龄儿童的入学率达到100%。田坝心小学是这里的中心完小，中学要到都龙中学就读。目前，该村义务教育在校学生中，小学生306人，中学生73人。田坝心小学的学生以苗族和壮族为主，汉族较少，教师大都是从外地来的汉族，也有一些本地的壮族。课堂全部使用普通话进行教学，在较低的年级使用民族语来辅助教学，但只是老师的个人行为，不属于双语教学。

传统民族文化在金竹山得到了保护和传承。每年的农历六月初一，是壮族最隆重的节日——"六月"。在这一天，所有的壮族村民都会杀鸡宰羊，在村内举行盛大的庆祝活动，包括壮族对歌、传统歌舞表演等。

## 二 箐脚概况

箐脚属于山区，是金竹山村委会所辖的16个小组之一。它离都龙政府所在地30公里，距离金竹山村委会4公里，是一个瑶族聚居的村民小组。箐脚共有33户，102个村民，其中瑶族有97人、汉族7人。这个小组语言生活的一个重要特点是，瑶语使用熟练，且小组内汉语使用水平较高，60多岁的文盲老人也会熟练使用汉语。箐脚坐落在山脚，被两条小溪包围，下暴雨的时候，山洪爆发，人们被阻挡在寨子里，无法出来。2013年7月3日晚上11点，箐脚遭遇了百年不遇的山洪泥石流，有一家靠近山洪发生地的村民，房子被冲走了，所幸没有造成人员伤亡。由于箐脚地处山脚，每逢暴雨的时候，都会被洪水包围，没办法出行，于是政府决定箐脚小组全体搬迁。由政府提供新的地基，同时给予每家3万元的建房补助款，2014年8月底能顺利完成搬迁的还额外补助5000元。我们在调查的时候，先去了箐脚的搬迁地，就在公路边上，地势较为平坦，村民的出行也更加的方便。我们看到搬迁地房屋建设已经完成，采用了新式的砖瓦结构，房屋修建成排，形成城镇式的房屋格局。村民们有些在自己房前忙碌着，有些互相帮着在捞门前的石头，大家都很积极。我们还参观了箐脚小组长宗仕荣的家，他家的房子很大，有两层，8个房间，客厅里还摆着绿色的瓷砖，他告诉我们这是过几天装修用的。他家房子前面还有一块甘蔗地。

箐脚海拔1257米，年平均气温15℃，年降水量1350毫米，适宜种植水稻、玉米等农作物，甘蔗、草果、八角是主要的经济作物。全村有耕地总面积104亩（其中：田44亩，地60亩），人均耕地0.8亩。拥有林地1096.3亩，其中经济林果地13亩，人均经济林果地0.1亩，其他林地面积7亩。

村子交通闭塞，以前没有路，村民自己家的肥猪只能自己吃，没办法拉出去卖，2008年在政府的帮助和村民的积极参与下，修了一条进村的土路，但下暴雨的时候，公路会发生泥石流、坍方，阻碍人们出行。村子里通往各家的路建设得很好，都是水泥路，很干净，也很方便。在政府的资助下，全村人还建了科技活动中心，主要有一间厨房和一间活动室，村子里有活动的时候大家可以聚在科技活动室做饭吃。寨子有自己的广播，各家居住的较为分散，小组长可以在广播里通知事情。

寨子里没有学校，孩子读书要到距离4公里远的田坝心小学和24公里远的都龙中心学校，学校实行封闭式管理。孩子一般星期天到学校，直到星期五才可以回家，基本上从小学开始就在学校吃住。小学和初中都是使用汉语教学。寨子里的孩子一般能读到初中毕业，目前有1个高中毕业的，还有1个就读于昆明农业大学。现在国家对义务教育阶段的学生补助越来越多，但村子里仍有辍学的孩子，说明箐脚小组的家长对孩子的教育重视程度不够。

村子里的婚姻形式主要为族内婚姻，瑶族人多数娶的是麻栗坡、南捞的瑶族，在以前，瑶族人必须要娶瑶族，现在娶什么民族的都可以。村子里主要是瑶族，只有4户汉族，娶的也多是瑶族。汉瑶在箐脚小组和睦相处，大家有事互相帮忙，瑶族不会因为自己人多而欺负汉族。

## 第二节 箐脚瑶族母语文活态现状调查及成因

### 一 箐脚瑶族语文活态现状调查

为了全面了解箐脚小组瑶语的活态保护状况，我们随机抽取了27户88人。除去6岁以下语言能力尚不成熟的2人和1名汉族外，共调查了85人。

通过入户调查和访问，我们认为箐脚小组瑶语活态度较高。表现在：① 箐脚瑶族全民保留瑶语。② 箐脚瑶族第一语言多为母语。③ 箐脚瑶族母语词汇量没有明显的代际差异。但是箐脚瑶族口头文学的传承出现了明显的代际断裂。具体分析如下：

1. 箐脚瑶族全民保留瑶语

箐脚瑶族不分性别、不分年龄，全民熟练使用自己的母语。瑶语是箐脚小组村民最主要的交际工具，具体统计数据见表3-1。

表 3-1　　　　　　　　箐脚瑶族母语使用情况

| 年龄段（岁） | 总人数（人） | 熟练 人数（人） | 熟练 百分比（%） | 一般 人数（人） | 一般 百分比（%） | 不会 人数（人） | 不会 百分比（%） |
| --- | --- | --- | --- | --- | --- | --- | --- |
| 6—19 | 12 | 11 | 91.67 | 0 | 0 | 1 | 8.33 |
| 20—39 | 28 | 28 | 100 | 0 | 0 | 0 | 0 |
| 40—59 | 29 | 29 | 100 | 0 | 0 | 0 | 0 |
| 60岁以上 | 16 | 15 | 93.75 | 1 | 6.25 | 0 | 0 |
| 合计 | 85 | 83 | 98.82 | 1 | 1.17 | 1 | 1.18 |

表 3-1 显示，四个年龄段的 85 人当中，除了 6—19 岁阶段有 1 人母语水平为"不会"以外，其余两个年龄段的人均能熟练使用母语。该人为 6 岁的李金娜，她一直和母亲在都龙镇生活，母亲为汉族，不会说瑶语，并且她也脱离了使用瑶语的大环境，因此不会说瑶语。除此之外，箐脚的瑶族都能 100%地熟练掌握自己的母语。

此外，箐脚还有 5 个从外地嫁过来的汉族，她们也能熟练地使用瑶语交流，这也是瑶语活力的一个表现。

2. 箐脚瑶族第一语言多为母语

在我们随机抽取的 85 人中，绝大多数人的第一语言为母语，只有李金娜的第一语言为汉语，因为她长期生活在都龙镇，脱离了瑶语的语言环境。生活在箐脚的瑶族第一语言都是母语。以自己的母语为第一语言的民族，母语能力是不可能丧失的。

3. 箐脚瑶族母语词汇量没有明显的代际差异

母语词汇量的大小也显示了母语能力的高低。为了了解箐脚瑶族母语的词汇量，我们随机抽取了四个年龄段共 8 个人进行了母语四百词的测试。测试结果见表 3-2：

表 3-2　　　　　　　箐脚瑶族母语四百词测试统计

| 姓名 | 年龄（岁） | 性别 | 民族 | 文化程度 | A | B | C | D | A+B | 等级 |
| --- | --- | --- | --- | --- | --- | --- | --- | --- | --- | --- |
| 邓正敏 | 13 | 男 | 瑶 | 初中 | 368 | 21 | 6 | 5 | 389 | 优秀 |
| 邓正扬 | 14 | 男 | 瑶 | 初中 | 281 | 32 | 21 | 56 | 313 | 良好 |
| 邓友芬 | 27 | 女 | 瑶 | 小学 | 373 | 7 | 4 | 16 | 380 | 优秀 |
| 盘金美 | 29 | 女 | 瑶 | 高中 | 386 | 1 | 4 | 9 | 387 | 优秀 |
| 邓富莲 | 40 | 女 | 瑶 | 小学 | 374 | 26 | 0 | 0 | 400 | 优秀 |

续表

| 姓名 | 年龄（岁） | 性别 | 民族 | 文化程度 | A | B | C | D | A+B | 等级 |
|---|---|---|---|---|---|---|---|---|---|---|
| 邓启兰 | 48 | 女 | 瑶 | 小学 | 372 | 10 | 12 | 6 | 382 | 优秀 |
| 邓忠明 | 62 | 男 | 瑶 | 小学 | 389 | 0 | 9 | 2 | 389 | 优秀 |
| 邓忠友 | 71 | 男 | 瑶 | 小学 | 394 | 1 | 0 | 5 | 395 | 优秀 |

表 3-2 显示，除了 14 岁的邓正扬测试结果为良好以外，其余 7 个不同年龄段、不同文化程度的瑶族人，测试结果均为优秀。14 岁的邓正扬掌握母语情况为良好，是因为他在都龙镇读初中，在校期间都讲汉语，逐渐地邓正扬更习惯于讲汉语，所以在他的瑶语词汇中有一部分已经被汉语代替。

在我们的测试者中，13—71 岁不同年龄的人母语词汇量没有明显的代际差异。几个年龄段使用母语的差异在于 13 岁和 14 岁的青少年其母语中掺进了更多的汉语借词，比如"井"、"肝"、"乌鸦"、"小麦"、"踩"等。

4. 箐脚瑶族的口头文学传承出现了明显的代际断裂

一个民族口头文学的传承也能反映一个民族语言的活力程度。如果口头文学代代相传，那么民族语言必定会一直保留，不会消失；如果口头文学逐渐失传，那么民族语言的保留就会受到威胁。我们在进行随机访问时发现，箐脚小组 40 岁以上的人很多都会讲本民族的民间故事，还有一部分人仍会唱瑶族山歌。40 岁的邓富莲（女，瑶族）提到自己和丈夫都会唱山歌，"三天三夜都对不完呢"。但是 40 岁以下的大部分人只是听过瑶族的民间故事，不会讲，更不会唱山歌了。箐脚瑶族的口头文学传承出现了明显的代际断裂。

### 二　箐脚瑶族语文活态成因

（一）高度聚居的生活状态

箐脚共 33 户，102 人，处于高度聚居的状态。这 102 人中，仅有 7 人是汉族，其余的 95 人都是瑶族。在箐脚，瑶语自然就成了该区域的强势语言。为了与同村人交流，汉族人也必须要学习瑶语。瑶语是村寨里最重要的交际工具。

（二）闭塞的地理环境

箐脚海拔 1257 米，两边都是从高山上流下来的河流。距离村委会 4 公里，距离都龙镇 30 公里。从镇上到箐脚的路有很长一段土路，并且要过一条河，交通非常不便。交通闭塞，与外界交流很少，这在一定程度上有利于保留母语。

（三）箐脚瑶族对母语有深厚的感情，深信母语不会消失

此次调查，我们主要从两个方面进行母语态度的调查：一是情感倾向，包括好听和亲切两个方面；二是社会功用，包括有用和有社会影响两个方面。在进行问卷调查时我们发现，大部分人都觉得自己的母语听起来最亲切。相比普通话和方言，母语最好听。有一半的人觉得母语是最重要的语言，只有两个人觉得母语是最有用的。原因是普通话是通用语言，交流很方便。由此我们看出，大部分人对自己的母语都很有情感。而且，对方说的瑶语如果自己听不懂，大部分人会觉得反感，对自己的母语有强烈的情感维护。

在谈到"是否担心母语会消失"这个问题的时候，大部分人都不担心，觉得瑶语一定能世世代代流传下去。虽然大部分被访者都认为普通话最重要，但他们也认为瑶语是必须要学会的，瑶族人不会瑶语就是忘本行为，是无法容忍的，对母语延续都很有信心。

（四）国家的优惠政策以及有志之士的努力

现在国家实施了越来越多的政策对少数民族的语言和风俗习惯加以保护。与此同时，社会上的有志之士也在积极地为保护民族特色作出努力。马关县瑶族成立了瑶学会，组织举办瑶族的重大节日，以传承瑶族的传统风俗和民族精神。各方的努力都会增加瑶语的活力，使得瑶语得以保留。

（五）箐脚瑶族瑶文使用现状

目前，瑶族统一使用1983年国家民委创制的瑶文。该瑶文以广东省乳源县瑶族语音为基础，使用26个拉丁字母，由30个声母、102个韵母和8个声调组成，其中有6个主要元音，20个辅音。但是，在我们的调查中发现，这套瑶文通行度并不高。在箐脚提到瑶文，村民们都认为指的是方块瑶文，并不了解1983年创制的新瑶文。

邓忠明（男，62岁，瑶族）提到，"村子里大部分40岁以上的人都会瑶文"。而这些瑶文主要存活于经文中。在祭祀和办丧礼时，会有人念瑶文写成的经文。瑶文并不在生活中流通，缺乏生命力。

箐脚的瑶族人大部分都想学瑶文，而且基本上都是60岁以下的人。虽然他们有学习瑶文的需求，但是没有条件也没有机会去学习瑶文，所以箐脚小组的年轻人几乎不太可能再掌握瑶文。瑶族文字基本处于失传的状态。

三 箐脚瑶族母语活力评估

此次调查我们尽量科学地将母语活态保护用量化的方式表示出来，使读者更加直观地看到该语言的活力度。为此制定了专门的母语活力评分表。以下是箐脚瑶族母语活力度的统计结果（见表3-3）：

表 3-3　　　　　　　箐脚瑶族母语（文）活力评分

| 序号 | 参项 | | 所占分值（分） | 调查结果（%） | 得分（分） |
|---|---|---|---|---|---|
| 1 | 熟练掌握母语的人口比例 | | 55 | 98.8 | 54.3 |
| 2 | 代际传承状况 | 语言 6—35 岁 | 6 | 97.0 | 5.8 |
| | | 语言 36 岁以上 | 4 | 100 | 4 |
| | | 文字（40 岁以下） | 10 | 0 | 0 |
| | | 民间文学（40 岁以下） | 5 | 3 | 3 |
| 3 | 通用范围 | 家庭 | 2 | 2 | 2 |
| | | 村寨 | 2 | 2 | 2 |
| | | 公共场合 | 2 | 2 | 2 |
| | | 媒体传播 | 2 | 2 | 2 |
| 4 | 是否是纳入考试科目 | | 5 | 0 | 0 |
| 5 | 对母语的认同态度 | | 5 | 3.9 | 3.8 |
| 6 | 与跨境同族能否通话 | | 2 | 2 | 2 |
| | 总　分 | | 100 | | 80.9 |

母语活力度等级分为四个级别：一级（稳定保存型）80—100 分；二级（局部衰退型）60—80 分；三级（严重衰退型）40—60 分；四级（基本转用型）40 分以下。根据这一标准，箐脚瑶语活力度为一级（稳定保存型），但是已处于这一级的边缘，有局部衰退的趋势。

箐脚瑶族虽然人数很少，但是瑶语是村寨内主要的交际工具。箐脚瑶族只有 6 岁的李金娜不会瑶语，是因为她一直跟随妈妈在都龙镇上生活，而妈妈是汉族，不会瑶语。但这并不影响箐脚瑶语的传承，并没有出现代际断裂。

箐脚瑶族目前还保留的文字是方块瑶文。62 岁的邓忠明提到村子里 40 岁以上的人都还会写方块瑶文，但是青壮年一代就不会写瑶文了，大多数人只是知道瑶文但并不认识也不会写。瑶文在箐脚基本处于失传的状态。

瑶语是箐脚家庭和村寨最主要的交际工具，广播中也有瑶语节目，主要是翻译新闻。但是在医院、政府等公共场合，瑶族人则使用汉语。

都龙镇的双语教学都比较落后，只在小学的低年级才有瑶语的双语教学，瑶语也没有纳入考试科目。

在我们进行母语态度调查时发现，一半的人觉得母语是最重要的语言。仅有少数人认为母语最有用，大部分人认为普通话最有用，原因是普通话是通用语言，交流很方便。但是，绝大多数人都不能接受瑶族人不说母语，也都很想学习瑶文。综合来看，箐脚瑶族对母语的认同度非常高。

在农忙时节，越南瑶族会来中国务工。箐脚的瑶族和越南的瑶族交流没有障碍，并且认为自己的母语和越南瑶族的母语同样好听。

## 第三节 箐脚瑶族双语和谐现状及成因

箐脚主要是瑶族聚居的村寨。全寨 102 人中汉族只有 7 人。瑶族和汉族友好相处，瑶族能熟练使用汉语，汉族也基本会听说瑶语，形成了瑶汉双语和谐，局部瑶、汉、苗、壮多语和谐相处的美好景象。

### 一 箐脚瑶族双语和谐的现状

箐脚的双语和谐现状主要表现在以下四个方面：箐脚瑶族全民兼用汉语；瑶族语言生活呈现出双语和谐互补的特征；有些瑶族村民兼用苗语、壮语，成为"多语人"；箐脚瑶族对汉语及其他少数民族语言的接纳、认可态度较好。

（一）箐脚瑶族全民兼用汉语

汉语作为各民族的通用语，具有共同语的作用，它包括普通话和各地的汉语方言。各地少数民族在和本民族交流的时候用母语，在和非本民族交流选择兼用汉语方言或是普通话。为了了解箐脚村兼用汉语的情况，我们对箐脚 33 户 102 位村民做了穷尽式的入户调查，除去其中的 7 名汉族和 2 名语言能力尚不成熟的 6 岁以下儿童，纳入本次统计的共有 93 名瑶族。具体的数据如表 3-4 所示：

表 3-4　　　　　　箐脚瑶族兼用汉语使用情况

| 年龄段（岁） | 总人数（人） | 熟练 ||  略懂 || 不懂 ||
| --- | --- | --- | --- | --- | --- | --- | --- |
| | | 人数（人） | 百分比（%） | 人数（人） | 百分比（%） | 人数（人） | 百分比（%） |
| 6—19 | 13 | 13 | 100 | 0 | 0 | 0 | 0 |
| 20—39 | 31 | 31 | 100 | 0 | 0 | 0 | 0 |
| 40—59 | 32 | 32 | 100 | 0 | 0 | 0 | 0 |
| 60 岁以上 | 17 | 17 | 100 | 0 | 0 | 0 | 0 |
| 合计 | 93 | 93 | 100 | 0 | 0 | 0 | 0 |

表 3-4 显示，箐脚的 93 位瑶族人都能熟练地使用汉语。一些年龄较大的老人虽然是文盲，但是在实际生活中也能用汉语方言熟练地交流。一般在遇到非本族人的时候，瑶族人会选择用汉语交流。

(二)箐脚瑶族语言生活呈现出双语和谐互补的特征

我们对箐脚瑶语的使用场合做了问卷调查,结果显示瑶族的语言生活呈现出双语和谐互补的特征。具体来看,在寨子内部瑶语是主要的交际工具。同时他们又能够熟练地运用汉语方言,并能在具体的环境中实现瑶汉双语的互相转换。在家庭内部,无论是祖辈、父辈、同辈、子辈之间还是祖辈与父辈、父辈与子辈之间,全部使用瑶语进行交流;在村寨中与非家庭成员交流时,如果对方也是本族人,会首先使用瑶语进行交流。如果对方不是本族人,出于对对方的尊重,就会自动转换为汉语云南方言进行交流;在公共场合如医院、集市、村委会、镇政府等,由于交际对象并非都是本族人,所以他们会首先选用云南方言进行交流。这些显示了箐脚瑶族语言生活呈现出双语和谐互补的特征。

(三)有些瑶族村民兼用苗语、壮语,成为"多语人"

在户口簿的语言使用情况统计中,我们得到箐脚小组瑶族兼用苗语、壮语的具体情况(见表3-5)。

表3-5　　　　　　　箐脚瑶族兼用苗语、壮语使用情况

| 姓名 | 性别 | 年龄(岁) | 民族 | 文化程度 | 苗语水平 | 壮语水平 |
| --- | --- | --- | --- | --- | --- | --- |
| 盘国义 | 男 | 79 | 瑶族 | 文盲 | 熟练 | 熟练 |
| 李贵荣 | 男 | 56 | 瑶族 | 小学 | 熟练 | 不会 |
| 邓忠友 | 男 | 72 | 瑶族 | 初中 | 熟练 | 不会 |
| 邓明金 | 女 | 72 | 瑶族 | 文盲 | 熟练 | 不会 |
| 邓忠县 | 女 | 54 | 瑶族 | 小学 | 熟练 | 不会 |
| 李有科 | 男 | 78 | 瑶族 | 文盲 | 熟练 | 熟练 |
| 宗仕荣 | 男 | 55 | 瑶族 | 初中 | 熟练 | 不会 |
| 卢华燕 | 女 | 76 | 瑶族 | 文盲 | 熟练 | 熟练 |
| 盘金莲 | 女 | 62 | 瑶族 | 文盲 | 熟练 | 不会 |
| 邓忠德 | 男 | 61 | 瑶族 | 小学 | 熟练 | 熟练 |
| 邓正英 | 女 | 60 | 瑶族 | 文盲 | 熟练 | 不会 |
| 盘金明 | 男 | 64 | 瑶族 | 小学 | 熟练 | 不会 |
| 李贵友 | 男 | 49 | 瑶族 | 初中 | 熟练 | 不会 |
| 赵启玉 | 女 | 55 | 瑶族 | 文盲 | 熟练 | 不会 |
| 邓文美 | 女 | 82 | 瑶族 | 文盲 | 熟练 | 熟练 |
| 卢华荣 | 男 | 50 | 瑶族 | 文盲 | 熟练 | 不会 |
| 赵兴媛 | 女 | 61 | 瑶族 | 初中 | 熟练 | 不会 |

续表

| 姓名 | 性别 | 年龄（岁） | 民族 | 文化程度 | 苗语水平 | 壮语水平 |
|---|---|---|---|---|---|---|
| 蒋宝珠 | 女 | 63 | 瑶族 | 文盲 | 熟练 | 熟练 |
| 邓忠富 | 男 | 61 | 瑶族 | 小学 | 熟练 | 熟练 |
| 赵兴美 | 女 | 63 | 瑶族 | 小学 | 熟练 | 熟练 |
| 邓国荣 | 男 | 50 | 瑶族 | 初中 | 熟练 | 不会 |
| 孔朝光 | 男 | 54 | 瑶族 | 小学 | 熟练 | 不会 |
| 邓国金 | 男 | 64 | 瑶族 | 文盲 | 熟练 | 熟练 |
| 李正琼 | 女 | 61 | 瑶族 | 文盲 | 熟练 | 熟练 |
| 李贵美 | 女 | 58 | 瑶族 | 文盲 | 熟练 | 不会 |

从表3-5可以看出，箐脚小组有10位瑶族村民可以熟练使用苗语、壮语，15位只会苗语。有些50岁以上的老人除了会瑶语和汉语方言之外，还会苗语和壮语，并且能熟练地交流。他们多是在学校或与苗、壮族共同的生产生活中学会的苗语或壮语。箐脚小组的小组长宗仕荣，会熟练使用苗语，他说作为村干部，跟周围的其他寨子的人交流较多，因此学会了苗语。在遇到苗族人的时候，他会选择用苗语和他们交流。箐脚周围有苗族、壮族的人，在和他们接触的时候，箐脚村民也积极学习他们的语言。因此，在箐脚不仅有瑶汉双语的和谐，也有瑶、汉、苗、壮的多语和谐。

（四）箐脚瑶族对汉语的认可、接纳、包容态度

瑶族对汉族文化有一种崇拜心理，因此他们愿意接受汉族文化。当被问及"是否认为推广普通话就是在汉化少数民族语言"时，大多数人都说"没有这样觉得"。他们认为汉族、瑶族是一家，大家要互相学习彼此好的方面。他们认为学好汉语方言，出了寨子遇到其他民族的人就能和他们交流。因此，他们在熟练使用自己母语的同时，能积极学习汉语，对汉语有一种认可、接纳、包容的态度。这从一定程度上有利于瑶汉双语的和谐。

（五）和谐度的测量

我们把双语和谐的参项定为5个，分别评分，最终得出双语的和谐度。箐脚瑶族双语和谐度的评分情况如表3-6所示：

表3-6　　　　　　　　箐脚瑶族双语和谐度评分

| 序号 | 参　项 | 所占分值（%） | 调查结果（%） | 得分（分） |
|---|---|---|---|---|
| 1 | 熟练掌握双语的人口比例 | 60 | 100 | 60 |
| 2 | 对双语的认同程度 | 10 | 8.1 | 8.1 |

续表

| 序号 | 参项 | | 所占分值（%） | 调查结果（%） | 得分（分） |
|---|---|---|---|---|---|
| 3 | 双语通用范围 | 家庭 | 3 | 0 | 0 |
| | | 村寨 | 3 | 0 | 0 |
| | | 公共场合 | 3 | 0 | 3 |
| | | 媒体传播 | 3 | 0 | 0 |
| 4 | 双语教学是否进入学校教育 | | 8 | 0 | 0 |
| 5 | 是否存在不和谐现象（语言纠纷、语言歧视等） | | 10 | 10 | 10 |
| 总得分 | | | 100 | | 81.1 |

箐脚有 95 个瑶族人，他们都能熟练使用汉语和其他民族的人交流，所以在熟练掌握双语人口比例这个参项中所得分为满分 60 分。

对双语的认同度这个参项，主要针对我们的 8 份调查问卷中"在村外说自己母语会不会感到自卑"、"有没有人会自己母语但不喜欢说"、"有没有觉得其他少数民族的语言不好听"和"有没有会说其他民族的语言但不愿意说"这四个问题的回答情况进行打分，总分是 10 分，答案肯定得 2.5 分，否定为 0 分，最后把 8 份问卷的得分加起来除以 8 得出最终结果。在我们调查的 8 份问卷当中，有 4 个人的回答都是肯定的，得分都是 10 分。有 2 个人得分都是 7.5 分，因为他们在回答"有没有人会自己母语但不喜欢说"这个问题时回答了"有"，所以扣了 2.5 分。还有 2 个人分别得 5 分，其中 1 个在回答"有没有觉得其他少数民族语言不好听"和"有没有人会说其他民族的语言但不愿说的"这两个问题时都回答了"有"，所以只得了 5 分。另外一个在"有没有人会说自己的母语但不喜欢说"和"在村外说自己的母语会不会感到自卑"这两个问题上都回答了"有"，也只得了 5 分。因此，这 8 个人的总分是 65 分，取 8 个人的平均分，这个参项最后得分为 8.1 分。

第三个参项主要是双语的通用范围。依据家庭、村寨、公共场合、媒体传播这 4 个场所中是否使用双语的情况评分，使用的每个得 3 分，不用的得 0 分。因为箐脚的瑶族只有在公共场合才使用双语，所以此项得分为 3 分。

"双语教学是否进入学校教育"这个参项的标准是"进入"得 8 分，如果使用母语进行辅助教学则得 4 分，没有使用就为 0 分。由于箐脚所在的学校教育中没有双语教育，也没有用瑶语辅助教学，因此，该参项得 0 分。

最后一项"是否存在语言纠纷、语言歧视等不和谐现象"得分为 10 分。通过我们调查，箐脚不存在语言纠纷、语言歧视等不和谐现象，所以此项得分为 10 分。

综合 5 个参项，箐脚最后的总分为 81.1 分。通过这个分数我们得到的结论是：箐脚瑶族的双语关系和谐。

**二　箐脚瑶族双语和谐的成因**

箐脚瑶族双语和谐的原因主要有四点：民族之间长期友好相处；长期接受学校的汉语教育，对汉文化的接纳；大杂居的分布格局；我国对各民族平等的语言方针政策。

（一）民族之间长期友好相处

箐脚小组主要为瑶族聚居村，汉族才有 7 个人。在聚居村瑶族和汉族长期友好相处，民族关系和睦。在寨子内交流首选瑶语，在与附近的其他民族交流的时候则使用汉语方言。根据我们的调查问卷结果，在被问及"有没有因为说不同的民族语而引起矛盾"时，约有 85% 的人选择了"没有"。当问到"别人用自己的母语讲你听不懂时你是否反感"，约有 60% 的人选择了"不反感"，约有 20% 的人选择了"无所谓"。当问及"有没有觉得其他少数民族的语言不好听"时，约有 90% 的人选择了"没有"。由此可知，多民族之间的长期友好相处，融洽的民族关系是瑶汉双语和谐的重要原因。

（二）长期接受学校的汉语教育，对汉文化的接纳

现代社会发展迅速，汉语习得途径越来越多。通过新闻媒体、学校教育、手机、电视等方式，少数民族对汉族文化越来越了解。当被问及"是否喜欢听汉语歌曲、是否喜欢看汉语节目"时，他们当中的许多人都选择了"很喜欢"，只有个别选择了"一般"。当被问及"如果有民汉双语学校，您是否愿意送您的孩子就读"时，约有 85% 的受访者选择了"愿意"。由此我们可以看出，少数民族对汉族文化有包容态度，愿意学习汉文化，是促进双语和谐的重要条件。

少数民族受汉族影响，在婚丧嫁娶、生活习惯上日渐和汉族趋同。这也是双语和谐的重要因素。

（三）大杂居的分布格局

我国民族分布的特点之一就是大杂居、小聚居，这就决定了少数民族在和汉族或其他民族交流的时候必须使用汉语。箐脚是瑶族聚居村，周围有苗、壮、汉等民族，形成瑶、汉、壮、苗等民族的大杂居，因此，瑶族人在村寨用瑶语交流，在公共场合需要兼用汉语，这样才能广泛地同外界交流，同时也可以促进双语和谐。

（四）我国对各民族平等的语言方针政策

我国政府对待少数民族语言文字的一贯态度是：各民族都有使用和发

展自己语言文字的自由。这主要包括两个方面的内容：一是各民族不分大小，对自己的语言如何使用、如何发展都有自己的权利，其他人不能干涉，更不能歧视；二是政府对各民族使用和发展自己语言的权利，一律予以保障，根据各民族的意愿帮助他们使用和发展自己的语言。这体现了我国对各民族语言的平等原则。新中国成立之后，政府还组织人员为没有自己文字的少数民族创制拼音方案，帮助他们创立自己的文字。在政策的支持下，各民族自由地使用自己的民族语，同时在一些场合兼用汉语。因此，政府的政策保障，也成为促进双语和谐的动因之一。

## 附录：箐脚人物访谈录

访谈对象：宗仕荣，男，55岁，瑶族，初中，箐脚小组小组长
访谈时间：2014年7月24日上午
访谈地点：都龙镇金竹山村委会箐脚小组长家
访谈、整理者：杨伟芬

问：组长，您好。请您做一下简单的自我介绍。
答：我叫宗仕荣，是箐脚土生土长的瑶族，我的支系是蓝靛瑶，初中文化程度。我在农闲的时候经常出去外面打工，汉语很熟练。同时我作为小组长，和其他人接触的时间也多，我不仅会瑶语，可以和苗族人用苗语交流，还略懂壮语。

问：组长，您能介绍一下您家人的语言使用情况吗？
答：我们家有4个人，妻子，两个儿子和我。我们祖辈都是箐脚的，妻子是南捞的瑶族，家里人之间都用瑶语交流。大儿子在贵州的煤矿上班，已经把户口迁出去了，他回家的时候仍然和我们用瑶语交流。小儿子在家帮忙盖政府补助的搬迁房。

问：请您介绍一下箐脚小组的基本情况。
答：箐脚有33户，102人，只有7个汉族人，其余都是瑶族人，因此汉族人基本会说瑶语，不会说的也能听得懂瑶语。箐脚坐落在山脚，周围有小溪包围，下大雨会有泥石流，山洪爆发，使道路阻塞，村民不能出去。2013年7月3日百年不遇的山洪泥石流爆发，靠近山洪附近的一家被洪水冲走了，幸运的是没人在家，没有发生人员伤亡。因此，政府要求箐脚小组全体搬迁。政府给他们提供地基，同时补助3万元，如果在8月底顺利完成搬迁的，还有额外的5000元补助。虽然箐脚小组道路不方便，但还是在2004年通了公路，2008年的时候全村通了电。

问：箐脚小组的经济情况怎样？主要有什么经济作物？

答：箐脚处在高寒山区，自然条件较差，经济落后，主要的经济作物是甘蔗和草果，但山洪爆发之后，草果不能再有了，因此也没有什么经济收入。以前没有通公路的时候，村民自己养的猪都没办法拉出去卖。旱地主要种苞谷，水田种水稻，只能自给自足。

问：村子里通婚情况怎么样？

答：村子里主要居住的是瑶族，娶的也是麻栗坡、南捞等地的瑶族。全村只有 4 户汉族，与汉族通婚较少。

问：村子里的民族关系如何？

答：村民关系很和谐。箐脚主要居住的是瑶族，只有 4 户汉族，但是瑶族和汉族关系很和谐，大家有事互相帮忙，瑶族人汉语很熟练，汉族人也会听、说瑶语，因此，在箐脚瑶汉是和睦相处的

问：村子里婚丧嫁娶有什么传统习俗？

答：结婚的时候女的要穿瑶族服装，老人在逢年过节的时候也会穿瑶族服装，有些人的瑶族服装还是自己做的。瑶族在历史上实行过火葬，但现在已经改为土葬。

问：瑶族人的生活习惯和汉族相差大吗？

答：基本一样，没有什么差别。

问：您觉得生活在箐脚，出去集市上买东西方便吗？

答：不太方便，去都龙买东西，要走 30 公里的山路，走六七个小时，早上天一亮就得出发，在集市上买东西回来差不多都要天黑了。

问：请问箐脚的孩子去哪上学？

答：村子里的孩子去田坝心上小学，那有一年级到六年级。孩子住在学校，一般星期天去学校，星期五的时候回家。现在国家给予教育方面很多补助，孩子在学校吃饭不用交钱，还有一些额外的补助。孩子们的教育环境越来越好。

问：村子里开会用什么语言？

答：村子里开会用的是瑶语。在政府的帮助下村里建起了自己的科技活动室，可以集中村民到里面开会。里面还有一间厨房，有活动的时候大家可以集体做饭吃。村里安装了广播，有些事情可以直接在广播里通知。

问：请您介绍一下瑶族的重要节日。

答：清明节，每年的农历三月初三，要去上坟，一般都带花米饭去祭祀。花米饭是糯米做的，用一种染色草染成红、黄、蓝 3 种颜色。鬼节，每年的七月半，主要是祭祀祖先，给他们烧纸衣服。春节、端午节，时间和汉族的一样，基本没什么差别。

问：请问您听过盘王的传说吗？

答：听过的。主要讲述的是我们瑶族的祖先盘瓠的传说。盘瓠是一条龙犬，它帮助高辛王杀了番王，高辛王很高兴，为了奖励龙犬盘瓠，高辛王命人把它点化为人，封他为王，并把三公主许配给他。盘王带着公主生下6男6女，据说，这是后来瑶族中盘、赵、邓、李、蒋、胡等12姓的由来。从此，12姓瑶族人依山傍水而居。

盘王节就是为了纪念瑶族祖先盘王的，时间为每年农历十月十六日，节日一般为三天。盘王节有固定的程序，首先是敬盘王，用猪头、鸡肉、酒等祭品。接着人们面对神像祈祷，祭祀完毕。最后众人唱盘王歌，跳盘王舞。

# 第四章　上波龙苗族聚居寨语言活态保护及双语和谐

上波龙是一个苗族聚居寨。从行政上看，它是一个村民小组，隶属于大寨村委会。下面简单介绍一下大寨村委会和上波龙的情况。

## 第一节　大寨村委会、上波龙基本情况

### 一　大寨村委会基本情况

大寨村隶属于马关县都龙镇，距离县城 24 公里。全村国土面积约为 31 平方公里，海拔 1300 米。东临都龙镇，西面与坝地小组（壮族聚居寨）、夹寒箐镇相邻，北边与金竹平小组（汉傣杂居寨）隔三岔河相望。耕地面积 8369 亩，林地面积 15582 亩。

大寨村委会下辖 29 个村民小组：老街、金竹平、坝地、上半坡、下半坡、大马栏、小马栏、波垛、波龙等。其中波龙是面积最大的村小组。该村委会主要分布着苗族、壮族、汉族、彝族、傣族、布依族等民族，共有 1432 户人家，6200 多人。其中苗族人口最多，壮族次之。村中一直和外族有通婚现象，但并不多。与越南通婚的大约有 100 来户。

该地水源充足，农业主要以种植业和养殖业为主。主要种植玉米、水稻、甘蔗、生姜、三七等作物；养殖业以养猪、养牛、养鸡为主。村民的经济收入也主要依靠种植业和养殖业。农闲时，剩余劳动力输出也成为村民的一种主要的经济来源。从 2010 年开始，外出务工的村民逐年增多，农民的人均纯收入已达到 78741 元，较往年有显著提高。该地劳务输出远至上海、江苏、广州、深圳，近至文山、昆明等地。随着家庭年收入的增长，农村居民的住房条件得到明显改善，砖瓦房替代了土坯房，如雨后春笋般涌现。

20 世纪 80 年代，大寨村就已铺设了自来水管道。最近几年，由于管道年久失修，腐化严重，自来水供应已中断。目前，人畜饮用水主要来自自家水井。农田灌溉主要依靠大气降水。由于国家家电下乡政策的扶持，电视、

电冰箱、洗衣机等家用电器在全村已基本普及。闭路电视信号也已基本覆盖。每家至少有一部手机，大大方便了与外界的沟通和联系。全村大部分家庭至少拥有一辆摩托车，这也成为村民出行最主要的交通工具。村里道路通行状况良好，水泥路贯通各村小组之间，出行较为便利。网络信号目前只在大寨一小组、二小组、三小组开通。

九年义务教育在村中已经普及。该村委会共有一所幼儿园、三所小学。幼儿园正处于装修阶段，预计2014年9月开始招生，主要接收大寨片区的适龄儿童。三所小学分别是波龙小学、大寨小学和坝地小学。汉语是唯一的教学用语，也是不同民族的学生间相互交流的通用语言。学生在入校之前，已基本掌握汉语普通话。全村辍学现象较为普遍。究其原因主要是因为年轻人常年在外打工，产生了大量的留守儿童。由于缺乏父母的监护，很多孩子主动放弃读书，早早地步入社会。也由此产生了一系列的社会问题，一些人甚至走上了犯罪道路。

大寨村是多民族杂居的村委会。各民族既保留自己的传统节日，如苗族的花山节、壮族的三月三歌节等；也有共同庆祝的节日，如春节、端午节、中秋节等。在婚俗和丧俗方面，不同的民族则形式多样，内容丰富。

近些年，大寨村享受到国家各项惠农政策的扶持。今年将在大寨村实施危房改造工程，70多户农民的住房条件将得以改善。新型农村合作医疗已基本覆盖全村，初步缓解了农民看病难、看病贵的问题。

## 二 上波龙基本情况

上波龙村小组隶属于都龙镇大寨村委会，北部靠近弯子寨和茅台地，南部与下波龙接壤，距离都龙镇2.5公里。其内部又分为6个村小队：七队、八队、九队、牛场队、十队上组、十队下组，共有277户，1900多人。这6个村小队混居在一起，除了有4个嫁进来的壮族人以外，其余的全部都是苗族，属于较大的苗族聚居群，所以在村寨当中苗语是第一通行的语言，走出村寨大家才会选择用汉语方言，所以在这里苗语的活力很强。但是都不会苗文，还有大部分的人根本不知道有苗族的文字。

上波龙村小组的面积总共有5.7平方公里，平均海拔1358米。年降水量1300多毫米，适宜种植苞谷、水稻等经济作物，这些也是村民的主要经济来源。此外还有一些人种植三七、甘蔗、生姜等。人均年收入超过2000元，基本上已经解决了温饱问题，但还没有达到小康。

由于地处乡镇公路沿线，便利的交通给这里的发展提供了良好的条件。无论是去都龙赶街，进行商品贸易还是到其他村寨，交通都很便利。这里几乎每家都有摩托车。

在政府的帮助下，村寨的危房改造工程正在逐步完成。现在已有半数以上的村民住上了砖木结构的房子。截至2012年年底，全村统一安装了自来水，并全部通电。95%以上的家庭拥有了电视机和固定电话，大部分村民自己买了手机。

村里的小孩上学都去波龙上完小。入学率达到100%。学校的教师来自马关各个民族，都用汉语普通话教学。中学去都龙，高中去马关。小学吃饭、学费都全免；中学免学费，农村户口的学生有生活补助，城镇户口的孩子则没有。

花山节是苗族比较隆重的节日。每年的正月初二到初六都会举办踩花山的活动。端午节也过得很隆重。端午节的时候外嫁的姑娘都回到娘家，家里人要团圆。有些人家还会杀猪，过得很隆重。中秋节就不太隆重了，都是年轻人在过，老年人都不过。除此之外还祭龙，这是他们的民族文化。每年的二月初一、初二、初三户主聚集起来，村长讲过村规后就一起烧纸烧香祭拜大山。这三天都不能动土。祭龙除了祈求保佑以外，还有一层含义就是保护生态。劳作的时候会破坏生态，祭龙可以让大自然恢复三天，是一种生态观念。

## 第二节　上波龙苗语文活态现状及成因

为了全面了解上波龙的苗语使用状况，我们随机抽取了32户，145人对其苗语使用情况进行调查。145人中全部都是苗族，除去语言能力尚不成熟的6岁以下儿童9人，纳入本次调查的共136人。

现行苗文是国家1956年创制的拼音文字，已有苗语教材。但很多人不会写苗文，甚至不知道有苗文。所以，可以说上波龙基本处于无文字状态。以下是对136人苗语使用状况的统计分析。

### 一　上波龙小组苗语文活态保护现状

通过入户调查和访问，我们认为上波龙小组苗语文活态保护现状有七个特点：① 全民熟练使用苗语。② 苗语词汇量没有明显的代际差异。③ 苗族人的第一语言是母语。④ 苗语主要在家庭和村寨中使用。⑤ 苗族口头文学在年轻人一代已基本失传。⑥ 对母语传承有很大的信心。⑦ 上波龙苗族母语活力评价。以下是具体的分析：

（一）全民熟练使用苗语

上波龙小组的苗族不分年龄、性别都能熟练使用苗语。具体统计数据见表4-1：

表 4-1　　　　　　　上波龙小组苗族苗语使用情况

| 年龄段（岁） | 总人数（人） | 熟练 |  | 一般 |  | 不会 |  |
|---|---|---|---|---|---|---|---|
|  |  | 人数（人） | 百分比（%） | 人数（人） | 百分比（%） | 人数（人） | 百分比（%） |
| 6—19 | 32 | 32 | 100 | 0 | 0 | 0 | 0 |
| 20—39 | 45 | 45 | 100 | 0 | 0 | 0 | 0 |
| 40—59 | 41 | 41 | 100 | 0 | 0 | 0 | 0 |
| 60 岁以上 | 18 | 18 | 100 | 0 | 0 | 0 | 0 |
| 合计 | 136 | 136 | 100 | 0 | 0 | 0 | 0 |

表 4-1 显示，四个年龄段的 136 人都能熟练使用苗语。上波龙小组七队的村民全部都是苗族，无一例外都能熟练使用苗语。

（二）不同年龄段的苗族母语四百词测试成绩均为"良好"以上水平

母语词汇量的大小也能反映出母语的掌握情况，为此我们考察了上波龙小组母语四百词的掌握情况。测试结果见表 4-2：

表 4-2　　　　　　　上波龙村苗语四百词测试统计

| 姓名 | 年龄（岁） | 性别 | 民族 | 文化程度 | A | B | C | D | A+B | 等级 |
|---|---|---|---|---|---|---|---|---|---|---|
| 杨兴慧 | 13 | 女 | 苗 | 初中 | 347 | 19 | 15 | 19 | 366 | 优秀 |
| 李贵 | 17 | 男 | 苗 | 中专 | 314 | 12 | 76 | 8 | 326 | 良好 |
| 陶玉波 | 20 | 女 | 苗 | 中专 | 325 | 18 | 24 | 41 | 363 | 优秀 |
| 陶玉菊 | 30 | 女 | 苗 | 文盲 | 390 | 5 | 3 | 2 | 395 | 优秀 |
| 杨清新 | 32 | 女 | 苗 | 小学 | 389 | 5 | 2 | 6 | 394 | 优秀 |
| 李延兵 | 40 | 男 | 苗 | 小学 | 398 | 1 | 0 | 1 | 399 | 优秀 |
| 汪琼 | 43 | 女 | 苗 | 小学 | 366 | 17 | 12 | 5 | 383 | 优秀 |
| 王友金 | 52 | 男 | 苗 | 小学 | 379 | 9 | 10 | 2 | 388 | 优秀 |
| 陶发恩 | 66 | 男 | 苗 | 小学 | 398 | 1 | 0 | 1 | 399 | 优秀 |
| 陶忠诚 | 68 | 男 | 苗 | 小学 | 391 | 0 | 8 | 1 | 391 | 优秀 |

表 4-2 显示，不同年龄、不同性别、不同文化程度的 9 位苗族人测试结果都是优秀。只有一位 17 岁的李贵测试结果是良好。他在文山读中专，因为长期生活在汉语的语言环境中，母语能力有所下降。但他还是能熟练使用母语。13 岁的杨兴慧与 68 岁的陶忠诚，A 级词汇只差 44 个，这两人虽然差了 55 岁，但语言能力还是比较接近的。

### （三）苗族人的第一语言是母语

随机抽取的 136 人中，所有人的第一语言都是自己的母语，无一例外，他们的母语水平都是熟练。

### （四）苗语主要在家庭和村寨中使用

我们随机抽查了 13 个人做调查问卷。通过统计分析，苗语的语域主要是家庭和村寨。上波龙小组村民的主要活动场所就是家庭和村寨。

### （五）苗族口头文学在年轻人一代已基本失传

随机抽查的 13 个人中，有 3 个人提到自己的爷爷会用苗语讲民间故事。其中，17 岁的李贵还提到"爷爷会唱山歌"。村子里只有老人还会讲民间故事，年轻人只是听过都不会讲。李贵提到，爷爷会唱山歌，但是他自己不想学。许多青年人已不想学习，对民族文学的传承抱消极态度。可以看出，上波龙小组的村民会讲苗族民间故事的人越来越少，口头文学处于基本失传的状态。

### （六）对母语传承有很大的信心

在调查中我们用了四个指标来测试母语态度：亲切、好听、有用、有社会影响。前两个是情感倾向的测试，后两个是社会功用的测试。在对情感倾向进行测试时，母语都得到了绝大多数的支持；在对社会功用进行测试时，母语也得到了半数以上的支持。综合来看，上波龙小组对苗语有很大的认可度，这对语言的保留和发展是很有帮助的。绝大多数人对苗语的传承都很有信心，觉得苗语肯定不会消失。在我们的访谈中了解到，绝大多数的村民对自己的母语很维护，觉得是苗族就必须要说苗语。47 岁的熊开芬提道："我们民族一定要会自己的语言，不然就不能称为苗族人。"大部分人对苗族成为汉语单语人都表示不能理解。但是，17 岁在文山读中专的李贵表示要出去，不想在寨子里，而且迫切希望本族人成为单语人，这反映了一部分长期在寨外生活的人的观点。

### （七）上波龙苗族母语活力评价

针对上波龙苗族的母语使用情况，制定了专门的活力量化表。具体情况如表 4-3：

表 4-3　　　　　　　　上波龙苗族母语活力情况

| 序号 | 参项 | | | 所占分值（分） | 调查结果（%） | 得分（分） |
|---|---|---|---|---|---|---|
| 1 | 熟练掌握母语的人口比例 | | | 55 | 55 | 55 |
| 2 | 代际传承状况 | 语言 | 6—35 岁 | 6 | 6 | 6 |
| | | | 36 岁以上 | 4 | 4 | 4 |
| | | 文字（40 岁以下） | | 10 | 0 | 0 |

续表

| 序号 | 参 项 | | 所占分值（分） | 调查结果（%） | 得分（分） |
|---|---|---|---|---|---|
| 2 | 代际传承状况 | 民间文学（40岁以下） | 5 | 0 | 0 |
| 3 | 通用范围 | 家庭 | 2 | 2 | 2 |
| | | 村寨 | 2 | 2 | 2 |
| | | 公共场合 | 2 | 2 | 2 |
| | | 媒体传播 | 2 | 2 | 2 |
| 4 | 是否是纳入考试科目 | | 5 | 5 | 5 |
| 5 | 对母语的认同态度 | | 5 | 4.9 | 4.9 |
| 6 | 与跨境同族能否通话 | | 2 | 2 | 2 |
| | 总 分 | | 100 | 84.9 | 84.9 |

通过表4-3的分析可以看出，上波龙具体的评分情况为，全民熟练掌握母语，其人口比例为100%，第一参项的分为满分55分。上波龙的苗文和民间文学基本上已经失传，因此这两项不得分。其母语的使用场合主要为家庭和村寨，除此以外全部为汉语方言，因此该项只得一半的分数。云南民族大学有针对文山地区苗族的招生考试，已经纳入了国家高等教育的范围，该项可以得全分。综上，上波龙苗族的母语活力总分为84.9分，根据我们的标准可定为一级，即母语稳定保存型。

**二 上波龙苗语文活态现状的成因**

上波龙小组的苗语使用状况属于母语使用基本稳定型，苗语仍是村民最主要的交际工具。以下是对上波龙小组苗语文仍然活跃的成因分析。

（一）高度聚居

上波龙小组277户均为苗族，属于苗族高度聚居的分布状态。人们世世代代生活在上波龙，有很多人一辈子都不曾走出村寨。上波龙小组苗族人高度聚居密切交往的状态使得苗语成为最主要的交际工具。

（二）族群认同

苗族人有很强的民族认同感。外出打工人员返乡后依然要使用母语，如果没使用母语是全体村民无法接受、无法容忍的。他们认为，苗族人就应该说苗语，必须要学会苗语。

很多苗族妇女还在穿苗族服装，绑腿更是一年四季都可以见到的苗族服装的标志。年老的妇女爱穿有绑腿的服饰，穿绑腿已经成为她们根深蒂固的民族习惯。还有些人平时不穿苗族服装，只有去镇上赶街的时候才穿。在她们心目中苗族服装是最好看、最隆重的衣服。在结婚的时候新娘要穿苗族的服装,而且新娘的嫁妆就是几套民族服装,这种传统的民族风俗依然保留。

说苗语、穿民族服装是村民觉得理所当然的事情。高度的民族认同就使得上波龙小组的苗语还处于活跃的状态。

(三)族内通婚

在上波龙,人们还是习惯实行族内婚。族际婚中,外嫁的比外娶的多些,所以上波龙小组经久保持单一的苗族人口。族内通婚使得苗族的认同感越来越强,也使得全村人整体使用苗语。

## 第三节　上波龙苗族双语和谐现状及成因

上波龙的苗族除了熟练掌握母语外,除6岁以前的儿童外都兼用汉语。他们可以在不同的场合、面对不同的交际对象时,进行自然的语码转换。

### 一　上波龙苗族双语和谐的表现

(一)上波龙全民兼用汉语

除去9名6岁以下的儿童(因为6岁以前的儿童没有正常的语言能力,不在我们的调查范围之内),我们的调查对象实际上是136人,其汉语兼用情况如表4-4:

表4-4　　　　　　上波龙苗族兼用汉语使用情况

| 年龄段 | 总人口(人) | 熟练 人口(人) | 熟练 百分比(%) | 一般 人口(人) | 一般 百分比(%) | 不会 人口(人) | 不会 百分比(%) |
|---|---|---|---|---|---|---|---|
| 6—19岁 | 32 | 30 | 94 | 2 | 6 | 0 | 0 |
| 20—59岁 | 86 | 86 | 100 | 0 | 0 | 0 | 0 |
| 60岁以上 | 18 | 18 | 100 | 0 | 0 | 0 | 0 |
| 合计 | 136 | 134 | 99 | 2 | 1 | 0 | 0 |

从表4-4可以看出,上波龙汉语水平属于熟练或一般的共有136人,为统计人口的100%。说明全体上波龙苗族都能兼用汉语。其中汉语水平"一般"的两位均是学龄前儿童,还处于学习汉语的初级阶段。具体信息见表4-5:

表4-5　　　　　两名汉语水平"一般"的儿童信息

| 姓名 | 性别 | 年龄(岁) | 民族 | 文化程度 | 第一语言及水平 | 第二语言及水平 |
|---|---|---|---|---|---|---|
| 杨福端 | 男 | 6 | 苗 | 学前班 | 苗语,熟练 | 汉语,一般 |
| 李朝思 | 女 | 7 | 苗 | 一年级 | 苗语,熟练 | 汉语,一般 |

（二）母语和兼用语和谐互补

我们随机抽取 13 个村民进行语言使用场合的调查统计，这 13 个村民的年龄分布是 6—19 岁 4 人，20—39 岁 2 人，40—59 岁 5 人，60 岁以上 2 人，他们在不同场合选用不同语言的情况见表 4-6（存在多选的情况）：

表 4-6　　　　　　　上波龙苗族母语和兼用语使用情况

| 语言使用场合 | | 苗语 | 汉语 | 壮语 |
| --- | --- | --- | --- | --- |
| 家庭 | | 13 人 | 0 人 | 0 人 |
| 村寨 | 本族人 | 12 人 | 1 人 | 0 人 |
| | 非本族人 | 2 人 | 13 人 | 1 人 |
| 公共场所 | 医院 | 3 人 | 12 人 | 0 人 |
| | 集市 | 5 人 | 12 人 | 0 人 |
| | 村委会 | 5 人 | 12 人 | 0 人 |
| | 镇政府 | 4 人 | 12 人 | 0 人 |
| | 节日 | 10 人 | 4 人 | 0 人 |
| 学校 | 课堂上 | 1 人 | 10 人 | 0 人 |
| | 课堂下 | 7 人 | 8 人 | 0 人 |

在调查过程中我们看到，苗语是上波龙小组家庭内部的主要交际工具。每个家庭中，无论是长辈和晚辈之间，还是同辈之间，苗语都是最重要也是最亲切的交际用语。村寨里，村民在面对同族人时使用苗语进行交流，而与外族人交流时会自觉使用汉语，因为说苗语外族人听不懂，会产生交际困难，而且认为是对外族人的不尊重。在村委会和镇政府，如果遇到会讲苗语的工作人员，村民们会使用苗语同他们对话。在集市或医院里，上波龙村民会自觉使用汉语，除非对方先说苗语。在苗族的传统节日里，村民们会以说苗语的方式来显示自身的民族成分，而且同胞之间说苗语会自然而然地加深内心的民族凝聚力。隆重的节日氛围也会吸引周边其他民族的人们到寨子里来过节，在碰到外族人时，村民们便会采用汉语这一共同语进行交流。在学校，上课期间老师通过汉语普通话授课，孩子们也以汉语与之展开对话；课下，苗族的孩子之间会用苗语交流玩耍，与外族孩子一起时说云南方言。

综上所述，苗汉双语和谐是上波龙苗族语言生活中最重要的特点，他们可以自如地选择不同的语言来发挥语言的交际职能。

（三）开放包容的语言态度

上波龙苗族普遍持有开放包容的语言态度。他们热爱自己的母语，对母语的世代传承非常有信心。同时，他们也认识到汉语的重要性，知道这个通用语运用更为广泛。他们相信在双语和谐的语言环境下可以更美好地生活。

在随机抽取的 13 位村民中，无论是正在接受九年义务教育的学生，还是上至 60 岁的蹒跚老人；无论是长期在外务工的壮年男子，还是在家务农的青年女子，在被问及是否喜欢汉语、汉语是否有用时，他们都回答道："汉语对我们非常重要，出去外面如果不懂汉语是寸步难行啊。"两个 18 岁的孩子还说道："通过汉语，我们学习到了很多新的知识，读到很多书籍杂志，这对我们非常有帮助。"这些都体现了村民们对于汉的文明崇拜，他们都是发自内心地愿意接受汉语对其造成的影响。而且对于说汉语的人，出于尊重，他们会主动变换自己的苗语，采用汉语进行对话。

四百词中有 10—20 个是汉语借词，其读音受汉语影响，但他们对此并不反感。比如在问到"胡子"一词时，他们会笑笑说："我们也是读"fɯ$^{53}$ tsŋ$^{35}$"，对于苗语一些词汇的读音来源于汉语的情况并不反感，认为借用汉语来代替母语词汇是很必要的。

（四）上波龙双语和谐度

调查组针对上波龙双语和谐情况制定了量化表，具体数据如表 4-7：

表 4-7　　　　　　　　　上波龙双语和谐量化

| 序号 | 参项 | | 所占分值（分） | 调查结果（%） | 得分（分） |
|---|---|---|---|---|---|
| 1 | 熟练掌握双语的人口比例 | | 60 | 99 | 59 |
| 2 | 对双语的认同程度 | | 10 | 10 | 10 |
| 3 | 双语通用范围 | 家庭 | 3 | 0 | 0 |
| | | 村寨 | 3 | 3 | 3 |
| | | 公共场合 | 3 | 2 | 2 |
| | | 媒体传播 | 3 | 3 | 3 |
| 4 | 双语教学是否进入学校教育 | | 8 | 4 | 4 |
| 5 | 是否存在不和谐现象（语言纠纷、语言歧视等） | | 10 | 10 | 10 |
| 总得分 | | | 100 | | 91 |

从表 4-7 可以得出，上波龙双语和谐等级为一级，属于和谐型村寨。除极少数刚入学的儿童汉语水平一般外，绝大多数上波龙苗族可以熟练使用汉语作为交际工具。他们热爱自己的母语，对母语的传承非常有信心，同时也认识到汉语这一通用语的作用。在不同场合能够灵活转换母语和兼用语，更好地与交谈者沟通。双语教学并没有在上波龙得以真正推行，教师只是借

用母语辅助课堂教学。村子里并不存在语言不和谐的现象。

## 二　上波龙苗族双语和谐的成因

### （一）母语保存完好的成因

上波龙苗族母语保存完好的原因是，全村145人均为苗族，属于小型聚居村寨，家庭内部、寨子里同族之间的交流都是用苗语来进行的，母语的传承有着肥沃的土壤。小孩子出生后的第一语言是从父母、祖辈那里学来的苗语。

### （二）兼用汉语的成因

上波龙苗族全民兼用汉语有多种原因和条件，如多民族分布条件、丰富的习得途径、和谐的民族关系、对汉文化的接纳等。

1. 多民族分布条件

上波龙小组隶属大寨村委会，大寨村委会共有11个小组，其中包括上波龙在内的5个小组是苗族聚居寨，其余6个是汉族聚居寨。上波龙苗族出于交际需要，会学周围寨子汉族人所说的语言，汉语水平日益提高。此外，从上波龙小组到都龙镇仅2.5公里，路况良好，交通便利，车辆可以直接抵达，村民可以随时到都龙镇进行买卖交易，交易过程基本是以汉语作为交际用语，这对村民学习汉语非常有利。

2. 丰富的习得途径

新闻媒体、广播、学校教育都对上波龙的汉语广泛传播起到了一定的促进作用。全村家家都有户户通，可以收到云南台、中央台和部分地方台，电视台多数是用汉语普通话播报，也有少部分用云南方言。丰富多彩的电视节目在给村民们带来消遣娱乐的同时，也提高了村民的汉语能力。普通话是国家规定的课堂教学用语，课堂上，师生之间、同学之间都是用普通话对话，这对孩子汉语水平的提高起着推动作用。

3. 和谐的民族关系

上波龙小组周围有壮族聚居寨和汉族聚居寨，这里的村民与外族人民世代友好相处。在采访时，一位村民向我们介绍说，村里的很多老人都会说壮语，因为在他们年轻时响应国家号召集体劳作的过程中接触到周围寨子里的壮族人，慢慢地就会说壮语了。与汉族聚居寨子的情况也是如此，双方会有买卖交易，平时过节也会一起过，久而久之就会说汉语了。

4. 对汉文化的接纳

上波龙村民对汉有普遍的文明崇拜心理。多数村民觉得汉语是继母语之后最好听的语言，而且认为汉语是最重要的语言。这股强大的驱动心理使得汉语在上波龙的传播有着肥沃的土壤。

## 附录：上波龙人物访谈录

访谈对象：陶发林，1968 年生，苗族（蒙邶），高中学历
访谈时间：2014 年 7 月 22 日上午
访谈地点：陶发林家
访谈者：田阡子、李敬敬
整理者：李敬敬

问：陶组长您好，请您简单介绍一下自己。

答：我叫陶发林，1968 年生，苗族，是上波龙小组的组长。1976 年到 1989 年读书，高中毕业后回家务农，1989 年开始担任上波龙小组的组长。我爱人也是苗族，两个女儿，大女儿以前是村委会主任，后来嫁给一个大寨的汉族，二女儿在甘蔗站上班。我们在家都说苗语。

问：请您介绍一下上波龙的情况。

答：我们苗族都管波龙叫 $pəŋ^{44}$ $loŋ^{44}$，在苗语里什么意思我也不太清楚。

上波龙有 6 个村小组：七队、八队、九队、牛场队、十队上组、十队下组。6 个村小组混居在一起，有 4 个壮族人嫁进来，其余的都是苗族。原来是 280 户，有些户主早逝，孩子就到其他户中生活，现在有 277 户，1900 多人。这里的人苗语说得都很好，与其他苗族人交流没有任何障碍。在家用苗语，在外面跟其他民族交流用汉语，两种语言转换没有问题。读到高中或者大学的人，因为不经常说，所以苗语能力有所衰退，一旦走进社会尤其是回到农村参加工作，苗语能力就又恢复了。

上波龙主要种植水稻、苞谷，经济作物就是甘蔗、生姜、三七，还有少部分的辣椒。农民的收入主要是种植和养殖。温饱已经基本解决，但是还没有达到小康水平。

问：村子里的人都会说苗语、写苗文吗？

答：村子里所有人都会说苗语，包括两三岁的小孩。但是没有人会写苗文，很大一部分人都不知道有苗文。

问：上波龙小组的苗族节日有哪些？

答：我们现在还在过花山节、端午节、春节等节日。

花山节是我们过得比较隆重的节日。每年的正月初二到初六我们都会举办踩花山的活动。

端午节也过得很隆重。端午节的时候外嫁的姑娘都回娘家，家里人要团

圆。我们也吃粽子,但是粽子不重要。有些人家还会杀猪,过得很隆重。

中秋节不太隆重了,都是年轻人在过,老年人都不过。

除此之外我们还祭龙,这是我们的民族文化。每年的二月初一、初二、初三户主聚集起来,村长讲下村规就一起烧纸烧香祭拜大山。这三天都不能动土。祭龙除了祈求保佑以外,还有一层含义就是保护生态。劳作的时候会破坏生态,祭龙可以让大自然恢复三天,是一种生态观念。

问:苗族有家谱吗?

答:有的,家家户户都有家谱。我们没有纸质的家谱,都是代代相传记在心里的。老人死的时候墓碑上也会写三代的家谱。我家已经有二十四代了,在这里居住的历史大概有200年了。

问:现在苗族通婚状况如何?

答:和外族结婚的现象越来越多了。以前经济条件比较差,不敢讨外族的姑娘。现在生活水平和经济状况的转好,通婚越来越多。但还是外嫁的多,外娶的少。

问:寨子里有没有师公?

答:没有师公。在举行土葬仪式中将死者放进棺材之前,会有 $tou^{53}$ $ki^{33}$ 来讲述苗族的历史,引导死者的灵魂走向好的地方。

问:您觉得苗族的标志是什么?

答:最重要的标志是语言。就算有一天没有人会说苗语了,那我们也是苗族,这是不可改变的事实。

问:上波龙小组的教育情况如何?

答:大寨村委会有三个小学,大寨完小就在上波龙,教师来自马关的各个民族,都用汉语教学。中学去都龙,高中去马关。小学吃饭、学费都全免;中学免学费,农村户口的学生有生活补助,城镇户口的孩子没有。前几年小孩儿去挖矿,一天能挣一两百元,很多都不愿意去上学了。现在情况有所好转,去年、今年都有学生考上了一本院校。

问:上波龙的苗族与其他民族的交往情况如何?

答:我们和周边的民族往来比较多,关系也比较好。

问:和越南的苗族有往来吗?

答:上波龙离边境不是特别近,小组只有四五个越南新娘,往来并不多。

# 第五章　壮傣杂居寨田坝心语言活态及双语和谐

　　田坝心是一个壮傣杂居的寨子，隶属于金竹山村委会（金竹山村委会概况在第三章已做介绍，此处不再赘述）。田坝心村民以壮族为主，壮族主要使用壮语，但也普遍兼用汉语，为全民壮汉双语型。傣族人口相对较少，熟练使用母语人数只占总人口的 60%，普遍兼用壮语和汉语。其中有 15% 的傣族母语衰退，有 25% 的傣族已转用壮语和汉语。下面对田坝心村壮傣两个民族的语言活态及双语和谐进行描写分析。

## 第一节　田坝心概况

　　田坝心地处山区，是一个壮族和傣族杂居的寨子。从行政区划上看，它是一个自然村，隶属于马关县都龙镇金竹山村委会。田坝心距离村委会 2 公里，距离镇政府所在地 30 公里。土地面积 3.87 平方公里，海拔 950 米，年平均气温 16℃，年降水量 1250 毫米，适宜种植水稻、苞谷等农作物。全村有耕地 491 亩（其中：田 254 亩，地 237 亩），人均耕地 1.2 亩，主要种植水稻、苞谷等农作物；有林地 591.2 亩，其中经济林果地 50 亩，人均经济林果地 0.13 亩，主要种植甘蔗、龙眼、荔枝等经济林果；有其他土地面积 52 亩。全村辖 2 个村民小组，有农户 102 户，有乡村人口 418 人，其中农业人口 418 人，劳动力人口 266 人，其中从事第一产业人数 260 人。2011 年全村经济总收入 117 万元，农民人均纯收入 2344 元。农民收入主要以种植、养殖为主，其中：种植业收入 34 万元，畜牧业收入 42 万元。

　　截至 2011 年年底，该村有 102 户通自来水，有 102 户通电。拥有电视机农户 102 户，安装固定电话或拥有移动电话的农户数 102 户。进村道路为土路；距离最近的车站（码头）25 公里，距离最近的集贸市场 30 公里。

　　九年义务教育在村里已经全面普及，入学率达到 100%。小学生在田坝心小学就读，中学生在都龙中学。目前，该村小学生 17 人，中学和职高学生 23 人，暂时没有大学生。田坝心小学主要是苗族和壮族的学生，一年级学生入校之后，汉语水平不高，老师会用苗语、壮语等民族语言进行辅助教学，一般到一年级下学期就能听懂汉语，所以除了这一阶段，其余时间都使用普通话来进行课堂教学。

在村子里能见到从越南嫁过来的妇女,傣族和壮族的都有。两国边境地区的傣、壮语言基本相同,双方通话没有问题。边民的接触主要为劳务输入,农忙时候会请一些越南的村民来帮助。另外,随着社会的发展,少数民族对族际婚姻的态度也更加开放,不再认为本族人只能娶本族人,田坝心的族际通婚家庭户数占了总户数的1/4。

目前,该村存在的问题和困难主要是基础设施薄弱,农业投资力度不够,科技含量低,医疗卫生条件差。所以,要想进一步提高村民的生活水平就要加强农业投资力度和农村基础设施建设,在重点抓畜牧业发展的同时保持好种植业,从根本上改善村民的生活。

## 第二节 田坝心壮傣语文活态现状调查及成因

田坝心是一个壮傣杂居寨。根据调查,该村6岁以上(含6岁)具有语言能力的村民374人。其中,壮族258人,傣族83人,汉族27人,苗族4人,瑶族2人。调查发现,壮族稳定使用母语,母语活力非常强;傣族的母语使用处于逐步衰退的状态,有接近一半的傣族人将壮语作为第一语言,傣族母语活力明显低于壮语。这里我们只讨论田坝心壮族语文和傣族语文活态现状及成因。

### 一 田坝心壮族语文活态现状调查

我们从以下几个方面分析壮族语文活态的现状:壮族的母语使用情况;壮语是壮族家庭和村寨的主要交际工具;保存了壮族优秀丰富的传统文化;壮族母语的使用场合;壮语活力度。

(一)壮族的母语使用属于全民保留型

通过调查,我们认为,田坝心村壮族母语使用属于全民保留型。调查统计数据显示,田坝心6岁以上具有语言能力的壮族共258人,对壮语的掌握在"熟练"级的人数有258人,占壮族人口总数的100%。这表明,田坝心壮族在母语使用上没有出现代际传承断裂。针对这一现象,我们做了进一步的研究。我们对田坝心不同年龄段壮族做了四百词测试。田坝心村不同年龄段壮族四百词测试情况见表5-1。

表5-1 田坝心村不同年龄段壮族四百词测试情况

| 姓名 | 性别 | 民族 | 年龄(岁) | 文化程度 | A | B | C | D | A+B | 等级 |
| --- | --- | --- | --- | --- | --- | --- | --- | --- | --- | --- |
| 李开贵 | 男 | 壮 | 75 | 小学 | 380 | 12 | 5 | 3 | 392 | 优秀 |

续表

| 姓名 | 性别 | 民族 | 年龄（岁） | 文化程度 | A | B | C | D | A+B | 等级 |
|---|---|---|---|---|---|---|---|---|---|---|
| 王正美 | 女 | 壮 | 60 | 文盲 | 366 | 4 | 17 | 13 | 370 | 优秀 |
| 黄学达 | 男 | 壮 | 49 | 小学 | 384 | 6 | 10 | 0 | 390 | 优秀 |
| 黄成翠 | 女 | 壮 | 41 | 小学 | 378 | 16 | 2 | 4 | 394 | 优秀 |
| 沈朝香 | 女 | 壮 | 39 | 文盲 | 374 | 0 | 19 | 7 | 374 | 优秀 |
| 王再兰 | 女 | 壮 | 34 | 小学 | 374 | 2 | 17 | 7 | 376 | 优秀 |
| 陆金龙 | 男 | 壮 | 15 | 初中 | 365 | 10 | 7 | 18 | 375 | 优秀 |
| 王齐峰 | 男 | 壮 | 13 | 小学 | 342 | 4 | 30 | 24 | 346 | 良 |

注：等级的确定标准为：优秀 A+B≥350，良 349≥A+B≥280，一般 279≥A+B≥240，差≤239。

从表 5-1 可以看出，不同年龄段的 8 个壮族对壮语的掌握程度按年龄从大到小总体呈下降趋势，但并不明显，没有出现词汇传承上的代际断裂。这说明，虽然不同年龄段的壮族都能熟练使用壮语，但熟练程度存在差异，年轻人的壮语水平明显低于老年人的壮语水平。

调查对象中，王齐峰的四百词测试等级为"良"。通过分析发现，他的 C 级和 D 级词汇主要集中在以下几个方面：① 一些自然现象或事物如"雷、雾、烟、井、悬崖"等。② 身体部位或器官如"嘴唇、胡子、膝盖、脚踝、指甲、指纹、脉、拳头、门牙、心脏、肝、胆、胃"等。③ 小动物如"啄木鸟、麻雀、乌鸦、孔雀、鹅、虱子、蜘蛛"等。④ 农作物如"棉花、油菜、毛芋头、蚕豆、生姜"等。⑤ 首饰如"项圈、戒指、耳环"等。这些词语中有些词语对小孩子来说日常生活中用不到，如②身体器官类的肝、胆、心脏、胃等。有些现在不常用，如③动物类词语，现在的很多小孩都没见过啄木鸟、孔雀、虱子等。有的词语表示的事物小孩子很少接触，如④农作物和⑤首饰类。此外，王齐峰在田坝心小学上学，长期和其他少数民族在一起，使用汉语的时间非常多，这对他的母语也造成了一定的影响。

（二）壮语是壮族家庭和村寨的主要交际工具

根据调查，壮语是田坝心壮族家庭和村寨的主要交际工具。具体表现在，258 个壮族的第一语言都是母语，在家庭内部都是用母语交流。在回答"家庭内部语言使用情况"这一项，被调查的 12 个壮族村民在"长辈对晚辈"、"晚辈对长辈"、"同辈之间"三个选项都选择了壮语。这说明田坝心壮族家庭内部主要使用壮语交流。

田坝心村除了壮族村民 258 人，还有非壮族共 116 人，其中傣族 83 人，汉族 27 人，苗族 4 人，瑶族 2 人。在村寨中，不同民族使用汉语和壮语进行交际。83个傣族村民全部熟练掌握壮语，汉族27人中有23人使用壮语属于"熟练"级，3人属于"一般"级，1人属于"不懂"级。苗族4人对壮语的使用属于"一般"级。瑶族2人对壮语的使用属于"熟练"级。田坝心374个村民对壮语的掌握属于"熟练"级的占总人口的97.9%，"一般"级的占总人口的1.8%，"不懂"级的占0.3%。田坝心不同民族壮语使用情况见表5-2。

表5-2　　　　　　　田坝心不同民族壮语使用情况

| 民族 | 总人数（人） | 熟练 ||  一般 || 不懂 ||
|---|---|---|---|---|---|---|---|
| | | 人数（人） | 百分比（%） | 人数（人） | 百分比（%） | 人数（人） | 百分比（%） |
| 壮族 | 258 | 258 | 100 | 0 | 0 | 0 | 0 |
| 傣族 | 83 | 83 | 100 | 0 | 0 | 0 | 0 |
| 汉族 | 27 | 23 | 85 | 3 | 11 | 1 | 4 |
| 苗族 | 4 | 0 | 0 | 4 | 100 | 0 | 0 |
| 瑶族 | 2 | 2 | 100 | 0 | 0 | 0 | 0 |
| 合计 | 374 | 366 | 97.9 | 7 | 1.8 | 1 | 0.3 |

壮族和非壮族使用壮语的情况，有力地证明了壮语是田坝心村的主要交际工具，显示了壮语的高活态。

（三）保存了壮族优秀丰富的传统文化

田坝心村壮族还保留着一些本民族的传统节日和风俗习惯，如农历六月初一的小年，各地亲戚朋友，叫过来一起玩，人多的时候四五桌，少的也有两桌，喝酒吃饭，有的老人还会对歌。老人去世时，要请"摩公"和"先生"。"摩公"是在老人去世后给老人洗澡，"先生"给老人选择出殡的日子、墓地以及出殡时的路线等。

我们还对不同年龄段的壮族进行了关于本民族文学传承的访谈，了解到只有一小部分壮族会讲民族的民间传说，还会对歌，这些人主要集中在60岁以上年龄段。30—59岁的人大部分记得小时候听父母讲过，但现在已经记不清故事，也不会对歌。而30岁以下的，都没有听过壮族民间故事，也不会对歌。并且，这里的所有壮族，没有人认识壮文或会写壮文，壮文字在这里已经丢失。我们认为，田坝心村的壮族在民间文学和壮文字的传承上，出现了代际传承的断裂。但是，问卷中，"是否希望掌握本民族文字"这一项，12个被调查的壮族村民有10个选择了"希望"，有1个选择了"无所谓"，有1个选择了"不希望"。

### （四）壮族母语的使用场合调查

田坝心村壮族母语使用场合主要是：①家庭和村寨：村寨里不论什么民族都会讲壮语。大家平时在一起就会首选壮语作为交际工具。②公共场合：如医院，集市，村委会等，大家的说法都是：遇到会讲壮语的人就讲壮语，否则就讲汉语方言。③大众传媒：家家都有电视，可以接收壮语节目，观看壮族歌曲光盘，不过老人看得比较多，年轻人看得少。④学校：在田坝心的两所学校里，课堂教学使用普通话，课间时，和会讲壮语的同学就讲壮语，和不会壮语的同学就讲普通话。⑤与境外民族交流：村子里经常有境外壮族（一般是越南人）来务工，他们使用壮语交流。根据村民叙述，越南壮族的壮语和他们的壮语是一样的。

### （五）壮语文活力度

综合调查所得数据，我们对田坝心村壮语文活力度进行测量分析，具体数据见表 5-3 田坝心村壮语文活力度评分表。

表 5-3　　　　　　　　田坝心村壮语文活力度评分

| 序号 | 参项 | | 所占分值（分） | 调查结果（%） | 得分（分） |
|---|---|---|---|---|---|
| 1 | 熟练掌握母语的人口比例 | | 55 | 100 | 55 |
| 2 | 代际传承状况 | 语言 6—35 岁 | 6 | 100 | 6 |
| | | 语言 36 岁以上 | 4 | 100 | 4 |
| | | 文字（40 岁以下） | 10 | 0 | 0 |
| | | 民间文学（40 岁以下） | 5 | 5 | 5 |
| 3 | 通用范围 | 家庭 | 2 | 2 | 2 |
| | | 村寨 | 2 | 2 | 2 |
| | | 公共场合 | 2 | 2 | 2 |
| | | 媒体传播 | 2 | 2 | 2 |
| 4 | 是否纳入考试科目 | | 5 | 5 | 5 |
| 5 | 对母语的认同态度 | | 5 | 3.4 | 3.4 |
| 6 | 与跨境同族能否通话 | | 2 | 2 | 2 |
| | 总　分 | | 100 | | 88.4 |

注：一级（稳定保存型）80—100 分，二级（局部衰退型）60—80 分，三级（严重衰退型）40—60 分，四级（基本转用型）40 分以下。

田坝心村壮语文活力总分为 88.4 分，壮语文活力度属于一级稳定保存型，壮语文保护现状比较好，后面我们将探讨保持这一现状的原因。

## 二 田坝心村傣族语文活态现状调查

我们从以下四个方面分析傣族语文活态的现状：傣族的母语使用情况；傣语在傣族家庭中已退于辅助工具的地位；傣族民间文学和傣文字的传承；傣语活力度。

### （一）傣族的母语使用属于衰退型

根据调查，83 个傣族对傣语的掌握属于"熟练"级的只有 49 人，占总人数的 59%，"一般"级的有 12 人，占总人数的 14.45%，"不懂"级的有 22 人，占总人数的 26.5%。田坝心傣族母语使用情况见表 5-4。

表 5-4　　　　　　　　田坝心傣族母语使用情况

| 傣族（共83人） | 熟练 | 一般 | 不懂 |
| --- | --- | --- | --- |
| 人数（人） | 50 | 12 | 21 |
| 百分比（%） | 60 | 15 | 25 |

根据表 5-4 我们认为，田坝心傣族母语使用处于逐步衰退的现状。对此我们进一步调查了不同年龄段的傣族母语使用情况。具体是：6—19 岁的 20 个傣族中没有人熟练掌握傣语，"一般"级的有 4 人，占 20%，"不懂"级的有 16 人，占 80%。20—39 岁的 28 个傣族人对母语的掌握属于"熟练"级的有 15 人，占 54%，"一般"级的有 8 人，占 28%，"不懂"级的有 5 人，占 18%。40—59 岁的 26 个傣族人对母语的掌握属于"熟练"级的有 26 人，占 100%。60 岁以上的 9 个傣族人对母语的掌握属于"熟练"级的有 9 个人，占 100%。田坝心村傣族不同年龄段母语使用情况见表 5-5。

表 5-5　　　　　田坝心村傣族不同年龄段母语使用情况

| 年龄段 | 总人数（人） | 熟练 人数（人） | 熟练 百分比（%） | 一般 人数（人） | 一般 百分比（%） | 不懂 人数（人） | 不懂 百分比（%） |
| --- | --- | --- | --- | --- | --- | --- | --- |
| 6—19 岁 | 20 | 0 | 0 | 4 | 20 | 16 | 80 |
| 20—39 岁 | 28 | 15 | 54 | 8 | 28 | 5 | 18 |
| 40—59 岁 | 26 | 26 | 100 | 0 | 0 | 0 | 0 |
| 60 岁以上 | 9 | 9 | 100 | 0 | 0 | 0 | 0 |
| 合计 | 83 | 50 | 60 | 12 | 15 | 21 | 25 |

根据表 5-5 可以看出，田坝心村傣族对母语的使用在 20—39 岁这个年龄段开始衰退，在 6—19 岁这个年龄段出现断裂。我们认为，田坝心傣族在

母语使用上出现了代际传承的断裂,傣语活力已经在逐步衰退。

(二)傣语在傣族家庭中已退于辅助工具的地位

根据调查,83个傣族人已经有34个人第一语言转为壮语,这34个人,对傣语的掌握属于"一般"级的有12人,"不懂"级的有22人。我们在入户访谈中了解到,一般的傣族家庭中多使用壮语和汉语,有的家庭使用壮语、傣语和汉语。如田坝心村上组组长梅国松,妻子是汉族,两个孩子随父亲民族成分为傣族,对母语的掌握程度属于"一般"级。我们发现,梅国松和两个孩子在讲话时,一会儿一句汉语,一会儿一句傣语,一会儿一句壮语,有时候一句话中夹杂几种语言。据梅国松组长说,在使用壮语、傣语和汉语的家庭中,小孩掌握语言的顺序为壮语、傣语、汉语。所以,傣语在傣族家庭中,只是一种次要交际工具。

(三)傣族传统文化和节日传承断裂

83个傣族人中,大概有20个年龄较大的老人会讲傣族故事,但30多岁的人就不会讲,小孩子更不会讲,傣族文字已经没有人会写。我们在田坝心上组组长梅国松的访谈过程中了解到:傣族也有小年,是在农历六月初六,但因为壮族的小年是六月初一,他们也改成了六月初一。并且,这里的傣族全部不过泼水节。我们认为,田坝心村傣族在传统文化和节日的传承上已经出现了代际传承的断裂。

(四)傣语文活力度

综合调查所得数据,我们对田坝心村傣语文活力度进行测量分析(测量标准见凡例),具体数据见表5-6田坝心村傣语文活力度评分表。

表5-6　　　　　　　田坝心村傣语文活力度评分

| 序号 | 参 项 | | | 所占分值(分) | 调查结果(%) | 得分(分) |
|---|---|---|---|---|---|---|
| 1 | 熟练掌握母语的人口比例 | | | 55 | 59 | 32.5 |
| 2 | 代际传承状况 | 语言 | 6—35岁 | 6 | 22 | 1.3 |
| | | | 36岁以上 | 4 | 98 | 3.9 |
| | | 文字(40岁以下) | | 10 | 0 | 0 |
| | | 民间文学(40岁以下) | | 5 | 5 | 5 |
| 3 | 通用范围 | 家庭 | | 2 | 2 | 2 |
| | | 村寨 | | 2 | 2 | 2 |
| | | 公共场合 | | 2 | 2 | 2 |
| | | 媒体传播 | | 2 | 0 | 0 |
| 4 | 是否是纳入考试科目 | | | 5 | 0 | 0 |

续表

| 序号 | 参 项 | 所占分值（分） | 调查结果（%） | 得分（分） |
|---|---|---|---|---|
| 5 | 对母语的认同态度 | 5 | 2.6 | 2.6 |
| 6 | 与跨境同族能否通话 | 2 | 2 | 2 |
|  | 总 分 | 100 |  | 53.3 |

注：一级（稳定保存型）80—100分，二级（局部衰退型）60—80分，三级（严重衰退型）40—60分，四级（基本转用型）40分以下。

田坝心村傣语文活力总分为53.3分，傣语文活力度属于三级严重衰退型。形成这一现象的原因，值得我们深入探讨。

### 三　田坝心村壮傣语文活力度的成因

田坝心虽然是壮傣杂居寨，但壮语文活力度如此高而傣语活力度却比较低，其中的原因是非常值得探究的。根据调查分析，我们认为，形成田坝心壮语文高活力度，傣语文低活力度主要有以下一些原因。

（一）壮语文活力度的成因

1. 壮族人口占优势

田坝心是杂居寨，根据调查统计，壮族人口（6岁及以上）占总人口的69.0%，傣族占22.7%，汉族占7.2%，苗族占1.1%，瑶族占0.5%。田坝心各民族人口比例如表5-7所示。

表5-7　　　　　　　田坝心各民族人口比例

| 民族 | 壮 | 傣 | 汉 | 苗 | 瑶 | 合计 |
|---|---|---|---|---|---|---|
| 人数（人） | 258 | 83 | 27 | 4 | 2 | 374 |
| 百分比（%） | 69.0 | 22.7 | 7.2 | 1.1 | 0.5 | 100.5 |

可以看出，壮族人口的绝对优势使得壮语在使用人数上占很大的优势。壮语在田坝心村属于强势语言，壮族之间全部用壮语交流。其他民族需要和壮族交际，就会主动学习壮语。并且，傣语和壮语相近，傣族学壮语比较容易。我们在对田坝心组长梅国宁访谈时，他提到"傣语和壮语非常像，所以他们傣族人学习壮语特别容易，觉得和自己的傣语一样"。

2. 强烈的民族自信心

通过调查分析，我们认为田坝心壮族具有强烈的民族自信心。在问卷"你是否会担心未来母语会消失"和"在其他民族面前讲自己的母语是否会害羞"这两项中，12个被调查者中，前一项有12个人选择了"有信心，不会消失",后一项有 11 个人选择"很自豪,不害羞",有 1 个人选择了"害羞"。这个人是周胡琴,30 岁。在交谈过程当中,我们发现,周胡琴在用汉语和我们交流时有点儿紧张,在村子里和其他民族也讲壮语,平时和村外交流很少。我们认为,周胡琴并不是因为讲母语而害羞,而是其性格特点造成她与人交流时害羞。

3. 境外壮语的存在有助于壮语的保存

田坝心很多农户种植香蕉和甘蔗,每到收获季节,有很多越南壮族会到田坝心来务工,彼此用壮语交流。在被问到"你们觉得越南壮族和你们一样吗?越南壮语和你们的一样吗?"被调查者基本上都觉得越南壮族和他们一样,话也一样。这体现了田坝心壮族对境外同族的认同,在一定程度上促进了壮语的使用,扩大了壮语的交际范围。

4. 其他民族兼用壮语有助于增加壮语的活力

前面我们谈到,田坝心村非壮族全民兼用壮语,我们对这一现象进行了探究发现,田坝心非壮族不仅兼用壮语,他们对彼此的民族也非常尊重,并且非常团结。在访谈中,时常有人提到,现在国家对他们好,国家提倡民族大团结,各民族之间和谐相处,大家都是平等的,学习其他民族的语言并不觉得不好。

5. 族内婚占主导有助于壮语的生存

根据调查,我们发现田坝心壮族农户共 81 户,其中,19 户属于族际婚姻,这些通婚家庭有两种情况,一种是非壮族嫁入或入赘壮族家庭,共 10 户;另一种是壮族嫁入非壮族家庭。这些族际婚姻家庭里的壮族不但没有因为民族不同而放弃使用壮语,反而,这些家庭成员之间经常使用壮语,很多小孩出生后第一语言就是壮语。这与很多族际婚姻家庭的语言使用情况不同。

(二)傣语文活力度的成因

1. 人口少

傣族人口只占田坝心人口总数的 22.7%,和壮族相比人口数量处于劣势地位。在这种环境下,处于劣势地位的民族不论是在语言上还是在生活习惯上都会出现向强势民族靠拢的趋势。田坝心傣族也一样出现了这样的现象。正如上面谈到的,傣族家庭中多使用壮语和汉语,有的家庭使用壮语、傣语和汉语。傣族家庭长期兼用壮语使得年龄小的孩子就不会说傣语了,长期兼用使母语的传承出现了断代的现象。

2. 对壮语的高度认同

在调查中我们发现,傣族人对壮族的认同度非常高。在上组组长梅国松的访谈中,当问到"这个傣族会讲壮语吗",他的回答是"当然会"。而在问到"这个傣族为什么不会讲傣语呢",他的回答是"不会嘛就是不会了嘛,都说壮语嘛"。从梅国松对两个问题的回答,我们可以看出,梅国松觉得傣族会壮语是肯定的,但不会傣语并不觉得奇怪。可以看出,他对壮语的认同感已经超出了对母语的认同感。梅国松还表示"壮语和傣语非常接近,学习壮语很容易",这也可以看出他对壮语的认同。

3. 对本民族文化不重视

田坝心的傣族原来的小年是农历六月初六,但因为壮族的小年是农历六月初一,现在傣族把小年定在农历六月初一。并且,田坝心的傣族全部都不过泼水节,傣族人自己也不清楚为什么不过,很多年不过了也不觉得有什么奇怪或遗憾的。

## 第三节 田坝心壮族语文双语和谐现状及成因

### 一 田坝心村壮族语文双语和谐现状调查

田坝心村分为上、下两组,长期居住着壮族、傣族,属于"壮傣杂居型"村寨。另外,还居住着极少数因婚配来到本地的苗族、瑶族、汉族。整个村中具有语言能力的人数共有 374 人,壮族人数最多,有 258 人,占全村人数的 69%;傣族人数排第二,有 83 人,占全组人数的 22%;苗、瑶、汉三个民族加起来共有 33 人,仅占全组人数的 9%。

(一)全民稳定使用汉语,非壮族兼用壮语

1. 壮族兼用汉语的情况

壮族在田坝心村这一区域范围内属于强势民族。我们对这个村的户口信息进行统计,发现壮族村民兼用汉语的程度已达到"全民稳定使用汉语型"。258 人中,有 248 人的汉语水平为"熟练",占总数的 96.2%;有 10 人的汉语水平为"一般",占总数的 3.8%;没有人的汉语水平为"不懂"。也就是说,整个田坝心村的所有壮族村民都能够使用汉语与非壮语人交流。

2. 非壮族兼用汉语的情况

田坝心村除壮族村民外,还有一部分傣族及汉族以及极少数的苗族和瑶族,共计人数 116 人。傣族在非壮族村民中的比重较大,共计 83 人,占总数的 71.5%;汉族人数为 27 人,占非壮族村民总数的 23.2%;苗、瑶族加起来共 6 人,占总数的 5.3%。通过统计,田坝心村的非壮族村民中,有 113 人的汉语水平为"熟练",占总数的 97.4%;仅 3 人的汉语水平为"一般",占 2.6%;没有人的汉语水平为"不懂"。所有的非壮族都能够使用汉语交流。田坝心村非壮族兼用汉语情况见表 5-8。

表 5-8　　　　　　田坝心村非壮族兼用汉语情况

| 民族 | 总人数（人） | 熟练 人数（人） | 熟练 百分比（%） | 一般 人数（人） | 一般 百分比（%） | 不懂 人数（人） | 不懂 百分比（%） |
| --- | --- | --- | --- | --- | --- | --- | --- |
| 傣族 | 83 | 80 | 96.3 | 3 | 3.7 | 0 | 0 |
| 汉族 | 27 | 27 | 100 | 0 | 0 | 0 | 0 |
| 苗族 | 4 | 4 | 0 | 0 | 0 | 0 | 0 |
| 瑶族 | 2 | 2 | 100 | 0 | 0 | 0 | 0 |
| 合计 | 116 | 113 | 97.4 | 3 | 2.6 | 0 | 0 |

3. 非壮族兼用壮语的情况

田坝心村虽然属于杂居寨，但是在人口比例上，壮族明显多于非壮族，其语言必定会对区域内的人数较少民族产生影响。在调查的过程中我们发现，壮语在田坝心村是最主要的交际用语，非壮族在村内部与壮族村民交流几乎全部使用壮语。针对这一情况，我们分别对四个年龄段的 4 位非壮族村民进行了壮语四百词测试，测试结果显示：在 116 位非壮族村民中，有 109 人的壮语水平为"熟练"，占总数的 93.9%；有 6 人的壮语水平为"一般"，占总数的 5.17%；有 1 人的壮语水平为"不懂"，占总数的 0.86%。在田坝心村所有非壮族村民中，除一位刚来到本村的汉族不会壮语外，其他非壮族村民都能够使用壮语与壮族村民进行日常交流。田坝心村非壮族使用壮语情况见表 5-9。

表 5-9　　　　　　田坝心村非壮族使用壮语情况

| 民族 | 总人数（人） | 熟练 人数（人） | 熟练 百分比（%） | 一般 人数（人） | 一般 百分比（%） | 不懂 人数（人） | 不懂 百分比（%） |
| --- | --- | --- | --- | --- | --- | --- | --- |
| 傣族 | 83 | 83 | 100 | 0 | 0 | 0 | 0 |
| 汉族 | 27 | 24 | 88.8 | 3 | 11.2 | 1 | 3.7 |
| 苗族 | 4 | 1 | 25 | 3 | 75 | 0 | 0 |
| 瑶族 | 2 | 2 | 100 | 0 | 0 | 0 | 0 |
| 合计 | 116 | 110 | 93.9 | 6 | 5.17 | 1 | 0.86 |

（二）多语言的功能和谐互补

1. 壮族兼用语的使用场合

田坝心村是一个壮族人数居多的村寨，村民在村寨及家庭内部一般使用壮语交流。在公共场合（学校、医院、集市、村委会、政府部门、宗教场所等），壮族村民通常使用兼用语与外族人交流。我们对不同年龄段的 12 位壮族村民进行了"语言使用场合"的问卷调查，结果显示在公共场合，所有的壮族村民均使用汉语方言。学校有些不同，学生在课堂上使用普通话，课后使用汉语方言。在大众传媒（广播、报刊、影视、网络媒体）方面，兼用语的使用根据年龄段的不同出现一些差异：壮族被访问者在"广播"及"报刊"这两个媒介上均选择了普通话；而在"影视"这一栏，30 岁以下的壮族村民选择普通话，而 30 岁以上的村民选择了壮语与汉语方言。他们说，现在家里仍有一些壮语光盘，但只有 40 岁以上的人看，40 岁以下的人都不太感兴趣。在网络通信（手机短信、电子邮件、即时通信）方面，只有 35 岁及以下年龄段者使用，他们的选择是汉语方言及普通话。

2. 非壮族兼用语使用场合

我们对非壮族村民进行了 4 份四百词测试以及 6 份"语言使用场合"的问卷。结果显示：非壮族村民在家庭内部使用母语交流，但是在家庭内部的母语使用上也出现了代际差异。例如，我们采访了两位傣族的 40 岁以上的村民，他们表示自己的孩子现在在家庭内部也会使用壮语和家长交流，其傣语水平只是"一般"。而在村寨内部，所有非壮族村民都用壮语交流。在公共场合，非壮族村民与壮族村民一样，使用汉语方言与人交流。而在大众传媒与网络通信上，调查结果也与壮族的兼用语使用情况一致。

（三）全民对兼用语持包容开放的语言态度

1. 壮族双语语言态度

在兼用语态度的问卷调查方面，当被问到"哪种语言最有用"时，结果随年龄段不同而呈现出差异。有 6 位年龄在 40 岁以下的选择"普通话"，有 3 位年龄在 60 岁以上的选择了"母语"，有一位选择了"汉语方言"，两位年龄在 40—59 岁的表示"都有用"。显然，年长者认为母语对自己与人交流更有帮助，而年轻人认为母语与兼用语都很重要。当被问到"如果有壮汉双语学校，是否愿意送孩子就读"时，所有的村民都选择了"愿意"。在问到"喜欢看汉语节目、听汉语歌曲吗？"时，所有年龄段的村民均选择了"很喜欢"。这也反映了他们对汉文化的高度理解与接受。

2. 非壮族双语语言态度

我们对田坝心村的 8 位不同年龄段的非壮族村民进行了双语态度的调查问卷，其中包括 6 位傣族，1 位汉族，1 位苗族。当被问到"觉得哪种语言最亲切"时，有 7 位村民选择了"母语"。由此可以看出，非壮族村民虽然兼用壮语和汉语的比例很高，但可能只是为了交流方便，是一种功利需求，并不是觉得壮语和汉语亲切。当被问到"希望孩子掌握哪种语言"时，年轻父母会选择"普通话、方言、母语"，而年长者的选择为"母语、方言、普通话"。再追问原因时，年轻父母说普通话是通用语，能够与更多人交流；年长父母表示母语是本民族的东西，要先掌握，再学别的语言也不迟。

（四）兼用语代际的使用没有明显差异

1. 壮族不同年龄段兼用汉语水平

田坝心村壮族兼用汉语属于"全民稳定兼用汉语型"，不同年龄段人员兼用汉语的能力没有出现明显的代际差异，田坝心村不同年龄段壮族汉语使用情况统计如表5-10。

表5-10　　田坝心村不同年龄段壮族汉语使用情况统计

| 年龄段 | 总人数（人） | 熟练 人数（人） | 熟练 百分比（%） | 一般 人数（人） | 一般 百分比（%） | 不懂 人数（人） | 不懂 百分比（%） |
|---|---|---|---|---|---|---|---|
| 6—19岁 | 54 | 52 | 96.2 | 2 | 3.8 | 0 | 0 |
| 20—39岁 | 95 | 95 | 100 | 0 | 0 | 0 | 0 |
| 40—59岁 | 83 | 79 | 95.1 | 4 | 4.8 | 0 | 0 |
| 60岁以上 | 26 | 22 | 84.6 | 4 | 15.3 | 0 | 0 |
| 合计 | 258 | 248 | 96.1 | 10 | 3.87 | 0 | 0 |

如上表所示，在6—19这个年龄段有2位村民汉语水平为"一般"。经询问发现2人都为刚入学儿童，1位7岁，另1位8岁。在20—39这个年龄段，所有村民的汉语水平都为"熟练"；在40—59以及60岁以上这两个年龄段，有8位村民汉语水平为"一般"，8人均为文盲。这也说明"接受教育与否"是影响兼用语水平的一个因素。

2. 非壮族不同年龄段兼用汉语水平

非壮族村民中汉语水平为"一般"的有3人，其余均为"熟练"。统计后发现，这3位汉语水平为"一般"的村民均为傣族，有1位年龄为6岁，还没有上小学，父母均为傣族，在家庭内部讲傣语，另外2位均为文盲，1位57岁，1位60岁。田坝心村非壮族汉语使用情况见表5-11。

表5-11　　田坝心村非壮族汉语使用情况

| 民族 | 总人数（人） | 熟练 人数（人） | 熟练 百分比（%） | 一般 人数（人） | 一般 百分比（%） | 不懂 人数（人） | 不懂 百分比（%） |
|---|---|---|---|---|---|---|---|
| 6—19岁 | 21 | 20 | 95.2 | 1 | 4.8 | 0 | 0 |
| 20—39岁 | 43 | 43 | 100 | 0 | 0 | 0 | 0 |
| 40—59岁 | 33 | 32 | 96.9 | 1 | 3.1 | 0 | 0 |
| 60岁以上 | 19 | 18 | 94.7 | 1 | 5.3 | 0 | 0 |
| 合计 | 116 | 113 | 97.4 | 3 | 2.6 | 0 | 0 |

### 3. 非壮族不同年龄段使用壮语情况

田坝心村非壮族村民兼用壮语的水平很高，除1位婚嫁过来的汉族不会壮语、7位的壮语水平为"一般"外，都是"熟练"等级。这7位"一般"等级的村民中，有2位小学生，一位8岁，一位9岁；有3位年龄段在20—39岁，都是汉族；有2位年龄段在40—59岁，分别为苗族和傣族。田坝心村非壮族不同年龄段壮语使用情况见表5-12。

表5-12　　　　田坝心村非壮族不同年龄段壮语使用情况

| 年龄段 | 总人数（人） | 熟练 | | 一般 | | 不懂 | |
|---|---|---|---|---|---|---|---|
| | | 人数（人） | 百分比（%） | 人数（人） | 百分比（%） | 人数（人） | 百分比（%） |
| 6—19岁 | 21 | 19 | 90.5 | 2 | 9.52 | 0 | 0 |
| 20—39岁 | 43 | 40 | 93.0 | 3 | .7 | 0 | 0 |
| 40—59岁 | 33 | 31 | 93.9 | 2 | 5.9 | 1 | 3.0 |
| 60岁以上 | 19 | 19 | 100 | 0 | 0 | 0 | 0 |
| 合计 | 116 | 109 | 93.9 | 7 | 6.0 | 1 | 0.1 |

### （五）多语言选用的自由转换

#### 1. 壮族多语言选用调查

针对村民在不同场合选用语言，我们做了问卷调查。结果显示：壮族村民在家庭内部选用壮语；在村寨内无论遇到本族人还是非本族人都选用壮语，因为田坝心的非壮族村民能够兼用壮语；除非在公共场合遇到本族人，否则壮族村民在公共场合基本选用汉语方言；在节日期间会选择壮语，因为这样更能凸显自己的民族特征；在学校教育方面，壮族学生在课堂上选用普通话，课后遇到其他民族的人选择方言交流，如遇壮族则用壮语交流。

#### 2. 非壮族语言选用调查

对非壮族村民进行问卷调查的结果显示：非壮族在家庭内部选用语言上出现了代际差异。例如傣族青年王仕斌，他在家庭内部对不同辈分选用不同语言：与祖辈用傣语交流，与父辈交流则傣语、壮语兼用；与同辈交流则选择壮语。这就解释了为什么田坝心的傣族年轻人的壮语水平高于傣语水平：在村寨，非壮族村民遇到本族人或非本族人都是选用壮语。在公共场合，非壮族村民基本选用汉语方言与人交流；在节日期间，非壮族选用壮语；学校方面，非壮族选用语言的情况与壮族相同。

### （六）田坝心村双语和谐度的测量分析

为了更直观地体现田坝心双语和谐的深度及广度，我们制定了双语和谐度的量化表，通过一些具体的标准对双语和谐进行量化。田坝心村双语和谐量化情况见表 5-13。

表 5-13　　　　　双语和谐度量化

| 序号 | 参项 | | 所占分值（分） | 调查结果（%） | 得分（分） |
| --- | --- | --- | --- | --- | --- |
| 1 | 熟练掌握双语的人口比例 | | 60 | 96.5 | 57.9 |
| 2 | 对双语的认同程度 | | 10 | 7.5 | 7.5 |
| 3 | 双语通用范围 | 家庭 | 3 | 3 | 3 |
| | | 村寨 | 3 | 3 | 3 |
| | | 公共场合 | 3 | 3 | 3 |
| | | 媒体传播 | 3 | 3 | 3 |
| 4 | 双语教学是否进入学校教育 | | 8 | 4 | 4 |
| 5 | 是否存在不和谐现象（语言纠纷、语言歧视等） | | 10 | 10 | 10 |
| | 总得分 | | 100 | | 91.4 |

如表 5-13 所示，田坝心村的双语和谐量化得分为 91.4 分，属和谐型。村民兼用语的水平很高，能够在不同场合、不同对象之间自由选用语言。该地区双语和谐度较高的原因主要有：

（1）熟练掌握兼用语的人口比例高；

（2）双语通用范围广，村民可根据交流需要选用语言；

（3）民族关系融洽，不存在语言冲突及矛盾。

## 二　田坝心村壮傣杂居村双语和谐的成因

田坝心村除了壮族、傣族之外，还有少量的其他民族。语言和谐不仅仅只限于壮族和傣族之间，还包括苗、瑶、汉与壮、傣的语言和谐。在我们的调查与走访中发现，田坝心村的不同语言之间是和谐的，不存在由于不同民族使用不同语言所产生的分歧与矛盾。正如前文所说，田坝心村的壮族人口占多数，所以几乎所有的村民都能够使用壮语交流，而傣族、苗族、瑶族、汉族村民在能够使用壮语交流的同时也基本能够使用自己的母语。这样的语言关系必定有利于村民之间的交流与融合，村民关系融洽，才能互帮互助，共同发展。以下从语言和谐的表现来进一步分析田坝心村语言和谐的成因。

（一）田坝心壮傣杂居村双语和谐的表现

田坝心村的语言和谐分为三种：第一种是汉语与壮语的和谐；第二种是壮语与非壮语（主要为傣语）的和谐；第三种是非壮语与汉语的和谐。田坝心村的语言和谐主要表现为以下两个方面。

1. 不同语言和谐共处，不互相排斥，也不发生冲突

我们在调查过程中对多位村民及村组长进行了问卷调查及访谈，发现他们都有一个共同的认识，就是民族不分大小，不分你我，一律平等。采访田坝心村下组组长梅国兵时，我们问道："在这样一个壮族占多数的村寨里，傣族村民会觉得自己处于弱势地位吗？"他的回答是这样的："在我们的思想里，从没有什么壮傣之分，我们世代生活在一起，早已经不分你我。壮族虽然比我们人多，但是他们也很尊重我们，就像我们尊重他们一样。"又问："那您觉得非壮族兼用壮语是不是因为壮语是强势语言呢？"他答道："村子里讲壮语的人多，为了交流方便，其他民族就会学习一些壮语，这是一种主动的学习，并不是我们被迫的。学习壮语是为了更好地交流，和谐共处。"正如这位组长所说，田坝心村的非壮族兼用壮语，壮族与非壮族都兼用汉语，形成了双语、多语的并用共处、和谐互补，满足了不同民族的村民的语言交际需要。

2. 不同语言在使用中各就各位，协调有序

不同的语言功能有差异，存在强弱之分。汉语是国家的通用语，使用人口多，是强势语言。少数民族语言只在大小不同的局部地区使用，是弱势语言。而不同的少数民族语言之间，又由于其自身条件的不同，社会条件的不同，语言功能存在强弱之分，构成强弱关系。田坝心村的情况正是这样的。首先，汉语作为强势语言，是少数民族与汉族或其他少数民族沟通时的必备语言，所以田坝心村的村民全民稳定兼用汉语。只有这样当他们出了家庭或村寨才能更好、更有效地与外界交流。其次，壮族人口在田坝心村内部占70%以上，壮语属于该区域内部的强势语言，相对于汉语而言，则属于亚强势语言。在田坝心村这一区域内，使用弱势语言的村民为了与亚强势语言的村民更好地交流，兼用亚强势语言，也就是非壮族兼用壮语。这些功能强弱不同的语言，在使用中各就其位，什么场合使用汉语、什么场合使用壮语、什么场合使用本族语，都是协调有序、互补共存的。

（二）田坝心壮傣杂居村双语和谐的成因

田坝心村的不同语言之间能够和谐共处、互相补充，其成因主要有以下几点：

1. 我国的民族语文方针政策是双语和谐的基本保障

我国政府十分重视民族语文工作，核心思想是强调语言平等和语言的自由使用。"各民族都有使用和发展自己语言文字的自由"是我国政府对待少数民族语言文字一贯坚持的立场。少数民族语言文字与汉语言文字一起构成了我国丰富的语言文字库，是我国文化的瑰宝。在现代化建设的新时期，少数民族及其语言文化在国家的政策照顾下得到了更好的发展，我国的

语言状况和语言关系也更加趋于和谐。

　　国家的语文政策在田坝心村这个小的区域范围内也是得到体现的。村民们能够自由地使用自己的语言，而不会受到别人的阻拦和干涉。他们还可以根据自己的意愿选择兼用语言，协调个人的语言生活。壮族使用自己的母语；傣族、汉族等在村寨内兼用壮语，在家庭内部使用母语或壮语；壮族、傣族在公共场合兼用汉语，满足了不同的交流需要，形成了一片和谐的语言景象，也更加促进了不同民族之间的交流与融合。

　　2. 民族关系的和谐是双语和谐的重要因素

　　语言是一个民族的重要特征，与民族意识、民族感情密切相关。民族关系和谐，语言关系就会和谐；民族关系不和谐，语言关系也会出现不和谐。和谐的民族关系是构建双语和谐的重要因素。

　　田坝心村民族关系的和谐体现在不同民族的友好相处、互帮互助、族际婚姻的日益增多上。我们在调查走访的过程中询问了很多村民对村里其他民族的态度，大家都表示没有什么民族之分，大家生活在一起要团结，要像一家人一样。村民的户口信息中，有很多壮傣、壮汉的通婚家庭。村民们认为现代社会发展了，对族际婚姻的态度也更加开放了，村民们不再认为与别族通婚是一件不能接受的事。

　　民族关系的和谐还体现在民族文化的相互交融上。田坝心村的村民受汉文化影响，在语言文字、生活方式及宗教节日、婚丧礼俗等方面已与汉族趋同。汉族村民由于长期与少数民族生活在一起，也在一定程度上受到了少数民族文化的影响，比如有些汉族办丧事时也会请巫师。此外，壮族在农历六月初一有一个盛大的节日——"过小年"，我们在采访傣族村民时得知村里的非壮族也会跟着一起过这个节日。大家会做很多丰盛的菜肴，在一起喝酒庆祝。村里有不少非壮族的老人还会穿壮族的服装，裹壮族的包头。我们采访组长梅国兵时他谈到，村里人除了过一些少数民族自己的节日外，还会过汉族的端午节、中秋节、春节等，并且村民认为春节是一年中最重要的节日。这也显示了少数民族对汉文化的接纳。

　　友好的民族关系带来了和谐的语言关系，而长期兼用其他民族的语言、接纳其他民族的文化，又会促进民族关系的和谐，二者形成良性循环。

　　3. 大杂居的分布格局是双语和谐的地理条件

　　我国是一个多民族的国家，各少数民族在地理分布上以"大杂居、小聚居"为特点，分布在祖国的各个地方。这样的分布格局给了不同民族之间互相交流的机会。在具体的交流过程中，语言作为最重要的工具发挥着巨大作用。人们在交往中发现除了会本民族语外，还应该学习其他民族的语言，这样才能够更好地吸收不同民族的先进文化、先进生产力，更好地发展自身。

这为不同的少数民族语言之间的和谐创造了心理条件。田坝心村的壮族、傣族、汉族等世代杂居在一起，生产生活的交流很多。傣族为了能更好地与人数较多的壮族友好地相处，主动兼用壮语，而壮傣为了能与外界的其他民族交流，主动兼用汉语，形成了一个多语和谐的景象。

4. 现代化建设促进了双语的和谐发展

进入现代化建设新时期，为了更快地发展经济与文化，各民族需要通力合作，团结起来，建设一个稳定的社会环境。一切不和谐的因素都会阻碍现代化进程的推进，都是不被人们所接受的。所以，人们会自觉地搞好民族和谐和语言和谐，以求自身的不断发展。

在采访田坝心村村民的过程中，我们看到了他们对语言和谐重要性的认识，也被他们建立的和谐生活景象所感动，他们都很珍惜和谐稳定的生活、民族的团结，在这样的大环境下必然能够促进双语和谐的发展。

## 附录：田坝心人物访谈录

（一）金竹山村委会主任熊正光访谈录

访谈对象：熊正光，男，45 岁，苗族，金竹山村委会主任

访谈时间：2014 年 7 月 24 日下午

访谈地点：田坝心上组组长家

访谈、整理者：张洁

问：主任，请您先介绍一下咱们金竹山村的情况。

答：金竹山村委会有 16 个村，803 户人家，3216 人，5 个民族，苗族最多，占 54%，壮族占 36%，还有瑶族、傣族、布依族等。

问：咱们这边农民收入主要靠什么？

答：2012 年以后，主要靠种植甘蔗、香蕉和草果。金竹山有 3000 亩甘蔗和 7000 多亩香蕉，主要集中在海拔 800 米以下的 8 个村子。云南英茂公司专门收购甘蔗，有一个保底价，最低 420 元一吨，最高 450 元一吨，公司派车到农民地里收。香蕉也有人专门收购，但是价格不一定，靠市场调节。其他 8 个村子主要是种草果，这些村子集中在海拔 800 米以上。有 6 个村子的地被锌铟公司征用，大概有 2000 多亩。2005 年开始，每亩地赔给农户 1.8 万—2 万元。有些有头脑的人，拿着钱出去做生意，有的人就坐吃山空，把钱吃完了，又没钱又没地。

问：金竹山村出去打工的人多吗？

答：不多，有一些人会到镇上做零活，到省外的少，一般是去江苏

和广东。

问：这个村子民族之间有没有什么矛盾？

答：我们没有民族矛盾，民族之间相处非常融洽，没有民族歧视，民族之间交往非常频繁，还有一些互相通婚。只是和锌铟公司矛盾越来越大，还会打架，以前承诺每征地两亩以上给农户一个佣工名额，现在没有兑现，而且他们还要继续征地。

问：公司每亩给 2 万元的也不少，农民不愿意吗？

答：不愿意，土地是他们的生命线啊。

问：这边大部分人都会讲壮语，您会吗？

答：我平时都讲苗语，壮语大概会 1/3，从小和壮族人一起长大，玩的时候经常听，也会说。

问：金竹山有几所学校？

答：两所，都是小学，一个是大梁子学校，只有一年级、二年级。还有一个是希望小学，从幼儿园到六年级都有，是锌铟公司捐赠的。

问：那他们对咱们村民还是挺好的，是吗？

答：是政府施加压力，他们才盖的。大概 2005 年的时候，农民和政府、锌铟公司的矛盾激化，农民把政府和锌铟公司都砸了，称为"502"事件。那次事件抓了十几个人，有好几个人被判刑，最长的一个被判了十年零六个月。

问：咱们金竹山的几个民族有什么民俗？

答：叫魂，这里各个民族都有。一般小孩出生第 3 天的早上要"开名"。叫魂之前至少杀两只鸡，一公一母。然后请一个会起名字的老人来叫魂，叫完以后给小孩"开名"，再报给祖先，祖先就知道了。以后大家都叫他这个名字。有的时候，小孩生病了，也会请一个老人来叫魂，用鸡或鸡蛋。瑶族有男孩的成人仪式，12—20 岁都可以搞成人仪式，要搞两三天，要请 5—7 个先生来念经，现在还一直保留着这个风俗。

问：做了成人仪式有什么作用？

答：就是说他是一个大人了，徒弟就可以出师，比如学巫术的就可以自己出来做了。

问：有什么特别的节日吗？

答：基本和汉族一样。大一点的有苗族的花山节，这边只有苗族过，各个民族都可以去。

问：您怎么看待这边很多少数民族的民族元素消失问题？

答：我觉得这是发展、民族大团结的结果。比如这个壮傣族杂居，傣族更多的使用壮语。其实现在大家更多的是被汉化了，比如服装，以前各个民族都有自己独特的服饰，现在都没有了。我怀疑，再过一两百年，我们这些少数民族的很多风俗都会遗失,语言可能要更久一点。现在很多年轻人到镇上,都不讲自己的民族语,都讲汉语,现在已经丢得太多了。我自己就有切身的感受,以前我们都唱山歌的,现在年轻人都不知道山歌是什么。以前没有电灯,没有电视,大家晚上在一起就唱山歌,谈情说爱,你不会唱,老的会教你。很多人就是唱山歌成一对夫妻的。现在的年轻人都不唱了。

问:你们苗族有没有什么民间传说呢?

答:没有,这地方的苗族迁到这边最多只有200多年,从湖南洞庭湖迁过来的,到贵州再到文山,然后到这里,我们的祖坟都在文山,这里原来没有苗族。但我们这边所有的苗族都知道蚩尤,蚩尤是大汉的意思,非常能干。老人用苗语骂小孩一般就会说"你不成蚩尤"。说一个人能干,就说"他那个蚩尤",所以我相信我们的祖先肯定是蚩尤。

(二)田坝心下组组长梅国兵访谈录

访谈对象:梅国兵,男,47岁,傣族,初中,田坝心下组组长

访谈时间:2014年7月24日

访谈地点:田坝心下组组长家中

访谈、整理者:刘丽媛

问:村长,您好!请您先介绍一下田坝心下组的情况以及语言的使用,可以吗?

答:好的。我们这个村属于金竹山村委会,有52户人家,以壮族为主,有少量傣族,还有苗、瑶、汉族等。民族关系很和谐,没有民族隔阂。在村子里无论什么民族都是讲壮语和汉语方言。傣族有亲戚来的时候才讲傣语。

问:现在村里的小孩子和他们的父辈、祖辈讲的壮语有差别吗?

答:没有差异,讲的都是一样的。

问:那村长,您是傣族,为什么您的小孩壮语讲得更好呢?

答:小孩子小时候我们跟他们讲傣语,但是孩子随着年龄增长,接触的壮族人多后,发音就变得跟壮语接近了。

问:那咱们这个村的壮族和傣族相处得好吗?

答:壮族与傣族相处很好,我们不讲究什么不同民族,虽然下组壮族多,但是不存在壮族、傣族之分,我们世世代代生活在这里。

问:和境外的壮族、傣族关系怎么样?

答:我们跟境外的壮族和傣族也是同一民族,相处比较和谐。但是往来比较少。

问:村长,我发现这个村里的小孩子普遍汉语都讲得不错,是家长教的

吗？那大人们的汉语又是从哪里学的呢？

答：嗯，是的。教小孩汉语是为了让他以后更好地跟别人交流。村内的大人都在堡梁街或者都龙赶集，赶集时候要讲汉语方言，自然就学会了。

问：那现在您会用傣语或者壮语讲民间故事吗？

答：老人家会讲壮语民间故事，小时候很着迷，很爱听。但是我自己不会讲。

问：那您担心壮语、傣语会在未来消失吗？

答：不担心壮语、傣语会消失，小孩子不读书的时候都是用民族语交流。有一些出去打工的年轻人，过年回来还是讲民族语。如果讲普通话，村民都不会理他。

问：您知道村里的傣族是什么支系吗？你们过泼水节吗？

答：属于水傣。自从父亲那代起就不过泼水节了，都是跟随壮族过节日的，自己的节日保留得很少。比如壮族是每年农历六月初一的时候过小年，而我们傣族"过小年"是在六月初六，我们现在都随着壮族过六月初一了。但是近些年来我自己觉得还是希望能够保留自己的民族传统。

问：那现在村内穿民族服装的人还多吗？

答：村内穿民族服装的很少，头饰还是会戴。结婚的那一天是必须要穿我们傣族的服装的。

问：现在这个村的通婚情况怎样？

答：现在有少量族际通婚，多数还是族内通婚。近些年来人们的观念开放了，只要喜欢，什么民族都无所谓。你比如我们家，女儿嫁给都龙的汉族，儿媳妇是苗族，讲苗语。现在时代发展了，不存在民族之分。儿媳妇来到家里都是用汉语方言交流，我们并不会反感。她时间长了就自然学会壮语、傣语了。

问：那您能介绍一下你们这里的婚丧礼俗吗？

答：遇到婚丧大事，礼仪基本跟以前还是一样。结婚要穿民族服装。丧事要请巫师来念经，主要是告诉逝者"从哪里来，回到哪里去"。请一个巫师的价格需要千把块钱。我们村内有一个壮族的巫师，可是傣族都是请麻栗坡的傣族巫师。

问：那您听祖辈或父辈们说起过你们的来源吗？

答：听老人讲祖先可能从泰国或广东来，但是巫师念经都是把死者送往越南。所以我们也可能来自越南，但是现在无法考证。

问：那这个村的主要经济来源是什么呢？

答：我们现在以种植甘蔗为主，还种植香蕉、菠萝、龙眼、芒果、荔枝等。原来我们是种水稻的，去年发生了泥石流，水田冲没了，就只能种甘蔗了。现在都是买米吃。

**问**：那你们一年种甘蔗的平均收入是多少呢？

**答**：我们村的甘蔗成熟以后糖厂就会来收，价格不高，400元一吨，平均每家都有20吨左右。但是收甘蔗很辛苦，我们都要请越南工人，一般给他们一天40元，他们很满意。

**问**：那最近几年来村民的生活水平变化如何？

**答**：近些年来，生活水平也就是一般。我们住在山区，一下雨，就要冲田地，去年7月3日，发生了泥石流，还断了7天的路。

# 第六章 苗壮杂居区懂腊鱼寨语言活态及双语和谐

懂腊鱼寨是一个苗族和壮族杂居的寨子，从行政区划上看，它是一个村民小组，隶属于马关县都龙镇茅坪村委会，所以又称懂腊鱼小组。这个寨的壮族和苗族互相兼用语言，具有一定的特点。下面先介绍一下茅坪村委会和懂腊鱼寨的基本情况。

## 第一节 茅坪村委会、懂腊鱼寨的基本情况

### 一 茅坪村委会基本情况

茅坪村委会是一个行政村，隶属于马关县都龙镇，位于都龙镇南部。东与越南接壤，西与金厂镇相连，距离都龙镇19公里。面积26.78平方公里。全村辖茅坪、甜竹坪、岩头一、岩头二、新坪、南车、丫口寨上、丫口寨下、南庄9个自然村。其中茅坪是汉族聚居寨，南车是壮族聚居寨，懂腊鱼是苗、壮族杂居寨，此外全部是苗族聚居寨。共有农户731户，乡村人口2824人。

该村的义务教育已经全部普及，适龄儿童的入学率达到100%。茅坪小学是这里的中心完小，中学要到都龙中学就读。目前，该村义务教育在校学生中，小学生314人，中学生68人。茅坪小学的学生以苗族和壮族为主，汉族较少，教师大都是从外地来的汉族，也有一些本地的苗族。课堂当中全部使用普通话进行教学，在较低的年级使用民族语来辅助教学，但只是老师的个人行为，不是双语教学。

传统民族文化在茅坪得到了很好的保护和传承。每年从正月初二到初六，是苗族最隆重的节日——花山节。在这几天，不论苗族还是壮族，大家都会穿着节日的盛装，来到茅坪或者岩头的龙山欢度节日。在花山节上会有苗族的歌舞表演，包括苗族歌曲和芦笙舞等特色文艺节目以及斗牛、爬杆等体育活动。在这里，我们可以看到各民族和睦友好的动人场面。春节正好也

是壮族祭龙的日子，村长会跟村里的老人商量好日子过节，村民们在这几天就不用出去干活，而是在家中祭祀，被称为"忌工"。

我们选取的调查点是懂腊鱼。这是一个苗、壮杂居寨，并且这两个民族的母语和兼用语使用情况都很好。下面再简要介绍一下懂腊鱼的基本情况。

## 二　懂腊鱼寨基本情况

懂腊鱼寨是茅坪村委会当中唯一一个杂居寨。跟它接近的村寨分别是东边的岩头一、岩头二组，为苗族聚居村，西边的南车，为壮族聚居村。懂腊鱼内部分布情况是：壮族位于村寨中部，苗族位于南北两端，其中有17户的苗族居于北部，跟主体村寨相距1公里左右，被称为懂腊鱼中寨，为了统一，也一并称为懂腊鱼。

该村现有农户55户，共221人。其中壮族最先来此定居，人口约占全村的2/3，大部分迁自广西，至今已繁衍到第五代，有王、张、田三大姓氏。苗族是后来迁入的，占全体人口的1/3，来自贵州，至今已繁衍到第四代，有杨、侯、张三大姓氏。两大民族世代在这里居住，语言互补和谐。苗族几乎都会说壮语，壮族几乎都会说苗语，学龄前儿童和60岁以上的老人则只会自己的母语。

懂腊鱼寨距离茅坪村委会5.5公里，距离都龙镇25.5公里，总面积有3.4平方公里，海拔1430米，年平均气温19.5℃，年降水量1200毫米。全村耕地总面积356亩，人均耕地1.5亩。但是由于懂腊鱼地处大山深处，交通非常不方便，人们大都按照传统的耕作方式来生活，生活相对贫困，有50户家庭还是人畜混居。村民的经济来源主要靠种植水稻、苞谷和甘蔗，大都在县内销售，养殖的家畜主要用于耕作和食用，人均年收入仅有2000元左右。这种现状使得很多青壮年外出打工，去打工的大部分人选择去广东、上海、深圳等发达地区，仅有少部分人留在云南省内。由此可见，懂腊鱼的年青一代已经不愿单纯地依靠种地来维持生活，而是向往着在外开辟出新的天地。因此，劳务输出也是懂腊鱼的重要经济来源。

九年义务教育在寨里已经全面普及，入学率达到100%。小学生在茅坪小学就读，中学生在都龙中学就读。目前，该村小学生32人，中学和职高学生15人，大学生4人。茅坪村小学主要是苗族和壮族的学生，一年级学生入校之后，汉语水平不高，老师会用苗语、壮语等民族语言进行辅助教学，一般到一年级下学期就能听懂汉语，所以除了这一阶段，其余时间都使用普通话来进行课堂教学。因此，懂腊鱼有一部分小孩是母语和普通话的双语人，在成长的过程中才慢慢地习得方言。即便这里是民族地区也没有开展双语教育。

民族特色在寨中到处可见。村民居住的是苗族的传统民居，妇女都穿戴苗族或者壮族的民族服饰，银饰的耳环和项圈是苗族的象征，但是男子没有民族服饰。比较盛大的节日是春节、苗族的花山节、壮族的六月初一。60岁以上的老人会唱苗歌或壮歌，也会讲些民间故事，60岁以下的人会的较少，但是大都喜欢听。苗族和壮族都保留了族内婚和同姓不婚的习俗，现在年轻人的思想逐渐开放，不再局限于旧时传统，开始有个别人娶回汉族或者其他少数民族的媳妇。大部分人还是按照民族的习俗来选择结婚的对象，并且采取苗族或壮族的传统嫁娶仪式。

在村子里能见到从越南嫁过来的妇女，苗族和壮族的都有。她们基本上都不会汉语，只用苗语或壮语和该村的人们交流。两国边境地区的苗、壮语言基本相同，双方通话没有问题。边民的接触主要为务工，农忙时候会请一些越南的村民来帮助。也有个别的村民会去越南那边打工。

全寨家用电器基本普及，85%以上的家庭拥有了电视，95%以上的家庭安装了固定电话。大部分村民都有手机，能随时随地与外界进行联系。截至2012年年底，该村全部通了自来水。目前亟待解决的最大问题是改善交通状况，完成进村道路的水泥化，让居民的出行更加方便。

近几年来，懂腊鱼寨得到了国家新政策的支持。新农村合作医疗保险已全面覆盖，解决了人们看病难的问题。但是由于交通不便，村民的医疗主要依靠5公里之外的村卫生所。对于困难地区，国家还给予每人每月108元的低保补助。因为靠近边境，每户每年有1000元的沿边定补。除此之外还有粮种补贴、退耕还林补贴、土地补贴等多项惠民措施。

目前存在的主要问题和困难是基础设施薄弱，农业投资力量不大，科技力量低、医疗卫生条件不足、交通不便。所以，要想进一步提高村民的生活水平就要加强农业投资力度和农村基础设施建设，在重点抓畜牧业发展的同时发展好种植业，从根本上改善村民的生活。

## 第二节　懂腊鱼寨语文活态保护现状及成因

由于懂腊鱼寨是一个苗族、壮族杂居的村寨，这里的苗族会说壮语，壮族会说苗语，母语和兼用语和谐互补。但是仔细分析后我们发现，壮族人说苗语的能力要好过苗族人说壮语的能力，这是因为懂腊鱼村虽然是苗族、壮族杂居寨，但是它周围除了南车村，其他均为苗族聚居寨，因此在苗族大范围聚居的背景下，苗语成了这里的强势语言。下面先分析一下苗族的母语活态。

## 一 懂腊鱼寨苗族语文活态现状调查

为了全面了解该寨苗族语言使用的情况，我们采用访问小组长和走访村民的方式调查了懂腊鱼寨的苗族母语使用情况。除去 13 名 6 岁以下的儿童和 1 名外地嫁过来的汉族媳妇，其余 76 名为 19 户纯苗族家庭成员和 5 名入嫁壮族的苗族媳妇。通过分析我们认为懂腊鱼寨苗族母语使用情况具有以下几个特点：①全民熟练掌握苗语；②母语词汇传承没有明显的代际差异；③苗族的第一语言全部为苗语；④苗语主要通行于家庭和村寨；⑤苗语是家族内部的第一交际工具；⑥口头文学的传承出现代际断裂；⑦苗族认为母语是民族的标志，对母语传承很有信心；⑧苗文已经失传；⑨懂腊鱼苗族母语活力评价。

（一）全民熟练掌握苗语

懂腊鱼寨的苗族不分男女老少、文化程度高低，全部都能熟练地掌握和使用自己的母语，并将其作为最重要的族内交际工具。详见表 6-1：

表 6-1　　　　　　　　懂腊鱼寨苗族母语使用情况

| 年龄段（岁） | 总人数（人） | 熟练 人数（人） | 熟练 百分比（%） | 略懂 人数（人） | 略懂 百分比（%） | 不会 人数（人） | 不会 百分比（%） |
| --- | --- | --- | --- | --- | --- | --- | --- |
| 6—19 | 16 | 16 | 100 | 0 | 0 | 0 | 0 |
| 20—39 | 31 | 31 | 100 | 0 | 0 | 0 | 0 |
| 40—59 | 22 | 22 | 100 | 0 | 0 | 0 | 0 |
| 60 岁以上 | 7 | 7 | 100 | 0 | 0 | 0 | 0 |
| 合计 | 76 | 76 | 100 | 0 | 0 | 0 | 0 |

表 6-1 显示，懂腊鱼寨四个年龄段的人全部都能熟练地掌握自己的母语。在这当中有 5 位是从其他村寨即附近的韭菜坪、懂腊鱼中寨等地嫁过来的苗族。她们虽然嫁给了壮族，但是母语苗语保留的状况依然很好，5 个人无一例外可以熟练使用苗语。她们 5 人的孩子也可以熟练地使用苗语。

（二）母语词汇传承没有明显的代际差异

词汇是反映语言代际传承有无差异的重要标志，为此我们制定了苗语四百词表，随机选择了懂腊鱼寨不同年龄段的 6 位村民进行测试，结果见表 6-2：

表 6-2　　　　　　　　懂腊鱼寨苗语四百词测试统计

| 姓名 | 年龄（岁） | 性别 | 民族 | 文化程度 | A | B | C | D | A+B | 等级 |
| --- | --- | --- | --- | --- | --- | --- | --- | --- | --- | --- |
| 侯朝艳 | 13 | 女 | 苗 | 初中 | 304 | 35 | 25 | 36 | 339 | 良好 |

续表

| 姓名 | 年龄（岁） | 性别 | 民族 | 文化程度 | A | B | C | D | A+B | 等级 |
|---|---|---|---|---|---|---|---|---|---|---|
| 侯剑丹 | 15 | 女 | 苗 | 初中 | 308 | 46 | 41 | 5 | 354 | 优秀 |
| 侯贵荣 | 30 | 男 | 苗 | 文盲 | 381 | 14 | 5 | 0 | 395 | 优秀 |
| 杨富英 | 30 | 女 | 苗 | 小学 | 378 | 13 | 5 | 4 | 391 | 优秀 |
| 侯富宽 | 60 | 男 | 苗 | 文盲 | 396 | 0 | 0 | 4 | 396 | 优秀 |
| 侯照祥 | 73 | 男 | 苗 | 文盲 | 397 | 0 | 2 | 1 | 397 | 优秀 |

表 6-2 显示，在 6 位不同年龄、性别、文化程度的村民当中，有 5 人的四百词测试结果达到"优秀"，仅出现一个"良好"，总体上说母语水平较高。两个 20 岁以下的未成年孩子侯朝艳和侯剑丹与年纪最大的侯照祥老人相比，"A+B"级的词汇平均相差 55 个，差距不大，没有出现明显的代际差异。但是，这两个孩子的 A 级词汇同老人的差距较大，一个为 93 个，一个为 89 个，单从 A 级词汇来看，确实产生了一些差距，这与两人的学生身份有着较大关系。因为在课堂上全部都是使用普通话来教学，只有课后很少时间内才有机会和苗族的同学说苗语，如果没有苗族同学在场基本上就使用方言，这就缩小了她们母语的使用范围。同时，在学习汉语的过程当中会不自觉地借用汉语词汇，因此才会产生这样的结果。不过，这并不能说明她们的母语水平退化，在我们测试的时候，有少部分的词她们会最先想到汉语借词，但是在思考之后还是能准确地说出苗语。所以，我们的结论是懂腊鱼村苗语词汇传承没有出现明显的代际差异。

（三）苗族的第一语言全部为苗语

是否以母语作为第一语言是该语言能否得到传承和保护的重要因素之一，因为只有将母语作为第一语言来学习和使用，其母语能力才不会丧失。我们抽取的 76 位调查对象全部使用苗语作为自己的第一语言，并且能够熟练掌握。

（四）苗语主要通行于家庭和村寨

针对母语的使用场合，我们做了专门的问卷调查，涉及家庭、村寨、公共场合、学校教育、媒体传播、网络交际等 6 种重要场合，共抽取了 10 位村民进行了访问。"使用苗语交流的场合"这一选项，有 10 位村民全部选择家庭和村寨，其中村民侯朝文还补充到，如果在村寨中碰到壮族，有时也会先选择壮语。在学校教育这种场合中，10 位村民全部选了汉语普通话和方言。其余的公共场合比如医院、集市、村委会、政府部门等基本上全部为汉语方言，只有在对方说话之后，知道对方为苗族才会转换成苗语。现代媒体的传播和网络交际，已经全部使用普通话。只是苗族跟苗族互相打电话的时候才会说苗语,而且在外读书的学生,给家里打电话的时候更倾向于说方言。由此可见,苗语的主要通行场合还是家庭和村寨。

(五)苗语是家族内部的第一交际工具

家族人际关系当中的语言选择可以反映出苗族家庭群体的语言观。通过抽样问卷我们了解到,在苗族家庭内部长辈对晚辈、晚辈对长辈、同辈之间全部使用苗语交流。在朋友之间就要区分对方是什么民族,如果是苗族就说苗语,是壮族就说壮语,是其他民族就说汉语方言,遇到陌生人则会选择汉语方言和普通话。

(六)口头文学的传承出现代际断裂

我们随机走访了几位村民,得到的信息是:60岁以上老人会讲的苗族民间故事,大都是一些传奇性的或有关苗族历史的故事;40岁左右的仅有个别人会讲,到二三十岁的年轻人就完全不会讲了。村子当中40岁以上的妇女小部分会唱苗歌,年轻人会唱的很少。由此可见,苗族的口头文学传承出现了代际断裂。

(七)认为母语是民族的标志,对母语传承很有信心

当问及"最能代表自己的语言是什么"的问题时,10位村民全部选择了母语。"是否担心母语消亡",有8人选择不担心,并且对母语的传承很有信心。他们认为,教给孩子的第一语言是苗语,在家和村里说的也是苗语,以后苗语也不可能消失。有2人选择担心,这种担心来自年轻人对母语的态度,有些年轻人去外地回来以后,母语能力下降。"在其他民族面前说苗语是否会害羞",有9位村民选择了"不害羞,很自豪",仅有一位名叫侯朝文的村民选择了"害羞"。他说:"我出去有时讲苗语,人家听不懂,我就会觉得不好意思,会改说方言。"总体来看,苗族对自己母语的认同感强烈,认为是自己身份的代表,并且对母语未来的发展充满了信心。

(八)苗文已经失传

在做问卷调查的过程当中我们了解到,该村30岁以下年轻人几乎有一半以上不知道苗族有文字,60岁左右的人知道有苗文,但是很多都没有见过也不会写。可见,苗文在懂腊鱼村已经失传。

(九)懂腊鱼寨苗族母语活力评价

针对懂腊鱼寨苗族的母语使用情况,我们制定了专门的活力量化表。具体情况如表6-3:

表6-3　　　　　　懂腊鱼寨苗族母语活力情况

| 序号 | 参项 | 所占分值(分) | 调查结果(%) | 得分(分) |
|---|---|---|---|---|
| 1 | 熟练掌握母语的人口比例 | 55 | 55 | 55 |

续表

| 序号 | 参 项 | | 所占分值（分） | 调查结果（%） | 得分（分） |
|---|---|---|---|---|---|
| 2 | 代际传承状况 | 语言 6—35岁 | 6 | 6 | 6 |
| | | 语言 36岁以上 | 4 | 4 | 4 |
| | | 文字（40岁以下） | 10 | 0 | 0 |
| | | 民间文学（40岁以下） | 5 | 2.5 | 2.5 |
| 3 | 通用范围 | 家庭 | 2 | 2 | 2 |
| | | 村寨 | 2 | 2 | 2 |
| | | 公共场合 | 2 | 2 | 2 |
| | | 媒体传播 | 2 | 2 | 2 |
| 4 | 是否是纳入考试科目 | | 5 | 5 | 5 |
| 5 | 对母语的认同态度 | | 5 | 4.7 | 4.7 |
| 6 | 与跨境同族能否通话 | | 2 | 2 | 2 |
| | 总 分 | | 100 | 87.2 | 87.2 |

表6-3当中具体的评分情况为，懂腊鱼寨全民熟练掌握母语，其人口比例为100%，第一参项的分为满分55分。母语的代际传承情况评分原则，由于全民熟练掌握母语，因此语言一项为满分。懂腊鱼寨的苗文基本失传，因此该项不得分。民间文学60岁以上会的人较多，40岁以下会的人较少，但是还是有小部分人会，并且会给家中的孩子传唱，因此该项也可得满分。通用范围一项，要根据具体对话的民族成分来定，只要出现本民族的同胞，就会选择苗语，只不过在公共场合为了尊重不懂苗语的人，才会转用成方言，因此公共场合这一项不得分。关于媒体传播，文山州和马关县都有苗语的广播和影碟，在我们调查的10位村民当中有半数以上的人选择喜欢看，因此该项也可得满分。综上所述，懂腊鱼寨的母语活力总分为87.2分，根据我们的标准，属于一级，即母语稳定保存型。

## 二 懂腊鱼寨壮族语文活态现状调查

懂腊鱼寨的壮族，在周围村寨全是苗族聚居的大背景下，不但没有丢失自己的母语，其语言还影响了懂腊鱼寨的苗族，大部分中年苗族都会讲壮语。60岁以上苗族老人的壮语水平和苗语一样高。通过具体分析，我们发现该小组壮族语文活态的现状呈现出以下几个特点：①全民熟练掌握壮语；②母语四百词测试结果全部为"优秀"；③壮语主要通行于家庭，村寨当中苗语是强势语言；④对母语传承充满信心；⑤壮文基本失传；⑥懂腊鱼壮族母语活力评价。

（一）全民熟练掌握壮语

同苗族一样，我们采用了访问村长和走访村民的形式，统计到了懂腊鱼寨 31 户纯壮族家庭和 5 户苗壮通婚家庭当中所有壮族的母语使用情况，除去 6 岁以下的儿童，纳入本次调查的共计 119 人，具体如表 6-4：

表 6-4　　　　　　　　懂腊鱼寨壮族母语使用情况

| 年龄段（岁） | 总人数（人） | 熟练 人数（人） | 熟练 百分比（%） | 略懂 人数（人） | 略懂 百分比（%） | 不会 人数（人） | 不会 百分比（%） |
|---|---|---|---|---|---|---|---|
| 6—19 | 20 | 20 | 100 | 0 | 0 | 0 | 0 |
| 20—39 | 46 | 46 | 100 | 0 | 0 | 0 | 0 |
| 40—59 | 34 | 34 | 100 | 0 | 0 | 0 | 0 |
| 60 岁以上 | 19 | 19 | 100 | 0 | 0 | 0 | 0 |
| 合计 | 119 | 119 | 100 | 0 | 0 | 0 | 0 |

由表 6-4 可以看出，懂腊鱼寨的壮族不分年龄段，全部能够熟练地掌握自己的母语。5 户苗壮通婚家庭当中的孩子，也能全部熟练地使用壮语，其壮语水平同苗语水平都是一样熟练。

（二）母语四百词测试结果全部为"优秀"

在普查户口的语言事实上，我们已得到村民熟练掌握自己母语的信息，为了验证这一信息，我们又找了两名壮族村民完成四百词测试。具体情况如表 6-5：

表 6-5　　　　　　　　懂腊鱼寨壮语四百词测试

| 姓名 | 年龄（岁） | 性别 | 民族 | 文化程度 | A | B | C | D | A+B | 等级 |
|---|---|---|---|---|---|---|---|---|---|---|
| 田发兰 | 55 | 女 | 壮 | 小学 | 397 | 2 | 1 | 0 | 399 | 优秀 |
| 田正培 | 89 | 男 | 壮 | 文盲 | 399 | 0 | 0 | 1 | 399 | 优秀 |

表 6-5 的结果显示，89 岁的田正培老人和 55 岁的田发兰，A 级词汇都占到总数的 99%以上。

（三）壮语主要通行于家庭，村寨当中苗语是强势语言

进入懂腊鱼寨，我们一路随机采访了几位壮族的村民。一位穿着壮族服饰的中年妇女告诉我们："我们这个村的壮族几乎都会说苗语。"这跟我们做问卷的结果一致。在母语使用场合一项当中，苗族人在家庭和村寨两种场合当中都只选择了苗语，而壮族人在家庭当中选择了壮语，在村寨当中选择

了壮语和苗语两种语言。因为懂腊鱼寨周围大部分是苗族的聚居寨，学校当中也是苗族学生占大多数，所以，苗语成了这里的强势语言。

（四）对母语传承充满信心

虽然苗语是懂腊鱼寨的强势语言，但是在我们问到"会不会担心壮语消失"的问题时，89岁的壮族老人田正培说："壮语最重要，是我们民族的语言，我教给儿子，儿子再教给孙子，是不会消失的。"针对"最能代表自己和最重要的语言是什么"的问题，10位被提问者无一例外地全部选择了壮语。对于有人想成为汉语单语人的态度，有9位村民的态度是不希望，只有38岁的田朝永认为无所谓，因为他经常外出打工，对于现在有些年轻人的语言选择特别理解，汉语是通用语，走到哪里都可以跟别人交流。同样对于外出打工者回乡后不会讲母语，他的态度也是可以接受，其余的9人均不可接受。由此看来，同懂腊鱼寨的苗族一样，壮族对母语的传承也充满了信心。

（五）方块壮文基本不通行

通过访谈村民我们了解到，该村的壮族大都知道壮族有文字的事实，懂壮文的人几乎没有。方块的壮文仅在祭祀的时候会用到，几个"魔公"会写一些。80岁左右的老人有些会写，但基本没有传给子女。可以说，壮文在懂腊鱼村小组当中基本失传。

通过上文对懂腊鱼寨苗族、壮族母语活态现状的分析，我们可以归纳出两者的共同点：全民熟练掌握母语；母语为第一语言；母语四百词测试结果都为"优秀"；对母语充满信心，认为是可以代表自己的语言。为什么会出现这么多的共同点呢？下面将分析这些现状产生的原因。

（六）懂腊鱼寨壮族母语活力评价

同上述的苗族一样，我们也对懂腊鱼寨的壮族母语活力进行评分。具体情况如表6-6：

表6-6　　　　　　　　懂腊鱼寨壮族母语活力情况

| 序号 | 参项 | | | 所占分值（分） | 调查结果（%） | 得分（分） |
|---|---|---|---|---|---|---|
| 1 | 熟练掌握母语的人口比例 | | | 55 | 100 | 55 |
| 2 | 代际传承状况 | 语言 | 6—35岁 | 6 | 100 | 6 |
| | | | 36岁以上 | 4 | 100 | 4 |
| | | 文字（40岁以下） | | 10 | 0 | 0 |
| | | 民间文学（40岁以下） | | 5 | 2 | 2 |
| 3 | 通用范围 | 家庭 | | 2 | 2 | 2 |

续表

| 序号 | 参项 | | 所占分值（分） | 调查结果（%） | 得分（分） |
|---|---|---|---|---|---|
| 3 | 通用范围 | 村寨 | 2 | 2 | 2 |
|  |  | 公共场合 | 2 | 2 | 2 |
|  |  | 媒体传播 | 2 | 2 | 2 |
| 4 | 是否纳入考试科目 | | 5 | 5 | 5 |
| 5 | 对母语的认同态度 | | 5 | 5 | 5 |
| 6 | 与跨境同族能否通话 | | 2 | 2 | 2 |
|  | 总　　分 | | 100 | | 87 |

表 6-6 当中具体的评分情况为，懂腊鱼寨壮族不分年龄段全民熟练掌握母语，其人口比例为 100%，第一个参项为满分 55 分。由于懂腊鱼的壮文基本失传，因此该项不得分。民间文学 60 岁以上会的人较多，40 岁以下会的人较少，但是还是有小部分人会，并且会给家中的孩子传唱，因此该项也可得满分。通用范围一项，要根据具体对话的民族成分来定，只要出现本民族的同胞，就会选择壮语，只不过在公共场合为了尊重听不懂壮语的人，才会转用方言，因此公共场合这一项不得分。关于媒体传播，文山州和马关县都有壮语的广播和影碟，在我们调查的 10 位村民当中有半数以上的人选择喜欢看，因此该项也可得满分。综上所述，懂腊鱼寨壮族的母语活力总分为 87 分，根据我们的标准，属于一级，即母语稳定保存型。

### 三　懂腊鱼寨母语活态现状的成因

懂腊鱼寨无论是苗语还是壮语都属于母语活态度较高的群体，两个民族都能熟练地使用自己的母语。主要原因有：

#### （一）村寨聚居形式独特

从大范围看，懂腊鱼寨所在的茅坪村委会苗族人口和分布占优势，壮族只有南车和懂腊鱼小组当中的部分，总体上来说这里是一个苗族聚居地。正因为地处这样的大环境当中，懂腊鱼村苗语保留得较好，活力较强。从小范围看，懂腊鱼寨内，壮族人口占到了 2/3，而苗族人口仅占到 1/3，壮族在该村占据了人数上的优势，并且该村的壮族集中居住在村寨中部，可以说是一种小范围聚居，因此母语保留得也很好。就是这种大范围苗族聚居，小范围壮族聚居的村寨分布形式，促使了苗族、壮族各自母语的完整保留。

#### （二）族内婚促进了母语的保留

我们共统计到了懂腊鱼寨的 55 户村民信息，除了 5 户苗壮通婚的族际婚家庭，其余全部为苗族或壮族的族内婚。可见族内婚在这里依然是主流。所有族内婚的家庭成员母语水平均为熟练。虽然现在婚姻比较自由，但是选择族际婚的人并不多，正是这种习惯促进了母语保留。一方面，在族内婚家庭内，孩子的第一语言一定是母语，不存在改变母语习得顺序的可能性，而族际婚当中就有可能改变母语习得顺序。另一方面，族内婚姻不同代际之间都会选择用母语交流，孩子学习母语的环境很好。

（三）强烈的民族意识

苗族和壮族都是民族意识很强的民族。对于母语的态度也比较坚决，哪怕是外出打工或者去外地定居之后再回到村寨，如果不会说民族语了，都会被认为是忘本的行为。在我们抽取的10份问卷当中，对于上述行为有90%的人持不能接受态度，只有侯朝文一人认为可以理解，但同时他也指出"如果回来村寨当中还是可以再学会的"。在其他民族面前说母语并不会觉得害羞，大部分人会觉得很自豪，只是在对方听不懂苗语或壮语的时候才会觉得有些不好意思，出于尊重会转用方言。

在村寨中最具民族特色的是民族服饰。苗族妇女喜欢穿彩色百褶裙、戴绑腿、佩戴银质的大耳环。壮族妇女喜欢包头、蓝黑色衣裙、绣花胸兜。这些元素在村寨中随处可见，也是苗族或者壮族女子出嫁的必备嫁妆。当然有些人为了平时干活方便也不穿民族服装，只有去赶集或者参加节日时才穿，在她们心中，民族服装是最好看、最隆重的盛装。苗族的男子也有民族服装，只是平时干活较多穿着不方便，仅在节日时穿戴。

平时在村寨当中，大家基本全部说民族语。懂腊鱼寨除了学龄前儿童和部分青少年以外，壮族都会说苗语，苗族大部分会说壮语，所以彼此都不使用汉语方言来沟通，而是用民族语，这样会给大家带来一种亲切感，增进了民族情感。

这些都充分体现出强烈的民族意识对母语保留具有非常重要的作用。

（四）国家民族平等、民族优惠的政策促进了母语的保留

目前，我国提倡各民族都有使用和发展自己语言文字的自由，这就从政策上保障了少数民族语言学习的顺利进行。政府和各级机构也采取了相应措施来促进民族语宣传。例如，文山广播台开办了专门的苗语和壮语广播，民族院校对少数民族招生有关怀措施。近年来，国家对少数民族的优惠政策不断增加，比如生育政策、升学加分政策、少数民族骨干政策等，这一系列的惠民政策，使民族地区的人民意识到，身为少数民族是一件光荣的事情，学好自己的母语也非常有用。正如懂腊鱼寨的侯朝文说："我们苗族的孩子考大学，可以加分。"有些文化水平高的村民，已经开始主动地教授孩子学习民族语。

（五）相对封闭的交通环境

懂腊鱼寨位于老君山脚下，进入村寨只有一条泥石路，是 2008 年刚修好的。平时虽然有直接到都龙镇的车，但是很少。一到下雨天，几乎无法通车，所以人们外出的机会较少，缺乏跟外界的广泛交流，这也是母语得以保留的客观因素。

## 第三节　懂腊鱼寨双语和谐现状及成因

懂腊鱼寨是典型的苗壮杂居村寨，全体村民都能熟练使用自己的母语，绝大多数村民能兼用汉语，部分村民还可以兼用外族语言。可以说，懂腊鱼寨属于多语言环境下的语言社区，苗、壮、汉三种语言在不同的交际场合功能互补、和谐共存。

### 一　懂腊鱼寨双语和谐现状

懂腊鱼寨双语和谐现状表现在六个方面：普遍使用母语、绝大多数村民能够兼用汉语、绝大多数壮族可以兼用苗语、多语言和谐互补、开放包容的语言态度、双语和谐等级为一级。具体表现如下：

（一）普遍使用母语

课题组经过入户调查，得到了懂腊鱼寨居民的母语使用情况。除去 12 名学龄前儿童，119 位壮族村民全部能熟练使用壮语；除去 13 名学龄前儿童，89 位苗族村民全部能熟练使用苗语。

（二）绝大多数村民能够兼用汉语

除去 25 名学龄前儿童，我们共调查了 195 名村民，他们的汉语使用情况如表 6-7：

表 6-7　　　　　　　　懂腊鱼寨兼用汉语情况

| 年龄段（岁） | 总人数（人） | 熟练 人数（人） | 熟练 百分比（%） | 一般 人数（人） | 一般 百分比（%） | 不会 人数（人） | 不会 百分比（%） |
| --- | --- | --- | --- | --- | --- | --- | --- |
| 6—19 | 36 | 34 | 94.4 | 2 | 5.6 | 0 | 0 |
| 20—39 | 77 | 77 | 100 | 0 | 0 | 0 | 0 |
| 40—59 | 57 | 54 | 94.7 | 1 | 1.8 | 2 | 3.5 |
| 60 岁以上 | 25 | 21 | 84 | 1 | 4 | 3 | 12 |
| 合计 | 195 | 186 | 95.4 | 4 | 2 | 5 | 2.6 |

从表 6-7 可以看出，懂腊鱼寨汉语水平熟练的共 186 人，占统计人口的

95.4%，说明绝大多数村民能够兼用汉语。

其中汉语水平"一般"和"不会"的有 9 位，他们的具体信息见表 6-8：

表 6-8　　懂腊鱼寨汉语水平"一般"和"不会"的 9 位村民情况

| 姓名 | 民族 | 年龄（岁） | 性别 | 文化程度 | 母语水平 | 汉语水平 |
|---|---|---|---|---|---|---|
| 王廷丰 | 壮族 | 7 | 男 | 小学一年级 | 熟练 | 一般 |
| 杨开国 | 苗族 | 7 | 男 | 小学一年级 | 熟练 | 一般 |
| 王有芬 | 苗族 | 52 | 女 | 文盲 | 熟练 | 不会 |
| 王发琼 | 苗族 | 55 | 女 | 文盲 | 熟练 | 不会 |
| 王富冲 | 壮族 | 58 | 男 | 文盲 | 熟练 | 一般 |
| 张玉华 | 壮族 | 60 | 男 | 文盲 | 熟练 | 一般 |
| 田秀琼 | 壮族 | 62 | 女 | 文盲 | 熟练 | 不会 |
| 田秀兰 | 壮族 | 65 | 女 | 文盲 | 熟练 | 不会 |
| 王玉琼 | 苗族 | 87 | 女 | 文盲 | 熟练 | 不会 |

从表 6-8 可以看出：两名 7 岁的孩子汉语水平一般，他们正在读一年级，目前正处于学习汉语的初级阶段；其余 7 位中老年人，两位是汉语水平一般，5 位是不会汉语。由于他们都没有接受过正规的学校教育，平时也不外出，只凭自己的母语就可以跟家人及村子里的人正常交流，没有说汉语的场合，所以汉语水平不高。

（三）绝大多数壮族可以兼用苗语

在户口簿的语言使用情况中，我们得到了懂腊鱼寨壮族兼用苗语的情况。具体情况见表 6-9：

表 6-9　　　　　　　　懂腊鱼壮族兼用苗语情况

| 姓名 | 年龄（岁） | 民族 | 性别 | 文化程度 | 苗语水平 |
|---|---|---|---|---|---|
| 王富审 | 25 | 壮族 | 男 | 小学 | 熟练 |
| 田秀琼 | 62 | 壮族 | 女 | 文盲 | 熟练 |
| 张安贵 | 80 | 壮族 | 男 | 小学 | 熟练 |
| 张玉林 | 50 | 壮族 | 男 | 初中 | 熟练 |
| 王富标 | 35 | 壮族 | 男 | 小学 | 熟练 |
| 田秀兰 | 65 | 壮族 | 女 | 文盲 | 熟练 |
| 王正松 | 63 | 壮族 | 男 | 小学 | 熟练 |
| 李翠兰 | 62 | 壮族 | 女 | 小学 | 熟练 |

续表

| 姓名 | 年龄（岁） | 民族 | 性别 | 文化程度 | 苗语水平 |
|---|---|---|---|---|---|
| 王富表 | 36 | 壮族 | 男 | 小学 | 熟练 |
| 王朝桃 | 11 | 壮族 | 女 | 小学 | 熟练 |
| 王富文 | 50 | 壮族 | 男 | 小学 | 熟练 |
| 王朝伟 | 15 | 壮族 | 男 | 初中 | 熟练 |
| 王富伦 | 60 | 壮族 | 男 | 小学 | 熟练 |
| 陆兴芬 | 61 | 壮族 | 女 | 小学 | 熟练 |
| 王朝明 | 32 | 壮族 | 男 | 初中 | 熟练 |
| 王富贤 | 48 | 壮族 | 男 | 高中 | 熟练 |
| 王美面 | 47 | 壮族 | 女 | 文盲 | 熟练 |
| 王朝辉 | 24 | 壮族 | 男 | 高中 | 熟练 |
| 王朝光 | 20 | 壮族 | 男 | 高中 | 熟练 |
| 张玉福 | 54 | 壮族 | 男 | 初中 | 熟练 |
| 张美英 | 25 | 壮族 | 女 | 小学 | 熟练 |
| 张美秀 | 17 | 壮族 | 女 | 初中 | 熟练 |
| 张玉华 | 60 | 壮族 | 男 | 文盲 | 熟练 |
| 张朝科 | 30 | 壮族 | 男 | 初中 | 熟练 |
| 张玉文 | 47 | 壮族 | 男 | 小学 | 熟练 |
| 沈秀帮 | 50 | 壮族 | 女 | 文盲 | 熟练 |
| 张朝志 | 24 | 壮族 | 男 | 初中 | 熟练 |
| 田发兰 | 54 | 壮族 | 女 | 文盲 | 熟练 |
| 田朝品 | 29 | 壮族 | 男 | 初中 | 熟练 |
| 田朝庆 | 27 | 壮族 | 男 | 初中 | 熟练 |
| 田朝旭 | 25 | 壮族 | 男 | 大学 | 熟练 |
| 田富亮 | 48 | 壮族 | 男 | 初中 | 熟练 |
| 张秀梅 | 45 | 壮族 | 女 | 初中 | 熟练 |
| 田永江 | 22 | 壮族 | 男 | 大二 | 熟练 |
| 田永香 | 24 | 壮族 | 女 | 大学 | 熟练 |
| 田正培 | 89 | 壮族 | 男 | 文盲 | 熟练 |
| 王富忠 | 60 | 壮族 | 男 | 文盲 | 熟练 |
| 王朝坤 | 35 | 壮族 | 男 | 初中 | 熟练 |
| 王朝华 | 28 | 壮族 | 男 | 初中 | 熟练 |
| 王富领 | 44 | 壮族 | 男 | 初中 | 熟练 |

续表

| 姓名 | 年龄（岁） | 民族 | 性别 | 文化程度 | 苗语水平 |
|---|---|---|---|---|---|
| 王富香 | 37 | 壮族 | 女 | 小学 | 熟练 |
| 沈秀珍 | 34 | 壮族 | 女 | 文盲 | 熟练 |
| 王朝奎 | 17 | 壮族 | 男 | 初中 | 熟练 |
| 钱国金 | 84 | 壮族 | 女 | 文盲 | 熟练 |
| 王富学 | 55 | 壮族 | 男 | 小学 | 熟练 |
| 王朝俊 | 28 | 壮族 | 男 | 初中 | 熟练 |
| 王朝海 | 26 | 壮族 | 男 | 初中 | 熟练 |
| 王富杰 | 67 | 壮族 | 男 | 小学 | 熟练 |
| 王朝恩 | 35 | 壮族 | 男 | 小学 | 熟练 |
| 田富昌 | 58 | 壮族 | 男 | 小学 | 熟练 |
| 李志芬 | 60 | 壮族 | 女 | 文盲 | 熟练 |
| 田朝清 | 41 | 壮族 | 男 | 初中 | 熟练 |
| 王朝花 | 32 | 壮族 | 女 | 小学 | 熟练 |
| 王勇取 | 11 | 壮族 | 男 | 小学 | 熟练 |
| 田正祥 | 92 | 壮族 | 男 | 初中 | 熟练 |
| 田富德 | 47 | 壮族 | 男 | 初中 | 熟练 |
| 王富秀 | 36 | 壮族 | 女 | 小学 | 熟练 |
| 田永兵 | 14 | 壮族 | 男 | 初中 | 熟练 |
| 田永波 | 11 | 壮族 | 男 | 四年级 | 熟练 |
| 田富泽 | 59 | 壮族 | 男 | 初中 | 熟练 |
| 李朝良 | 61 | 壮族 | 女 | 文盲 | 熟练 |
| 田永成 | 39 | 壮族 | 男 | 小学 | 熟练 |
| 田朝仁 | 32 | 壮族 | 男 | 小学 | 熟练 |
| 王富元 | 64 | 壮族 | 男 | 文盲 | 熟练 |
| 柏有莲 | 64 | 壮族 | 女 | 文盲 | 熟练 |
| 王朝坤 | 44 | 壮族 | 男 | 小学 | 熟练 |
| 王朝龙 | 42 | 壮族 | 男 | 小学 | 熟练 |
| 田富云 | 56 | 壮族 | 男 | 初中 | 熟练 |
| 田永健 | 27 | 壮族 | 男 | 初中 | 熟练 |
| 田永发 | 25 | 壮族 | 男 | 初中 | 熟练 |
| 王富明 | 47 | 壮族 | 男 | 初中 | 熟练 |
| 王朝江 | 26 | 壮族 | 男 | 初中 | 熟练 |

续表

| 姓名 | 年龄（岁） | 民族 | 性别 | 文化程度 | 苗语水平 |
| --- | --- | --- | --- | --- | --- |
| 王朝芳 | 18 | 壮族 | 女 | 初中 | 熟练 |
| 侯贵文 | 46 | 壮族 | 男 | 初中 | 熟练 |
| 侯朝海 | 20 | 壮族 | 男 | 职高 | 熟练 |
| 侯朝艳 | 10 | 壮族 | 女 | 小学 | 熟练 |
| 王朝亮 | 38 | 壮族 | 男 | 初中 | 熟练 |
| 王廷丰 | 7 | 壮族 | 男 | 一年级 | 熟练 |
| 王美凤 | 19 | 壮族 | 女 | 初中 | 熟练 |
| 王廷涛 | 10 | 壮族 | 女 | 三年级 | 熟练 |
| 王富斌 | 48 | 壮族 | 男 | 初中 | 熟练 |
| 王朝岁 | 21 | 壮族 | 女 | 大学 | 熟练 |
| 王朝凤 | 18 | 壮族 | 女 | 初中 | 熟练 |
| 王朝凯 | 39 | 壮族 | 男 | 初中 | 熟练 |
| 田永芬 | 37 | 壮族 | 女 | 小学 | 熟练 |
| 王普 | 10 | 壮族 | 男 | 小学 | 熟练 |
| 王美涛 | 18 | 壮族 | 女 | 初中 | 熟练 |
| 王富林 | 48 | 壮族 | 男 | 高中 | 熟练 |
| 李忠仙 | 37 | 壮族 | 女 | 小学 | 熟练 |
| 王朝文 | 17 | 壮族 | 男 | 职高 | 熟练 |
| 王朝建 | 14 | 壮族 | 男 | 小学 | 熟练 |
| 王朝洪 | 45 | 壮族 | 男 | 小学 | 熟练 |
| 王廷韦 | 11 | 壮族 | 男 | 小学 | 熟练 |
| 田跃 | 34 | 壮族 | 男 | 高中 | 熟练 |
| 田铸 | 32 | 壮族 | 男 | 高中 | 熟练 |
| 沈廷兰 | 55 | 壮族 | 女 | 初中 | 熟练 |
| 王富敏 | 47 | 壮族 | 男 | 初中 | 熟练 |
| 王朝科 | 23 | 壮族 | 男 | 小学 | 熟练 |
| 王朝祥 | 11 | 壮族 | 男 | 小学 | 熟练 |
| 王朝香 | 26 | 壮族 | 女 | 初中 | 熟练 |
| 王刚 | 10 | 壮族 | 女 | 小学 | 熟练 |
| 田朝永 | 38 | 壮族 | 男 | 小学 | 熟练 |
| 王朝德 | 32 | 壮族 | 男 | 初中 | 熟练 |
| 田朝梅 | 32 | 壮族 | 女 | 小学 | 熟练 |

续表

| 姓名 | 年龄（岁） | 民族 | 性别 | 文化程度 | 苗语水平 |
|---|---|---|---|---|---|
| 李志漂 | 35 | 壮族 | 女 | 小学 | 一般 |
| 王富冲 | 58 | 壮族 | 男 | 小学 | 一般 |
| 权松芬 | 60 | 壮族 | 女 | 文盲 | 一般 |
| 王朝山 | 38 | 壮族 | 男 | 小学 | 一般 |
| 王朝有 | 34 | 壮族 | 男 | 小学 | 一般 |
| 王朝平 | 30 | 壮族 | 男 | 小学 | 一般 |
| 王美坪 | 49 | 壮族 | 女 | 文盲 | 一般 |
| 李兴芬 | 53 | 壮族 | 女 | 文盲 | 一般 |
| 黄世芬 | 58 | 壮族 | 女 | 文盲 | 一般 |
| 王美芬 | 53 | 壮族 | 女 | 文盲 | 一般 |
| 李桂凡 | 54 | 壮族 | 女 | 文盲 | 一般 |
| 黄世萍 | 40 | 壮族 | 女 | 初中 | 一般 |
| 梁美兰 | 58 | 壮族 | 女 | 文盲 | 一般 |
| 李应翠 | 45 | 壮族 | 女 | 小学 | 不会 |
| 陆世美 | 30 | 壮族 | 女 | 小学 | 不会 |

从表 6-9 可以看出，懂腊鱼寨 119 位壮族居民中有 104 位可以熟练使用苗语，13 位略懂苗语，苗语水平"熟练"和"一般"的占壮族总人口的 98%；2 位完全不会苗语，占壮族人口的 2%。说明绝大多数的壮族人能兼用苗语。

（四）多语言和谐互补

随机抽取的 10 人（7 位苗族，3 位壮族），在不同场合选择不同语言的情况如表 6-10（存在多种选项）：

表 6-10　　　　　　　不同场合选择不同语言情况

| 语言使用场合 | | 苗语 | 汉语 | 壮语 |
|---|---|---|---|---|
| 家庭 | | 7人 | 0人 | 3人 |
| 村寨 | 本族人 | 7人 | 0人 | 3人 |
| | 非本族人 | 9人 | 5人 | 3人 |
| 公共场所 | 医院 | 2人 | 10人 | 0人 |
| | 集市 | 2人 | 10人 | 0人 |
| | 村委会 | 2人 | 10人 | 0人 |

续表

| 语言使用场合 | | 苗语 | 汉语 | 壮语 |
|---|---|---|---|---|
| 公共场所 | 镇政府 | 2人 | 10人 | 0人 |
|  | 节日 | 9人 | 2人 | 3人 |
| 学校 | 课堂上 | 0人 | 10人 | 0人 |
|  | 课堂下 | 7人 | 8人 | 2人 |

从表6-10可以看出，在懂腊鱼寨，苗语、壮语、汉语的使用呈"三分天下"的格局。在家庭内部，母语是全家人的交际工具，苗族家庭使用苗语交流，壮族家庭使用壮语交流。在村寨里，同族之间讲母语，壮族遇到苗族时会跟着苗族人一起说苗语，碰到不认识的外来人时，会使用汉语跟对方交流。在医院、集市和政府这些公共场所，村民们会自然地转换语言，用汉语交谈，除非交谈对象先开口说民族语。在学校里面，课堂上无论是师生之间还是同学之间，都是使用汉语普通话交流；课间休息时，孩子们会说苗语或者汉语方言。

（五）开放包容的语言态度

在懂腊鱼寨，同族之间习惯说自己民族的语言，因为民族语的亲切感会加深同族间的凝聚力。同时，村民们也意识到汉语这一通用语的重要作用，在公共场所很乐意说汉语，他们认为这是对外族人的尊重，而且认为汉语在特定情况下可以弥补母语的不足，其广泛的交际语域可以带来新的视野，是村民们欣然接受的。此外，绝大多数的壮族人从小就会说苗语，在与苗族对话时会自然转换语言，他们说自己学说苗语要比苗族人学说壮语容易得多，所以在与苗族人对话时出于对他们的尊重，会选择说他们的苗语。

（六）懂腊鱼寨双语和谐度

调查组针对懂腊鱼寨双语和谐情况制定了量化表，具体数据如表6-11：

表6-11　　　　　　　　懂腊鱼寨双语和谐情况量化

| 序号 | 参项 | | 所占分值（分） | 调查结果（%） | 得分（分） |
|---|---|---|---|---|---|
| 1 | 熟练掌握双语的人口比例 | | 60 | 95.4 | 57.2 |
| 2 | 对双语的认同程度 | | 10 | 10 | 10 |
| 3 | 双语通用范围 | 家庭 | 3 | 0 | 0 |
|  |  | 村寨 | 3 | 3 | 3 |
|  |  | 公共场合 | 3 | 2 | 2 |
|  |  | 媒体传播 | 3 | 3 | 3 |

续表

| 序号 | 参　项 | 所占分值（分） | 调查结果（%） | 得分（分） |
|---|---|---|---|---|
| 4 | 双语教学是否进入学校教育 | 8 | 4 | 4 |
| 5 | 是否存在不和谐现象<br>（语言纠纷、语言歧视等） | 10 | 10 | 10 |
|  | 总得分 | 100 |  | 87.2 |

从表 6-11 得出，懂腊鱼寨双语和谐总分为 87.2 分，和谐度等级为一级，属于双语和谐型村寨。除个别刚入学儿童和不常外出的老人外，全村人都可以熟练使用母语和兼用语。他们热爱自己的母语，同时认为学习汉语是与外界交流的先决条件。在家庭内部只讲母语，不讲兼用语，公共场合一般都说汉语，除非对方先开口说母语。双语教学并没有真正推行，只是用母语作为辅助工具协助教学。不存在语言不和谐的现象。

## 二　懂腊鱼寨双语和谐成因

懂腊鱼寨双语和谐的现状突出表现在其兼用语的使用情况上。可以分为两类：一是全民兼用汉语；二是绝大多数壮族人还能兼用苗语。因此，我们在分析双语和谐的成因时会从这两个方面入手。

（一）全民兼用汉语的成因

1. 对汉文化的崇拜心理

从古至今，少数民族对汉族就持有一种文明崇拜的心理，懂腊鱼寨的壮族和苗族也是如此。他们认为汉文化源远流长，学好汉语才能加快自身的发展速度，所以在传承本民族传统文化的同时，也吸收借鉴大量的汉文化，比如，五月初五，他们也同汉族一起过端午节，八月十五同汉族一起过中秋节。

2. 学校教育的普及

普通话是政策规定的课堂教学用语，上课期间，教师使用普通话授课，学生在问答环节也是讲普通话。课堂上的汉语氛围会给少数民族学生学习汉语提供非常好的语言习得环境。而且，九年义务教育的推行，可以使孩子在语言习得的关键期内吸收大量的汉语词汇，这对其汉语水平的提高至关重要。

3. 对外交流的需求

为了更好地与外界交流，村民们会努力学好汉语。在村寨里，如果遇到不认识的人，村民们会有意识地选择使用汉语，因为说自己的母语外族人会听不懂，很容易产生交际障碍。在与外族人的粮食交易中，他们也要说汉语，对方才能听懂。近些年，懂腊鱼寨外出务工的村民越来越多，有些还到省外打工。这样一来与外界的交往更加频繁，村民们必须熟练掌握汉语。

4. 新闻媒体的传播

新闻媒体对懂腊鱼寨的汉语传播起到了一定的促进作用。全村家家都有户户通，可以收到云南台、中央台和部分地方台，电视台多数是用汉语普通话作为载体，也有少部分使用云南方言。丰富多彩的电视节目在给村民们带来消遣娱乐的同时，也提高了村民的汉语能力。

（二）绝大多数壮族人兼用苗语的成因

懂腊鱼寨壮族和苗族的人口比例为 3:2，按照"少数服从多数"的常理来说，应该是苗族人学说壮语的多。可实际情况却是，壮族人说苗语的人数远远大于苗族人说壮语的人数，绝大多数壮族人可以兼用苗语，这是为什么呢？

在调查期间，我们访问了懂腊鱼寨组长田富光（男，壮族），他告诉我们说："与苗族人学说壮语相比，我们壮族人学说苗语更容易些，所以为了减轻交际负担，在遇到苗族人时，我们会跟着他们一起说苗语。"村民侯朝文（男，44 岁，苗族）在被问及此问题时，回答说："虽然懂腊鱼寨的苗族人少于壮族人，但是周边村子绝大多数是苗族聚居寨，方圆数百里之内，苗语算是强势语言，所以在跟我们村里的苗族人交谈时，壮族人会很自然地选择苗语。"

## 附录：懂腊鱼人物访谈录

懂腊鱼侯朝文访谈录

访谈对象：侯朝文，44 岁，男，苗族，初中，懂腊鱼村民

访谈时间：2014 年 7 月 25 日上午

访谈地点：懂腊鱼村小组组长家

访谈、整理者：赵静

问：您好，请您先简单介绍一下自己的情况。

答：我叫侯朝文，是这个村里的苗族，我妻子也是苗族。她是从岩头嫁过来的，那里几乎全部是苗族。我有两个孩子，儿子今年 16 岁，在马关上职高，女儿 12 岁，现在上小学五年级。

问：您家人的语言使用情况呢？

答：我们在家都是说苗语，两个孩子之间偶尔也会说方言，我跟我妻子、父母他们都是说苗语的。我妻子是从岩头那边的苗寨嫁过来的，壮语不好，就只会"吃饭"、"洗衣"这些简单的词。孩子们从小就会说苗语，所

以说得很好，壮语跟妈妈一样，都很一般。我的壮语说得也很好，能跟村子里的壮族交流。

问：孩子跟您说的苗语听起来一样吗？

答：差不多一样，只是他们更喜欢说汉语的词，像我儿子从学校回来有时就跟我们讲些方言。

问：孩子的壮语都是跟您学的吗？

答：一少部分跟我学，大部分是在学校里跟壮族同学学的。

问：你们村里的语言使用情况呢？

答：我们这里几乎是一半苗族一半壮族，壮族都会说苗语，苗族也有很多人会说壮语，大家见面了两种话都说得来。没上学的孩子都只会苗语或者壮语，一般只跟同族小朋友玩。上了学之后，苗族孩子会学壮族孩子的话，壮族孩子也会学我们苗语。老人跟没上学的孩子一样，很多不会方言，只用苗语或壮语来交流，他们的壮语比我们这一辈说得好。大多数情况下不会说方言。

问：您知道这里的苗族和壮族是从哪里迁过来的吗？

答：听家里老人说，壮族是从广西桥头那边来的，他们来这里已经有五代了，比我们苗族早一代。他们有王、田、张三大姓氏，我们苗族有侯、杨、张三大姓氏，最先到这里的苗族是侯姓，其次是杨姓。我们来的时候这里只有一户壮族。

问：您会苗文吗？

答：我之前见过一些，但是看不懂。以前村里组织大家学习过拼音形式的苗文。像那种古老形式的文字，现在基本上没人看得懂了，很多年轻人都不知道或者没有见过。

问：有人会讲苗族的民间故事吗？

答：有，家里的老人会讲。大概是一些传奇故事、苗族的历史故事。但是像我这么大的人基本上就不会讲了。

问：苗族和壮族都过什么节日呢？

答：苗族最盛大的就是花山节了，一般都是正月初二到初六或者初九，具体的时间长短每年都不一样，是村长和老人商量之后决定的。踩花山的时候大家会穿着自己的民族服装，苗族就穿苗族的，壮族就穿壮族的，一起准备，庆祝花山节。苗族的有芦笙舞、爬杆等节目。壮族就是祭龙了，我们这里有"白龙"、"龙山"、"土神"三座龙山，壮族每年会请"魔公"选择不同地点来祭龙。他们祭龙的时候我们也会参加，跟他们一起，不用出去做工。春节也是我们比较隆重的节日，除此之外还过端午、中秋什么的。

问：苗族的婚俗呢？

答：我们结婚跟汉族不一样。女子要穿苗族的衣服，采用苗族的礼仪，由老人来操办，全村不分民族大家都会来帮忙。

问：有没有越南嫁过来的妇女？她们说什么话？

答：有 4 个是从越南嫁过来的，3 个苗族、1 个壮族。苗族的跟我们的话一样，基本上都能听懂，壮语就不怎么一样了。

问：苗族老人去世之后有什么丧葬习俗？

答：我们会请"伏魔"来给逝去的亡灵指路，还会吹芦笙、打鼓。一般要去岩头请，这些人都是过来帮忙的，也不要什么报酬。

问：您家里有家谱吗？

答：我们苗族都有家谱，不过是使用汉字写的，有些人家不会写下来，就记在脑子中。还有的会将后几代的名字刻在老人的墓碑上。

问：村里的经济情况呢？

答：我们这里地处大山，主要就靠种植苞谷、水稻、甘蔗。养的家畜基本上都是留着自家吃的，或者耕作，一般不卖。我们的经济水平不高，生活贫困，所以很多年轻人都去外面打工。

问：政府有什么补贴吗？

答：有的。我们这里靠近边境，每户每年有 1000 元的沿边定补。村里的低保户，每人每月 108 元。除此之外我们还有粮种补贴、退耕还林补贴、土地补贴等。政府对我们贫困地区很关怀，早些年给我们通了电，前年又全部装上了自来水，环村子的道路也硬化了。我们现在就希望出村的道路能修好，这样我们去哪儿就很方便了。

# 第七章　苗汉杂居区水洞厂中寨语言活态与双语和谐

水洞厂中寨是一个苗汉杂居的寨子。这里的居民除了使用自己的母语外还能兼用对方的语言，语言生活十分和谐。下面对水洞厂中寨两个民族的语言活态和双语和谐进行描写分析。

## 第一节　都龙社区、水洞厂中寨概况

### 一　都龙社区概况

水洞厂中寨地属都龙镇都龙社区。都龙社区是都龙镇唯一的社区。该社区辖都龙街、花石头、菜园子、大树脚、姚伙头湾、来龙、天堂坡、水洞厂新寨、水洞厂中寨、水洞厂老寨、曼家寨、大地、四台坡、荞菜湾等29个小组。辖内分布着苗族、壮族、瑶族、傣族、汉族、彝族等民族。

都龙社区为都龙镇镇政府所在地，距离马关县城24公里。交通便捷。都龙社区东邻金竹山村委会，南接东瓜林村委会，西邻大寨村委会，北与大寨村委会接壤。该社区海拔1284米，年平均气温18℃，年降水量1300毫米。适合种植水稻、苞谷等农作物，主要的经济作物有甘蔗、香蕉、草果、三七等。

都龙社区经济发展得较好，素有马关"小香港"的称号。社区辖内每个小组进组的道路都为柏油或水泥路，路面十分干净。每个小组内居民相对集中，小组之间相距2—8公里不等。

### 二　水洞厂中寨概况

水洞厂中寨全组共有56户，232人。苗族166人，汉族54人，彝族12人。是苗汉杂居村寨。寨内的各民族和谐共处，努力提高生活水平，构建了一个积极上进的美丽乡村。

水洞厂中寨依山而建，距离都龙镇镇政府驻地2公里。入寨口修建了一扇宽3米、高4米的朱红色寨门。从政府到水洞厂中寨寨门的路为平坦的水泥路。寨子面积为0.95平方公里,海拔1300米,年平均气温17℃,年降水量1200毫米。

村民的经济收入主要靠种植农作物和劳务输出。主要粮食作物为苞谷和水稻。经济作物为生姜和八角。寨内自然灾害较少,水资源丰富,农作物收成较好。劳务输出主要是青壮年出外务工,近的去曼家寨矿区,远的到广东、浙江、海南等省。据村民介绍,在外务工抛开个人生活费,每年每人能挣1万—2万元的务工费。近年来村民生活水平有了很大的改善,村民盖了新房,许多人家都住进两层楼的新式楼房。屋内宽敞明亮。每家每户都有电视,多数村民用上了手机。走进寨子里,随处可以看到村民骑着摩托车。很多人家都有农用车。甚至有七八户村民购买了自用车。

每个周日是都龙的街子天。村子离街2公里,街上蔬菜、瓜果等绿色产品应有尽有。都龙街上商铺林立,生活用品、家用电器一应俱全,给水洞厂中寨的居民带来了许多便利。

寨子里的孩子2014年以前都在寨里的水洞厂小学上1—3年级,四年级起到都龙完小上学。2014年水洞厂小学撤销并入都龙完小,寨里的适龄儿童从一年级起统一就读于都龙完小。

水洞厂中寨北面是苗族聚居的水洞厂老寨,南面与苗族聚居的水洞厂新寨相接。水洞厂中寨的苗族自称"蒙诗"。寨内各民族在生产生活中互帮互助。汉族同苗族一样过起了花山节,苗族同汉族一起过端午节。苗族人家的大门上贴着汉族的春联。每逢节日,村民们总是欢聚在一起。

经济的快速发展,生活水平的提高并没有使水洞厂中寨各民族的母语受到冲击。寨内苗族人全民稳定使用母语,同时熟练兼用汉语。汉族人普遍兼用苗语。村民笑着说我们一般见什么民族说什么话。苗语、汉语都一样好听;汉语重要、苗语也不能忘;会苗语可以和苗族人更好地交流……类似的话语,不同的村民都曾和课题组成员提起。苗族和汉族村民共同营造了一个和谐的双语场。

## 第二节 水洞厂中寨母语活态现状及成因

为全面了解该寨村民的母语活态现状,我们随机抽查了56户232人,就其语言使用情况进行调查统计。除去语言能力还不成熟的6岁以下儿童14人,纳入本次调查统计的共计218人。这218人中,有苗族156人,汉族50人,彝族12人。以下是对这218人母语活态现状的统计分析。

## 一　水洞厂中寨母语活态现状

通过入户调查和访谈，我们认为水洞厂中寨的母语活态现状具有五个特点：① 全民熟练使用母语。② 母语词汇传承得好。③ 所有苗族的第一语言都是自己的母语。④ 口头文学传承出现代际断裂。⑤ 母语活态高。以下是具体分析：

### （一）全民熟练使用母语

这里的苗族不分年龄、性别、文化程度，都能够使用自己的母语苗语。苗语是族内最重要的交际工具。

1. 不同年龄段的苗族大多能熟练使用自己的母语

具体统计数据见表 7-1：

表 7-1　　　　　　　　水洞厂中寨苗族苗语使用情况

| 年龄段（岁） | 总人数（人） | 熟练 人数（人） | 熟练 百分比（%） | 略懂 人数（人） | 略懂 百分比（%） | 不会 人数（人） | 不会 百分比（%） |
|---|---|---|---|---|---|---|---|
| 6—19 | 38 | 38 | 100 | 0 | 0 | 0 | 0 |
| 20—39 | 65 | 65 | 100 | 0 | 0 | 0 | 0 |
| 40—59 | 36 | 36 | 100 | 0 | 0 | 0 | 0 |
| 60 岁以上 | 17 | 17 | 100 | 0 | 0 | 0 | 0 |
| 合计 | 156 | 156 | 100 | 0 | 0 | 0 | 0 |

表 7-1 显示，四个年龄段共计 156 人，无论是青少年还是中老年人都能熟练使用母语。

2. 汉族人全民熟练使用云南方言

我们随机抽查的 50 个汉族人，其第一语言都是自己的母语云南方言。云南方言是族内及家庭内部的主要交际工具。

表 7-2　　　　　　　　水洞厂中寨汉族汉语使用情况

| 年龄段（岁） | 总人数（人） | 熟练 人数（人） | 熟练 百分比（%） | 略懂 人数（人） | 略懂 百分比（%） | 不会 人数（人） | 不会 百分比（%） |
|---|---|---|---|---|---|---|---|
| 6—19 | 9 | 9 | 100 | 0 | 0 | 0 | 0 |
| 20—39 | 20 | 20 | 100 | 0 | 0 | 0 | 0 |
| 40—59 | 13 | 13 | 100 | 0 | 0 | 0 | 0 |
| 60 岁以上 | 8 | 8 | 100 | 0 | 0 | 0 | 0 |
| 合计 | 50 | 50 | 100 | 0 | 0 | 0 | 0 |

从表 7-2 可以看出，所抽取的 50 个汉族人均能熟练使用母语。

（二）母语词汇传承得好

母语词汇量的大小也显示母语能力的高低。为此我们考察了该小组苗族人掌握母语四百词的情况。测试结果见表 7-3：

表 7-3　　　　水洞厂中寨苗族苗语四百词测试统计

| 姓名 | 民族 | 性别 | 年龄（岁） | 文化程度 | A | B | C | D | A+B | 测试结果 |
|---|---|---|---|---|---|---|---|---|---|---|
| 罗婷婷 | 苗族 |  | 10 | 小学 | 233 | 60 | 0 | 107 | 293 | 良好 |
| 熊高英 | 苗族 |  | 19 | 初中 | 342 | 23 | 5 | 7 | 365 | 优秀 |
| 王玉兰 | 苗族 |  | 27 | 初中 | 325 | 32 | 27 | 16 | 357 | 优秀 |
| 杨明芬 | 苗族 |  | 37 | 小学 | 393 | 5 | 0 | 2 | 398 | 优秀 |
| 陶志成 | 苗族 |  | 43 | 小学 | 389 | 6 | 3 | 2 | 395 | 优秀 |
| 陶智慧 | 苗族 |  | 48 | 小学 | 386 | 0 | 10 | 4 | 386 | 优秀 |
| 王开翠 | 苗族 |  | 65 | 文盲 | 392 | 6 | 1 | 1 | 398 | 优秀 |
| 项廷珍 | 苗族 |  | 85 | 文盲 | 391 | 1 | 2 | 6 | 392 | 优秀 |

表 7-3 显示，不同年龄段、不同文化程度的 8 位苗族，其中 7 位为优秀，1 位良好。10 岁的罗婷婷与 19 岁的熊高英相比，A、B 级词汇相差 72 个。这一差距是比较大的。19 岁的熊高英与 85 岁的项廷珍相比，A、B 级词汇相差 27 个。这个差距相对于两人的年龄差 66 岁而言是很小的。

我们在访谈过程中了解到，10 岁的罗婷婷为小学在校学生。她大部分时间都在学校，学校中主要使用汉语交流。而 19 岁的熊高英为初中毕业生，现在家务农，在家和村寨基本都使用苗语。因而同一年龄段词汇掌握量与母语语域密切相关。虽然青少年词汇掌握明显与中老年存在代际差异。但从整体而言，水洞厂中寨苗族人苗语词汇传承得好。

（三）所有苗族第一语言都是母语

以母语为第一语言是母语传承链得以保持的主要因素。我们所抽查的 156 位苗族人中，以自己母语为第一语言的有 156 人，占调查人数 100%。

（四）口头文学传承出现代际断裂

在问卷调查和访谈过程中，当问到是否愿意听民族语的民间故事时，不论是哪个年龄段的人都表示自己十分愿意听。但是进一步问及其本人是否能够使用民族语讲民间故事时，各年龄段表现出明显差异。40 岁以上的苗族人都能够使用苗语讲述民间故事。而 20—39 岁的年轻人只有 30%能使用苗语讲述民间故事。6—19 岁的青少年则几乎没有人能够使用苗语讲述民间故事，甚至少数人从来没有听过用苗语讲述的民间故事。

山歌是苗族人表达情感的方式之一。85岁的项廷珍说，在自己年轻时山歌不仅是人们表达情感的工具，而且是寻找配偶的主要途径。在村寨、田间、山上随处都可以听到人们高唱山歌。现在想听苗歌只能在电视或影碟里听到了。会唱苗歌的人越来越少了。

通过了解到的情况，发现水洞厂中寨苗族口头文学的传承出现了较明显的代际断裂现象。

（五）母语活态高

表 7-4　　　　　　水洞厂中寨母语（文）活力评分

| 序号 | 参项 | | 所占分值（分） | 调查结果（%） | 得分（分） |
| --- | --- | --- | --- | --- | --- |
| 1 | 熟练掌握母语的人口比例 | | 55 | 94.5 | 52 |
| 2 | 代际传承状况 | 语言 6—35岁 | 6 | 92.9 | 5.6 |
| | | 语言 36岁以上 | 4 | 94.7 | 3.8 |
| | | 文字（40岁以下） | 10 | 0 | 0 |
| | | 民间文学（40岁以下） | 5 | 2 | 2 |
| 3 | 通用范围 | 家庭 | 2 | 2 | 2 |
| | | 村寨 | 2 | 2 | 2 |
| | | 公共场合 | 2 | 2 | 2 |
| | | 媒体传播 | 2 | 2 | 2 |
| 4 | 是否是纳入考试科目 | | 5 | 5 | 5 |
| 5 | 对母语的认同态度 | | 5 | 3.6 | 3.6 |
| 6 | 与跨境同族能否通话 | | 2 | 2 | 2 |
| | 总分 | | 100 | | 82 |

水洞厂中寨母语（文）活力等级为一级，属母语稳定保存型。苗族、汉族全民熟练使用母语，母语代际传承较好。通用范围广泛，可适用于家庭、村寨、公共场合和媒体传播。在高考中如果选考民族语专业时需进行母语水平口试。该寨苗语能与跨境苗族交流。

二　水洞厂中寨母语活态现状成因分析

（一）苗族人口在寨子里占多数，苗语是寨内地域性强势语言

在一定地域范围内，使用人口多的语言为地域性强势语言。水洞厂中寨苗族人口占全寨总人口的69%。苗语自然成为了寨内的强势语言。这是保证苗语稳定使用的一个重要因素。寨子里村民一起干农活、赶集、村委会开会、上学等都能听到苗语。习得苗语足够在寨子里与他人交际。

### （二）族内婚姻是母语稳定使用的重要条件

族内婚姻成为在家庭中使用母语的有利环境。水洞厂中寨内95%的家庭都是族内婚姻家庭。无论是苗族族内婚姻家庭，还是汉族族内婚姻家庭，当问及"在家里主要使用什么语言"时，答案都是"母语"。村民罗开贵（男，39岁，苗族）在访谈中说："我们家5口人，全都是苗族人，我们在家讲话都是用苗语。不管是祖辈之间、父辈之间、同辈之间、子辈之间、祖辈与父辈还是父辈与子辈，大家肯定都说苗语。村里苗族族内婚姻家庭的语言使用情况都是和我们一样的。"族内婚姻保障了孩子第一语言均为自己的母语。族内婚姻为习得母语创造了优越的先天环境。

### （三）与其他村寨同族人交往频繁

随着现代社会的进步，人们的活动范围不再只局限于家庭或村寨内。因而与其他村寨同族人的交往成为促进母语稳定使用的有利条件。与水洞厂中寨毗邻的老寨和新寨两个寨子都是苗族聚居寨。水洞厂老、中、新寨三个寨子的孩子2014年以前1—3年级都在水洞厂小学就读，学校里90%的孩子是苗族，课后学生的交流以苗语为主。与周边村寨同族人交往频率高进一步拓宽了母语的使用场所，增强了村民对母语功能的认识和传承意识。

村民张桂英（女，92岁，苗族）说："会说苗语就可以了，不管是在家里、寨子里，还是和相邻寨子的人交往，会苗语就可以沟通。"

### （四）强烈的民族自信心和自豪感

苗语不仅是水洞厂中寨苗族人最重要的交际工具，还是当地苗族人民族心理、民族感情的重要载体。苗族人对自己的民族语言有着深厚的感情，他们把苗语和苗族人的身份紧密地联系在一起，认为苗语是苗族人的重要标志之一。一个人只有掌握了本民族的语言，才是真正的民族人。

问及村民"如果本族人外出返乡，不再说母语，您如何看待？"时，村民只有两个回答。一个是他们认为本族人不再说母语，是完全不可能发生的。另一个是他们认为不再说母语的人是忘本的，不尊重自己的民族。

我们问村民"在其他民族面前说自己的母语，是否会觉得害羞？"时，村民杨明芬（女，37岁，苗族）、万富芬（女，49岁，彝族）等回答："不会啊。母语是自己的语言，不同民族有不同的语言，为什么要害羞？"无论青少年还是中老年，他们都不担心自己的母语未来会消亡。他们认为只要水洞厂中寨存在一天，苗语就会保留和稳定使用一天。正是因为这种强烈的民族自信心和自豪感，苗语才得到很好的传承。

## 第三节　水洞厂中寨双语和谐现状及成因分析

### 一　水洞厂中寨双语和谐现状

（一）水洞厂中寨主要民族为苗族和汉族。苗族人普遍兼用汉语，汉族人普遍兼用苗语

1. 苗族人全民熟练兼用汉语

该寨距离都龙镇镇政府驻地两公里。苗族人与外界各民族人的接触机会较多。该寨的苗族人在都龙镇或镇外打工的较多。不同民族交流的中介语通常是云南方言。因此，该寨苗族人既有习得汉语的交际需求，又有自然习得汉语的有利条件。

我们随机抽取了156位苗族人，对其汉语使用水平进行测试和统计：

表 7-5　　水洞厂中寨苗族不同年龄段汉语使用水平统计

| 年龄段（岁） | 总人数（人） | 熟练 人数（人） | 熟练 百分比（%） | 略懂 人数（人） | 略懂 百分比（%） | 不会 人数（人） | 不会 百分比（%） |
| --- | --- | --- | --- | --- | --- | --- | --- |
| 6—19 | 38 | 38 | 100 | 0 | 0 | 0 | 0 |
| 20—39 | 65 | 65 | 100 | 0 | 0 | 0 | 0 |
| 40—59 | 36 | 36 | 100 | 0 | 0 | 0 | 0 |
| 60岁以上 | 17 | 17 | 100 | 0 | 0 | 0 | 0 |
| 合计 | 156 | 156 | 100 | 0 | 0 | 0 | 0 |

表 7-5 数据显示，各年龄段的156位调查对象都能熟练使用汉语，汉语是老少皆用的语言工具。

这一数据在我们入寨访谈时得以证实。课题组成员分两组入户调查，调查对象上至85岁的老者，下至6岁的儿童。调查场所既有公共场合的水洞厂中寨篮球场，也有水洞厂中寨的苗族民居。在每一个场所遇到的每一位苗族人均能用汉语跟我们顺畅地交流，没有发现语言障碍。测苗语四百词和问卷调查时，调查组中云南籍成员能够使用云南方言和测试者进行顺畅的交流。我们所获得的关于水洞厂中寨及苗族人的第一手材料，皆源自该村苗族人的汉语口述。

2. 汉族人普遍兼用苗语

水洞厂中寨内有13户汉族，41户苗族。水洞厂中寨北部的水洞厂老

寨，南部的水洞厂新寨都是苗族聚居寨。2013年年底前设在寨内的水洞厂小学，有近 2/3 的学生是苗族，汉族与苗族人接触的机会较多。此外，苗语在都龙镇是强势语言。因此，该寨汉族人有习得苗语的内在需求和外在条件。

依据课题组设计的 6—19、20—39、40—59、60 岁以上四个年龄段，我们对 50 位汉族人使用苗语的水平进行入户调查，得出以下数据：

表 7-6　　　　水洞厂中寨汉族人苗语四百词测试统计

| 年龄段（岁） | 总人数（人） | 熟练 人数（人） | 熟练 百分比（%） | 略懂 人数（人） | 略懂 百分比（%） | 不会 人数（人） | 不会 百分比（%） |
|---|---|---|---|---|---|---|---|
| 6—19 | 9 | 2 | 22.2 | 7 | 77.8 | 0 | 0 |
| 20—39 | 20 | 16 | 80 | 4 | 20 | 0 | 0 |
| 40—59 | 13 | 13 | 100 | 0 | 0 | 0 | 0 |
| 60 岁以上 | 8 | 8 | 100 | 0 | 0 | 0 | 0 |
| 合计 | 50 | 39 | 78 | 11 | 22 | 0 | 0 |

表 7-6 显示，50 位汉族人没有不会说苗语的。其中"熟练"的有 39 人，占调查总人数的 78%，"略懂"的有 11 人，仅占 22%。从这些精确的数据可以看出水洞厂中寨汉族人兼用苗语的全民性。不同年龄段使用苗语的熟练度有差异。40 岁以上的汉族中老年人全民兼用苗语，并且全民熟练。20—39 岁的汉族青年人兼用苗语熟练度较中老年差为 80%。6—19 岁的汉族青少年兼用苗语熟练度为 22.2%。这些数据表明水洞厂中寨汉族兼用苗语的水平呈下降趋势。

我们在水洞厂中寨调查时看到了汉族人驾驭苗语的能力。寨子和村委会开会使用苗语，汉族人也能很好地融入其中。在寨门口课题组成员碰到两个中年妇女在闲聊，其中一位是汉族，但是我们几乎不能从口音分辨出两位谁是汉族谁是苗族。

我们随机挑选了老、中、青 6 位汉族人，测试他们掌握苗语四百词的水平。测试结果见表 7-7。

表 7-7　　　　水洞厂中寨汉族苗语四百词测试统计

| 姓名 | 民族 | 性别 | 年龄（岁） | 文化程度 | 测试语言 | A | B | C | D | A+B | 测试结果 |
|---|---|---|---|---|---|---|---|---|---|---|---|
| 龙明航 | 汉族 |  | 10 | 小学 | 苗语 | 109 | 33 | 147 | 111 | 142 | 差 |
| 邱国红 | 汉族 | 男 | 30 | 初中 | 苗语 | 131 | 55 | 124 | 90 | 186 | 差 |
| 朱志坤 | 汉族 |  | 40 | 初中 | 苗语 | 246 | 56 | 59 | 39 | 302 | 良好 |
| 龙永明 | 汉族 |  | 60 | 小学 | 苗语 | 232 | 76 | 66 | 26 | 308 | 良好 |
| 邱明德 | 汉族 | 男 | 64 | 小学 | 苗语 | 305 | 33 | 18 | 44 | 338 | 良好 |
| 朱明发 | 汉族 |  | 70 | 小学 | 苗语 | 386 | 0 | 3 | 11 | 386 | 优秀 |

表 7-7 显示，6 位汉族人，测试成绩一位为"优秀"，能脱口而出的词在 380 个以上。3 位为"良好"。两位为"差"。根据测试结果得知，汉族人兼用苗语的水平跟随年龄的减小而降低。不同年龄段兼用语水平存在明显的代际差异。以 64 岁的邱明德一家为例。邱明德老先生家现有四代人，共 6 口。邱明德老先生的母亲 92 岁，邱国红是老先生的儿子，7 岁的邱世康是老先生的孙子。他们一家人的苗语兼用情况如下表：

表 7-8　　　水洞厂中寨邱明德老先生家苗语四百词测试情况

| 姓名 | 民族 | 性别 | 年龄（岁） | 文化程度 | 测试语言 | A | B | C | D | A+B | 测试结果 |
| --- | --- | --- | --- | --- | --- | --- | --- | --- | --- | --- | --- |
| 邱世康 | 汉族 | 男 | 7 | 小学 | 苗语 | 99 | 23 | 152 | 126 | 122 | 差 |
| 邱国红 | 汉族 | 男 | 30 | 初中 | 苗语 | 131 | 55 | 124 | 90 | 186 | 差 |
| 邱明德 | 汉族 | 男 | 64 | 小学 | 苗语 | 305 | 33 | 18 | 44 | 335 | 良好 |
| 张桂英 | 汉族 | 女 | 92 | 小学 | 苗语 | 342 | 27 | 24 | 7 | 369 | 优秀 |

从表 7-8 中可以看出他们家四代人兼用苗语的水平比较差。以邱明德老先生为基准，其父辈兼用苗语水平为"优秀"，与其同辈的苗语水平为"良好"。子辈和孙辈苗语水平为"差"，其中孙辈 A+B 级词汇为 122 个，仅 30%。

3. 彝族人普遍兼用苗语

水洞厂中寨仅有的 2 户彝族人，共 12 个人，普遍兼用苗语。我们对这两户彝族人进行了苗语使用情况调查和测试，得出以下结果：

表 7-9　　　水洞厂中寨彝族苗语使用水平情况统计

| 年龄段（岁） | 总人数（人） | 熟练 人数（人） | 熟练 百分比（%） | 略懂 人数（人） | 略懂 百分比（%） | 不会 人数（人） | 不会 百分比（%） |
| --- | --- | --- | --- | --- | --- | --- | --- |
| 6—19 | 5 | 0 | 0 | 5 | 100 | 0 | 0 |
| 20—39 | 3 | 3 | 100 | 0 | 0 | 0 | 0 |
| 40—59 | 3 | 3 | 100 | 0 | 0 | 0 | 0 |
| 60 岁以上 | 1 | 1 | 100 | 0 | 0 | 0 | 0 |
| 合计 | 12 | 7 | 58 | 5 | 42 | 0 | 0 |

水洞厂中寨 20 岁以上的彝族苗语水平均为"熟练"，20 岁以下彝族人的苗语水平均为"略懂"。此外，这两户彝族人对苗语的认同度普遍较高。他们认为苗语是寨子里重要的交际工具。

### （二）水洞厂中寨苗汉双语地位平等

水洞厂中寨的村民都有一个共识：认为苗语和汉语都有各自的作用，不能替代，可以根据自己的需要选择使用什么语言，他们都尊重他人选择使用的语言。

苗族和彝族都接纳汉语。在访谈和问卷调查中，不同年龄段的人们对使用汉语的态度非常一致。他们都认为：汉语是与其他民族沟通的桥梁之一，学好汉语就可以走遍全国各地。在每位水洞厂中寨村民的语言生活中，汉语和本民族语之间并不是互相排斥，而是互相补充的。汉语习得丰富了他们的语言生活。苗族人在传承苗语的同时，全民兼用汉语，其汉语水平都为"熟练"。

汉族愿意学习民族语。虽然水洞厂中寨汉族人的苗语水平参差不齐，但是大都能兼用苗语。村民邱明德（男，64 岁，汉族）告诉我们，因为长期与苗族人生活在一起，经常听到他们说苗语，听都听会了。甚至有些中老年人的苗语说得比汉语还好。村民王有荣说虽然自己是汉族，现在出去外面打工说汉语的比说民族语的多，但是在寨子里汉族和苗族在一起我们更愿意用苗语交流。苗语不难学，多听听自然就会了，我们也没有专门学习过苗语。调查数据显示村里 40 岁以上汉族人兼用苗语水平都在"良好"以上。40 岁以下的部分汉族人兼用苗语水平"差"，但是都能听懂不影响日常交流。

### （三）水洞厂中寨苗汉双语各就其位，各司其职

苗语和汉语的语言功能存在差异，有强弱之分。在水洞厂中寨，苗语是地域性强势语言。苗语和汉语，在使用中各就其位，什么场合使用汉语、什么场合使用苗语，都是协调有序的。

水洞厂中寨 56 户居民中，只有 3 户为苗汉通婚家庭。其余均为苗族族内婚姻家庭、汉族族内婚姻家庭。我们逐户调查发现族内婚姻家庭不管年龄大小，都习惯用母语交流，因为母语是他们生活中最早接受、使用频率最高的语言。在调查中，无论是苗族族内婚姻家庭还是汉族族内婚姻家庭，在回答"在家里是用什么语言？"时，都选择了母语。这 3 户汉苗族际婚姻家庭，都是汉族人娶苗族媳妇的族际婚姻。他们的家庭语言以汉语为主，苗语为辅。这 3 户人家的孩子最先习得的语言是他们最早最常接触的语言，有的是汉语，有的是苗语，他们在选择最早习得语言时存在多选择性。汉语和苗语在族际婚姻家庭内是互补的。

水洞厂中寨是苗汉杂居的寨子。苗族人口数是汉族人口数的 3 倍。一般在本民族内说自己的母语，不同民族间说苗语。10 岁的罗婷婷告诉课题组，寨子里说苗语的人比说汉语的人多。汉族人也都会说或者听苗语，所以村里苗汉两个民族的人交流通常使用苗语。有时候还会碰到十分有意思的

现象：苗汉两人交流，苗族说苗语，汉族说汉语，两个人的交流十分顺畅。

在医院、集市、政府等公共场合。问卷调查关于不同场合多语言选用表汇总统计后发现：医院、政府中村民都使用汉语。在集市上则遇到汉族人说汉语，遇到苗族人说苗语，遇到其他民族的人说汉语。村民能够在不同的语言使用场合，自由选择使用什么语言。

（四）水洞厂小学低年级实行双语辅助教学

位于水洞厂中寨的水洞厂小学建校于20世纪80年代，撤校于2013年年底。周围村寨水洞厂新寨和老寨两个小组的适龄儿童都会到水洞厂小学就读。该校学生中以苗族学生居多，有少数汉族学生。水洞厂小学只开设1—3年级，4年级就要到都龙完小上学。据水洞厂中寨老组长回忆，20世纪90年代，苗族孩子入学时基本都不懂汉语，因而当碰到孩子们听不懂的情况时，老师会选择用苗语进行解释。但是苗语进行辅助教学的时间一般不会超过一年，孩子们在二年级时基本能够使用汉语交流。而自进入21世纪，伴随公共传媒大量进入农村，无论汉族孩子还是苗族孩子，在入学前基本都能用汉语进行交流，因而水洞厂小学的老师们从一年级开始直接选用普通话作为教学用语。2013年年底水洞厂小学撤销并入都龙镇中心完小，水洞厂3个村民小组的适龄儿童都直接到都龙完小上学。都龙完小的教学用语是普通话。随着国家大力普及普通话，水洞厂中寨苗族的汉语习得时间较过去提前了，习得水平也越来越高。

（五）水洞厂中寨双语和谐度分析

表7-10　　　　　　　水洞厂中寨双语和谐评分

| 序号 | 参　项 | | 所占分值（分） | 调查结果（%） | 得分（分） |
| --- | --- | --- | --- | --- | --- |
| 1 | 熟练掌握双语的人口比例 | | 60 | 89.9 | 53.9 |
| 2 | 对双语的认同程度 | | 10 | 7.5 | 7.5 |
| 3 | 双语通用范围 | 家庭 | 3 | 0 | 0 |
| | | 村寨 | 3 | 3 | 3 |
| | | 公共场合 | 3 | 3 | 3 |
| | | 媒体传播 | 3 | 3 | 3 |
| 4 | 双语教学是否进入学校教育 | | 8 | 4 | 4 |
| 5 | 是否存在不和谐现象（语言纠纷、语言歧视等） | | 10 | 10 | 10 |
| 总　分 | | | 100 | | 84.4 |

水洞厂中寨双语和谐等级为一级，属和谐型。寨内19岁以上苗族和汉族都能熟练使用苗汉双语进行交际。全民普遍认同双语，认为能够熟练使用

双语是一项本事,只有具备了这项本事才能在村里、村外自由交际。村民们使用双语的范围十分广泛,通行于家庭以外的所有场合。水洞厂小学实行了汉语及苗语辅助教学的双语教学模式,广受家长和学生的喜爱。村民一致认为自记事以来,村里从未产生因语言使用问题引起的不和谐现象。

## 二 水洞厂中寨双语和谐现状成因分析

### (一)水洞厂中寨是苗汉杂居的村寨

水洞厂中寨为苗汉杂居的村寨。苗汉人口比例为3∶1,这为汉族人兼用苗语提供了重要的条件。寨里的汉族人说他们从小生活在这个村寨里,走到村寨里随处都可以听到苗语。因而时间长了,不用刻意去学习苗语,自然而然无意识的大家都能说或者听苗语了。

汉语是我国的强势语言,苗语是水洞厂中寨的强势语言。国家强势语言和地域性强势语言的习得是水洞厂中寨村民成为双语人的动因。苗族人普遍兼用汉语,汉族人普遍兼用苗语。

### (二)苗汉民族关系和谐是双语和谐的重要条件

语言是民族的一个重要特征。民族关系直接影响到语言关系。民族关系好,语言关系就好;反之,民族关系不好,语言关系也会受到消极的影响。和谐的民族关系是双语和谐的重要因素。

水洞厂中寨民族关系主要体现在苗族和汉族友好交往、苗族和汉族共同欢度某一民族节日等方面。村民之间没有民族歧视,他们一致认为各民族都是平等的。当问及项廷珍(女,82岁,苗族)"近60年来寨子里苗族人和汉族人关系如何"时,她说村里苗族人和汉族人关系一直很好,只要某个人有困难,无论是什么民族,大家都会去互相帮忙。农忙时节,苗族人到汉族人家帮忙,汉族人到苗族人家帮忙。田地里大家不分苗族和汉族,一起干活的景象是随处可见的。

在课题组深入村寨每户人家时了解到,村里汉族都过苗族的传统节日"花山节"。他们说"花山节"踩花山的时候,只要是村子里的人都会参加。苗族人也过汉族的传统节日"端午节",也同汉族一样保留了"包粽子"的传统习俗。在杨聪杰(男,10岁,彝族)家门口,碰到几个小孩互相嬉戏。我们问他在学校里喜欢和什么民族的小朋友一起玩时,他说不论是汉族还是苗族我们都一起玩。苗族小朋友有陀螺,我们班上的同学都很喜欢和他们一起玩陀螺。杨聪盈(女,10岁,彝族)跑过来告诉我们,她觉得苗族小朋友的裙子特别好看。

苗汉两个民族的友好相处带来了和谐的双语关系,和谐的双语关系反过来也会促进苗汉两个民族关系的和谐。

### （三）开放包容的语言态度

水洞厂中寨的苗、汉民族都对语言的兼用持包容开放的态度。苗、汉两个民族既保留了自己的母语，同时还兼用对方的语言。这种开放包容的态度，在"语言态度问卷"中得到了充分体现。下面列出苗族和汉族人的语言态度问卷。

#### 语言态度问卷之一

调查对象：杨明芬，37岁，苗族，水洞厂中寨村民

问卷内容：

1. 您认为哪种语言或方言最有用？
   √A. 普通话　　　　B. 云南方言　　　　C. 母语
2. 您觉得哪种语言最亲切？
   A. 普通话　　　　B. 云南方言　　　　√C. 母语
3. 您觉得哪种语言最好听？
   A. 普通话　　　　√B. 母语　　　　C. 云南方言
4. 您希望掌握哪几种语言？
   √A. 母语—普通话　B. 母语—其他民族语言　C. 云南方言—普通话
5. 您希望自己的子女掌握哪种语言或方言？
   √A. 普通话　　　　B. 云南方言　　　　C. 母语
6. 您希望您的孩子最先学会哪种语言？
   A. 普通话　　　　B. 云南方言　　　　√C. 母语
7. 如果有民汉双语学校，您愿意送您的孩子就读吗？
   √A. 愿意　　　　B. 不愿意　　　　C. 无所谓
8. 您喜欢听汉语歌曲吗？
   A. 很喜欢　　　　√B. 一般　　　　C. 不喜欢
9. 您喜欢看汉语节目吗？
   √A. 很喜欢　　　　B. 一般　　　　C. 不喜欢
10. 别人用自己的母语讲话，您听不懂，您反感吗？
    √A. 不反感　　　　B. 反感　　　　C. 无所谓

#### 语言态度问卷之二

调查对象：邱国红，30岁，汉族，水洞厂中寨村民

问卷内容：

1. 您认为哪种语言或方言最有用？
   √A. 普通话　　　　B. 云南方言　　　　C. 母语
2. 您觉得哪种语言最亲切？

A. 普通话　　　　　　√B. 云南方言　　　　C. 母语

3. 您觉得哪种语言最好听？

A. 普通话　　　　　　B. 母语　　　　　　√C. 云南方言

4. 您希望掌握哪几种语言？

A. 母语—普通话　　　√B. 母语—其他民族语言

C. 云南方言—普通话

5. 您希望自己的子女掌握哪种语言或方言？

√A. 普通话　　　　　　B. 云南方言　　　　C. 母语

6. 您希望您的孩子最先学会哪种语言？

A. 普通话　　　　　　√B. 云南方言　　　　C. 母语

7. 如果有民汉双语学校，您愿意送您的孩子就读吗？

A. 愿意　　　　　　　√B. 不愿意　　　　　C. 无所谓

8. 您喜欢听汉语歌曲吗？

√A. 很喜欢　　　　　　B. 一般　　　　　　C. 不喜欢

9. 您喜欢看汉语节目吗？

√A. 很喜欢　　　　　　B. 一般　　　　　　C. 不喜欢

10. 别人用自己的母语讲话，您听不懂，您反感吗？

√A. 不反感　　　　　　B. 反感　　　　　　C. 无所谓

　　以上两份调查问卷反映出他们对母语和兼用语的态度是基本一致的。他们都认为自己的母语亲切好听，同时都尊重兼用语。这种语言态度不仅代表了当代年轻人的语言观念，也体现了老一代人对母语和兼用语的看法。

　　在我们与苗族人的交谈中，常常听到他们认为汉语重要的想法，都希望自己的子女能够说好母语和汉语。如罗开贵（男，39 岁，苗族）说："在家里、寨子里苗语是主要工具，但是出去以后到处都可以用的是汉语，我希望自己的孩子既会苗语又会汉语。这样她无论在哪都会过得比较好。"邱国红（男，30 岁，汉族）说："我们是汉族，第一语言和母语都是汉语，现在汉语用得地方多。但是我们也不反对苗族人讲苗语，那是他们的语言。我希望自己的苗语能够更好一点，这样就可以和苗族人更好地交流。"我们可以从不同场合不同人身上看到他们对母语深厚的情感和对兼用语的接纳态度。

### 三　水洞厂中寨双语和谐大背景下的不和谐及存在的问题

　　我们通过对水洞厂中寨的入户调查、问卷调查和访谈，认为该寨语言关系主流是和谐的，但也存在不和谐的一面。下面，我们对不和谐的因素进行如下的分析：

## （一）苗文没有得到传承

我们在寨子里访谈问是否有人懂苗文时，所有被访谈者都说没有听说谁会。甚至有很多人不知道苗族有自己的文字。但是当问及"是否希望掌握本民族文字"时，90%的苗族人的态度都是积极的。村民杨明芬（女，37岁，苗族）说："如果有人教，还是很想学的。只是担心自己学不会。"罗婷婷（女，10岁，苗族）："想学的。但是学校里没有老师教。"

## （二）苗族口头文学出现代际断裂

在"语言不和谐现象调查问卷"中，我们设计了关于苗族口头文学传承的几个问题。"是否愿意听用苗语讲述的民间故事"，被访问者不分年龄、学历都表示十分愿意听。但是不同年龄段的说法有差异。60岁以上的老人说："自己不仅愿意听，而且还会讲一些。"30—59岁的苗族人表示："自己愿意听，小时候经常听父辈和祖辈讲，现在还记得一些。"30岁以下的苗族人表示："自己愿意听，但是很少听。"甚至有些青少年说："自己愿意听，但是从来没听过。"关于"是否愿意听苗歌"的问题，不同年龄段也出现了代际差异：60岁以上的老人表示："自己愿意听，并且会唱。同时强调他们年轻时一般通过对苗歌来找对象。"30—59岁的老人表示："自己愿意听，会唱一些。"30岁以下的说："自己愿意听，但是不会唱。"有些青少年说："自己从来没听过，不想听。"

通过对不同年龄段具体回答的比较，可以看出苗族民间口头文学有出现代际断裂的倾向。

## （三）学校中的双语教学未成体系

设在水洞厂中寨的水洞厂小学，其生源主要为水洞厂老、中、新三寨的适龄儿童，其苗族学生占4/5。理应大力开展双语教学，以提高苗族孩子的汉语文水平，促进苗族孩子接受新的知识。但从目前通过对村民访谈了解到，无论是在教学组织上，还是在教学方法上，都尚未建立科学完善的双语教学。而只是选择性地用苗语进行辅助教学。特别水洞厂小学只开设1—3年级，但是在语文教学上，也未能实施针对苗族学生特点进行教学。

## （四）汉族青少年苗语兼用水平较中老年人差

通过对水洞厂中寨汉族人苗语兼用水平测试结果统计和不同年龄段兼用语水平比较，可以看出青少年兼用苗语的水平有降低的趋势。

如上文表7-5、表7-6可以得出汉族青少年苗语水平较中老年的差异和发展趋势。

## （五）彝族出现母语转用现象

我们对水洞厂中寨仅有的两户彝族，共12人，进行入户调查和访谈。发现这两户彝族已出现母语转用现象。

表 7-11　　　　　　　　水洞厂中寨彝族语言使用情况统计

| 家庭关系 | 姓名 | 性别 | 年龄（岁） | 民族 | 文化程度 | 第一语言及水平 | 第二语言及水平 |
|---|---|---|---|---|---|---|---|
| 户主 | 龙永仙 | 男 | 68 | 彝族 | 小学 | 汉语，熟练 | 苗语，熟练 |
| 三子 | 杨林祥 | 男 | 41 | 彝族 | 小学 | 汉语，熟练 | 苗语，熟练 |
| 长孙 | 杨聪盈 | 女 | 16 | 彝族 | 高中 | 汉语，熟练 | 苗语，略懂 |
| 次孙 | 杨聪豪 | 男 | 10 | 彝族 | 小学 | 汉语，熟练 | 苗语，略懂 |
| 三孙 | 杨聪杰 | 女 | 10 | 彝族 | 小学 | 汉语，熟练 | 苗语，略懂 |
| 户主 | 杨林 | 男 | 49 | 彝族 | 初中 | 汉语，熟练 | 苗语，熟练 |
| 妻子 | 万富芬 | 女 | 49 | 彝族 | 小学 | 汉语，熟练 | 苗语，熟练 |
| 长子 | 杨冲科 | 男 | 27 | 彝族 | 初中 | 汉语，熟练 | 苗语，熟练 |
| 长媳 | 刘加梅 | 女 | 27 | 彝族 | 初中 | 汉语，熟练 | 苗语，熟练 |
| 次子 | 杨冲敏 | 男 | 25 | 彝族 | 初中 | 汉语，熟练 | 苗语，熟练 |
| 长孙 | 杨才伟 | 男 | 7 | 彝族 | 小学 | 汉语，熟练 | 苗语，略懂 |
| 次孙 | 杨才宏 | 男 | 7 | 彝族 | 小学 | 汉语，熟练 | 苗语，略懂 |

从表 7-11 可以看出，这两户彝族第一语言均转用为汉语。并且其水平都是"熟练"。12 人都兼用苗语，苗语水平不同年龄段有差异。

（六）青少年对民族语的自信心和传承保护意识薄弱

在对不同年龄段语言态度进行对比后，发现青少年对民族语的功能、自信心等较中老年人弱。在水洞厂中寨我们随机抽取了 5 位青少年，对语言态度进行了访谈和测试。这 5 位测试者的基本情况如下：

杨聪豪，10 岁，彝族，都龙完小三年级学生；
杨聪杰，10 岁，彝族，都龙完小三年级学生；
杨才伟，7 岁，彝族，都龙完小一年级学生；
杨才宏，7 岁，彝族，都龙完小一年级学生；
罗婷婷，10 岁，苗族，都龙完小四年级学生。

这 5 位测试者均认为普通话最重要，并且最好听。问及对本族人不会使用母语怎么看时，他们一致认为可以接受。选择最亲切的语言是前 4 位彝族测试者都选了云南方言，而最后一位苗族测试者选择了普通话。中老年人则普遍认为最亲切、最好听的语言都是自己的母语。因而从这些关于语言态度测试的题目中，我们可以看出青少年对母语的情感较中老年人薄弱。

## 附录：水洞厂中寨村民访谈录

（一）水洞厂中寨组长罗开贵访谈录

访谈对象：罗开贵，男，39 岁，苗族，水洞厂中寨组长

访谈时间：2014 年 7 月 21 日
访谈地点：水洞厂中寨
访谈者：和智利、杨伟芬、杨棋媛
整理者：和智利

问：罗组长，请您谈谈您家里的语言使用情况。
答：我们家共 5 个人。全家都是苗族。我们 5 个人都会说苗语和汉语。在家里，不管父辈和子女，还是孩子间，我们都只讲苗语。在村里，我们遇到汉族人说汉语，遇到苗族人说苗语。我女儿今年 16 岁，在马关上高中。儿子 10 岁，在都龙中心完小上学。他们俩都是先学会苗语，后学会云南汉语方言和普通话的。她们在学校讲汉语，回到村里和家里都还是说苗语。我相信以后不论他们走多远，都不会忘记苗语的。

问：您家世代都住在这吗？
答：以前听老人讲，我们家最先是从贵州搬到文山，然后再从文山迁到都龙的。我们家家谱里应该有记载的，但是现在家谱已经找不到了。所以也不清楚具体从文山哪个地方迁过来的。

问：请您简单介绍一下水洞厂中寨的情况。
答：水洞厂有 3 个小组，分别为：水洞厂新寨、水洞厂中寨和水洞厂老寨。这 3 个村民小组都属于都龙镇都龙社区。水洞厂新寨、老寨为苗族聚居村组。水洞厂中寨为苗汉彝杂居村组。我们小组共 56 户，233 人。其中汉族 13 户，彝族 2 户，苗族 41 户。

问：水洞厂中寨应该是都龙镇交通最便利的寨子吧？
答：是啊。我们寨子离镇政府驻地比较近。从村里步行到镇政府只需 10 分钟。水泥路可以通到每家每户。在整个都龙来说应该算是最方便的。

问：村里的主要经济来源是什么？
答：我们中寨农民主要的经济来源是农业和矿业。我们的粮食作物主要有苞谷和水稻，经济作物有姜和八角。每家每户都会养牛、猪、鸡等牲畜。矿业方面主要是到曼家寨矿区打工。

问：村子里各民族间关系怎么样？
答：苗、汉、彝族三个民族在村里关系都很好。哪家有困难，不论是什么民族，都会互相帮忙。我们村里各族都会共同欢度节日。比如苗族的花山节，村里汉族、彝族都会去参加踩花山。

问：村里有民族文化传承人吗？
答：村民都十分重视和热爱民族文化的传承。但是近几年随着广播、电视等大众传媒的进入，懂民族文化的人在逐渐减少。比如过去我妈妈他们都是自己做苗装的,现在年轻人基本都不会做,就只能到街上买别人做好的现成的。目前,村里还没有民族文化传承人。以后我们必须有意识地挖掘和培养民族文化传承人。

问:村里苗汉通婚的多吗?

答:现在只要年轻人互相喜欢,都是可以结婚的。村里有苗族找汉族媳妇的,但是不太多,只有四五家。一般还是汉族找汉族、苗族找苗族的比较多。

问:那苗汉通婚家庭的孩子语言使用情况是怎样的?

答:苗族找汉族媳妇家庭的孩子通常都会使用苗语和汉语两种语言。他们的苗语和汉语都非常熟练。一般先学会家里民族较多的那种语言。

问:村里有小学吗?村里儿童的入学率如何?

答:刚才我们路过的那个场院就是水洞厂小学。水洞厂小学设有 1—3 年级,4 年级开始就得到都龙中心校上学。但是水洞厂小学去年合并到都龙中心校了,所以孩子们从 1 年级开始直接到都龙中心校上了。

村子里所有的适龄儿童都能按时入学。现在村民们已经意识到受教育的重要性。所以村里孩子都能上学,最近几年也有些孩子考上大学了。

问:那孩子们在学校里使用什么语言?

答:水洞厂 3 个小组的孩子都在水洞厂小学上学,所以学校里苗族学生占 80%。以前我们上学的时候,一年级刚去听不懂老师说汉语,老师就会用苗语做些解释。现在的小孩常看电视基本都能听懂汉语,所以课堂上孩子们都使用普通话交流。课后,孩子们交流汉语、苗语都用。

问:您说村里只有两户彝族,请您简单介绍一下这两户人的情况。

答:这两户彝族其实是一家两兄弟分家后居住的。他们家在这里居住第四代了。他们家现在不会说彝语,只会说汉语和苗语了。

问:您是否担心将来村里苗族的孩子不会说苗语?

答:不会的。只要寨子在,孩子们就不可能不会说苗语。

(二)水洞厂中寨村民项廷珍访谈录

访谈对象:项廷珍,女,82 岁,苗族,水洞厂中寨村民

访谈时间:2014 年 7 月 21 日下午 3 点

访谈地点:水洞厂中寨项廷珍家中

访谈、整理者:和智利

问:奶奶,您能跟我说说您和家人的语言使用情况吗?

答:我属鸡,今年 82 岁了。我是苗族。我会说苗语和云南方言。苗语

是天生就会的。云南方言是 10 多岁来到水洞厂后才会的。现在你们年轻人讲的普通话我就听不懂了。我在家里、村子里都只讲苗语。只有遇到陌生人的时候，我才会讲云南方言。我们家都是苗族的。家里人都会讲苗语和云南方言，年轻人还会讲普通话。我有两个重孙，重孙女 6 岁，重孙 4 岁。他们俩讲苗语、云南方言、普通话都讲得好。通常家里人出去遇到苗族人讲苗语，遇到汉族人讲云南方言。

问：您是怎么学会汉语的？

答：以前村子里苗族人和汉族人一起做活挣工分。在一起待时间长了，听着听着就会了。

问：您是否担心二三十年以后苗族人都不会讲苗语了？

答：这是不可能的。苗族人天生就会说苗语，这是从娘胎里出来就注定的。苗族人不会讲苗语是不可能的。

问：那您属于苗族的哪个支系呢？您一直都住在水洞厂吗？

答：我们是"蒙诗"。我们是六七十年前从文山搬来的。那时候我才十几岁，家中公婆去世，我们家就和姓陶的几户人家一起搬到这里了。

问：奶奶，您手里拿的是什么啊？

答：这是用来做苗族服饰的亚麻线。

问：您会做苗族服饰吗？

答：会的。以前我们都是自己做衣服穿的。现在很少有人自己做，都是到镇上直接买现成的。我这个亚麻线是邻居家请我帮他们弄的。他们会分给我一些线，没事我就理理线打发时间。年轻人除个别自己喜欢做的以外就没有人会了。

问：各地的苗族服饰都一样吗？

答：不一样。苗族各支系的女性服饰差异比较大。男性服饰差异比较小。我们"蒙诗"的女性服装，上身是右开襟、布纽扣。领子、衣襟、袖子上都有绣花。绣花有菱形、方形、八角形等图案。下身是蜡染的百褶裙。裙子前后都有围腰。小腿上裹三尺长的裹腿。头上包头帕。以前"蒙诗"女性婚后会在发髻后别一把木梳表示自己已婚。男性服装就比较简单了，上身穿黑色麻布对襟上衣，下身穿长裤，裹头帕。

问：在进村子的时候，我看到除了几个老年女性穿着苗服。平时其他人都不穿了吗？

答：现在只有 60 岁以上的老人穿苗装了。因为要裹腿、穿裙子，所以很多人都觉得做活不方便。只有过年过节或者结婚，大家才会穿苗装。我们这里女儿出嫁的时候，后家都要给女儿准备几套苗装。准备得苗装越多，说明后家的经济实力越好。多的有七八套，少的也有两三套。

问：村子里有苗族和汉族通婚的吗？

答：以前没有，现在有了。以前都是苗族嫁苗族，汉族找汉族。现在苗族嫁汉族的也有。我家隔壁这家儿媳妇就是汉族的。村里还有几家汉族人家儿媳妇是苗族的。

问：您会唱苗歌、讲苗语故事吗？

答：唱苗歌、讲苗语故事我都会。现在时间久了，有些忘得差不多了。我小时候非常喜欢听大人对山歌、讲故事。大人做活回来，就会教小娃娃唱山歌、讲故事。甚至有些大人会边做活边唱歌。现在年轻人的娱乐活动比我们那时候多。地里做活的基本都骑摩托车去，做完活都回家休息看电视。所以会唱苗歌、讲苗语故事的人就越来越少了。

问：村子里有苗医吗？

答：有的。过去我们生病都会去找苗医。现在的年轻人懂苗药的也少了。他们只有头晕脑热才看苗医，大病都去卫生院。

（三）水洞厂中寨村民杨林访谈录

访谈对象：杨林，男，彝族，水洞厂中寨村民

访谈时间：2014年7月21日上午9点

访谈地点：水洞厂中寨副组长家

访谈者：和智利、杨伟芬

整理者：和智利

问：叔叔，您好！您能给我们简要介绍一下您家的情况吗？

答：可以。我们家共6个人。我们两个老人、儿子儿媳妇还有两个孙子。我老婆是从金竹山嫁过来的布依族。儿媳妇是从马安山嫁过来的汉族。我、儿子和两个孙子都是彝族。

问：您村子里几乎都是苗族和汉族，您家一直都住在这吗？

答：是的，我们村子57户，有十多户汉族，其他的都是苗族。彝族就只有我和我兄弟两家。我们家是父辈时来到水洞厂中寨的。以前听父亲说，我们老家是曲靖会泽。父亲来马关当兵，后来就留在这里了。

问：您家里人交流都是用彝语吗？

答：没有了。我们家里人说话都说汉语（云南方言）了。我们都不会说彝语。

问：您家里人都不会说彝语了，您觉得遗憾吗？

答：作为彝族不会说彝语，多少还是有点遗憾的。但是我们在这里只有我们两家彝族，出了门也没有地方说。所以我觉得对我们的生活影响不大。

问：如果有机会，您愿意让孙辈学习彝语吗？

答：我们家从我这一代就不会说彝语了。如果有机会我还是愿意让孙辈学彝语的。但是也要看孩子们自身是否愿意学了。

问：那您和家人除了会讲云南方言以外，还会讲什么话？

答：我和我们家人都懂苗语。不过每一个人的苗语水平不太一样。我能用苗语熟练地和苗族人说话。我儿子和苗族人交谈基本没问题。我老婆和儿媳妇都只会听，不会说了。两个孙子就只听得懂比较简单的日常用语。我们一家都会说普通话，两个孙子说得比我们几个大人都好。

问：您能说说你们在什么场合使用什么语言吗？

答：在家里我们都只讲云南方言。在村寨，我们一般遇到汉族人说云南方言，遇到苗族人讲苗语。去镇上、医院我们都讲云南方言。

问：您家里都讲云南方言，那您的孩子和孙子是怎么学会苗语的？

答：我们村里有多半是苗族。跟苗族人一起干活、读书，随处都能听到苗语，时间长了就会听会说了。我们村里原来有个小学——水洞厂小学。水洞厂3个组的孩子都在水洞厂小学读到三年级才去都龙中心完小上。老寨、新寨全都是苗族，所以学校里苗族学生占了80%。下课后娃娃们一起玩，一两年以后基本就都会听了。

问：您村里的学校上课用什么语言？课后孩子们在一起使用什么语言？

答：现在学校普及普通话，上课老师都用普通话教课。课后孩子们在一起玩，苗族孩子在一起就说苗语，不同民族的孩子在一起就说云南方言和普通话。

问：现在好多年轻人都不会说民族语了，您对此持什么态度？

答：这个在我们村子里暂时没有这种现象。民族语是各民族人天生的东西嘛，一般不会忘记的。有些人出去几十年，回到村子里还是说得很好的。如果有一天年轻人都不会说民族语，我觉得也还是可以理解的。毕竟在大部分场合，使用民族语的机会是很少的。

问：村里各民族的关系好吗？

答：村里不同民族的关系都很和睦。不同民族都是可以通婚的。拿我家来讲，我是彝族，老婆是布依族。儿子是彝族，儿媳妇是汉族。村子里汉族娶苗族媳妇的也有好几家。大家关系都很好。哪家有困难，不管是什么民族，我们都会互相帮忙的。

问：村里汉族和苗族的风俗习惯相同吗？

答：不太一样。苗族人办丧事是要开路、吹芦笙、打鼓的。汉族人办丧事有的会请先生。但我们村子里没有先生，所以一般会去镇上或者其他村子请。

问：现在村里会吹芦笙、打鼓的人多吗？

答：村里会吹芦笙、打鼓的人基本没有了。以前会吹芦笙、打鼓的老人都不在了。目前就只有一两个中年人会。有时候村里也从外村请吹芦笙和打鼓的人。

问：村里的汉族过苗族的传统节日吗？

答：过的。祭龙、踩花山这些节日都过的。前几年我们跟村里的苗族一起去 309 踩花山了。一般每年踩的花山都不一样。踩花山的时候会对山歌，还有一些比较有趣的娱乐节目。

# 第八章　中越边境南北壮寨语言活力及双语和谐

位于中越边境的南北壮寨是一个壮族聚居村，从行政区上看，它是一个村民小组，又称南北小组，隶属于堡梁街村委会。下面是对堡梁街村委会和南北小组的一个简介。

## 第一节　南北小组概况

### 一　堡梁街村委会概况

南北小组所在的村委会称为堡梁街村委会，这里先介绍一下堡梁街村委会的概况。

堡梁街村委会隶属云南省文山州马关县都龙镇，地处都龙镇东边，距都龙镇镇政府所在地30公里，距马关县城54公里。东邻麻栗坡，南邻越南，西邻辣子寨村委会，北邻金竹山村委会。平均海拔918米，年平均气温19℃，年降水量1108毫米。

堡梁街村委会辖21个村民小组：堡梁街一村、二村小组，岩龙关村小组，马鹿塘村小组，大弯子村小组，半坡村小组，滑石板村小组，那谢村小组，南江河村小组，曼约一村、二村小组，那广一村、二村、三村小组，南北村小组，大花山村小组，小花山村小组，老屋基一村、二村小组，新寨一村、二村小组。这里分布着汉、壮、苗、布依、傣等多种少数民族，这些少数民族大多为跨境民族。其中，南北小组是壮族主要的聚居地之一，地处边境地区，和越南接壤。

该村委会现有农户787户，乡村人口2900人，其中农业人口2939人，劳动力1925人，其中从事第一产业人数1804人。

堡梁街村地属山区，面积36.8平方公里，耕地面积2874亩，人均耕地1亩，适合种植水稻、苞谷等农作物。其中有效灌溉面积为523亩，高稳产农田地面积766亩，人均高稳产农田地面积0.3亩。林地31843亩，其中人均经济林果地 0.3 亩，主要种植甘蔗、香蕉等。

该村委会主要产业为种植业、养殖业，主要销往本县。截至 2012 年全村销售总收入 158 万元。全村有 787 户通自来水，有 98 户饮用井水，有 878 户通电，拥有电视机农户 689 户，安装固定电话或拥有移动电话的农户数 703 户，有 118 户居住于砖木结构住房，有 583 户居住于土木结构住房。

堡梁街村委会现在已经实现义务教育，小学生就读于堡梁街小学，中学生到都龙镇马关三中就读。目前，该村义务教育在校学生中，小学生 253 人，中学生 45 人。

目前，该村存在的主要困难和问题是：农业基础设施差，群众科技文化低，交通状况差。今后该村的发展思路和重点在：积极改善农业基础设施，努力提高群众科技意识，积极发展特色产业，大力发展种植业、养殖业及对热区作物的开发。

## 二 南北小组基本情况

南北小组隶属于堡梁街村委会。"南北"在壮语里称 $nam^{55}pak^{55}$。南北小组全部是壮族，辖 1 个村民小组，属于山区，距离村委会 9 公里，距离都龙镇 35 公里，与越南接壤。在我国境内距离南北小组最近的有大、小花山两个村寨，大约有两公里。大、小花山主要居住着苗族、汉族等民族。在我国境外距离村小组最近的，大约 1 公里的地方，是越南的曼迈村，分布着壮、苗、傣、拉基和普拉等民族。

南北小组国土面积 2.6 平方公里，海拔 500 米，年平均气温 23℃，年降水量 1030 毫米。全村有耕地面积 101 亩，其中农田 4 亩，旱地 67 亩。人均耕地面积 1.2 亩。拥有林地 1456 亩。

全村有农户 23 户，人口 97 人。主要种植水稻、苞谷等农作物，还种植甘蔗、香蕉等经济林果。该村 2012 年的经济总收入为 24 万元，其中种植业收入为 6.9 万元，畜牧业收入为 7.3 万元，林业收入为 1.7 万元，第二、第三产业收入为 6.6 万元，工资性收入为 4 万元。

南北小组属于边境村寨，很多方面得到了国家新政策的扶持，老百姓有 2/3 已经解决了温饱问题。在政府的支持和帮助下，全村已经完成危房的改建工程，每户得到 15000 元的危房改建补助。国家为有户口的居民每户每年发放援边补助 1000 元，有的还有低保，人均 108 元。到 2012 年年底，全村参加农村社会养老保险 50 人，参加农村合作医疗 83 人，各项政策均已得到落实。

九年义务教育在南北小组中已经普及，小孩子从 6 岁就上学前班。由于堡梁街村委会只有一所完小，各村距离村委会有一定的距离，所以南北小组的孩子们上学从星期一到星期五都要住校，只有周末才能回家。中学要到都龙镇的马关三中去读，也是住校。目前，该村孩子有2个上学前班，9个上小学，1个上中学。一般孩子们念完初中，也就是接受完九年义务制教育后大多辍学。没结婚的年轻人会出去到广东、福建等地打工，结婚以后就不大出去了。

在风俗习惯上，南北小组的壮族还保留着"祭龙"、"尝新节"等活动。"祭龙"的活动时间是农历二月初一至初三，要杀一头猪和两只鸡用于祭祀，各家各户还要舂制糯米糍粑。在祭龙的3天，不能出工做农活。过"尝新节"时间没有固定，一般是各户自行选择在秋收前夕，利用属狗的吉利日进行。关于"尝新节"有个传说，据说狗、猫偷吃谷种，在过河逃跑的时候，猫不会游水，但它在身上粘满了谷种，为了不让谷种掉落水中，于是由狗背着它过河逃跑。所以"尝新节"的时候，先收割部分早熟的稻谷，晒干扬净，加工成大米，并制作节日佳肴。祭献祖宗后，先给狗、猫吃（这样做是为了不让它们以后偷谷种），然后家人再吃。"花米饭"节，时间是农历的六月初一。节日来临，家家户户打扫环境卫生，制作各种各样的花米饭，其间不做农活，人们互相走亲访友，互送花米饭。

结婚的时候，新娘要穿壮服，头戴帕子，都是黑色的，新郎穿什么都行。人死后要请"摩公"做法事，摩公会壮文和壮字。这里实行土葬。

目前，南北小组基本实现"三通"，与外界的沟通比以前方便多了。全村基本普及电视、电话、手机类通信工具。全村有23户通自来水，有23户通电，拥有电视机的农户22户，安装固定电话或拥有移动电话的农户数23户。只是到南北小组的交通较差、路况不是太好，主要是沙石路和土路，特别是雨季，路烂泥泞，村民出行仍不太方便。现在政府在下一步的工作中已经将解决交通问题提上日程，未来的南北小组生活会越来越好。

南北小组村民全部是壮族，祖祖辈辈都生活在南北小组，以母语壮语为主要的交际语言。以下是我们对南北小组壮语文活力保护的一个调查。

## 第二节 南北小组壮族母语文活力 保护现状调查及成因

### 一 南北小组壮族母语文活力保护现状调查

（一）母语使用的人口比例及水平

为了全面了解、掌握南北小组母语使用的情况，我们从不同年龄段的91

人中随机抽查了壮族使用母语的情况。其中 60 岁以上的村民几乎是文盲，41—59 岁这个阶段文盲不多，40 岁以下的均接受过小学及以上的教育。调查结果见表 8-1：

表 8-1　　　　　　　南北小组壮族母语使用情况

| 年龄段（岁） | 总人数（人） | 熟练 人数（人） | 熟练 百分比（%） | 一般 人数（人） | 一般 百分比（%） | 不会 人数（人） | 不会 百分比（%） |
| --- | --- | --- | --- | --- | --- | --- | --- |
| 6—19 | 24 | 24 | 100 | 0 | 0 | 0 | 0 |
| 20—40 | 32 | 32 | 100 | 0 | 0 | 0 | 0 |
| 41—59 | 24 | 23 | 100 | 0 | 0 | 0 | 0 |
| 60 岁以上 | 11 | 12 | 100 | 0 | 0 | 0 | 0 |
| 合计 | 91 | 91 | 100 | 0 | 0 | 0 | 0 |

表 8-1 显示：随机抽查的 91 人中，6—60 岁以上的南北小组村民全部使用壮语，各年龄段熟练掌握母语壮语的比例均是 100%，这说明母语保留完好。

（二）母语的代际传承

母语词汇的掌握、口头文学的传承可以反映母语代际传承的情况。首先，我们通过壮语四百词随机抽样测试了解南北小组村民对母语词汇的使用。结果见表 8-2：

表 8-2　　　　　　　南北小组四百词测试统计

| 姓名 | 性别 | 年龄（岁） | 民族 | 文化程度 | A | B | C | D | A+B | 等级 |
| --- | --- | --- | --- | --- | --- | --- | --- | --- | --- | --- |
| 龙国雪 | 女 | 9 | 壮 | 小学 | 283 | 22 | 29 | 66 | 305 | 良好 |
| 龙国胜 | 男 | 13 | 壮 | 小学 | 255 | 28 | 40 | 77 | 283 | 良好 |
| 田延海 | 男 | 28 | 壮 | 高中 | 377 | 8 | 6 | 9 | 385 | 优秀 |
| 龙玉华 | 男 | 39 | 壮 | 小学 | 380 | 15 | 3 | 2 | 395 | 优秀 |
| 陆秀花 | 女 | 52 | 壮 | 初中 | 360 | 14 | 11 | 15 | 374 | 优秀 |
| 侬志宽 | 男 | 55 | 壮 | 小学 | 383 | 10 | 2 | 5 | 393 | 优秀 |
| 侬志良 | 男 | 63 | 壮 | 文盲 | 386 | 3 | 1 | 10 | 389 | 优秀 |
| 李开兴 | 男 | 64 | 壮 | 文盲 | 386 | 12 | 1 | 1 | 398 | 优秀 |

表 8-2 显示：不同年龄、性别、文化程度的村民中，母语壮语四百词测试状况为良好及良好以上。但四百词调查同时也显示：6—19 岁与 20 岁以

上的村民，在一定程度上出现了代际差异。在四百词测试中，9 岁的龙国雪、13 岁的龙国胜，一些常用的基本词汇"太阳、星星、风、雷、云、雾"等，他们都说不出来。6—19 岁的青少年对壮语词汇的掌握情况没有 20 岁以上的好，等级为良好。20 岁以上青、壮、老年人的语言水平明显高于 20 岁以下的青少年，等级为优秀。四百词测试结果显示两个 19 岁以下的未成年孩子所掌握的 A 级词和 B 级词相加，和 20 岁以上的青、壮、老年人相比相差 100 个左右，达到 1/4，有一定的差距。出现 C 级和 D 级的词汇，主要有以下几类：

（1）部分带有专业术语性质、表示人体器官名称的名词。如"肝、胆、胃、肠子"等。

（2）部分表示动植物词汇。如"啄木鸟、孔雀、蝴蝶、螺蛳、老鹰、蝙蝠、苍蝇、荞麦、油菜、韭菜、豌豆、谷穗"等。

（3）一些常用词汇已被汉语借词所取代。如"药、碗、解开、牵"等。

（4）表示自然现象的一些常用词语不知道。如"太阳、星星、风、雷、云"等。

产生代际差异的原因有：6—19 岁这一阶段，是孩子语言能力形成、发展的重要阶段，特别 8—12 岁是儿童语言向正常的成人语言过渡的年龄，是语言发展处在关键期的末期。而在这个年龄段，南北小组的孩子们都要到距离南北小组 9 公里外的堡梁街村委会上学，星期一到星期五都要住校，只有周末的时候才能回家。学校集中了堡梁街村委会辖区里各村小组的汉、壮、布依、傣等各族孩子们，老师大多也是来自外地的汉族，学校语言都用普通话。另外，到了十五六岁时，孩子们接受完九年义务制教育后往往又会辍学然后外出打工。这种情况，不可避免地造成南北小组的孩子们使用汉语的时间、机会远比壮语多得多。也就是说，6—19 岁这一阶段，在孩子语言能力形成、发展的重要时期，南北小组的孩子们母语使用的语域范围缩小了许多，进而母语能力出现一定程度的下降，从而与 20 岁以上的村民产生代际差异。

其次，对于口头文学的传承，像民歌、传说故事，我们调查了解到现在只有老人会唱、会讲一些，而年轻人、小孩子都不会。南北小组的老年人所占人口比例低，几乎没有接受过学校教育，也没有文化传承意识，而年轻人大多数也外出求学、务工，平时接触的大多数也是汉语，处在汉文化的环境，也都没有接触、学习口头文学。所以壮族的口头文学传承出现了代际断裂。

（三）母语的使用场合

调查中母语使用的场合涉及家庭、公共场合（村寨、集市、村委会、学校、医院等）、大众传媒（广播、报刊等）、网络通信（手机短信、电子邮件等）三个方面。调查结果显示：南北小组的村民们在家庭、村寨里均使用壮语，壮语是他们壮族内部的主要交际工具。在家里、村寨里，无论交际关系是发生在长辈和晚辈之间，还是发生同辈之间，壮语都是南北村最重要的唯一的交际用语。只有在集市、村委会、医院、政府部门等场所，选用的语言可能会随交际对象的改变而发生变化，但只要遇到同族人或会讲壮语的工作人员，南北小组的村民都会情不自禁地使用壮语，他们觉得这样交流更亲切些。只是和外族人或陌生人交流时才用汉语。给家人、同族人打电话时也选择用壮语，其他场合一般用汉语方言。

（四）母语态度

母语态度调查显示，村民们认为壮语是最重要、最能代表自己民族的语言。他们理解小孩子、年轻人外出学习、务工回来后少说或不说壮语的现象，但他们相信壮语不会消失，至少目前现在这几代人里是不会消失的，但以后还是担心的。以村民龙明会为例，除了母语，她还会说汉语方言、普通话，但和汉语比起来，她说更喜欢壮语，认为壮语最重要，觉得壮语最能代表自己民族的语言。现在村民接触外界的机会越来越多了，说汉语方言、普通话的机会也越来越多，但她还是最想让孩子学会壮语，并不希望本族人成为汉语单语人。

（五）壮文使用

调查中南北小组的村民们都知道有壮文，但没有人懂，也没有人使用。调查的中、年轻人表示：如有机会学习壮文，他们是很乐意的。

## 二 南北小组壮族母语活力度

通过调查，为了测试南北小组壮族母语活力度，我们制定了一个评分表，从熟练掌握母语的人口比例、代际传承状况、母语适用的场所、是否纳入考试科目、母语态度、与跨境同族能否通话等几个方面去考查。

表8-3　　　　　　　南北小组母语（文）活力评分

| 序号 | 参项 | | 所占分值（分） | 调查结果（%） | 得分（分） |
| --- | --- | --- | --- | --- | --- |
| 1 | 熟练掌握母语的人口比例 | | 55 | 100 | 55 |
| 2 | 代际传承状况 | 语言 6—35岁 | 6 | 100 | 6 |
| | | 语言 36岁以上 | 4 | 100 | 4 |
| | | 文字（40岁以下） | 10 | 0 | 0 |
| | | 民间文学（40岁以下） | 5 | 0 | 0 |

续表

| 序号 | 参项 | | 所占分值（分） | 调查结果（%） | 得分（分） |
|---|---|---|---|---|---|
| 3 | 通用范围 | 家庭 | 2 | 2 | 2 |
|   |          | 村寨 | 2 | 2 | 2 |
|   |          | 公共场合 | 2 | 1 | 1 |
|   |          | 媒体传播 | 2 | 0 | 0 |
| 4 | 是否是纳入考试科目 | | 5 | 5 | 5 |
| 5 | 对母语的认同态度 | | 5 | 3.3 | 3.3 |
| 6 | 与跨境同族能否通话 | | 2 | 2 | 2 |
|   | 总分 | | 100 | | 80.3 |

注：母语活力度等级的确定标准为：一级稳定保存型，80—100分；二级局部衰退型，60—80分；三级严重衰退型，40—60分；四级基本转用型，40分以下。

上文分析南北小组的壮族全部熟练掌握母语壮语，所以表 8-3 显示南北小组"熟练掌握母语的人口比例"是 100%，得分是 55 分，为满分。而"代际传承状况"这一栏，语言、文字、民间文学显示存在差异：在语言方面，6—36 岁以上的年龄段均熟练掌握母语，得分是满分；而文字和民间文学因为存在代际传承的断裂，这两栏得分均为 0 分，村民们知道有壮文，但没有人见过，也没有人会写，并且现在的年轻人，包括孩子、青、壮年都不会唱壮歌、讲壮族的民间故事等。在"通用范围"一栏，包括很多栏目，我们逐一进行分析。首先，南北小组的村民全部是壮族，第一语言是母语，即壮语，在家里、村寨里，壮语是村民们内部主要的也是唯一的交际工具，所以家庭和村寨这一栏，得分是满分，各 2 分，共 4 分。而在公共场所，南北小组的村民们一般是"见什么人说什么话"，即见到同族人说壮语，见到外族人或陌生人一般用汉语，"公共场合"是否用母语这一栏得 1 分。"媒体传播"这一栏，南北小组得分是 0 分。虽然新闻媒体为了适应广大少数民族地区群众语言交际的需要，设有云南省文山州电视台有壮语播音节目，但在我们走访南北小组的时候，村民们告诉我们南北小组没有闭路电视，看不到文山州电视台的壮语节目，虽然过去家里有收音机可以接收到壮语广播，但现在也都不用收音机了，也没有壮语的光盘，所有这一栏也得 0 分。对于"是否纳入考试科目"这栏，由于文山壮族苗族自治州的壮语是被纳入云南民族大学每年的高考中的，该地区的壮族学生中有意报考该专业的，均要参加云南民族大学举行的民族语口语和书面语考试，并计入高考总分，所以这一栏得分是满分 5 分。"对母语的认同态度"是依"母语态度问卷表"来进行计算的，这一栏南北小组得到的评分是 3.3 分。"与跨境同族能否通话"这一栏，南北小组得分为满分 2 分。上述个案调查分析，南北小组距离越南不远，南北小组的村民与境外越南的曼美村壮族常来常往，相处融洽，语言互通，所以这一栏得满分 2 分。以上所有栏目得分相加，南北小组壮族母语（文）活力得分总分是 80.3 分，属于稳定保存型，等级为一级。

### 三　南北小组壮族母语（文）活力度的成因

通过实地调查分析和评分，南北小组的母语（文）活力度高，壮语保持着稳定使用的现状。以下是我们对保持这种现状的原因分析：

（一）大杂居、小聚居的地理分布特点是南北小组母语稳定使用的主要原因

文山壮族苗族自治州分布着苗、壮、彝、瑶、傣等 10 多个少数民族，其中壮族的分布很广，大面积与其他少数民族杂居的同时，又相对形成一些小的聚居村。南北小组在堡梁街村委会是一个典型的壮族聚居村，全村人口均是壮族。而它周围的滑石板村、曼约等村也都有壮族分布。这种杂居面广、又高度聚居的分布，有利于这里壮语的使用和保存。

据副村小组长龙玉华介绍，南北小组的壮族祖祖辈辈就生活在这里，而且有家谱，这里的壮族不是从外面迁进来的，村里有家谱的就有一二十户。龙玉华还把他家"龙氏家谱"的排序展示给我们，"正玉文明昌盛百业兴旺吉祥道喜富贵长春源远嘉厚德忠良家体康泰永保平安"，家谱轮完一圈又从头开始，现在到他这辈是"玉"字辈。南北小组壮族这种聚居一地、世世代代传承的特点是这里壮语代际传承并稳定使用的原因。上述分析，6—19 岁由于外出求学、打工等原因与 20 岁以上的村民在一定程度上出现了代际差异，但是孩子们一旦辍学或打工回村结婚以后，就不大再走出南北小组了，母语壮语的使用又开始趋于稳定。

（二）母语为第一语言是南北小组传承和保护母语的重要因素

南北小组村民全部是壮族，第一语言是壮语，这对传承和保护母语很重要。根据问卷调查，在被问及"在母语、云南方言、普通话中，你最想让孩子学会哪种语言"时，南北小组的很多村民都选择"壮语"。在实践中，他们也是这样做的，孩子一出生就教他们说壮语。虽然孩子们上学后在学校或远离村子的场所都使用汉语，但一回到家里、村里，他们就又使用壮语交流。母语壮语作为第一语言在南北小组被学习和使用，使南北小组的壮语得到了传承和保护。

（三）强烈的民族认同感和民族意识是保证南北小组壮语稳定使用的内部因素

南北小组的村民们在家里、村里都使用壮语交流，壮语被看作壮族民族意识的主要区别特征。南北小组的壮族普遍认可自己的民族身份，并在很多方面还保留着壮族的风俗习惯，如老人去世以后 3—5 天要祭祀，家里亲戚

都过来,并请壮族的"摩公"。祭祀时全部都说壮语,并唱一些壮族的调子。结婚按照壮族的习惯,请风水先生来看好时辰,然后去接人、拜堂,请人主持,整个仪式全部是用壮语来进行的。

在访谈副村小组长龙玉华时,他认为壮语最重要并能代表自己的语言,现在孩子什么语言都可以学,但是必须先学会自己的民族语。现在外出打工的年轻人越来越多,很多现代化的东西也慢慢进村了,他理解外出后年轻人会更多地使用汉语,而不再说壮语。虽然目前在他们这一代壮语暂时还不会消失,但他很担心壮语未来会消失。现在还有老人们能唱壮歌、用壮语讲壮族民间故事,但他们这一辈已经不会唱了,也不会讲了,年青的一代也不爱听了。所以副村小组长龙玉华很担心壮语会像壮歌、壮族民间故事一样,慢慢地没有人会唱、会讲,直至消失。

(四)族内婚在一定程度上有助于壮语的稳定使用

虽然当地有不同民族通婚的现象,但一般是女子外嫁,男子不外娶,即使男子外娶,孩子的民族和语言全部随父亲,不随母亲。南北小组没有族际婚姻家庭,但村里有越南新娘嫁过来的现象,也是壮族。

(五)较为封闭的环境有利于语言活力的保护

由于地理位置比较偏僻,地质灾害频发,交通不便,以前南北小组与外界联系少,比较封闭。现在虽然公路通了,但是路况不是很好,主要是沙石路和土路,很狭窄,雨季更是道路泥泞。交通差、出行不便,导致了南北小组与外界的交往比较少,外来民族也比较少,这也是南北小组保持母语活力的客观因素。

(六)境外关系是保护语言活力的因素之一

南北小组在国境线上,距离越南非常近。境外距离南北小组最近的有越南的曼美村等,也是以壮族为主的村寨,南北小组很多人家和曼美村的壮族都是亲戚朋友,他们往来非常密切。南北小组没有族际婚姻家庭,但与境外有通婚关系,村里有越南嫁过来的新娘,也是壮族。两地壮族都使用壮语交流,所以与境外壮族的往来交流也是保护南北小组语言活力的主要因素之一。

## 第三节　南北小组壮族语文双语和谐现状及成因

一　南北小组壮族语文双语和谐现状

南北小组有 23 户村民,人口总数为 97 人,都是壮族,母语都是壮语。

南北小组的壮族除了熟练使用母语壮语之外，大多数村民能够兼用云南方言，文化程度比较高的村民还能够说汉语普通话。

（一）壮语和汉语使用的人口比例

我们调查了 91 位 6 岁以上的南北小组村民的家庭情况（家庭关系、姓名、性别、民族、年龄、文化程度）及壮语和汉语双语使用情况，调查结果如表 8-4 所示：

表 8-4　　　　　　南北小组壮族壮语和汉语使用情况

|  | 壮语 |  | 云南方言 |  | 汉语普通话 |  |
| --- | --- | --- | --- | --- | --- | --- |
|  | 人数（人） | 百分比（%） | 人数（人） | 百分比（%） | 人数（人） | 百分比（%） |
| 熟练 | 91 | 100 | 81 | 89 | 31 | 34.1 |
| 一般 | 0 | 0 | 8 | 8.8 | 10 | 11 |
| 不会 | 0 | 0 | 2 | 2.2 | 50 | 54.9 |

调查结果显示 91 人都能够熟练地使用壮语，占 100%；有 81 人能够熟练地使用云南方言，占 89%；有 8 人略懂云南方言，占 8.8%；有 2 人不会云南方言，占 2.2%；有 31 人能够熟练地使用汉语普通话，占 34.1%；有 10 人略懂普通话，占 11%；有 50 人不会普通话，占 54.9%。南北小组有 3 位从越南嫁过来的 60 岁以上的妇女，只有侬先国的妻子张开英能够听懂方言，但是不会说，其他两位李里氏和侬王氏完全听不懂汉语。她们都是越南的壮族，嫁给南北小组的村民以后就使用壮语与家人交流。70 岁的芳美仙是中国人，她能听懂云南方言，但是不会说，她是村子里仅有的几位高龄单语人之一。除此之外，南北小组的村民大多数能够熟练地使用壮语和汉语进行交际。我们在实际访谈中也亲眼看到了这里的村民在语言交际中既使用壮语也使用汉语的情况。他们见到壮族就讲壮语，见到其他民族就讲汉语，两种语言转换自如。村长李开元告诉我们南北小组的村民主要是讲壮语和云南方言，在寨子里很少有人讲普通话，即使是会讲普通话的人也只讲方言，多数人都是使用壮语和方言两种语言的双语人。

1—6 岁的学龄前儿童的语言使用情况是：他们的母语和第一语言都是壮语，汉语是作为第二语言在壮语之后习得的。1 岁的龙明宇已经能够听懂壮语，但还不会说壮语，2 岁的侬延依和 3 岁的田启伟略懂壮语，不会汉语，4 岁的侬志追和农廷佳能够熟练地使用壮语，也不会汉语，6 岁的田希莲和侬志瑞能够熟练地使用壮语，云南方言已经能听但是还不会说。这几位孩子的父母都是壮族，他们在牙牙学语的年龄就开始学说壮语，随着年龄越来越大，壮语能力会越来越强，到了 6 岁左右他们开始接触外界的小朋友或者成年人，才开始习得汉语。

（二）壮语和汉语的使用场合

在家庭内部，祖辈之间、父辈之间、同辈之间、子辈之间、祖辈与父辈之间和父辈与子辈之间使用母语壮语交流。村民在寨子里彼此见面也说壮语。但是走出寨子到了堡梁街村或者都龙镇，我们就看到了另外一种情景，村民会根据交际环境的改变而选择使用不同的语言。在官方场所，如村委会、镇政府，汉语成为主要的交际工具，在公共场所，如医院、邮局、银行，也主要使用汉语交际，在大型集会场所，如节日聚会、宗教祭祀活动、集市贸易，采用母语和兼用语双语交际，双语之间自由转化，即"见到什么人就讲什么话"。

我们在进行问卷调查时了解到南北小组的村民在使用汉语的时候基本讲云南方言，即使是村长到村委会或者镇政府汇报工作也是讲方言。只有离开了云南省到了其他城市他们才会讲普通话，他们都很谦虚地说自己的普通话讲得不好。

云南省文山州电视台有壮语播音、苗语播音等少数民族语言节目。新闻媒体为了适应广大少数民族地区群众语言交际的需要而采用双语作为媒介语言，这对于推动双语使用和双语和谐起到了积极作用。我们在走访的时候村民们告诉我们南北小组没有闭路电视，都是使用"小锅盖"接收器接收电视信号，所以看不到文山州电视台的壮语节目，但是过去家里有收音机可以接收到壮语广播，现在都不用收音机了。南北小组村民在生产劳动之外，看电视、看录像成为了他们喜闻乐见的娱乐方式，通过这些形式很快地提高了自己汉语普通话的水平。李开元村长说他的普通话不是从学校里学到的，都是在看电视的时候不知不觉地就学会了。

南北小组的小学、初中和高中学生要到堡梁街村委会或者都龙镇、马关县上学，教师和学生来自不同民族。村里的会计龙玉华的小儿子读小学六年级，他说他和他的壮族同学在家里和家人使用壮语交流，在课堂上老师使用汉语普通话进行教学，下课以后他和同学之间使用普通话或者云南方言交流。除了学前班和小学一年级的学生还需要使用壮语和其他民族语进行辅助教学之外，高年级的学生基本都采用汉语普通话单语教学了。

南北小组的村民由于文化水平偏低，很少接触电脑等网络媒体，因此网络汉语对于村民的影响很小。南北小组与越南接壤，距离南北小组大约1公里的地方就是越南的曼美村，曼美村有壮族、苗族、傣族、拉基族和普拉族，但是没有汉族，到南北小组务工的越南人或者嫁到南北小组的越南新娘都使用壮语，一般不会讲汉语。

（三）壮语和汉语的双语使用态度

我们在进行问卷调查的过程中，发现南北小组的被调查者普遍希望能够掌握壮语和汉语两种语言。他们把母语当作本民族的一种标志，认为不会说母语是忘本的行为，感觉母语好听、亲切。外出打工的年轻人回到村子里如果不讲壮语，他的亲戚朋友会笑话他："你这个人呀，太不懂道理了，出去一两年回来就说'我的壮语听得来说不来嘛。'这就不对了。"这种浓厚的乡土情结让村里的人不管是出外打工还是嫁到了外村，只要回到南北小组就都还讲壮语。

同时，南北小组的村民现代意识很强，他们普遍认识到在国家推广普通话政策的形式下，汉语普通话成为现代社会的通用语，很有用，他们认为说好普通话在未来的升学和就业中更占优势，在一定程度上感觉说好普通话比说好壮语更让人自豪。被调查者都希望自己的子女能够学好汉语普通话，陆秀花、龙开福等村民希望自己的孩子能够最先学会说普通话。他们普遍喜欢听汉语歌曲和看汉语节目，如果政府开办民—汉双语学校，村民们很愿意把自己的孩子送到双语学校去读书，让孩子成为精通壮语和汉语的双语人。

这里的村民对非本族人表现出开放包容的语言态度。他们对其他民族语持平等的态度，尤其是对待傣语，很多被调查者认为壮语和傣语非常接近，两种语言之间可以互相通话。有些村民有越南壮族亲戚，逢年过节越南亲戚来家里做客，大家用壮语讲话，共同的语言加深了彼此间的亲情，成为维系跨境民族对同宗同族的民族认同感的重要纽带。

南北小组的人既不反对非本族人学习壮语，也不反对本族人学习其他少数民族的语言，如果外族人讲壮语讲不好，他们也能理解，不会因为不好听而产生反感。我们了解到被调查者普遍认为讲什么语言不重要，关键是要让对方听得懂能交流，所以我们调查组中有北方人跟他们做访谈的时候，他们都很自然地转用普通话，给做访谈的师生留下了深刻的印象，感觉这里的村民待客真诚，懂得尊重别人，他们清楚地用普通话表达给我们的调查工作带来了极大的方便。

（四）汉语兼用语的代际使用调查

1. 不同年龄段的汉语兼用语使用水平

南北小组 6 岁以上的双语人可以划分为四个年龄段，代际之间云南方言兼用语的使用水平存在差异，具体情况如下：

如表 8-5 所示，在 6—19 岁这个年龄段的 24 人中有 21 人能够熟练地使用云南方言，占 87.5%；有 3 人略懂方言，占 12.5%；20—39 岁这个年龄段的被调查者有 32 人都能够熟练的使用云南方言，占 100%。在 40—59 岁这个年龄段 24 人中有 22 人能够熟练地使用云南方言，占 91.7%，有 2 人略懂方言，占 8.3%。在 60 岁以上这个年龄段的 11 人中有 6 人能够熟练地使用云南方言，占 54.5%，有 3 人略懂方言，占 27.3%，有 2 人不懂方言，占 18.2%。

表 8-5　　　　　南北小组壮族兼用云南方言代际情况

| 年龄段（岁） | 总人数（人） | 熟练 人数（人） | 熟练 百分比（%） | 略懂 人数（人） | 略懂 百分比（%） | 不会 人数（人） | 不会 百分比（%） |
|---|---|---|---|---|---|---|---|
| 6—19 | 24 | 21 | 87.5 | 3 | 12.5 | 0 | 0 |
| 20—39 | 32 | 32 | 100 | 0 | 0 | 0 | 0 |
| 40—59 | 24 | 22 | 91.7 | 2 | 8.3 | 0 | 0 |
| 60 岁以上 | 11 | 6 | 54.5 | 3 | 27.3 | 2 | 18.2 |
| 合计 | 91 | 81 | 89 | 8 | 8.8 | 2 | 2.2 |

使用汉语普通话也存在代际差异，具体情况如表 8-6 所示：

表 8-6　　　　　南北小组壮族兼用汉语普通话代际情况

| 年龄段（岁） | 总人数（人） | 熟练 人数（人） | 熟练 百分比（%） | 略懂 人数（人） | 略懂 百分比（%） | 不会 人数（人） | 不会 百分比（%） |
|---|---|---|---|---|---|---|---|
| 6—19 | 24 | 17 | 70.8 | 4 | 16.7 | 3 | 12.5 |
| 20—39 | 32 | 10 | 31.2 | 3 | 9.4 | 19 | 59.4 |
| 40—59 | 24 | 4 | 16.7 | 3 | 12.5 | 17 | 70.8 |
| 60 岁以上 | 11 | 0 | 0 | 0 | 0 | 11 | 100 |
| 合计 | 91 | 31 | 34.1 | 10 | 11 | 50 | 53.9 |

如表 8-6 所示，在 6—19 岁这个年龄段的 24 人中有 17 人能够熟练地使用汉语普通话，占 70.8%，4 人略懂，占 16.7%，3 人不会，占 12.5%；在 20—39 岁这个年龄段的 32 人中有 10 人能够熟练地使用汉语普通话，占 31.2%，3 人略懂，占 9.4%，19 人不会，占 59.4%；在 40—59 岁这个年龄段的 24 人中有 4 人能够熟练地使用汉语普通话，占 16.7%，3 人略懂，占 12.5%，17 人不会，占 70.8%；在 60 岁以上这个年龄段的 11 人都不会说汉语普通话。

2. 不同年龄段汉语兼用语的类型差异

从四个年龄段被调查者兼用汉语水平情况分析，使用方言熟练程度最高的是 20—39 岁的青年人群，达到了 100%；使用方言熟练程度最低的是

60岁以上的老年人,为54.5%。使用汉语普通话程度最高的是6—19岁的青少年人群,达到了50%,使用汉语普通话程度最低的是60岁以上的老年人,为0。上述情况显示出南北小组兼用汉语方言和普通话水平较高的使用者多集中在少年和青年这两个年龄段,水平较低的使用者多集中在老年这个年龄段。

南北小组6—19岁的青少年多为在学校里读书或者已经毕业的学生,他们接受了普通话教育,普通话水平比较高。20—39岁的很多年轻人、未婚青年到镇上矿山或者广东、深圳、珠海打工,还有一部分在务农,是家里的主要劳动力,这部分年轻人接触外界社会的机会多,为他们学习使用汉语普通话和云南方言都提供了便利的社会条件。南北小组所处的地理位置偏僻,交通不便,都是土路,没有通往镇上的班车,一到雨季泥石流就会冲毁道路,所以老一辈的村民出行非常困难,他们的文化程度很低,很多人是文盲,这些因素都造成了这类人群接触外面社会的机会少,生活环境闭塞,使用汉语兼用语的水平低,根本就不会讲普通话。

(五)汉语兼用语使用者的文化教育程度

我们统计了89位村民,文化教育程度对于使用汉语的影响,其方言的影响程度见表8-7:

表8-7　　　　　文化程度与兼用云南方言水平关系情况

| 文化程度 | 总人数（人） | 熟练 人数（人） | 熟练 百分比（%） | 略懂 人数（人） | 略懂 百分比（%） | 不会 人数（人） | 不会 百分比（%） |
| --- | --- | --- | --- | --- | --- | --- | --- |
| 文盲 | 16 | 11 | 68.8 | 3 | 18.8 | 2 | 12.4 |
| 小学 | 58 | 56 | 96.6 | 2 | 3.4 | 0 | 0 |
| 初中 | 13 | 13 | 100 | 0 | 0 | 0 | 0 |
| 高中 | 1 | 1 | 100 | 0 | 0 | 0 | 0 |
| 大专及以上 | 1 | 1 | 100 | 0 | 0 | 0 | 0 |
| 合计 | 89 | 82 | 92.1 | 5 | 5.7 | 2 | 2.2 |

表8-7显示文化程度为文盲的村民16人中有11人能够熟练使用汉语方言,占68.8%,3人略懂,占18.8%,2人不懂,占12.4%;小学文化程度的村民58人中有56人能够熟练使用汉语方言,占96.6%,2人略懂,占3.4%;初中文化程度的村民有13人,高中文化程度的村民有1人,大专及以上文化程度的村民有1人,初中以上被调查者15人都能够熟练地使用汉语,熟练程度也达到了100%。

可见南北小组村民的文化教育程度越高,汉语水平就越高,普通话的水平也越高。学龄前儿童习得汉语的能力差,不能使用汉语交流,到了入学年龄后学习汉语的能力明显提高,尤其是在学校里开始学习汉语普通话之后。据村长李开云介绍,接受文化教育的村民,他们的普通话水平明显高于没有接受过文化教育的村民,很多文盲只会讲云南方言,不会讲普通话。

(六) 壮语和汉语双语和谐度测量及分析

我们对南北小组村民使用壮语和云南方言、汉语普通话双语和谐度进行了测量,测量结果如下:

表 8-8　　　　　　　　南北小组双语和谐度测量评分

| 序号 | 参　项 | | 所占分值(分) | 云南方言 | | 普通话 | |
|---|---|---|---|---|---|---|---|
| | | | | 调查结果(%) | 得分(分) | 调查结果(%) | 得分(分) |
| 1 | 熟练掌握双语的人口比例 | | 60 | 89 | 53.4 | 34.1% | 20.5 |
| 2 | 对双语的认同程度 | | 10 | 10 | 10 | 10 | 10 |
| 3 | 双语通用范围 | 家庭 | 3 | 0 | 0 | 0 | 0 |
| | | 村寨 | 3 | 0 | 0 | 0 | 0 |
| | | 公共场合 | 3 | 3 | 3 | 3 | 3 |
| | | 媒体传播 | 3 | 3 | 3 | 3 | 3 |
| 4 | 双语教学是否进入学校教育 | | 8 | 0 | 0 | 0 | 0 |
| 5 | 是否存在不和谐现象(语言纠纷、语言歧视等) | | 10 | 10 | 10 | 10 | 10 |
| | 总　　分 | | 100 | | 79.4 | | 46.5 |

表 8-8 显示,南北小组壮语和云南方言双语和谐度为 79.4 分,属于"基本和谐型",壮语和汉语普通话的和谐度只有 46.5 分,属于"不和谐型"。造成云南方言与汉语普通话和谐度出现差异的原因主要是熟练掌握双语的人口比例不同,在 91 位 6 岁以上的村民中,有 81 人能够熟练掌握云南方言,占 89%,得分 53.4 分,31 人能够熟练地使用汉语普通话,占 34.1%,得分 20.5 分。

二　南北小组壮族语文双语和谐的成因

(一)"大杂居、小聚居"的生存环境及和谐的民族关系构成了双语和谐的社会基础

南北小组是个壮族聚居寨,在寨子内部村民之间使用母语进行交流,与越南的壮族也使用壮语交流。文山州是壮族苗族自治州,马关县有壮族人口

56454 人。在这个大的民族生态环境下,壮语的活力度很高,成为主要的语言交际工具。但是南北小组又是个只有 23 户 97 口人的小村寨,村民的很多日常生活都要到村委会堡梁街上进行。堡梁街村一共有 21 个村小组,主要有苗族、壮族、布依族、傣族、汉族等各民族杂居,南北小组与汉族和其他民族之间的关系很好。在这种大杂居的社会环境中,村民需要在日常交往中与其他民族进行语言交流,这就促使汉语作为兼用语在南北小组能够广泛普及。在这种"大杂居、小聚居"社会条件与融洽的民族关系下,南北小组自然形成壮汉双语类型的村寨。

(二)学校教育及汉文化的传播有力地推动了汉语兼用语的广泛通行

南北小组现在没有学校,小学生到堡梁街读小学,从星期日到星期五都住宿在学校里,中学生要到都龙镇读中学,也是住宿在学校里。学校里的学生来自不同的民族,他们上学的时候使用汉语,教师主要使用汉语普通话进行教学,回到家里后他们使用壮语和家人交流。课堂教育和封闭式的教育环境为学生使用汉语普通话和学习汉文化提供了优厚的条件。南北小组与其他的村寨一样,原来寨子里有一所小学,后来合并到堡梁街村完小,原来学校里的教师只能使用云南方言教学,现在基本全部采用普通话教学了,这为学生顺利掌握普通话提供了学校教育的大环境。由于文化教育水平的提高,该村的李春国考上了昆明理工大学,成为南北小组走出村寨的第一位大学生。南北小组的村民非常希望能有更多优秀的学生考上大学,学习现代化科学技术知识,追求进步的意识形成了学生学习普通话的内在推动力量。

(三)现代化信息工具的进入为村民学习汉语及汉文化提供了便利的条件

随着现代化进程的推进,电子信息技术开始进入到南北小组村民的日常生活中。全村基本普及电视、电话、手机类通信工具,与外界沟通比以前方便,一半以上家庭都拥有电视、电话。这些科技产品都使用汉语和汉字作为传播媒体,成为村民学习汉字和使用汉语的重要途径和信息来源。

(四)对汉语和汉文化的强烈认同感构成双语和谐的心理基础

南北小组的村民非常认同汉语方言和普通话的实用价值。他们在心理上希望通过学习普通话改变贫穷落后的生活现状,到先进发达地区接受先进的科技文化,并提高他们的经济收入。这里的壮族婚姻关系在发生改变,老一代都是族内婚,壮族跟壮族通婚,到了现代社会年轻人开始通行族际婚姻了,不同民族之间通婚。当我们访问这里的老人能不能接受壮族人娶或者嫁汉族人的时候,村民都表示婚姻自由,不会干涉的。他们在文化上也与汉族和其他少数民族融合的程度越来越深了,如他们的节日除了壮族传统的"祭龙"、"花米饭"、"尝新米"之外还过汉族的节日,有春节、清明节和元宵节；大部分人都改穿汉族的服装以方便生产劳动。他们的饮食除了壮族的招牌菜，如"凉鸭、水豆腐"等，其他各民族的佳肴他们也都喜欢吃。这里的壮族跟我们在走访中见到的其他民族一样喜欢抽水烟筒，他们也说不清楚是哪个民族发明的，与香烟替换着抽。这种文化和婚姻的融合打破了过去封闭的社会状态，对于学习语言也提供了民族融合文化和谐的社会环境。

（五）母语和兼用语的自然分工功能互补是构成双语和谐的重要因素

在南北小组，壮语和汉语交际功能的社会分工不同，壮语主要在家庭、村寨内部和本族人之间使用，汉语方言更多是在本族人和外族人交往的过程中使用，汉语普通话已经作为一种官方的正式语言和学校的教育语言加以推行。在多种社会因素的制约之下，母语和兼用语已经产生出交际功能优势互补，各自有自己的使用范围和交际场合。这种互补使得多种语言能够共同生存和谐发展。

## 附录：南北小组人物访谈录

（一）南北小组组长李开云访谈录

访谈对象：李开云，40岁，壮族，小学学历，堡梁街村南北小组组长

访谈时间：2014年7月18日

访谈地点：南北小组副组长龙玉华家

访谈人：田阡子、杨伟芬

整理人：田阡子

问：李组长，您能不能做个自我介绍，包括您的民族、年龄、学历、配偶及子女的民族和语言使用情况等。

答：我叫李开云，壮族，1974年生，已婚。我是小学文化。从1981年到1986年完成小学教育，然后就回家务农，后来村委会任命我为南北小组组长至今。我在上小学的时候开始学习汉语。我的父母、爱人都是壮族，母语都是壮语。家庭用语是壮语。

问：请问李组长，南北小组的自称是什么？

答：$nam^{55}pak^{55}$。

问：李组长，您能不能向我们介绍一下南北小组的情况。

答：南北小组隶属于堡梁街村，有23户村民，98人，全部是壮族，老百姓之间主要使用壮语进行交流。

问：南北小组的附近还有哪些村寨，他们的民族成分怎样？

答：在我国境内距离南北小组大约2公里的地方，有大、小花山寨，大

花山是苗族，小花山是汉族。在境外距离南北小组大约 1 公里的地方，是越南的曼美村。这个村大概有一个村委会那么大，里面有壮族、苗族、傣族、拉基族和普拉族。

问：南北小组有学校吗？学生到哪里上学，要在学校住宿吗？

答：没有学校。小学生到堡梁街读小学，从星期日到星期五都在学校住宿，中学生要到都龙镇读中学，也是在学校住宿，回到家里后他们使用壮语和家人交流。学校里的学生都来自不同民族，上学的时候使用汉语，教师主要使用汉语普通话进行教学。

问：请您介绍一下南北小组村民的经济情况。

答：这里的老百姓有 2/3 已经基本上解决了温饱问题，他们种植苞谷和稻谷。没结婚的年轻人会出去打工，结婚以后两个人中有一个人出去打工，一个人留在家里。南北小组没有金属矿，属于边境村寨，国家每年为每户村民（有户口的）补助 1000 元。每个人都享受低保，小孩子从出生就享受低保，60 岁以上的老人还有养老保。

问：南北小组距离越南非常近，请问两边的跨境交往情况怎样？

答：主要是越南人到这边来。这边请越南人种地，工资低。我们没有边境贸易。有人娶越南新娘，两边通婚。南北小组现在有越南新娘 5 人，都没有户口，不能领结婚证，生下的孩子可以落户口。我们和临近的曼美寨的壮族都是亲戚朋友，我们欢迎他们来，也喜欢他们。

问：现在南北小组和外族通婚吗？孩子的民族和语言是随父亲还是随母亲？

答：有不同民族通婚的现象，多是女子外嫁，男子很少外娶。孩子的民族和语言全部随父亲，不随母亲。

问：请您介绍一下南北小组的民俗习惯、宗教信仰、节日、婚丧嫁娶等情况好吗？

答：这里的节日主要有："尝新米"，时间是农历一月属鸡的那天和农历九月属狗的那天；"祭龙"，时间是农历二月初一，要杀一头猪和两只鸡，用糯米做成糍粑；"花米饭"，时间是农历的六月初一，没有活动。结婚的时候，女子要穿壮服，戴帕子，都是黑色的，男子穿什么都行。人死后要请"摩公"做法事，"摩公"会写壮文和壮字。这里的人死后都是土葬。

问：南北小组的壮族有家谱吗，家谱中记录多少代人了，您知道这里的壮族是从外面迁移进来的还是世代生长在这里？

答：我们有家谱，大概有十五代人了。我们祖祖辈辈就生长在这里，不是从外面迁进来的。

### （二）都龙镇堡梁街村委会杨代能村委会主任

访谈对象：杨代能，男，39岁，布依族，职高，都龙镇堡梁街村委会主任

访谈时间：2014年7月18日下午

访谈地点：南北小组副组长龙玉华家

访谈、整理人：王育弘、赵静

问：杨主任，您好！请您给我们先介绍一下自己的基本情况吧。

答：我1999年毕业于马关县农业技术中学，毕业后就去广东打了三年工。那边的气候不好，不能适应，而且我那时是在建筑工地上干活，干了三年不怎么喜欢就回来了。回家娶了媳妇，现在就在家种些香蕉、甘蔗什么的。

问：请问您会讲布依语吗？

答：我现在也不怎么会讲，但能听懂一些。村里七八十岁的老人还会说，但年轻人基本都是说汉语了。

问：麻烦您给我们介绍一下堡梁街的情况，村寨和民族的分布情况是怎样的？

答：堡梁街村委会一共有21个村小组，主要有苗族、壮族、布依族、傣族、汉族等。布依族、汉族杂居的村小组有岩龙关，老屋脊一组、二组等；堡梁街是汉族、壮族、布依族杂居，有少量的苗族；壮族聚居的有南北街、滑石板、曼约一组、二组等；傣族聚居的有那广一组、二组、三组，那谢，南江河，大湾子等；大、小花山主要是苗族、汉族、布依族杂居；新寨一组、二组主要是汉族、傣族杂居。

问：请问村里的经济情况怎样？

答：我们这里年轻人主要出去打工，结婚后就不怎么出去了。主要的经济来源是种植业和养殖业。农作物就是香蕉、苞谷、水稻等，每家几乎都养一些羊、鸡、鸭、鹅、猪、牛等家畜。年人均收入差不多有1500元。现在政府的政策也好，帮助我们改建危房，每户有15000元，还有每年每户都有1000元的援边补助。有的还有低保108元。现在我们村的危房改造基本上都完成了，只要修好了门前的路，我们的生活就没有什么不方便的地方了，已经很满足了。

问：请给我们介绍一下这里的学校教育？

答：这里有学校，就是堡梁街小学。有320多个学生，老师有十多个。当地孩子入学率是100%，小孩都送去读书，至少上了完小才有辍学的，有的就去外地打工了，但基本都扫盲了。

问：请问有没有上双语课呢？也就是用汉语和民族语上课的情况。

**答**：没有，这些老师大多是外来的，不怎么会说民族语。本地的也有，就是小孩听不懂汉语的时候会用民族语来说，给他们解释。

**问**：村子里的母语保留情况呢？这里会说壮语的人多吗？

**答**：这个南北小组就全部都会说壮语。整个堡梁街来说，苗族、傣族、壮族母语保留得较好，其他的寨子基本上都说汉语。我原来是老屋基的，我们那里的布依族年轻人基本上都说汉语，有些七八十岁的老人会说布依语。我们也能听懂，跟汉语的发音差别不大。

**问**：请问各个民族之间的关系好吗？

**答**：还是好的，也比较团结。过什么节日的时候大家都一起来帮忙。

**问**：那个时候大家都说什么话啊？

**答**：如果他们壮族在一起就说壮语，跟我们在一起就说方言。

**问**：各民族在一起会不会因为互相听不懂语言产生一些矛盾？

**答**：不会的。不同民族在一起都说方言，都能听得懂的。

**问**：那你们这里有些什么传统节日呢？

**答**：各民族有各民族的节日，壮族有花米饭节、苗族有踩花山等，我们布依族过四月八，每年农历的四月初八，就是布依族的新年。但是我们村的都不怎么过了，没有什么传统的活动，就是大家在一起吃吃喝喝，打打牌。木厂镇的布依族会说布依语的多，他们保留的活动也多些，不过我也没有去过。现在过节都是老百姓自己组织，我们村委会一般不会统一安排和管理。

**问**：请问跟越南那边的关系怎么样？

**答**：来往很多，主要是我们农忙的时候找他们来做活，他们说来这边好挣钱。但是越南那边管得严，基本不允许他们的老百姓过来。我们这边相对自由些。

**问**：跨境婚姻的情况呢？就是嫁过来咱们这边的越南妇女多吗？

**答**：多，但是不能上户口。生下来的小孩子可以上户口，也可以在学校读书，跟中国的孩子一样。有时也会把这些妇女送回去，但是都哭着不愿意走。

**问**：杨主任，最后请您看看还有什么要补充的吗？您对咱们少数民族地区的民族政策还有些什么建议？

**答**：你们来的时候也看到了，我们这里的路特别的不好走。外面的东西运不进来，我们种的香蕉什么的要运出去也很难，要是把这条路修好了，那我们这里也就能富裕起来了，日子就更好过了。

# 第九章　中越边境韭菜坪苗寨语言活力及双语和谐

韭菜坪苗寨地处中越边境，距离越南约 1 公里。这里主要聚居着苗族，他们与越南的苗族特点相近，语言相通。本章主要对该地区苗族的母语和双语使用情况进行论述。

## 第一节　韭菜坪概况

韭菜坪隶属于冬瓜林村委会。冬瓜林村委会隶属于马关县都龙镇，位于都龙镇的西南部。国土面积约为 19 平方公里，海拔 1800 米，属高寒山区。年平均气温 14℃，年降水量 1100 毫米。耕地面积 4757 亩，人均耕地 1.46 亩。适宜种植苞谷、水稻、豆子、荞麦等农作物。林地面积 2513 亩，主要种植草果等经济林果。农民的经济来源主要依靠种植业和养殖业。

该村委会下辖 17 个村民小组。其中只有冬瓜林上组、下组是汉族聚居寨，其余 16 个均是苗族聚居寨，包括大新寨、热水塘、冒天水、陆洞、小新寨、杨家寨、翁万寨、南当厂、陶家湾上组、下组、韭菜坪上组、下组等。

苗语和汉语方言是该地主要的交际工具。该地距离越南约 1 公里，中越两国的苗族和壮族往来频繁，与同族人可自由通话。民族服饰和生活习惯也基本相同。

韭菜坪距离村委会 10 公里，距离都龙镇 15 公里。国土面积约为 880 平方公里，海拔 1520 米。东边与麻栗坡县一河之隔，西邻大新寨，南面靠近中越边境的国门街，北边邻近热水塘寨。全村耕地面积为 600 亩，人均耕地 2 亩，林地面积 60 亩。

全村辖两个村小组：韭菜坪上寨和韭菜坪下寨，共 78 户，307 人。除 1 人是嫁入该村的彝族外，其余均为苗族，占总人口的 99.9%。村中几乎没有与外族通婚的现象，多为族内婚。

苗语是村寨和家庭当中最主要的交际用语。近几年，与越南同一民族间的跨境婚姻明显增多，他们语言和谐，家庭关系融洽。

韭菜坪属冬瓜林村委会中比较贫困落后的片区。农民的经济收入来源主要依赖种植业和养殖业。由于所处地势较高，水资源相对匮乏，严重制约了当地经济的发展。种植业主要以种植苞谷、稻谷、草果为主，养殖业主要以养猪为主。农业灌溉只能依靠大气降水。从2010年开始，村中外出务工的年轻人越来越多。大多前往广东、福建、安徽、山西等地打工。外出打工逐渐成为村民经济收入的主要来源。

截至2012年年底，全村基本通水通电。家家户户都有电视机和固定电话。闭路电视信号尚未覆盖，村民通过自费安装卫星信号接收器来观看电视节目。人畜饮用水靠自来水供给。进村的道路为水泥和泥土路面。1/3的家庭有摩托车，主要用于短途出行。比如去附近村寨办事访友或是到田间地头种植采摘。长途出行则要到茅坪村乘坐小型面包车。住房类型多以土坯房为主，零星点缀着几户砖瓦房。人畜混居的农户仍有60多户。

九年义务教育在村中逐渐普及。该村小学生集中就读于茅坪小学，初中生到都龙就读，高中生去马关县城就读。茅坪小学，1985年建校，是韭菜坪附近唯一的一所学校，设有1—6个年级。为了方便学生就读，学校实行全日制寄宿式的管理方法。教师均是来自都龙当地的汉族、苗族和壮族。1—3年级主要用汉语方言教学，四年级以上开始用普通话教学。

韭菜坪苗族的传统风尚保存完好。一年当中最隆重的节日当属春节和花山节。花山节是苗族本民族的传统节日，通常在每年的正月初三到初六举行。这一天，男女老少着苗装，戴新帽，穿新鞋，周围的壮族和汉族也会赶来一起参加。大家欢聚一堂，对苗歌、跳群舞、吹芦笙、爬花杆、打陀螺、吃苞米饭，处处洋溢着节日的欢乐。此外，苗族还祭龙和过端午节、六月节等一些传统的节日。

韭菜坪是都龙镇距离中越边境最近的一个村寨。多年来，享受国家各项惠农惠边政策的扶持。只要是当地户口，每人每年"援边补助"1000元，同时还享受全家低保，从出生之日算起，每人每月80—116元。在教育方面，享受国家九年义务免费教育，并给予在校生生活费和住宿费的补贴。今年年内还将对村内的部分房屋实施危房改造工程，改善村民的居住条件。农村社会养老保险和新型农村合作医疗逐渐普及，农村的医疗环境也较以往有所改善，方便农民看病就医。

## 第二节　韭菜坪苗族母语文活力现状及成因

### 一　韭菜坪苗族母语活力现状

韭菜坪是冬瓜林村委会当中距离边境最近的苗族聚居寨。全村人口除1

人是从外地嫁入的彝族外,其余全部是苗族。苗语是村寨中唯一的交际工具。同时,该寨与越南边境苗族的交往最为便利,走亲访友,商贸往来,沟通自如。我们选取该地作为本次调查的田野点。随机抽样调查了韭菜坪76户家庭,共计275人,对其母语的活力进行了微观的分析和统计。对苗族的母语使用特点,我们有如下的认识。

(一)全民使用母语的比例达到100%

通过穷尽式地入户调查,275人苗族的母语语言能力的统计,统计结果见表9-1。(其中6岁以下儿童均不计入统计范围)

表9-1　　　　　　　　　韭菜坪苗族母语使用情况

| 年龄段（岁） | 总人数（人） | 熟练 | | 略懂 | | 不懂 | |
|---|---|---|---|---|---|---|---|
| | | 人数（人） | 百分比（%） | 人数（人） | 百分比（%） | 人数（人） | 百分比（%） |
| 6—19 | 65 | 65 | 100 | 0 | 0 | 0 | 0 |
| 20—39 | 94 | 94 | 100 | 0 | 0 | 0 | 0 |
| 40—59 | 92 | 92 | 100 | 0 | 0 | 0 | 0 |
| 60岁以上 | 24 | 24 | 100 | 0 | 0 | 0 | 0 |
| 合计 | 275 | 275 | 100 | 0 | 0 | 0 | 0 |

从表9-1可以直观地看出,韭菜坪的苗族都能够熟练使用苗语,母语保留基本完好。各个年龄段的苗族都在使用苗语,掌握苗语的能力大多为"熟练"级。苗语是这里苗族的通用语,是他们最早认识周围世界的语言,从呱呱坠地就受到母语文化潜移默化地熏陶,母语成为他们思考和交际的主要工具。从我们的访谈抑或是问卷调查中也可窥见一斑。比如韭菜坪下寨的组长王富云(男,47岁,苗族),10岁的男孩儿王贵强,26岁的村民熊荣翠都说道:"我们从小就说苗语,我们的生活离不开苗语。"言谈间表达着他们与苗语之间须臾不可分离的密切关系。

(二)母语词汇出现明显的代际差异

为了具体了解母语掌握程度,我们随机选取韭菜坪年龄区间在6—80岁的8位苗族,对其进行四百个常用词测试。

表9-2显示,6—19岁年龄段的苗族母语掌握水平均为"良好",其余三个年龄段,苗语熟练程度均达到"优秀",A级和B级词汇总量均达到380个以上。相比较而言,6—19岁的青少年段,A级和B级词汇相加为320个左右,D级词汇的数量明显多于其他年龄段,母语水平出现下降趋势,出现了显著的代际差异。

表 9-2　　　　　　　　　韭菜坪苗族四百词测试统计

| 姓名 | 性别 | 年龄（岁） | 文化程度 | A | B | C | D | A+B | 等级 |
|---|---|---|---|---|---|---|---|---|---|
| 王贵国 | 男 | 10 | 小学 | 310 | 35 | 18 | 50 | 335 | 良好 |
| 王贵强 | 男 | 10 | 小学 | 307 | 19 | 11 | 63 | 326 | 良好 |
| 熊荣翠 | 女 | 26 | 文盲 | 380 | 10 | 6 | 4 | 390 | 优秀 |
| 王富江 | 男 | 28 | 小学 | 372 | 9 | 7 | 12 | 381 | 优秀 |
| 王友福 | 男 | 49 | 初中 | 395 | 1 | 0 | 4 | 396 | 优秀 |
| 熊永珍 | 女 | 44 | 小学 | 387 | 6 | 1 | 6 | 393 | 优秀 |
| 王友全 | 男 | 69 | 小学 | 398 | 0 | 0 | 2 | 398 | 优秀 |
| 杨森音 | 女 | 60 | 小学 | 398 | 0 | 0 | 2 | 398 | 优秀 |

经过分析和归纳王贵强（男，10岁，苗族）和王贵国（男，10岁，苗族）的母语四百词测试问卷，可看出两人的 D 级词汇主要分布在以下几类：① 动物类，如蝙蝠、孔雀、啄木鸟、麻雀等；② 身体部位、器官类，如肩膀、指纹、脉、肝、胆等；③ 服装、生活用品类，如裤子、衣袖、衣领、帽子、鞋子、枕头、项圈、梳子、筷子、雨伞等；④ 抽象的动作、状态类，如舀、孵、好、帮忙、锋利等。

通过询问被访者，我们了解到产生代际差异的原因主要有：① 生活中已不常见的动植物以及很少使用的事物名词，缺乏得的机会和需求；② 汉语借词的使用频率增高。青少年入学以后，汉语表达能力提高，在日常交际中，逐渐倾向于使用汉语借词，导致母语能力的下滑。在聊天时，王贵国的爸爸说起他们家庭交流当中的一个细微变化，孩子读书以后，在与父母的交流过程中，开始掺杂汉语借词。比如，父母用苗语跟小孩讲话，他却用汉语来回应。于是，淡化了苗语固有词在青少年脑海中的印象。

（三）母语是村寨内最主要的交际工具

韭菜坪全村几乎都是苗族，四周更是被苗族聚居寨所包围，构成一个较大范围的苗语语用场。在走访入户的过程中，我们深深地感受到，无论是在家庭内部，还是在田间地头，村民都普遍使用自己的母语，耳边始终回荡着苗语的音符。当被问到"生活中最常用的语言是什么？"时，所有的随机被访者都不假思索地告诉我们"是苗语"。

由于地处高寒山区，交通不便，很多村民日常活动的范围仅限于本村和周边的苗族寨，有的村民最远只到过马关县城。而且，村寨内部 76 户家庭中，只有 1 户是族际婚姻，其余均是族内婚。可见，苗语在人们日常生活中有举足轻重的地位。

## （四）口头文学的传承出现断裂

苗族口头文学通常包括诗歌、民歌、民间故事等类型，传播方式主要是口耳相传。从韭菜坪下寨副组长王友元（男，47岁，苗族）的访谈中得知："目前村子里40岁以上的人都还会唱一些苗歌，我也会唱，是跟着我父亲学的。每年春节踩花山时，互对山歌仍然是整场活动的重要环节。但年轻人中会唱的人越来越少了，现在他们更喜欢听流行歌曲。苗族民间故事会讲的人就更少了，寨子里只有60岁以上的老人还会讲一些，平时很少能听到了。我小时候听父亲讲过，如今也记不清了。"这种现象在我们的问卷调查中也得到了印证。6—30岁的被访者在被问及"你愿意听山歌和民间故事吗？"时，很多人都表示不喜欢。究其原因，主要是因为山歌的内容脱离现代年轻人的生活，主题也过于陈旧；民间故事有些晦涩难懂。

口头文学的传承大约以40岁为界，出现了严重的代际断层。

## （五）传统文字的传承

苗语是一种没有传统文字的语言，所以苗族文化的传承主要依靠口耳相传。1956年，国家派遣语文工作者到川黔滇地区，根据苗语的发音特点，创制了新苗文，即拼音文字。在韭菜坪，没有人认识苗文，有的人甚至没有见过或听说过有苗文，对拼音苗文也鲜有人知晓。调查中，多数苗族表示，如果有机会接触到苗文，还是很愿意去学习本民族文字的。

## （六）韭菜坪苗族苗语文活力测量及分析

为了对韭菜坪苗族苗语的保存现状有直观和清晰的认识，我们采用量化分析的方法对该点的母语文活力进行数据统计和等级划分。在前期田野调查的基础上，对韭菜坪苗族的苗语文使用状况有了全面的认识，据此，得出如表9-3信息：

表9-3　　　　　　　　韭菜坪苗族母语（文）活力评分

| 序号 | 参项 | | 所占分值（分） | 调查结果（%） | 得分（分） |
| --- | --- | --- | --- | --- | --- |
| 1 | 熟练掌握母语的人口比例 | | 55 | 100 | 55 |
| 2 | 代际传承状况 | 语言 6—35岁 | 6 | 100 | 6 |
| | | 36岁以上 | 4 | 100 | 4 |
| | | 文字（40岁以下） | 10 | 0 | 0 |
| | | 民间文学（40岁以下） | 5 | 5 | 5 |
| 3 | 通用范围 | 家庭 | 2 | 2 | 2 |
| | | 村寨 | 2 | 2 | 2 |
| | | 公共场合 | 2 | 2 | 2 |
| | | 媒体传播 | 2 | 2 | 2 |

第九章　中越边境韭菜坪苗寨语言活力及双语和谐　195

续表

| 序号 | 参　项 | 所占分值（分） | 调查结果（%） | 得分（分） |
|---|---|---|---|---|
| 4 | 是否纳入考试科目 | 5 | 5 | 5 |
| 5 | 对母语的认同态度 | 5 | 3.7 | 3.7 |
| 6 | 与跨境同族能否通话 | 2 | 2 | 2 |
|  | 总　分 | 100 |  | 88.7 |

　　从表9-3可看出，韭菜坪苗族苗语保留基本完好，也没有出现代际断裂。几乎在所有的交际场合中，韭菜坪苗族依据交际对象选择自己的交际用语，即与同族讲苗语，与外族讲汉语，母语的使用范围非常广泛。从母语的认同态度问卷中，我们发现，多数苗族对母语的认同度较高。

　　在调查中还了解到，韭菜坪40岁以下的苗族大多会唱苗歌，尤其在欢度节日时，喜欢通过互对山歌来传情达意。但苗文的传承情况则很不理想，在随机调查中，很多村民甚至不知道有苗文。

　　韭菜坪是都龙镇距离越南最近的村寨，跨境婚姻在此频繁，且大多是同族通婚。询问中得知，所有的跨境婚姻家庭，母语是家庭唯一的交际用语，他们沟通顺利，家庭和睦。可见，中越两国的苗族可以使用母语自由通话，基本没有交际障碍。

　　云南民族大学设有少数民族语本科班，其中的苗语班和壮语班只面向文山州的苗族和壮族招生，报考该专业的学生，除了参加国家的普通高考外，还需要参加该校自主进行的民族语母语考试，两项分数上线才可被录取。这项高考政策在一定程度上激发了苗族学习母语的热情，进而影响年轻人的升学和就业。

　　综上所述，韭菜坪苗族苗语活力总得分为88.7分，活力度属于一级，即母语稳定保存型。

## 二　韭菜坪苗族母语活力成因

　　在社会变革日新月异的今天，一种语言生命力的强弱，是社会、人口、地理分布、民族关系等多种因素共同作用的结果。韭菜坪苗语保持超强生命力的原因主要有以下几点：

### （一）苗语的交际功能和标志功能是其保持活力的根本原因

　　一种语言能否永续存活，关键在于其能否满足族群必要的社会需求。语言是人类最重要的交际工具，交际功能是语言存在的价值和意义所在。同时，语言也是民族识别的标志之一，是族群成员之间最重要的情感纽带。现实的韭菜坪苗族的苗语主要具有两个功能：

1. 苗语的交际功能

如前所述，韭菜坪是苗族聚居的村寨，周边四邻也皆是苗族村寨，形成了一个相对封闭的苗语语用场。毫无疑问，苗语是该区域的强势语言。苗语承担着这个族群成员之间的各种交际功能，渗透在生活的每一个角落。小到街边问候，大到开会选举，祭祖怀亲，都能够看到苗语的身影。走街串巷时，多位村民告诉我们"苗语是他们生活中使用最频繁的语言"。村民王友成（男，37岁，苗族）自豪地说："会讲苗语，走遍苗族地区都不怕！"此外，在韭菜坪调查之余，课题组有幸前往中越边境的国门街。每周六是国门街的"赶街日"，长长的一条街市，熙熙攘攘，热闹不已。中越两国的边民络绎不绝，纷纷前来置办生活用品。他们大都穿着各自的民族服装，有壮族、苗族、彝族、布依族等跨境少数民族。游走期间，时常见到越南的苗族同胞正在用苗语与中国的商人讨价还价。苗语成为村内村外、国内国外主要的交际用语。其交际语域的扩大，强化了苗语的交际功能，促进其活力的永久保持。

2. 苗语的识别功能

民族识别的特征包括服饰、语言、风俗习惯、宗教信仰等。其中，语言是一个民族最重要、最稳定、最显著的特征，具有标志性的识别功能。语言与民族共生共荣，相携发展。语言凝聚着人们长期实践所获得的知识，反映着一个民族看待客观世界的共同认知，因而语言成为维系族群情感的桥梁和纽带。

苗族把语言和民族紧密地联系在一起。正如村民王友金（男，69岁，苗族）所说："如果我们苗族人都不会讲苗语了，苗族也就不存在了。"即使是深受汉文化影响的青少年，也将苗语看成是最能代表自己民族身份的象征，对母语也怀有深厚的情感。王贵国（男，10岁，苗族）在填写母语态度问卷时，说道："在寨子里，我很反感苗族人不讲苗语，我们也不喜欢跟他玩。"下寨组长王富云（男，44岁，苗族）在谈到与越南苗族的交往时，激动地说："我们村很多人在越南都有亲戚，虽然我们生活在两个国家，但在心里，我们都是苗族，就是一家人！"可见，不论是年近古稀的老者，还是稚气未脱的孩童，抑或是不同国籍的人民，母语永远是他们心中进行民族识别和族群认同最基本的要素。

由此可见，语言的交际功能和识别功能是其能永葆活力的根本动力。正是由于苗语在韭菜坪苗族人社会生活中承担的其他语言不可替代的多种功能，才会被代代相传。

（二）高度聚居的地理分布、区域人口优势、族内婚是保持母语活力的客观因素

1. 高度聚居的地理分布和区域人口优势

韭菜坪全村99%都是苗族，四面也皆是苗族聚居寨，形成了一个相对

封闭的苗语语言社区。同时，整个冬瓜林村委会共计3200多人，其中苗族人口占80%以上。苗族在该地区占有绝对的人口优势。苗语即是村内唯一的交际工具，也是村寨间最常用的交际用语。因而，高度聚居的居住格局以及区域人口优势为苗语在该地保持强劲活力营造了良好的外部环境。

2. 族内婚

通过穷尽式地入户调查，我们发现，整个韭菜坪76户家庭中，只有1户族际婚姻家庭。来自下寨的张小凤（女，28岁，彝族）是从外地嫁入本村的彝族，现在她已经能够用苗语进行日常的交流，她的苗语是在家庭和寨内交际中逐渐习得的。苗语已成为他们的家庭用语，6岁的女儿最先学会的也是苗语，与族内婚家庭已没有实质的区别。其他75户家庭，都是与同族通婚，苗语是家庭内部唯一的交际语言。代际之间，都是在自然的母语环境中习得语言。这种婚姻类型，在一定程度上保证了母语的代际传承和稳定使用。

3. 国家的民族政策是保持母语活力的推动力

依据《国家通用语言文字法》的规定："各民族都有使用和发展自己的语言文字的自由。"这对少数民族使用自己的语言和文字提供了政治保障。此外，国家还出台了很多优惠政策帮助扶持和促进少数民族语言文化的发展。比如新中国成立以后，国家开始实施针对少数民族的高考加分政策，这一方面是鼓励少数民族接受高等教育，另一方面促进少数民族语言文化的传承，最终有利于文化的繁荣和多样。在民族地区的公务员考试中，能够熟练掌握自己的母语也成为录取条件之一。这些政策都为少数民族母语活力的保持起到了推动作用。

## 第三节 韭菜坪苗族语文双语和谐现状及成因

### 一 韭菜坪苗族双语和谐的现状

韭菜坪的苗族除了能够熟练掌握自己的母语外，还普遍兼用汉语。

（一）韭菜坪苗族兼用汉语呈现明显的代际差异

1. 兼用汉语的水平存在代际差异

为了更加直观地反映韭菜坪苗族不同年龄段兼用汉语的情况，我们对其进行了分析和统计。具体数据见表9-4：

从表9-4的统计结果可以看出，能够熟练兼用汉语人数最多的是20—39岁的青壮年，占人口总数的95.8%。其次是40—59岁的中老年，能够熟练使用的有67人，占人口总数的72.8%。6—19岁的青少年，能够熟练使用汉语的有24人，占总人口的36.9%，汉语兼用水平最低的是60岁以上的老年人，在被访的 24 人中，只有 3 人能够熟练使用汉语，略懂和不会汉语的数量占到人口总数的 87.5%。呈现中间强两端弱的局面。

表 9-4　　　　　　　　韭菜坪苗族兼用汉语使用情况

| 年龄段（岁） | 总人数（人） | 熟练 人数（人） | 熟练 百分比（%） | 略懂 人数（人） | 略懂 百分比（%） | 不会 人数（人） | 不会 百分比（%） |
|---|---|---|---|---|---|---|---|
| 6—19 | 65 | 24 | 36.9 | 30 | 46.2 | 11 | 16.9 |
| 20—39 | 95 | 91 | 95.8 | 3 | 3.2 | 1 | 1 |
| 40—59 | 92 | 67 | 72.8 | 25 | 27.2 | 0 | 0 |
| 60 岁以上 | 24 | 3 | 12.5 | 19 | 79.2 | 2 | 8.3 |
| 合计 | 276 | 185 | 67 | 77 | 27.9 | 14 | 5.1 |

2. 习得汉语的途径存在代际差异

步行在韭菜坪，我们深切地感受到，受交通条件的制约，韭菜坪苗族的生活区域和人际交往圈相对狭小，苗语基本能够满足人们的日常交际需求。再者，村民们的文化程度普遍较低。现在 30 岁以上的中老年人，大都只是参加过 1990 年村委会举办的扫盲学习班，大致相当于小学二年级的水平。所以，最初人们接触到汉语的机会少，途径单一。近些年，随着生活水平的提高以及对外交往的增多，习得汉语的方式日益丰富，呈现出明显的代际分化特征：

（1）6—19 岁青少年组汉语学习通常源自学校教育。村寨里很多儿童在入小学之前，均是苗语单语人。汉语熟练的 24 人多是小学五年级以上的在校生，汉语略懂的 41 人多是 8 岁以下刚入学或尚未入学的儿童。

（2）20—39 岁青壮年组，汉语习得的途径主要是外出务工和媒体传播。从 2012 年开始，外出打工的年轻人越来越多，且大多去往省外打工，比如山西、安徽、浙江、福建、广东等以汉语为区域强势语的省份。汉语暂时成为他们的主要生活用语。同时随着电视、手机等电子信息设备的普及，汉语与年轻人的生活息息相关。这些都促进了该年龄段汉语水平的提高。

（3）40—59 岁中老年组汉语习得的途径主要是参加扫盲班，或平时赶街跟其他民族学习。

（4）60 岁以上的老年组，基本没有习得汉语的需求，一般只生活在村寨中。全村只有 3 位老人能熟练使用汉语，分别是王发德（男，62 岁，苗族）、项春英（女，64 岁，苗族）、王发山（男，68 岁，苗族）。经询问，主要与他们特殊的生活经历有关：王发德年轻时常去汉族聚居寨茅坪做工；项春英是从都龙镇汉族聚居寨嫁入韭菜坪的;王发山原是村委会的会计,工作时需要使用汉语。其余22人都是在本地土生土长的苗族,且很少与外界交往,苗语几乎是他们生活中唯一的交际工具,缺乏习得汉语的动因。

3. 产生代际差异的成因

主要原因有:

(1) 地处高寒山区,交通不便,与外界的交流相对较少;

(2) 高度聚居的分布特征,苗语成为其村内村外最重要的交际用语;

(3) 受教育意识淡薄,文化水平较低,缺乏学校教育的习得途径;

(4) 婚姻类型主要是族内婚,苗语是家庭内部唯一的交际用语。

(二) 韭菜坪苗族双语和谐互补的表现

1. 苗语汉语各尽其用、和谐互补

韭菜坪苗族双语使用语域的界限比较分明。从族群交际的角度来看,母语是族内主要的交际用语,汉语是族外主要的交际工具。该地苗族生活区域相对狭小,主要是村内以及邻近的几个苗族聚居寨,这就使得苗语几乎成为他们生活中唯一的交际用语。无论是寒暄聊天、耕种劳作、生活贸易,还是婚丧嫁娶、节日庆典、村民会议,苗族无时无刻不在使用自己的母语,形成了一个相对完整和封闭的苗语语言社区。而汉语,对于大多数村民而言,只是在偶尔赶街时才会用到。对于外出务工的人,汉语会暂时成为其生活中主要的交际用语。在路上溜达时,我们偶然碰到一位60多岁的老奶奶,跟我们用汉语交流有些困难,在当地人的帮助下,问她会不会讲汉语,平时在什么时候会讲汉语。她用苗语回答道:"我不太会讲汉语,平时很少用到,会讲的几句汉语方言也是在赶街的时候学到的。"

苗语和汉语就这样在苗族人的生活中辅助交替,各尽其用,丰富着人们的语言生活。

2. 在学校教育中,课上课下交替使用,功能互补

冬瓜林村委会附近只有一所小学——茅坪小学。通过询问村寨里的在读小学生,了解到双语在学校教育当中的使用情况:课上,汉语是教学用语,也是师生之间的交际用语;课下,学生之间基本用苗语进行交流。当问及"课下跟小伙伴为什么不用汉语时?"王贵军(男,9岁,苗族)笑着说:"习惯讲苗语,觉得亲切!汉语讲好了,读书才好。"从中流露出,双语在该地学校教育中自如地转换,相互补充。

(三) 韭菜坪苗族双语和谐测量及分析

通过量化分析,有助于确切地看出韭菜坪苗族苗语和汉语的兼用程度。结合实际调查情况,得出以下结果:

表 9-5　　　　　　　　韭菜坪苗族双语和谐评分

| 序号 | 参　项 | | 所占分值（分） | 调查结果（%） | 得分（分） |
|---|---|---|---|---|---|
| 1 | 熟练掌握双语的人口比例 | | 60 | 65.8 | 39.5 |
| 2 | 对双语的认同程度 | | 10 | 9.1 | 9.1 |
| 3 | 双语通用范围 | 家庭 | 3 | 0 | 0 |
| | | 村寨 | 3 | 0 | 0 |
| | | 公共场合 | 3 | 3 | 3 |
| | | 媒体传播 | 3 | 3 | 3 |
| 4 | 双语教学是否进入学校教育 | | 8 | 0 | 0 |
| 5 | 是否存在不和谐现象（语言纠纷、语言歧视等） | | 10 | 10 | 10 |
| | 总　分 | | 100 | | 64.6 |

由表 9-5 可看出，韭菜坪苗族双语和谐的总得分为 64.6 分，和谐级别属于二级，即基本和谐型，但分数明显偏低。导致该地双语和谐度较低的原因主要是：

① 汉语兼用水平达到"熟练"程度的人数比较少；
② 苗语是家庭和村寨中的强势用语，汉语的语域较为狭窄；
③ 汉语是当地学校教育唯一的教学用语。

## 二　韭菜坪苗族双语和谐的成因

韭菜坪是苗族聚居寨，且周边村寨也是苗族聚居寨，苗语不仅是韭菜坪苗族日常生活中唯一的交际用语，也是与周边村寨苗族交流的重要交际工具。苗语是韭菜坪及周边地区的区域强势语言。韭菜坪缺乏习得汉语的必要性。但是熟练兼用汉语的人口比例在 20—39 岁和 40—59 岁两个年龄段均达到 70% 以上，且 6—19 岁的青少年组随着受教育程度的加深，汉语水平会与日俱增。究其原因，主要有以下几点：

（一）开放包容的语言态度是韭菜坪苗族双语和谐的心理基础

从统计数据可以看出，韭菜坪的苗族普遍兼用汉语，属于"苗汉双语人"。苗语是寨内的交际工具，是维系民族情感的纽带。汉语是该地苗族走出大山，与外界沟通、寻求发展的桥梁。在对村民进行语言态度问卷时，汉语是我们之间的交流用语，其间有邻居过来询问事情时，被访者会迅速转用苗语与其交谈。可见，他们能够自如地在两种语言间转换。在被问及是否担心汉语对自己的母语造成冲击时，村民们纷纷表示："不会担心，对自己的母语充满信心。因为绝大多数的苗族还是扎根生活在村寨中，苗语仍然是日常交际最主要的交际工具，汉语只是在与不懂苗语的人交流时才用。"对于如何看待汉语和苗语的关系，冬瓜林村委会的副主任说："苗语是我们民族的语言，从小就一直在说，一辈子都不可能忘记。汉语嘛，也必须学好，对读书和找工作很重要。越多的人受教育，我们苗族才能发展。"这种和谐的双语理念深深地感染着我们。

（二）国家的语言政策是韭菜坪苗族双语和谐的政治保障

据韭菜坪组长王友元（男，47岁，苗族）介绍："这里的苗族是从贵州迁徙到此地的，至此已经有五代人生活在这里。在近100年的定居历史中，我们苗族一直都说自己的母语，不受干扰，一代一代，生生不息。"同时，为了获得民族的进步和发展，村民们尤其是年轻人自觉学习汉语，并对汉文化怀有高度的认同感和敬仰之情。在我们所到的苗族小院中，随处可见对联等具有汉文化特征的事物。在集市的赶街中，随时可听到苗语和汉语的交替使用。呈现出和谐的双语景象。

（三）对外交往的需求是韭菜坪苗族双语和谐的促进因素

近两年来，韭菜坪外出务工的年轻人越来越多。汉语是国家通用语，具有最广泛的群众基础。学好汉语是"走出去"的第一步。正如村民王友忠（男，36岁，苗族）所言："我刚开始去安徽打工的时候，汉语说得不好，别人听不懂我讲话，很难找到活做。半年以后，通过跟工友们学习，现在汉语讲得很溜。找工作的机会多了，也比原来更自信了。"外出务工所得报酬也成为村民家庭经济收入的来源之一。这使得村民逐渐意识到汉语学习的重要性，最终促进双语的和谐发展。

（四）学校义务教育的普及是韭菜坪苗族双语和谐的客观基础

从之前的统计数据可以看出，韭菜坪村民整体文化程度偏低，多为小学学历。从侧面反映出，过去苗族教育意识比较淡薄，都是通过其他途径习得汉语。30岁以上的村民初中及以上学历的人渐渐增多，汉语水平也不断提高。说明近二三十年以来，村民们的教育观念逐渐增强，出去读书的人越来越多。学校教育逐渐成为苗族习得汉语的主要途径，为实现双语和谐奠定了扎实的基础。

（五）苗语汉语的语域互补有助于韭菜坪苗族的双语和谐

苗语是韭菜坪苗族村内最主要的交际工具。随着社会经济的快速发展，对外开放政策的深化，越来越多的苗族走出村寨，谋求更多的发展和就业机会，汉语成为其必不可少的技能之一。村民王富春（男，29岁，苗族）到浙江打工两年了，他深切体会到苗语和汉语在其生活中的作用。他说："我每年春节回到寨子里，听着周围人讲苗语，瞬间消除了我内心的陌生感，觉得母语无比亲切！汉语只有外出打工的时候才会讲。不会汉语，很难在外面立足。"这种对母语天然的亲切感和认同感不因时间而消磨，也不因地域而阻隔。汉语又很好地弥补了母语在语域上的局限性。苗语和汉语的双语和谐将成为该地苗族今后主流的语言生活方式。

# 附录：韭菜坪人物访谈录

（一）韭菜坪下寨小组组长王富云访谈录
访谈对象：王富云，男，44岁，苗族，高中，韭菜坪下寨小组组长
访谈时间：2014年7月26日上午
访谈地点：上寨一村民家
访谈、整理者：李春风

问：请介绍一下您的个人情况吧。
答：我1970年出生。1990年高中毕业，毕业后回来当了8年民办教师。1998年撤校以后，就来当村长了。家里人都是苗族，妻子读到小学。我们家现在住在茅坪寨那的路边。
问：我们了解到，村里像您这样读到高中的人很少，多数只读到小学。为什么？
答：我那个年代读书的人很少，家里人支持我读书，那年一个村委会只有我一人读到高中。高中毕业后也想在外面闯，但是没有钱，就回来了。我想这地方需要有人带动起来，改善生活。以前是因为穷，人读到小学就读不起了，有很多人是我当老师的时候扫盲才读了点书。现在这情况有改善，最低都要读到初中毕业，不读的话我们会去做思想工作。读书还是有用的。我现在拼命赚钱供小孩读书。我有两个小孩，一个读中专，一个读高中。
问：现在学生去哪里上学？住校吗？
答：小孩都去两公里外的学校读书，学校在茅坪寨那里。五年级、六年级的学生住校。现在小孩生活条件好多了，政策非常好，学校提供早点、午餐。基本没有读不起书的。学校偶尔收一点钱，我们也承受得了。
问：您认为村民汉语水平怎么样？
答：汉语水平比较低，我们这个地方都是这样。我们这个寨子文化水平算高一点的。平时村子里都用苗语，从来不用汉语，只有陌生人来的时候才用汉语。我家人也都只说苗语。我希望孩子们会普通话，这样才能跟外面的人沟通。
问：您担心汉语水平提高后影响苗语水平吗？
答：不会影响苗语的。苗语不会消失。

问：村民重视教育吗？村里的小孩没上学以前会说汉语吗？对他们来说汉语难学吗？

答：村里现在比以前重视教育了。必须要重视教育，民族才能发展得比较快，民族素质才能提高起来。小孩上学以前都不会说汉语，刚上学的时候学汉语很难，但是再难也要学。

问：村里外出打工的人多吗？对村民生活有什么影响？

答：多。大部分年轻人都出去打工了，多数去外省。赚钱也多了，村民生活有所改善。他们回来后还说苗语，苗语水平没有变化，汉语水平提高了。他们到外面学到一点东西，思想开阔了，知道怎么才能赚到钱，比如努力发展养殖等。

问：政府有什么扶持养殖的政策吗？

答：偶尔有一两次扶持，教我们怎么种植、养殖。这些种植、养殖有补贴，村民的积极性比以前高了。

问：养家畜是为了卖吗？

答：一部分卖，一部分自己吃。

问：请您介绍一下寨子的情况。

答：我们距离越南不到1公里。东面不到1公里是越南。南面4公里处是国门。北面两公里是热水潭小组，苗族寨。西面四公里处是大新寨，苗族寨。下寨共有146人，除了1个彝族媳妇，全都是苗族。东北两公里处是茅坪寨，汉族聚居。下寨有4个越南媳妇，都是越南苗族，户口册里没有记录，生的小孩可以落户。婚姻比较稳定，离婚的很少，女孩子外嫁较多。从外面嫁进来的也有。本姓人不能通婚。以前村民重男轻女，现在没有了。但还是有一两家文化比较低的愿意要男孩。村民间和睦相处，没什么矛盾。

我们每人年均收入1000多元。主要经济来源是种植苞谷、甘蔗、药材（苦参等）、水果（梨子）。也养猪。种出来的东西有人来收，价钱还算合理。收成一般。很少有人做生意。

问：您的家庭收入怎么样？

答：比其他人家多一点点吧。我主要种植药材，药材更贵，很多广州、福建的老板过来收。其他村民没有尝到甜头，也不愿意冒险。

问：您从什么时候开始种植药材的？多久可以收益？对村寨有影响吗？

答：三四年以前开始种植，一般种植三五年后才能收益，我现在还是有一点收益的。药材比苞谷、稻谷的收益高几十倍。这些药材不会破坏生态环境，都是绿色环保的。我已经带动了几家跟我一起。只要他们愿意我都会帮助他们把生活搞起来。

问：彝族媳妇的语言情况如何？

答：会一点点苗语。彝语熟练，汉语熟练。

问：村里什么时候开始通水、通电、通路的？

答：1989年开始通电，电费还算是合适，5.5角一度。这里2012年以前是土路。2012年开始修水泥路。国家出了一点钱，我们出工、出力、集资。今年还要投入10万元，每家要投资1300多元钱，把路通到茅坪寨。那面是柏油路。大家还是愿意的。以前寨子里只有一口井。大概用了3年时间，到了2014年才开始稳定通自来水，水源是从茅坪寨那面引过来的，长约6公里。

问：您近期忙什么？

答：最近忙着修路。

问：跟越南苗族关系怎么样？

答：交往比较多。我们和越南苗族山水相连，相处没有任何拘束。现在中越关系紧张，对我们还是有一点影响的。以前没有，战争以后，心里还是有一点国家界限的，会有一点提防。以前有边防通行证就可以过去了。现在严了，有通行证也不让去越南。

问：村子移民外迁的多吗？

答：我们现在生活好起来了。国家也有补贴，没有外搬的。因为这面始终是可以居住下来的。习惯住在这里了。

问：韭菜坪附近有矿山吗？

答：周围有矿，但没有人开采。如果开发起来，人们就富起来了。有钱的话我希望盖新房，帮助别人，多做一点善事。

问：周围民族关系怎么样？

答：各民族都有来往，毕竟是连在一起的，没有矛盾，各民族性格基本一样。

问：您希望自己的后代先学什么语言？

答：希望自己的孙子先学苗语。

问：咱们村寨的民族风俗习惯有变化吗？

答：现在也会狩猎。过年对山歌。前几年年轻人参加对山歌的不多，现在多了，这毕竟是苗族的节日聚会嘛。

问：村民有会越南语的吗？怎么学会的？

答：村子里有一两个会越南语的。他们经常过去做生意，卖水果什么的。市场开通以后，还比较好做生意。这段时间关系紧张就不过去了，生意比较难做。

问：越南人会说苗语吗？

答：会说苗语的越南人不少。尤其是苗族和拉基族过来打工的比较多，基本都用苗语。

问：您认为村子的风俗习惯发生变化了吗？

答：有的节日、风俗习惯有变化。春节是我们最重要的节日。大部分苗族人都到花山去过节，其他很多民族也一起，越南苗族也会过来。社会变了，其他的都要随之改变。这也是好事，都在往好的方面改变。小孩在赶集、节日穿民族服装。

问：社会的确在变。您担心民族文化会消亡吗？

答：我认为苗汉两种文化应该是同步进行的。我也担心苗族文化会消亡，也许将来会消亡，比如苗族的苗药配方很多都失传了，这很可惜而且是不应该的，应该采取措施来保护。但也是没办法，不知道采取什么措施保护。

问：您说的诸如苗药配方失传等文化消失的主要原因是什么？

答：因为很多人都不知道苗文，很多苗药配方都是靠老人们口耳相传，记在脑子里的。传下来的时候很容易出错或者忘记，所以就慢慢地失传了。如果都会文字就好了。如果有人教授苗文，我一定去学，很多人都会愿意学的。对一个民族来说，文字可以记存下很多宝贵的东西。

问：您认为民族发展中什么最重要？

答：我一直想着怎么带领村民发展经济。这是最重要的。发展经济，一定要提高文化水平才行。

（二）冬瓜林村委会韭菜坪村下组副组长访谈录

访谈对象：王友元，男，47岁，苗族，小学学历

访谈时间：2014年7月26日

访谈地点：王友元家里

访谈人：田阡子、和智利

整理人：田阡子

问：王村长，请您做一下自我介绍好吗？

答：我叫王友元，男，47岁，苗族。我是青苗，自称是 məŋ$^{55}$ʂʅ$^{55}$。我家有四口人，爱人和两个孩子都是苗族。我们在家里都讲苗语，出门见到苗族就讲苗语，见到汉族就讲汉语。我的大儿子去广东打工了，女婿也是苗族，有两个外孙，他们都讲苗语。我读书读到小学五年级，然后就回家务农，19岁又出去到茅坪矿上打工，每天可以赚到12元钱。在矿上的时候跟矿友们说苗语和汉语。

问：王村长，您的汉语普通话说得很好，您是从哪里学到的？

答：我的汉语普通话是在学校学到的。我父母那辈子的人很少有人会讲

汉语。我上学的时候有苗族老师也有汉族老师，他们都讲普通话。

问：王村长，请您介绍一下冬瓜林村委会的情况好吗？

答：冬瓜林村委会有 17 个村寨，其中有 15 个苗族寨、2 个汉族寨。15 个苗族寨分别是大兴寨上组、下组，热水塘，帽天水，陆洞一组、二组，小兴寨，杨家寨一组、二组，翁忘寨，陶家湾上组、下组，南丹厂，韭菜坪上组、下组。2 个汉族寨是冬瓜林上组、下组。距离韭菜坪最近的是大兴寨。

问：冬瓜林寨子里的汉族讲方言还是普通话？您到政府部门办事的时候讲什么话？

答：主要讲云南方言。我到村委会和镇政府办事的时候讲普通话。

问：冬瓜林村是从外地迁进来的吗？你们有家谱吗？

答：冬瓜林全部是从贵州那边迁过来的。我们有家谱，家谱都是用汉字写的，冬瓜林这里已经有十代人，在贵州那边就不知道了。

问：在村子里姓什么的人最多？

答：姓王的最多。

问：请您介绍一下冬瓜林村的教育情况好吗？

答：茅坪完小建的比较好，1985 年建校。刚建校的时候，老师有汉族、苗族、壮族，他们上课的时候用云南方言讲课，学生到了四五年级才开始学习普通话。现在学校里的老师都用普通话讲课了。学生都在学校住宿，国家拨给学校补助费，包括学生的学费、食宿费和生活费。初中学生到都龙镇读书、高中学生到马关县读书。

问：这里跟越南接壤，请您介绍一下两边的交往情况。

答：我们这里翻过这座山就是越南了，两边只有 1 公里的距离。越南那里有苗族、有壮族，我们跟越南的苗族可以互相通话，服装和生活方式也基本相同。两边的很多老百姓都有亲戚关系，他们逢年过节互相来往，感情很深，我的老娘就嫁到了越南，入了越南籍，他们全家人都会讲苗语，我们两边都有亲戚，互相喜欢。

问：村子里有越南新娘吗？

答：韭菜坪有 4 位越南新娘，他们都是苗族，讲苗语。

问：请您介绍一下这里跟越南的经济贸易情况好吗？

答：主要是越南人和茅坪村的人在茅坪口岸做生意，韭菜坪的人没有本钱，没有到那里做生意的。韭菜坪的人也不请越南人务工，一是因为没有钱，二是担心越南人来了以后生病影响两边的关系。

问：请您介绍一下韭菜坪的经济情况好吗？

答：老百姓的生活困难。韭菜坪是高寒山区，海拔有 1800 米，种植的农作物有苞谷、水稻、豆子、荞子，不丰收，另外就是养几头猪，这是我们这里主要的经济来源。除掉生活费之外人均年收入不到 1000 元，特困户很多。现在年轻人两口子出去打工的很多，多数是到广东、浙江等地，除掉生活费之外年收入可以达到 10000 元，日子就越来越好过了。

问：国家对边境村寨有补助政策吗？

答：国家有"沿边补助"，每年每户 1000 元。实行全家低保，孩子一出生就有，最低是每人每月 80 元，最高是每人每月 116 元。

问：韭菜坪这里的交通方便吗？

答：现在村子里都是土路。从茅坪小学到韭菜坪这段路有 860 米，我们准备修路，政府补助水泥，每家每户还要出资几百元钱，很多人拿不出钱来，所以还没修。我们修路主要是为了村民出门方便，政府的领导到这里来也出进方便。我们这里有的家庭有摩托车，还有开到镇子上的班车。

问：冬瓜林村有哪些节日和风俗习惯吗？

答：我们这里过春节，过春节的时候举行踩花山活动。村委会或者村小组组织跳舞、打陀螺、打球、吹芦笙。过端午节的时候吃粽子。农历二月祭龙，忌工三天，出门在外的人都回到家里吃团圆饭，壮族和汉族都会参加。农历六月初六的时候过六月节，还有"尝新米"，苗族和壮族都过。壮族过七月半，苗族不过，因为我们老辈子的人就没有过七月半的传统，我们没有成人礼。

问：请您介绍一下这里的苗族服装、苗医和苗药的情况。

答：老年人平时穿苗族服装，年轻人只有在节日里才穿。多是女子穿苗装，男子穿苗装的人比较少。各个苗族支系的人服装挑花不同，头饰也不同，鞋子就是汉族穿的鞋子，不穿绣花鞋。这里的村民上山采苗药，都是自己使用，不能大量采集，所以不卖给外面的大公司。村民生病了都是到都龙镇卫生院看病。

问：请您介绍一下韭菜坪的婚丧嫁娶情况。

答：老年人过世了我们这里要吹芦笙、打黑鼓，根据老人的属相挑选出殡的日子，办丧事的时间最短三天，长的要一个星期。放鞭炮通知亲朋好友，不举办仪式。老辈子的人都是土葬，现在的人也是土葬，要立碑。结婚的时候杀一头猪，喊上亲戚朋友吃喜酒，新娘要穿苗族服装，新郎穿什么衣服都可以。

问：这里用水方便吗？

答：不方便，灌溉也不方便，都要靠天下雨。

问：这里的民族关系怎么样？

答：这里苗汉关系很好，相处和睦，就像一家人一样。冬瓜林距离辣子寨很近，辣子寨里有壮族、苗族、彝族和汉族，我们两个寨子之间的关系很好，不同民族的亲戚之间互相往来。我们非常重视亲戚关系，家里有事亲戚都会过来帮忙。

**问**：在村子里能听到或者看到苗语节目吗？

**答**：在村子里能听到文山州人民广播电台播放的苗语新闻广播，没有电视广播。有苗语节目录像带，表演苗族的歌舞，还有苗文的电影翻译，使用的是苗文拼音方案。

**问**：这里的村民会讲苗语民间故事吗？会唱苗歌吗？

**答**：老年人会讲苗语民间故事。40岁以上的人都会唱苗歌，会对山歌，年轻人就不会了。

# 第十章　都龙镇彝傣母语转用现状调查

语言转用指的是一个民族整体或者部分人放弃使用本民族语言而转用另一民族语言的现象。通过对都龙镇8个点的调查，我们发现都龙镇的母语保留较好，村寨的母语活力度都比较高，但是也存在语言转用现象。根据民族的居住格局可以将都龙镇的少数民族语言转用分为3种类型：聚居转用型、杂居转用型和城镇转用型。

## 第一节　聚居转用型：彝族聚居寨母语转用

在前文所述的8个个案中，居住在聚居寨的少数民族都保留了自己的母语。在访谈中，我们得到的信息是聚居寨的少数民族都保留自己的母语。由此，我们得出这样一个认识：聚居是都龙镇少数民族保留母语非常重要的条件。但彝族聚居的辣子寨上组、下组和倮倮坪小组等自然寨却出现了全民母语转用的现象。这虽然不是都龙镇母语使用的主流现象，但是却是母语转用的一个很重要的类型。对这个类型的调查研究，有助于加深我们对都龙镇母语保留现状的认识。下面对这3个寨子的转用情况进行描写并对其转用原因进行力所能及的探索。

### 一　全民转用汉语

辣子寨上、下小组，倮倮坪小组都属于都龙镇辣子寨村委会的下辖小组。3个小组紧挨着，距离都龙镇镇政府5公里，是彝族聚居的村寨小组。辣子寨上小组有155人，其中彝族152人；下小组有145人，其中彝族138人；倮倮坪小组有170人，其中彝族169人。

这3个彝族聚居寨子的彝族已经至少有三代人不会讲彝语。通过调查发现，这3个彝族聚居小组有少数几个50岁以上从外村嫁进来的会讲"彝语颇罗话"，另外有少数几个人能听懂一部分"颇罗话"，但不会说。

据辣子寨上组组长介绍，辣子寨在两百多年前是一个只有3户彝族居住的地方，后相继有彝族从周围搬迁过来定居，形成了一个彝族聚居寨。村长的祖父会讲颇罗话，可是他的父亲就只会听，到自己这一代就只能听1/10，再到他儿子就不会听也不会说了,出现了明显的语言传承上的代际断裂。当我们向他询问为什么一个彝族的聚居村却不讲彝语的时候,他轻松地说:"从小周围的人都不讲颇罗话,爸爸虽然是颇罗人,但都教自己汉话,等到入学后,学校教的又是普通话,所以没有讲颇罗话的语言环境,自然就不会讲了。我母亲是从另一个彝族聚居寨'小坝子'嫁过来的,会讲颇罗话,长期在一起,我也就会听一些。"

寨子里60岁以上的都还有少数几个会讲母语,我们对组长母亲黄忠美(62岁),做了彝语颇罗话四百词测试,测试结果为A+B级的词语有320个,属"良好"等级。测试后老人向我们谈到,自己十几岁就嫁到辣子寨,在这里生活了快50年,基本都是用汉语方言跟外界交流,很多本来会的彝语词汇也都忘记了。对于这一点,四百词测试的结果做了有力佐证。四百词中,有35个词为汉语借词,包括"花、桃子、石榴、小麦、韭菜、扫帚、锁、钥匙、雨伞、镜子、你、绿、蓝、追赶"等常用词,被测试者已经全部转用汉语方言,这反映了长期生活在讲汉语方言地区的少数民族的母语所受的影响。

我们还对其他村民进行了问卷调查,发现本民族的口传文学几乎没有人知道。当问到"你们觉得还有什么可以证明自己是彝族"时,很多人思考了一下说:"只有身份证上的民族可以证明了,我们觉得自己和汉族没什么不同。"丧葬和婚俗方面,这3个寨子也基本和汉族一样。当我们问年龄大一些的村民,小时候为什么不学彝语时,很多人说父母不教,孩子也不学,只说汉语。

我们还调查了他们的语言态度,在问到"彝语丢失了你们是否觉得可惜和如果有人教你们彝语,你们还愿不愿意学"这两个问题时,大家都觉得挺可惜的,如果有人教,还是愿意学的。

## 二 彝族语言转用的原因分析

在寨子里依然有人穿民族服装,结婚的时候也必须穿彝族服装,这说明彝族的文化并没有完全丢失,但是彝族已经全民转用汉语,这一现象本身就很值得我们思考。通过入户调查和访谈,我们将出现这一现象的原因归纳为以下四点:

(一)搬迁型村寨:少数民族聚居村寨有两种类型,搬迁型和原地居住型。辣子寨属于典型的搬迁型村寨,在采访中了解到的另一村寨小坝子属于原地居住型村寨,那里彝语保留得很好,母语活力较高,对汉语方言仅仅只是兼用;辣子寨属于搬迁型,搬迁型村寨很有可能会跳过语言兼用阶段,直接到语言转用阶段。

(二)民族文化保护意识淡薄。从对这3个寨子彝族老人的访谈中,我们了解到,在他们小的时候,父母就不教他们彝族话,他们自己也不去学,而且，他们觉得彝族话难听、难讲。他们没有意识到彝语以及彝族文化的重要性，没有意识到这些是自己的民族象征。

（三）对汉民族文化的高度崇拜。在我国汉族人口占绝对优势、汉文化高度发达、经济发展迅速的情况下，各少数民族积极学习汉语，在不同程度上向汉族靠拢。在调查中，我们发现这几个寨子村民的婚姻大部分是族内婚，族际婚很少，只有几个壮族和苗族嫁进村子里。他们认为，汉族人很富有，比他们先进，他们娶不起汉族姑娘，汉族人也不会愿意娶彝族姑娘。他们希望自己也能和汉族一样富有、先进。而且，寨子里的人对汉族文化的高度认可，不断学习汉语，在很大程度上忽略了本民族的文化。

（四）民族自卑心理。彝族内部分白彝和黑彝，在过去，白彝是奴隶，黑彝是奴隶主，白彝的地位很低，是被瞧不起的。即使是现在，在彝族内部，黑彝仍然瞧不起白彝。这3个寨子的彝族都是白彝，他们在心理上可能比较自卑，尤其是在外族人面前，不愿意说自己是白彝，不希望被别人看成是卑贱的，故而停止使用会被别人认出自己是白彝的"颇罗话"，而直接转用汉语。

## 第二节 杂居转用型：壮傣杂居寨傣族语言转用

在8个点的调查中，杂居型的村寨有苗汉杂居的水洞厂中寨、苗壮杂居的懂腊鱼和壮傣杂居的田坝心。水洞厂中寨的苗族、懂腊鱼的苗族和壮族的母语保留都很好活力度很高；但是在田坝心情况则不同，田坝心的傣族已经丢失母语而转用壮语。以下是对这一情况的分析：

### 一 傣族语言转用的现状

根据调查，田坝心小组6岁以上（含6岁）具有语言能力的有374人。其中，壮族258人，傣族83人，汉族27人，苗族4人，瑶族2人。以下是对田坝心傣族母语使用情况的调查。

表10-1　　　　　　田坝心不同年龄段傣族母语使用情况

| 年龄段 | 总人数（人） | 熟练 人数（人） | 熟练 百分比（%） | 一般 人数（人） | 一般 百分比（%） | 不懂 人数（人） | 不懂 百分比（%） |
|---|---|---|---|---|---|---|---|
| 6—19岁 | 20 | 0 | 0 | 4 | 20 | 16 | 80 |
| 20—39岁 | 28 | 15 | 54 | 8 | 28 | 5 | 18 |
| 40—59岁 | 26 | 26 | 100 | 0 | 0 | 0 | 0 |
| 60岁以上 | 9 | 9 | 100 | 0 | 0 | 0 | 0 |
| 合计 | 83 | 50 | 60.2 | 12 | 14.5 | 21 | 25.3 |

表 10-1 显示，田坝心小组傣族人对母语的使用在 20—39 岁这个年龄段开始衰退，在 6—19 岁这个年龄段断裂。83 个傣族人对傣语的掌握属于"熟练"级的只有 50 人，占总人数的 60.2%，有接近一半的傣族人将壮语作为第一语言，发生了语言转用。

我们在入户访谈中了解到，一般的傣族家庭中多使用壮语和汉语，有的家庭使用壮语、傣语和汉语。如田坝心小组上组组长梅国松，妻子是汉族，两个孩子随父亲民族成分为傣族，对母语的掌握程度属于"一般"级。我们发现，梅国松和两个孩子在讲话时，一会儿一句汉语，一会儿一句傣语，一会儿一句壮语，有时候一句话中夹杂几种语言。据梅国松组长说，在使用壮语、傣语和汉语的家庭中，小孩掌握语言的顺序为壮语、傣语、汉语。所以，傣语在傣族家庭中，只是一种次要交际工具，在傣族中出现了很明显的语言转用。

### 二 傣族语言转用的成因

通过调查，我们将傣族转用壮语的原因归结如下：

（1）人口少。傣族人口只占田坝心人口总数的 22.7%，和壮族相比人口处于劣势地位。在这种环境下，处于劣势地位的民族不论是在语言上还是在生活习惯上都会出现向强势民族靠拢的趋势。傣族也出现了这样的现象。正如上面谈到的，傣族家庭中多使用壮语和汉语，有的家庭使用壮语、傣语和汉语。傣族家庭长期兼用壮语使得年龄小的孩子就不会说傣语了，长期兼用壮语使母语的传承出现了断代的现象。

（2）对壮语的高度认同。在调查中我们发现，傣族人对壮族的认同度非常高。在上组组长梅国松的访谈中，当问到"这个傣族会讲壮语吗"，他的回答是"当然会"。而在问到"这个傣族为什么不会讲傣语呢"，他的回答是"不会嘛就是不会了嘛，都说壮语嘛"。他还表示"壮语和傣语非常接近，学习壮语很容易"。可以看出，梅国松觉得傣族会壮语是肯定的，但不会傣语并不觉得奇怪，他对壮语的认同感已经超出了对母语的认同感。

（3）对本民族文化不重视。田坝心的傣族原来的小年是农历六月初六，但因为壮族的小年是农历六月初一，现在傣族把小年定在农历六月初一。并且，田坝心的傣族全部都不过泼水节，傣族人自己也不清楚为什么不过，很多年不过了也不觉得有什么奇怪或遗憾。

## 第三节 城镇转用型

在所调查的各个村寨中，母语保留得都比较好，甚至离镇上很近的水洞厂中寨和上波龙小组的母语活力度都较高。但是我们发现生活在都龙镇上的少数民族已经出现了语言转用，汉语成为各民族的第一语言。以下是对生活在都龙镇上的少数民族语言转用情况的分析。

都龙镇几乎有一半的人口是汉族，剩下人口为苗、瑶、彝等民族，每一种少数民族的人口都比较少。这些少数民族是近六七十年搬来的，现已有六代人在镇上生活。最初搬来的人都能熟练使用自己的母语，第三代人的母语能力开始衰退，第四代人的母语能力有了明显衰退，第五代人已经不再使用本民族语言。他们的生活环境中多数是汉族，汉语在都龙镇上是强势语言，镇上的人全部都会汉语。最初少数民族的家庭用语还是民族语，所以青少年还是有母语使用环境的。但是他们日常交流几乎不用民族语，只有在父母的严格要求下才会在父母面前说几句。

都龙镇的语言环境主要是汉语，汉语是通用语言。在这样的语言环境中，青少年一代就有选择自己语言的自由。日常生活中，青少年一代在与其他民族交流时都要使用汉语。随着与外界交流的增多，青少年一代就会逐渐地习惯使用汉语，而不再使用母语。

生活在都龙镇上的少数民族人口总数虽然不少，但由于民族众多，所以每一种民族的人数都比较少。在自己与周围民族都不同时，民族意识不强的青少年就很容易产生民族自卑心理，而愿意与周围的多数人相同。这种心理首先就表现在语言的统一。另外，都龙镇上的汉族多数经济水平较高，生活富裕。而这种生活状况是多数人想达到的。有同样愿望的少数民族就开始向汉族靠拢。这种对经济的向往，就首先表现为语言的趋同。在这种现实功利的驱使下，少数民族逐渐地放弃自己的母语，转用汉语。

# 第十一章 都龙镇多民族语文活力的总体分析及理论思考

以上我们选择有代表性的个案点对都龙镇多民族语言活力分别进行了分析和描写，现在需要将这些个案点进行综合归纳，从总体上来认识都龙镇多民族语文活力的特点。

## 第一节 都龙镇多民族语文活力总体分析

都龙镇是一个多民族杂居的地区。境内居住着汉、苗、壮、瑶、傣、彝等11个民族，少数民族人口占70.8%。首先是苗族人口最多，占全镇总人口的41%；其次是壮族，占16.8%；最后是人口最少的瑶族，分布在箐脚瑶族寨，只有39户、143人，占总人口的0.43%。

根据对苗族、壮族、瑶族分布的8个村寨共1521人进行入户调查所获得的数据以及通过访谈、母语四百常用词测试、母语态度和双语和谐问卷表、语言生活参与观察等途径所获取的实证材料，以点带面，获得对都龙镇苗族、壮族、瑶族语言使用现状的认知。初步结论是：都龙镇各少数民族基本能够稳定使用自己的母语。具体分析如下：

一 都龙镇各民族稳定使用自己母语的现状

调查的数据显示，都龙镇少数民族母语的使用有以下几个特征：① 熟练掌握母语的人口比例高；② 母语传承没有出现明显的代际断裂；③ 母语词汇量掌握程度大致相同；④ 母语是族内交际的重要工具；⑤ 母语广泛应用于媒体和宗教上；⑥ 都龙镇母语活力较强等。都龙镇各民族语言的活力，可以概括为以下几个特征：

（一）各民族基本保留自己的母语

8个调查点的苗族、壮族、瑶族的母语使用的数据显示（见表11-1）：

## 第十一章 都龙镇多民族语文活力的总体分析及理论思考

表 11-1　　　　　都龙镇苗、壮、瑶族母语使用情况

| 民族 | 调查点 | 总人数（人） | 熟练 人数（人） | 熟练 百分比（%） | 略懂 人数（人） | 略懂 百分比（%） | 不会 人数（人） | 不会 百分比（%） |
|---|---|---|---|---|---|---|---|---|
| 苗族 | 上波龙（聚居） | 136 | 136 | 100 | 0 | 0 | 0 | 0 |
|  | 韭菜坪（聚居） | 275 | 275 | 100 | 0 | 0 | 0 | 0 |
|  | 懂腊鱼（杂居） | 76 | 76 | 100 | 0 | 0 | 0 | 0 |
|  | 水洞厂中寨（杂居） | 156 | 156 | 100 | 0 | 0 | 0 | 0 |
|  | 合计 | 643 | 643 | 100 | 0 | 0 | 0 | 0 |
| 壮族 | 南松（聚居） | 287 | 284 | 98.95 | 1 | 0.34 | 2 | 0.69 |
|  | 南北（聚居） | 91 | 91 | 100 | 0 | 0 | 0 | 0 |
|  | 田坝心（杂居） | 258 | 258 | 100 | 0 | 0 | 0 | 0 |
|  | 懂腊鱼（杂居） | 119 | 119 | 100 | 0 | 0 | 0 | 0 |
|  | 合计 | 793 | 790 | 99.6 | 1 | 0.1 | 2 | 0.3 |
| 瑶族 | 箐脚（聚居） | 85 | 84 | 98.82 | 0 | 0 | 1 | 1.18 |
|  | 合计 | 85 | 84 | 98.82 | 0 | 0 | 1 | 1.18 |

从表 11-1 可以得出以下信息：① 苗、壮、瑶三个民族母语保留状况基本一致，即熟练掌握自己母语的人数比例均高达 98%以上。其中，苗语的使用状况最好。四个苗语点，全民都能够熟练使用母语。据此可认为，母语是各民族普遍掌握的语言工具。② 苗、壮、瑶三个民族在聚居寨和杂居寨，熟练掌握母语的人数比例均能达到 98%以上。这说明各民族的母语水平并不受民族分布情况的影响。

（二）母语传承没有出现明显的代际断裂

通过综合统计分析，各苗族寨不同年龄段熟练掌握母语的人口比例均为 100%，没有略懂和不会的人，代际传承相当稳定。壮族各寨，除南松 6—19 岁青少年段出现略微的代际差异外，其余 3 个点各年龄段均为 100%熟练掌握母语。箐脚瑶族寨也是在 6—19 岁年龄段出现一些下滑，剩余 3 个年龄段都能熟练使用母语进行交际。壮族和瑶族 6—19 岁母语使用情况见表 11-2、表 11-3。

表 11-2　　　　　6—19 岁壮族壮语使用情况

| 调查点 | 总人数（人） | 熟练 人数（人） | 熟练 百分比（%） | 略懂 人数（人） | 略懂 百分比（%） | 不会 人数（人） | 不会 百分比（%） |
|---|---|---|---|---|---|---|---|
| 南松 | 78 | 75 | 96.1 | 1 | 1.3 | 2 | 2.7 |
| 南北 | 24 | 24 | 100 | 0 | 0 | 0 | 0 |

续表

| 调查点 | 总人数（人） | 熟练 | | 略懂 | | 不会 | |
|---|---|---|---|---|---|---|---|
| | | 人数（人） | 百分比（%） | 人数（人） | 百分比（%） | 人数（人） | 百分比（%） |
| 田坝心 | 54 | 54 | 100 | 0 | 0 | 0 | 0 |
| 懂腊鱼 | 20 | 20 | 100 | 0 | 0 | 0 | 0 |
| 合计 | 176 | 173 | 98.2 | 1 | 0.6 | 2 | 1.2 |

表 11-2 的 4 个调查点中，有 3 个点"熟练"级比例为 100%，只有南松稍低一些，为 96.1%。在 78 人中，有 1 人略懂，2 人不会。经询问得知，壮语"略懂"的是田亚刚（男，15 岁，壮族），常年随父母定居在都龙镇，只是小时候在南松生活，会说一些日常用语。6 岁开始在都龙镇上学。在母语尚处于初级阶段的时候，离开了母语习得场所，因此壮语能力较差。壮语"不会"的是李梦婷（女，7 岁，壮族）和李春富（男，6 岁，壮族），2 人从小跟父母在外地生活。以上都纯属个别现象，并不能改变壮族青少年熟练掌握母语具有全民性这一性质。

表 11-3 不同年龄段瑶族瑶语使用情况

| 年龄段（岁） | 总人数（人） | 熟练 | | 略懂 | | 不会 | |
|---|---|---|---|---|---|---|---|
| | | 人数（人） | 百分比（%） | 人数（人） | 百分比（%） | 人数（人） | 百分比（%） |
| 6—19 | 12 | 11 | 91.7 | 0 | 0 | 1 | 8.3 |
| 20—39 | 28 | 28 | 100 | 0 | 0 | 0 | 0 |
| 40—59 | 29 | 29 | 100 | 0 | 0 | 0 | 0 |
| 60 岁以上 | 16 | 16 | 100 | 0 | 0 | 0 | 0 |
| 合计 | 85 | 84 | 98.8 | 0 | 0 | 1 | 1.2 |

从表 11-3 可清晰地看到，箐脚瑶族瑶语代际传承良好。只是在 6—19 岁年龄段出现略微的下滑，只有 1 人不会瑶语。究其原因，是因为李金娜（女，6 岁，瑶族），一直和母亲在都龙镇生活，缺乏习得母语的环境和交际需求。但这不会影响该地母语基本传承的结论。

由以上可知，都龙镇各民族母语不存在明显的代际断裂。

（三）母语词汇量掌握程度大致相同

各个村寨我们随机抽取了 2—10 位不等的母语人进行四百词测试，具

体统计数据如下:

表11-4　　　都龙镇苗、壮、瑶族母语四百词测试统计

| 民族 | 调查点 | 总人数（人） | 优秀 人数（人） | 优秀 百分比（%） | 良好 人数（人） | 良好 百分比（%） | 一般 人数（人） | 一般 百分比（%） | 差 人数（人） | 差 百分比（%） |
|---|---|---|---|---|---|---|---|---|---|---|
| 苗族 | 上波龙 | 10 | 9 | 90 | 1 | 10 | 0 | 0 | 0 | 0 |
| | 韭菜坪 | 8 | 6 | 75 | 2 | 25 | 0 | 0 | 0 | 0 |
| | 懂腊鱼 | 6 | 5 | 83.3 | 1 | 16.7 | 0 | 0 | 0 | 0 |
| | 水洞厂中寨 | 8 | 7 | 87.5 | 1 | 12.5 | 0 | 0 | 0 | 0 |
| | 合计 | 32 | 27 | 84.4 | 5 | 15.6 | 0 | 0 | 0 | 0 |
| 壮族 | 南松 | 8 | 7 | 87.5 | 1 | 12.5 | 0 | 0 | 0 | 0 |
| | 南北 | 8 | 6 | 75 | 2 | 25 | 0 | 0 | 0 | 0 |
| | 田坝心 | 8 | 7 | 87.5 | 1 | 12.5 | 0 | 0 | 0 | 0 |
| | 懂腊鱼 | 2 | 2 | 100 | 0 | 0 | 0 | 0 | 0 | 0 |
| | 合计 | 26 | 22 | 84.6 | 4 | 15.4 | 0 | 0 | 0 | 0 |
| 瑶族 | 箐脚 | 8 | 7 | 87.5 | 1 | 12.5 | 0 | 0 | 0 | 0 |

从表11-4看到，苗、壮、瑶三个民族掌握母语的词汇量达到"优秀"的人口比例均在84%以上，没有"一般"和"差"这两个等级。可见，各民族母语词汇量的掌握大致处于均衡的状态。而内部存在的细微差别与人口的分布情况没有直接关系，主要与被访者的实际年龄密切相关。在韭菜坪苗族聚居寨和南北壮族聚居寨分别有8位被访者，其中母语词汇量掌握程度达到"优秀"级别的均有6人。还有2人处于"良好"级。从前面的个案中获知，这4个人均属于6—19岁年龄段，受生活阅历的制约，母语词汇量相对较少。但不难想象，随着他们受教育程度的提高，生活经历的丰富，其掌握的母语词汇会越来越多。

同时，还可以看出，母语词汇量的掌握程度基本不存在代际差异。在66位被访者中，既有15岁的初中生侯剑丹，也有89岁高龄的耄耋老人田正培，两人年龄跨度达74岁，但四百常用词测试结果均为"优秀"。

（四）母语是族内交际的重要工具

都龙镇的苗、壮、瑶族村寨，除懂腊鱼的情况有些特殊外，其余各调查点，不论聚居、杂居还是横跨中越两地，母语都是族内唯一的交际用语。

懂腊鱼是苗族和壮族的杂居寨，该寨苗、壮族彼此会讲对方的语言。测试结果显示，苗族和壮族除了都能熟练掌握自己的母语以外，苗族掌握的壮

语词汇和壮族会讲的苗语词汇，在数量上均能够达到"良好"。苗族和壮族较强的民族语兼用能力，使得苗语和壮语的语言地位在该寨势均力敌，共同承担寨内的交际功能。89 岁的田正培老爷爷说："壮族搬到这里已经有五代人了，苗族也有四代了，我从小就跟村里的苗族在一起玩耍，慢慢就会说苗语了。平时见到苗族我就讲苗语，见到壮族就讲壮语。"

在调查中，还发现一个值得关注的现象：壮族是懂腊鱼的主体民族，占该寨总人口的 2/3，苗族只占 1/3。但多位壮族都表示："我们都会苗语，见了苗族就讲苗语。"这种主体民族积极主动学习区域弱势民族语言的行为，体现了壮族开放包容的语言态度和民族平等的观念，反映出该地和谐的语言交际和融洽的民族关系。

（五）母语广泛应用于媒体和宗教上

文山州和马关县电视台都有苗语和壮语节目，闭路信号覆盖的村寨均可以收听和收看民族语节目。8 个调查点中，当问及"是否会选择收看母语节目"时，大多数人都会选择收听和收看。接收不到信号的地区，村民也经常会买母语影视光盘来娱乐生活。每周六被称为都龙镇的"赶街日"。镇政府门前的锌锡路热闹非凡，街道两旁，商家林立，游走其间，常常能够见到售卖苗语或壮语影视歌光盘的小商贩，不时有人问津购买。这一方面反映出民族语的影视译制工作比较成熟，拓展了民族语的社会功能和传播范围，另一方面说明存在一定的消费群体。

母语被广泛用于宗教场所，尤其在祭祀中更为盛行，几乎是唯一的仪式用语。在南松、懂腊鱼、箐脚等寨，我们访谈到了寨子里的祭祀先生。比如南松的唐本钱（男，69 岁，壮族）从事祭祀活动已有 20 多年，会唱多种壮语经文。兴起时，老爷爷还给我们唱了一小段。经文的主要内容大多是关于人物的生平事迹、父母含辛茹苦养孩子等。箐脚的邓忠友（男，71 岁，瑶族）也是寨内从事过祭祀活动的先生之一，他也会用瑶语唱诵经典。

广播电视和宗教活动的应用对母语的稳定使用具有一定的积极作用。

（六）都龙镇母语活力经等级测算属于一级（母语稳定保存型）

8 个调查点母语活力的总分及等级如表 11-5 所示：

表11-5　　　　都龙镇苗、壮、瑶族母语活力统计

| 民族 | 调查点 | 活力得分（分） | 活力等级 |
| --- | --- | --- | --- |
| 苗族 | 上波龙（聚居） | 84.9 | 一级 |
|  | 韭菜坪（聚居） | 85.7 | 一级 |
|  | 懂腊鱼（杂居） | 86.7 | 一级 |
|  | 水洞厂中寨（杂居） | 83.6 | 一级 |

续表

| 民族 | 调查点 | 活力得分（分） | 活力等级 |
| --- | --- | --- | --- |
| 壮族 | 南松（聚居） | 85.4 | 一级 |
|  | 南北（聚居） | 81.3 | 一级 |
|  | 田坝心（杂居） | 85.4 | 一级 |
|  | 懂腊鱼（杂居） | 87 | 一级 |
| 瑶族 | 箐脚（聚居） | 80 | 一级 |

综合表 11-5 统计数据和前期调查访谈的内容，可得出以下两点信息：

（1）各调查点，母语活力得分均在 80 分以上，活力等级均为一级，即母语稳定保存型。但内部却呈现不同的层次。其中，母语活力度最高的是懂腊鱼苗壮杂居寨，最低的是箐脚瑶族聚居寨。

统观 8 个点的母语（文）活力表，能够看出导致分数差异的参项主要集中在"民间文学（40 岁以下）的代际传承情况"和"是否纳入考试科目"两项。箐脚瑶族寨瑶语活力度低的原因主要是"是否纳入考试科目"这一项得分为 0 分。而其余的壮族寨和苗族寨在该项均获得 5 分。自 2012 年起，文山壮族苗族自治州的苗族和壮族被列为云南省普通高考民族语（苗、壮）专业的招生对象。而瑶语目前尚未列为任何考试的科目。故导致分差的形成。民族语纳入国家考试体系中，能够刺激母语学习的热情，维护代际传承的稳定。

此外，"民间文学的传承"对于母语活力的保持具有重要的意义。都龙镇苗、壮、瑶等民族由于没有传统文字，因而其传承方式主要依靠口耳相传。其民间文学的形式主要有民歌和民间故事两种类型，代际传承较好的是民歌，男女老少都会吟唱一些。而民间故事几乎濒临失传，目前只有八九十岁的老人还会讲一点。在 8 个点中，上波龙、水洞厂、南北等寨民间文学已经消失，该项得分为 0。

（2）母语活力度的高低与民族分布类型之间没有直接的联系。聚居寨的母语活力度不一定高于杂居寨民族的母语活力。

都龙镇的民族杂居寨有一些共同特点，即杂居寨内各民族的居住地相对集中，形成寨内小聚居的分布格局，且各个聚居点之间相距较远。这使得大杂居寨内各族的生存环境与单一民族的聚居寨具有本质上的相似性。因而，杂居的人口分布对母语活力的保留没有明显的冲击。

## 二 从都龙镇看母语活态保护的重要性和必要性

少数民族母语活态是前人尚未认识的新课题。在现代化的进程中，主流文化的冲击使得少数民族语言面临着新的挑战和危机。联合国教科文组织2012年的统计数据显示，在全世界约6000种语言中，其中96%的语言使用人数只占到世界总人口的4%，预计约半数的语言可能在21世纪末消亡。因此，我们急需开展各民族语文的活态保护工作，使得少数民族的语言文化得以保存。这不仅是民族语言研究的一个重要课题，更是我国语言国情调查的重要内容。

我国的少数民族语言目前也面临着同样的问题。我国现有55个少数民族，120多种民族语言。在历史上，有无数语言由于外部和内部的种种原因而消亡。现有的这些语言当中，有20多种语言使用人口不足千人，基本上处于濒临消亡的边缘。2000年10月16日，中国民族语言学会和《民族语文》杂志社在北京联合召开了"我国濒危语言问题研讨会"，这是国内首次把濒危语言问题作为专题内容来进行讨论的会议。可见，民族语言活态保护日渐进入学者的关注视野，这不仅是语言学术研究不可或缺的组成部分，更关系到民族语言未来的发展。

都龙镇是与越南接壤的一个边疆重镇。这里分布着汉、苗、壮、彝、瑶、布依、傣等11个民族，少数民族人口占70%以上。其中苗族、壮族是这里的主体民族，其母语活态较强。全民都能熟练地使用母语。但是，彝族、布依族等母语活态已经衰退，语言开始转用。因此，该地的母语活态问题亟待研究。并且都龙镇与越南接壤，跨境分布的民族语言互通，这一因素对少数民族的母语活态保护具有一定的促进作用。通过对都龙镇多民族母语活态的调查研究，科学地掌握中国少数民族语文活态保护第一手材料，提出民族语文活态保护的可行性方案，从中获取研究语言母语活态的理论与方法。并为建立能适用于全国范围的母语活态评定标准提供参考，还能为国家和地方制定语言文字政策提供咨询和依据。这将有利于维护民族语言文字的多样性和多元文化遗产的保护。此外，本课题所选择的都龙镇可作为今后长期追踪调查的社区，该地民族语文活态保护研究具有可持续性的价值，并为建立"民族语文活态保护与双语和谐乡村（社区）建设基地"提供一个可用的个案。

## 第二节　怎样开展母语活态调查

关于母语活态的语言国情调查，国内尚未有过专门的研究。此次"民族语言活态保护与双语和谐乡村（社区）建设研究"项目是国内首次针对母语活态的研究项目。云南马关县都龙镇个案不仅是该项目6个个案中唯一涉及跨境的一个调查点，而且也是该项目的打头炮。现根据都龙镇的个案调查以及以往语言国情调查的经验，简要地从调查内容、调查方法设计和队伍建设等三个方面谈谈怎样开展母语活态调查。

## 一 调查内容

1. 全面了解调查点的民族情况

对于民族情况既要明白它的现状，也要了解它的过去。目前，都龙镇的主体民族为苗族和壮族，同时也分布着瑶、彝、傣等民族。通过前期的准备资料我们了解到，都龙的苗族大部分聚居于中越边境地区，是一个跨境而居的民族，他们与居住在越南北部边境地区的苗族同源。在越南一侧也有瑶族同胞跨境而居，马关边境沿线都散落有瑶族村寨。

从历史上看，文山苗族一直公认蚩尤是他们的远古祖先，都龙的苗族大多来自川、黔、滇三省接合部的广大地区。壮族主要是从广西西畴、文山等地迁入马关后散居到各个村寨。瑶族广西百色、贵州兴义地区迁徙入马关，后来居住在红河流域、文山州各县和广西大瑶山的一批瑶族又因躲避战乱，游耕进入马关县境，同其他的民族杂居至今。

2. 个案点民族语言活态调查

在每个个案点的调查当中，具体涉及以下的内容：

（1）母语的使用人数。我们采取户口统计和访问村民的方式，了解到各个调查点的母语使用人数比例以及水平。这样可以从总体上了解到各调查点母语使用的基本情况，建立直接的感知。根据年龄段的不同，对母语的水平进行分类。大致分为6—19、20—39、40—59、60岁以上4个年龄段，统计出各个年龄段的母语掌握情况，这样就可以纵向地呈现该民族的语言传承情况，特别是年青一代对母语的熟练程度决定了该语言未来的发展趋势。

（2）母语的代际传承。不同年龄段对母语的掌握情况和态度体现了该语言的代际传承情况。通过统计全民的户口信息，掌握全体村民的姓名、性别、年龄、民族、家庭关系、第一语言及水平、第二语言及水平等重要内容。通过对这些数据细化的分析，归纳出6—19、20—39、40—59、60岁以上4个年龄段母语使用的具体人数，纵向对比该数据，就能看出不同年龄段使用母语的情况，由此可推知其代际传承有没有出现差异等情况。

（3）母语词汇量的大小。词汇量的大小能够反映母语能力的强弱。为了能够在较短时间内获得被调查者的语言能力，我们设计了"四百词测试表"进行测试。这些词当中大部分是最常用的，但也有一些平时不大用的，这样可以使得测试的结果产生一定的区分度，从而判断词汇掌握的个体差异。

具体的测试结果用等级来评定，这样才能达到量化分析的标准。四百词的等级分A、B、C、D 4等。能够脱口而出的定为A级，经过思考才能说出的定为 B 级，经人提示之后想起来的定为 C 级，经人提示后仍然想不起来的定为 D 级。如此有助于我们调查到该点的词汇分化程度以及熟练掌握词汇的程度。

（4）口头文学传承。口头文学的传承从侧面反映出语言的活力，它的主要特点就是口耳相传，没有文字的记载。如果这种形式的文化在不同代际之间的传承没有断层，说明该语言的活力很高。口头文学的内容包括民间故事、歌谣、传说等。我们主要采取人物访谈和问卷测试的形式，调查到口头文学通行的年龄段，从而反观其传承有无明显的代际差异。

（5）母语的语域。所谓母语的语域，就是母语使用的范围，也就是母语的使用场合。语言使用的具体场合反映出通行度的高低。在多种场合中均占优势的语言，是活力较强的语言类型。针对这一内容，采取问卷的形式，选取了家庭、村寨、公共场合、大众传媒、网络通信等 5 大基本场合，旨在发现某种语言在生活中使用的语域大小来判断其活力。如果它的语域较广，则说明该种语言的活力较好，反之，活力已经开始下降。

（6）母语的认同态度。对于母语的认同态度，从主观上决定了学习语言的内驱力。对于态度的调查主要是对相关的问题进行考察。比如"最喜欢说的语言"、"最能代表自己的语言"、"对汉语单语人的态度"等。一个具有强烈认同感的民族，语言保留情况也比较好，这是因为民族意识在心里起作用，而语言又是民族的代表，所以强烈的民族认同感能够促进母语的保留。

（7）母语的传播方式。母语的传播，传统上是依靠口耳相传来习得的。随着现代新传媒的兴起，少数民族语言的传播也呈现出各种新的途径。马关县开办了专门的苗语和壮语广播，录制了苗语和壮语的电视节目以及影视作品。安装了有线电视的村民均可收看到民族语节目。目前，国家为该地区安装了户户通的卫星电视，很多村民可以在家中收看到自己的民族语节目，收听到民族语广播。通过现代化的新手段，扩大了苗语文化的传播途径。目前文山州已有专门从事苗族歌曲创作的艺人，比如被苗族人所熟知的陶永华。

3. 民族文字调查

（1）有无文字：

苗族没有自己的传统文字。20 世纪以来，曾有一些苗族知识分子和外国传教士设计出了几套记录苗族语言的文字方案，但由于条件限制未能推广。1956 年，中国社会科学院派出了语言调查第二工作队，对全国的苗语进行了调查研究，并制订了拉丁字母形式的苗文方案。该套苗文于 1982 年在苗族人民当中推广。文山州现行的苗文也是这一时期推行的。它是以贵州大南山的语音为参照，属于苗文川黔滇方案。

马关的壮族历来没有壮文，只是在壮族聚居的广西，古代创制了一批方块壮文。但是，这些文字仅限在古代的广西地区使用，并没有伴随着壮族先民的迁徙传播到马关地区。文山壮族的文字于1959年开始试用，是在广西壮文的基础上，编创了壮族文字拼音方案，基本上跟汉语拼音方案一致。这套拼音文字改变了古代壮文象形的特点，使得壮文更容易被人接受。

（2）文字的使用情况：

50年代国家为少数民族创制了拼音文字，都龙举办过专门的培训班，召集苗族、壮族的中青年集中学习自己的民族文字。但是由于传统文字使用较少，现今在家庭和村寨中人们大都不会使用苗文和壮文。新的传媒手段使得苗文和壮文得以推广和普及。现在文山州有专门的苗文、壮文网站，收集相关的苗文、壮文作品进行刊登。马关县开办广播电视节目，用苗文壮文书写广播稿、报道新闻等。苗文、壮文也进入了我国的教育体系，例如云南民族大学从2012年起开始招收苗、壮语专业的学生，专门学习本民族的语言文字。

## 二 调查方法设计

### 1. 第一线田野调查法

通过田野调查获取的第一手材料，关乎"民族语言活态保护与双语和谐乡村（社区）建设研究"项目的成败，因此在首次开展的都龙镇个案研究中，课题组要对既定的9个调查点进行深入的微观调查，努力获取大量的第一手材料。具体要做到如下两点：

（1）获取有价值的访谈录。每到一个村子，调查组都要安排专人对其村长进行访谈，内容涉及该村人口、地理分布、民族成分、村民语言使用状况等；还要采访那些了解当地少数民族风俗、历史来源等情况的村民。这些珍贵的访谈对我们分析该调查点的语言使用现状及成因至关重要。

（2）进行问卷调查。调查组在入村后，除了要进行访谈及四百词的测试工作外，还要开展母语态度及双语态度的问卷调查，每一个调查点选取10—12位村民进行问卷调查，负责该任务的调查组成员要针对问卷中的问题向调查对象提问，得出的答案汇总后用于个案的成因分析。

### 2. 大数据分析法

对母语活态现状及双语和谐现状的分析需要大量的数据作支撑，才能进行科学的实证分析。

（1）数量统计：

调查组在获取第一手材料后，要将手中的信息汇总后作出精确的数据统计。比如熟练掌握母语的人口占总人口的比重，熟练掌握兼用语的人口占总人口的比重等。

（2）测出调查对象的母语四百词掌握情况：

要了解当地民族语文活态保护的现状，首先要知道生活在这里的少数民族群众对其母语的掌握程度。母语四百词是测试调查对象母语掌握程度的一个重要标尺。调查组在进入村寨以后，要随机抽取4个年龄段的村民各2名进行四百词测试，最终从他们的四百词掌握情况得出该村母语保留状况。

（3）多学科综合法：

民族语言活态保护与双语和谐乡村（社区）建设的研究不仅需要语言学的研究方法，还要兼用民族学、历史学、人类学、文化学、实验语音学等相关知识和方法，力图在科学分析的基础上，得出符合客观事实的结论。在分析民族语保留成因时要借助民族学的相关知识，从民族认同、民族心理的角度分析其母语保留状况的原因；在介绍民族来源时，要从历史学的角度查看该民族是从历史上的哪个时期哪个地方迁移来的，从而了解其所属的支系及语言使用现状的成因；在撰写调查点的音系时，从听音、记音到之后的音位对比，都需要借助实验语言学的方法。

（4）三个依靠：

一是要依靠调查点各级政府以及云南师范大学校领导和科研处的大力支持；在前者的协助下，我们才能选取有调查特点和价值的村寨，这是项目研究的基础。另外，我们需要调查点各级领导提前同村寨的小组长沟通好，以便到村寨后展开快速有效的田野访问。二是要依靠全体课题组成员的辛勤努力。从个案的筹备期，到实地的田野调查，再到之后的个案写作，每一个环节都需要成员们做到恪尽职责。除了要把分配给自己的任务完成好之外，还要积极配合总指挥的临时工作安排。三是要依靠调查点的少数民族群众和领导的帮助。要想获取丰富真实的田野调查资料，必须要同当地的少数民族群众打成一片。轻松自然的交谈氛围有助于快速消除交际障碍，调查组在访问时要注意问话的方式方法，尽可能穷尽式地询问到有价值的调查信息，为之后的个案写作及分析打下坚实的基础。

## 三 队伍建设

我们不仅要完成对都龙镇的个案分析，还要在调查期间为后续的5个个案点储备人才。所以，此次调查队伍的人员组成至关重要。

组织队伍必须考虑到两方面因素：一是队伍要有专业素养，成员必须以语言学专业为主体；二是队伍结构要有层级分布，从资历和年龄结构上看，课题组成员要由老、中、青三代组成，经验丰富的前辈在完成调查任务之余还要有意识地培养新手，为之后的调查点提供人才资源。考虑到成员必须要具备专业素养,所以最终选定的 16 名成员中,6 名教师和 10 名学生全部都是语言学专业的。经验丰富的老手对调查点的语言现象极为敏感,能够快速有效地发现调查点的语言使用特点,并做出深刻的理论分析。而新手们也是对语言学非常有兴趣的研究生,未来都致力于从事相关领域的研究。

语言活态保护调查的队伍需要经过无数次的训练,才能够培养出有质量的人才。

## 第三节　怎样保护都龙镇多民族语文活态

2011 年 10 月,中国共产党十七届六中全会决定提出要"科学保护各民族语言文字",该精神还被写入《国家中长期语言文字事业改革和发展规划纲要》(2012—2020 年)。"科学保护各民族语言文字"基本精神除了具备宪法规定的"各民族都有使用和发展自己语言文字的自由"的内容外,还要保护它。

我们认为,都龙镇多民族语文活态的科学保护应做好以下几个工作:

### 一　必须处理好语言关系

都龙镇的语言关系有强势语言和弱势语言之分,必须清晰地区分和处理好强势语言和弱势语言。本次共调查了都龙镇 12 个村寨,其中母语稳定型共有 7 个村寨,严重衰退型 1 个(田坝心的傣语),转用型 3 个村寨(辣子寨上、下组和倮倮坪的彝族)。云南方言是都龙镇的强势语言,苗语和壮语是亚强势语言,傣语、彝语、瑶语属于弱势语言。这些语言的使用人口数量少,语言功能有限,发展存在很大的困难。在处理强势语言和弱势语言的关系上,原则上是扶持弱势语言。因此,应对严重衰退型的田坝心傣语、转用汉语的辣子寨和倮倮坪彝族村寨等应采取扶持政策。这些需要扶持的弱势语言,由于其衰退或转用的具体情况不同,具体的措施也应有所区别。

还要处理好不同语言的互补关系和竞争关系。都龙少数民族占全镇人口的 70%,不同的民族在同一个乡镇,必然会产生语言互补和竞争的关系。所调查的 8 个村寨,民族聚居村寨的语言互补和竞争情况显而易见。互补关系如:懂腊鱼是苗族和壮族聚居村寨,该村的壮族和苗族人口不是很悬殊,壮语和苗语在长期的竞争过程中形成了协调互补、和平共处、各司其责的和谐关系:壮族在家庭内如使用壮语,遇到苗族同胞多使用汉语。苗族同胞家庭内部使用苗语,遇到壮族同胞多使用汉语。懂腊鱼的壮语和苗语活力都属于母语稳定型。田坝心的壮语、傣语、苗语、瑶语在相互竞争中出现了以下情况：傣语严重衰退，苗族和瑶族放弃了本族语言而转用壮语。

## 二 都龙镇各级部门须把"科学保护各民族语言文字"落到实处

1. 通过宣传增强都龙镇各少数民族语文保护的意识

都龙镇绝大多数少数民族天天在使用本民族的语言，但对本民族语言的情感价值和文化价值并不都认识到位。各个民族的语言，无论其人口数量的多少，使用功能的大小，都应予以保护。都龙政府和中小学应通过多种手段和渠道，向老百姓宣传保护各少数民族语言资源的意义和价值，增强老百姓民族语言资源保护的意识。

2. 设立专项资金

可设立用于民族语言保护和民族文化传承的专项资金。资金可通过地方财政拨款、民间捐款、各村寨自筹资金等形式募集。该项资金用于为语言出现严重衰退或转用的村寨聘请母语熟练人员的授课费用、民族节庆的活动费、民族文化传承人员的补贴等。

3. 综合利用教育、文化和传媒力量，激活语言活力

本次所调查的民族语言，其中4个民族有自己的传统文字：壮文、苗文、瑶文、傣文。这4个民族中个别的老年人懂一点本民族的文字，比如南松的一个"摩公"懂一些方块壮文，他还特意在我们的本子上写了几个，绝大多数年轻人已不懂本民族的文字。"母语活态评估表"显示，都龙的8个寨子40岁以下的民族文字传承情况都是"0"分。对于这一现象，我们可通过村寨（社区）教育在老百姓中推广本民族的文字。

扩大文山电视台民族节目的接收范围。文山州电视台有苗语和壮语新闻，但其信号被各地电视监管部门管制，只有安装了闭路电视的村寨才能接收到信号。都龙的很多村寨都没有开通闭路信号。希望各地的电视台能够免费让都龙各寨的村民接收到这些电视信号。

新闻媒体可以用壮文、苗文等民族文字印刷报纸、杂志和通俗读物。

4. 大力发挥各民族学会的作用

目前，马关已经成立了壮、苗、布依、傣等6个民族的学会。这些学会编写了本民族的民族志、山歌集、版画集等，另外，学会还会在民族节日时组织庆祝活动。各民族学会通过举办本民族的节庆活动、民族语文培训班、民族艺术培训班、民族民间故事和口头文学培训班等做好本民族语言文化的传承工作。

5. 加强民族语文人才的培养

语言保护是一个长期的系统工程，我们应培养能记录、保护语言的专业人才以及能从事双语教育的本族人才，把双语教学落到实处。针对都龙双语

教育的实际情况，当务之急需要编写有针对性的双语教材，培养双语专职教师，教育职能部门把双语教学纳入中小学的教学计划。

## 第四节　都龙镇多民族母语活力保持的成因

通过前文，我们得知都龙镇多民族语文活态现状的主流是：主体民族苗族和壮族的母语保持较高的活力。本节将揭示母语保持活力的内部因素和外部因素。

### 一　母语保留的内部因素

内部因素是指语言功能、语言能力、语言结构特点、语言态度等因素。

（一）语言功能适应小范围群体要求

语言的本质功能是交际功能，它是为了适应社会交际功能而产生和发展的。在都龙，壮、苗、瑶3个少数民族和其他民族以大杂居、小聚居的地理形式分布。不论是聚居寨，还是杂居村，各民族语言功能的存在完全取决于该语言服务的社会群体。

以聚居寨为例，在文山州，壮族分布很广，人口也最多，大面积与其他少数民族杂居的同时，又相对形成一些小的聚居村，壮族的这种分布特点有利于壮语言社区的保存，有利于壮语保持活力。调查个案中，都龙的南北小组、韭菜坪、箐脚等分别是壮族、苗族、瑶族聚居的寨子，在聚居寨里，各自形成一个相对封闭的壮、苗、瑶语言社区。而在这些聚居寨四周，壮、苗、瑶又与汉、傣等各民族杂居，并沿着边境线散开聚居。壮、苗、瑶等各民族在空间地域上大杂居、小聚居的分布特点，为壮语、苗语、瑶语在都龙地区各族村寨小范围内的使用提供了基本的条件。壮语、苗语、瑶语的语言功能适应了都龙地区壮、苗、瑶等各民族区域小范围交际的需要，满足了都龙地区壮、苗、瑶等各民族社会交际的要求，从而使壮语、苗语、瑶语在该地区保持活力。

杂居村的语言情况也是一样的，其功能也是为了满足小范围群体的要求而使该语言保持活力。如个案中的懂腊鱼是一个苗、壮族杂居寨，壮族位于村寨的中部，苗族位于南北两端。从大范围看，懂腊鱼村所在的茅坪村委会苗族人口和分布占优势，壮族只占小部分。但从总体上说，茅坪村委会是一个苗族聚居地，有这样大的族群分布环境，苗语的语域广，使懂腊鱼村苗语保留得较好，活力较强。从小范围看，懂腊鱼村内，苗族人口仅占到1/3，而壮族在该村人数上占据了优势，占全村人口的2/3，而并以小范围聚居的形式居住在村寨中部，壮族这种集中聚居在苗、壮族杂居村的特点也促使壮语活力的保持。像这种苗族大范围聚居，壮族小范围聚居的村寨分布形式，对促进该地区壮语、苗语适应小范围群体的需要都起到了很大的作用。

再如，都龙水洞厂中寨为苗汉杂居的村寨。苗汉人口比例为3:1，这为汉族人使用苗语提供了重要的条件。寨里的汉族从小生活在这个村寨里，走到村寨里随处都可以听到苗语。因而时间长了，不用刻意去学习苗语，自然而然无意识地大家都能说或者听苗语了。水洞厂中寨苗语在不自觉中呈现地域性的强势，说明了语言功能要满足交际群体范围的要求。所以，任何民族的语言要保持活态，其交际功能是该族语言的生命力所在，而交际功能是否存在，则完全取决于该语言所服务的语域、存在的社会。

总之，一种语言能否永续存活，关键在于其能否满足族群必要的社会需求。语言是人类最重要的交际工具，交际功能是语言存在的价值和意义所在。都龙镇多民族地区壮语、苗语、瑶语等语言功能的发挥，完全依赖于壮族、苗族、瑶族各族社会、各族语言社区的存在，它适应了当地各族群众小范围的需要，从而保持活力。

（二）语言承载民族文化、民族感情，是民族认同感、民族意识的主要标志

一个人如何认知自身的民族身份，如何将自己归属于某一民族群体，如何区分"我们"和"他们"，如何在心理和行为模式上体现其民族属性，即所谓的民族认同、民族意识对一个民族是很重要的。语言不仅是人类最重要的交际工具，而且还是民族文化、民族心理、民族感情的重要载体。

在都龙多民族地区，可深切地体会到各民族从不同方面所呈现出的民族文化、民族感情、民族认同感和民族意识。在村寨、集市中，随处可见苗、壮等各民族身着各自最具民族特色的民族服饰。苗族妇女的彩色百褶裙、绑腿、银质的大耳环，壮族妇女的大包头、蓝黑色衣裙、绣花胸兜。各民族多彩多姿的服饰打扮，反映各民族同胞多姿多彩的民族文化，表达了他们对自己民族的深厚感情。各民族的多样文化、深厚民族感情从穿着看是这样，从语言来说则更是被认为是民族的标志。各民族的语言承载了各民族的民族文化、民族感情，体现了他们的民族认同感、民族意识。

都龙镇的苗、壮、瑶等民族，特别是聚居寨的民族对于母语的态度很坚定，认为外出打工人员返乡后或者去外地定居之后再回到村寨，如果不会说民族语了，是忘本的行为，这种情况是无法接受、无法容忍的。特别是苗族，认为苗族就应该说苗语，必须要学会苗语，不论是家庭内部、寨子里同族之间的交流都是用苗语来进行的，在与其他民族相处时，苗语甚至成为都龙多民族地区某些区域的强势语言。

随着现代社会的进步，人们的活动范围不再只局限于家庭或村寨内、同

族人之间，因而与其他地区、他族人的交往成为可能，这种情况不可避免地会对保持母语的活力产生影响。都龙镇的苗、壮、瑶等各族的民族意识非常强烈，如箐脚的瑶族，瑶语使用熟练，汉语使用水平也较高，60多岁的文盲老人也会熟练使用汉语。虽然他们认为普通话最重要，是通用语言，在外面和人交流很方便。但他们还是都认为瑶语是必须要学会的，瑶族人不会瑶语就是忘本，是无法接受的。

另外，都龙是个边境重镇，离越南很近，都龙的很多少数民族都是跨境民族，双边往来频繁，以壮族为例，每到收获季节，有很多越南壮族会到都龙一带来务工，和这边的壮族交流都用壮语。当地壮族当被问到"你们觉得越南壮族和你们一样吗？越南壮语和你们的一样吗？"被调查者基本上都觉得越南壮族和他们一样，话也一样。这体现了都龙当地壮族对境外同族的认同，在一定程度上促进了壮语的使用。

从都龙的实际来看，语言是民族认同感、民族意识的重要标志之一，把语言和族群的身份紧密地联系在一起，是当地各民族保持本民族语言活力的主要因素之一。

## 二 促进母语保留的外部因素

外部因素是指民族分布、经济文化状况、民族关系、婚姻状况、国家政策等因素。

（一）小聚居的分布格局是维护母语活态的主要外在因素

都龙镇的少数民族以大杂居、小聚居的形式分布，这种杂居又相对聚居的地理分布为当地多元化的民族语言共存、发展、保持活态提供了空间。

都龙堡梁街村委会的南北小组是一个壮族聚居村，全村祖祖辈辈聚居一处，不曾搬迁，第一语言是母语壮语，不管是祖辈之间、父辈之间、同辈之间、子辈之间、祖辈与父辈还是父辈与子辈，大家都说壮语，壮语是本村最重要的唯一的交际工具。又如辣子寨村委会南松壮族聚居小组，本村人自出生起就自然地习得了壮语，本村壮族内部全部都熟练使用壮语，壮语是南松家庭以及南松小组最重要的交际工具。再如上波龙小组277户均为苗族，属于比较大的苗族聚居寨，这里的苗族世世代代就居住在这里，有很多人一辈子都不曾走出村寨，这对苗语保持强劲的活力营造了良好的环境。

即使是杂居寨，大环境的影响也使母语保持活力，如根据调查，田坝心是壮傣杂居村，壮族农户共81户，其中19户属于族际婚姻，这些通婚家庭有两种情况，一种是非壮族嫁入或入赘壮族家庭，共10户，另一种是壮族嫁入非壮族家庭。这些族际婚姻家庭里的壮族不但没有因为民族不同而放弃使用壮语，反而，这些家庭成员之间经常使用壮语，很多小孩出生后第一语言都是壮语。这与很多族际婚姻家庭的语言使用情况不同，这是因为壮语分布广，成为这一地区区域性强势语言。

无论是聚居寨还是杂居寨，大杂居、小聚居的分布状态对都龙多民族地区多语言处于活跃的状态提供了广阔土壤。

（二）族内婚为习得母语创造了优越的先天环境

在都龙，族内婚姻成为在家庭中使用母语的有利环境，有助于各民族母语的生存、发展。无论是壮族，还是苗族、瑶族，无论是聚居寨，还是在杂居寨。族内婚姻是保障孩子第一语言均为本民族母语的主要因素，为孩子第一语言学习、使用母语创造了有利的环境。如懂腊鱼村小组的 55 户村民，除了 5 户苗壮通婚的族际婚家庭，其余全部为苗族或壮族的族内婚。族内婚在这里依然是主流。所有族内婚的家庭成员母语水平均为熟练。一方面，在族内婚家庭内，孩子的第一语言一定是母语，不存在改变母语习得顺序的可能性，而族际婚当中如果不是特殊情况，一般就有可能改变母语习得顺序。另一方面，族内婚姻不同代际之间都会选择用母语交流，孩子学习母语的环境很好。

虽然现在婚姻比较自由，但是选择族际婚的人并不多，正是这种习惯促进了母语的保留。当地有不同民族通婚的现象，但一般是女子外嫁，男子不外娶，即使男子外娶，孩子的民族和语言全部随父亲，不随母亲。如上波龙小组，人们还是习惯实行族内婚。即使有族际婚，但外嫁的比外娶的多些，所以上波龙小组经久保持单一的苗族人口。族内通婚使得苗族的认同感越来越强，使得全村人整体使用苗语，从而保持苗语的活力。

族内婚对壮语活力的保持和传承起着非常重要的作用，在一定程度上有助于母语的稳定使用。

（三）和谐的民族关系是多民族语言和谐、持续发展、保持活力的重要因素

都龙是多民族地区，各民族相处融洽，关系和睦，有助于各民族语言关系的和谐发展。语言和谐会增进不同民族之间的了解，加深彼此之间的往来交流。多民族关系和谐是多民族语言和谐、持续发展、保持活力的重要外在因素之一。

都龙境内，融洽的民族关系有助于保持各族语言的活力。长期以来，都龙各民族互帮互助的和谐共处、相互学习、兼用对方的语言，这对壮、苗、瑶等各族语言保持活力产生了巨大影响。

同样，境外跨境民族对语言活态的保护也有一定的促进作用。在中越边境，壮、苗、瑶等少数民族都是跨境而居的，中国这边的壮、苗、瑶等少数民族在越南那边都有亲戚，两边经常往来交流，只要会壮语或苗语、瑶语，

一般的交流不会有太大的障碍。由此可见,壮、苗、瑶作为跨境民族,其使用场合的广泛对其语言的稳定使用有积极作用。

(四)国家语言文字政策对母语活态的保护起到了保障作用

我国对各民族平等的语言方针政策是保持各民族语言活态的推动力。依据《国家通用语言文字法》的规定:"各民族都有使用和发展自己的语言文字的自由。"它包括两个方面的内容:一是各民族不分大小,对自己的语言如何使用、如何发展都有自己的权利,其他人不能干涉,更不能歧视。二是政府对各民族使用和发展自己语言的权利,一律予以保障,根据各民族的意愿帮助他们使用和发展自己的语言。这对我国少数民族使用自己的语言和文字提供了政治保障。这体现了我国对各民族语言的平等原则。新中国成立之后,政府还组织人员为没有自己文字的少数民族创立拼音方案,帮助他们创立自己的文字。政府的这些举措有助于各民族语文活态的保护。

在都龙多民族地区,国家也出台了很多优惠政策帮助扶持和促进当地少数民族语言文化的发展。近年来,国家对少数民族的优惠政策不断增加,比如升学加分政策、少数民族骨干政策、部分高校开设民族语专业、在民族地区把能够熟练掌握自己的母语作为录取公务员的条件之一等。云南民族大学民族文化学院开设了壮语、苗语等民族语文专业,这些专业每年都会向文山地区的壮族、苗族定向招生。壮语、苗语被纳入高校学科,从政策上鼓励了当地一些壮、苗等少数民族学习民族语,对都龙多民族地区各民族语言活力的保持有一定的促进作用。为了更好地弘扬当地的民族文化和继承民族传统,马关县还成立了壮学会、苗学会、瑶学会等,这对各民族传统文化(包括语言)的传承保护起到积极的作用。文山州少数民族语言广播电台还设有专门的壮语、苗语和瑶语等少数民族语广播,这一系列政策和措施,使当地的各族人民意识到,身为少数民族是一件光荣的事情,学好自己的民族语是非常有用的。

总之,国家出台了一系列惠民政策,鼓励少数民族接受高等教育,促进少数民族语言文化的传承,对都龙地区多民族母语活态的保护起到了推动作用。

## 第五节 都龙镇民族语文活态保护的理论思考

村寨分布类型是制约语言活态的重要因素。都龙镇是一个多民族杂居的乡镇,分布在这里的少数民族有壮族、苗族、彝族、傣族、瑶族等 10 个,占人口总数的 67%。这里的少数民族村寨可以划分成 3 种类型:聚居型村寨、杂居型村寨和跨境型村寨。聚居型村寨如辣子寨南松小组、金竹山村箐脚小组、大寨村上波龙小组、辣子寨的辣子寨、傈傈坪小组；杂居型村寨如茅坪村董腊鱼小组、金竹山村田坝心小组；跨境村寨如保梁街村南北小组、冬瓜林村韭菜坪小组。都龙镇隶属于文山州马关县，文山州是壮族苗族自治州，壮族和苗族人口多，分布的地域广，是两个大民族，瑶族、彝族、傣族人口少，分布的地域窄，是这里的小民族。

　　语言与民族之间存在着和谐统一的关系。语言是一个民族赖以生存的物质基础，是一个民族的标志。语言的内涵承载着民族的文化特质与民族精神，展示出一个民族对于客观世界和人类社会独特的认知形式。在历史上，民族的迁移造成了语言的分化与演变，民族的融合和统一构成了语言之间接触混合的类型差异。大民族和小民族的分布类型是制约语言活态的结构和内部发展规律的重要因素。

　　从宏观上鸟瞰，我们从五个方面阐述制约和影响都龙镇各民族语言活力度的理论问题。

## 一　大民族高度聚居的社会组织结构奠定了语言活态高度发展的社会基础

　　语言活力度的强弱，与民族的行政地位、民族大小、民族村聚居的类型关系密切。大民族聚居村落母语使用人口多，交际功能强，因而母语的保存往往比较好，语言的活力度强。小民族语言使用人口少，母语的交际范围小，语言衰退的速度快。都龙镇的苗族和壮族是两个具有典型性的高度聚居民族，苗语和壮语保存好，活力度强，基本上全民使用母语。而彝族和傣族在都龙镇的人口少，母语保存较差，活力度弱，部分人已经转用汉语和壮语。

　　少数民族高度聚居的社会组织结构，是构成民族语言生存繁衍的社会基础。在这种高度聚居的社会组织结构中，民族语有充足的交际空间来维持语言使用者交际和交流情感的社会功能。社会组织结构的形成是历史上不同民族在长期的社会生活中自发选择的一种自然行为。马关壮族由侬人、沙人、土僚、拉基四个支系组成，其先民率先开发了当地的江边河谷和山间盆地，他们属于古代百越族群中的句町、漏卧、进桑等部落的后裔。壮人是古越人的后裔，云南东南部的侬人、沙人、土僚和拉基，也是壮语族的支系，古为句町部族（《马关县壮族志》，2008）。壮族有史以来就世世代代居住在这里，先民使用的壮语在这块广袤的土地上被子孙后代所传承发展。

## 二　地理分布社会状态的差异制约着语言活力的发展速度

　　母语使用者选择的居住环境、地理位置、交通运输决定了母语活态的社会状态。居住在高山上、地理位置偏僻、缺乏交通工具、物质贫乏的人群，具有一种封闭的社会状态；而居住在平原地带、距离中心乡镇近、交通便利、物质交易频繁的人群，具有一种开放的社会状态。

在封闭的社会状态下，母语的交际环境单一，交际功能不会受到外来语言的干扰，母语保存好。箐脚的瑶族居住在海拔 1257 米的高山上，没有公路，交通不便，每逢暴雨季节山洪爆发，箐脚就会遭遇泥石流灾害，村民很少走出村寨。箐脚瑶族村寨处于一个封闭落后的社会环境，瑶语保存得好，全民使用瑶语，没有代际差异。在封闭的社会状态下，民族语言反映现代化信息的词汇量少，语言的发展速度缓慢。

在开放的社会状态下，母语与外来语言接触的机会多，会借用外来语言中的语言成分丰富自己的表达功能，完善自身表达系统来满足社会进步的发展需要。壮族的语言从汉语里借了很多反映现代社会科技发展的词汇。《马关县壮族志》（2008：67）中写道："随着历史的发展、科技的进步，壮族的语言越来越难以满足人们在生产生活中的正常交往和运用，现代社会和科技名词名称，无法用壮语反映，如科学、技术、社会主义及现代家用电器等，只能采用壮汉语言混合的方法来交流。"

### 三　高度的民族认同感维护着语言活态发展生生不息

民族心理与民族意识形成了对本民族的强烈认同感。这种民族认同感是在长期的历史进程中自然形成一种心理标志，它会保护与其他民族有差异的本民族特征，包括本民族的语言、文化、意识形态等，是增强语言不断向前发展的内在机制与活力。国家和政府部门对少数民族语言采取各项保护措施，也会通过行政力量来提升语言使用者的民族认同感和语言保护意识。

这种民族认同感可以超越国界。跨境村寨同一民族之间，如南北小组和越南的壮族、韭菜坪小组和越南的苗族之间关系融洽，亲戚朋友频繁往来，互相认同对方为同一民族的人，并没有因为对方是越南人或者中国人而造成心理隔阂，进而疏远对方。两边的村民语言互通、传统文化习俗相同，互相通婚，文化、语言的一致性让两边的村民产生出强烈的民族认同感。在一些特殊条件下，在国家与民族之间的认同上，跨境村寨的人会选择民族的一致性而忽略了国籍的差异。这种民族认同感是建立在语言统一的基础之上的。南北小组和韭菜坪小组的壮族和苗族与越南的壮族和苗族完全可以自由通话。这两个村寨都是全民使用母语，母语活态度测量的结果都为"稳定保存型"，说明民族认同感同时也增强了对母语保存的内在动力，为跨境民族语言的生命力增添了力量。

## 四 民族竞争与民族和谐促进了语言竞争与语言和谐的平衡统一

民族之间的竞争会造成语言之间的竞争，在杂居区尤其如此。大民族的实力强盛，语言的强势地位会随之而上升，弱势民族的实力弱，语言也会出现弱势特征。在强势语言的影响下，弱势语言的语音、词汇和语法会借用大量的强势语言成分。田坝心是个壮傣杂居的村寨，壮族人口远远超过傣族人口，壮族是那里的强势民族，全民都能熟练地使用壮语，傣族是混居在壮族村落里的弱势群体，已经有将近一半的人口母语转用壮语，傣语在傣族家庭中已经成为一种辅助性的交际工具，并开始出现代际传承的断裂。

而民族之间的融合会造成语言之间互相接触混合，在同一个村寨内不同的语言能够和谐共生。懂腊鱼是个苗壮混居的村寨，苗族是这里的强势民族，懂腊鱼的周围都是苗族，壮族是个生活在苗族聚居寨里的弱势群体，但是这里苗族的母语是苗语，壮族的母语是壮语，苗族全民熟练地使用苗语，壮族全民熟练地使用壮语，苗语和壮语共生共存和谐发展。民族混居的结果是壮族人会讲苗语，苗族人也会讲壮语，不同民族都接受了混居民族的语言变成了多语人。而懂腊鱼的强势语言与弱势语言的竞争会造成壮族人讲苗语好过苗族人讲壮语，显示出强势语言具有更强大的交际功能。

懂腊鱼语言和谐的生动事例说明语言竞争与语言共存互为补充，语言和谐共存能够削弱语言竞争的侵蚀作用，构成语言和谐的平衡格局。这种平衡的条件既有大民族的高度民族自信和民族认同心理，也有语言之间差异度的影响。壮族和苗族都是都龙镇的大民族，苗语和壮语从系属来源分类属于苗瑶语支和壮侗语支，壮族和苗族同为当地的强势民族，两种语言的差异性大，所以两种语言能够很好地平衡发展。而傣族是都龙镇的小民族，壮语和傣语语言的相似度高，傣族人学习壮语容易，因此田坝心的壮语能够极大地同化傣语，造成傣族人的母语转化成壮语。

## 五 民族文化与传统习俗的代际传承承载着语言活态源远流长的文明发展轨迹

传统文化承载着一个民族源远流长的文明发展轨迹。在人类辉煌的历史长河中，古老的文明积淀成璀璨奇异的文化瑰宝。民族文化常常起源于原始图腾崇拜，原始宗教中对天、地、自然、神仙鬼怪的崇尚与敬畏衍生出本民族特有的宗教祭祀形式。南松壮族的"祭龙"是一个盛大的节日，壮族对龙非常崇拜。每年的二月初一，村子里每家都会去龙山祭龙，上波龙苗族的"祭龙"活动，时间是每年的二月初一、初二、初三，每家每户烧纸烧香祭拜大山。这3天都不能动土。箐脚瑶族崇拜自然神，祈求自然神保佑，禁忌多而繁杂。例如狩猎要祭"山神",捕鱼要祭"水神",在寨头"雷神庙"地不能乱解大小便。

各个民族以其独特的表现形式歌颂他们从事生产劳动、热爱大自然、热爱家园的深厚情感,抒发美好愿望,形成了各个民族独具特色的传统文化与传统习俗,孕育出民族语言活态的深厚文化内涵。如南松壮族有"三月三"、"花米饭"、"尝新米"等传统节日。上波龙苗族的"花山节",箐脚瑶族有目连节(七月十四)、尝新节、盘王节等传统节日。

民间故事是传统文化的另外一种表现形式,民间故事中也完好地保存着古老语言的基因,是我们寻找语言发展历史宝贵的语料来源。南松壮族保留着关于壮族的来源以及壮族姓氏来源的传说。这里的壮族和苗族的老年人都会"对山歌",马关县壮族学会编辑出版了《马关壮族民歌集》,整理出壮族各个支系的歌谣,如古歌、生产歌、节令歌、礼俗歌、情歌、酒歌、拦路开路歌、儿歌、苦歌、悼念歌等表现壮族丰富生活的民间歌谣,产生出壮族的民间口头文学。

传统文字在都龙镇各个民族中已经失传,但是古方块壮字还保留在壮族的宗教祭祀中。南松壮族的祭祀先生能用方块壮文写下来祭祀的唱词,讲述逝者的生平以及如何养育孩子的故事。传统文字是传统语言的载体,宗教祭祀中保留的传统壮字昭示出民族文化和社会文明在原始宗教中的文字记载过程,这是语言传承的重要表现形式。

上述 5 项从理论上构建了保留语言活力的重要条件。在每个民族内部,母语和兼用语只有平等发展才能和谐统一。语言的活力与民族平等是相辅相成的,只有民族关系平等,语言才能持续健康地向前发展。

## 第六节 跨境视角下都龙镇少数民族母语活态保护和发展的必要性

跨境民族的母语活态与非跨境的相比,有自己的特征。在我国的语言活态保护研究中必须考虑跨境因素和非跨境因素的区别,研究跨境因素对少数民族母语的制约和影响。二十多天来,通过对都龙镇 12 个自然寨苗族、壮族、瑶族、彝族等跨境民族母语活态的现状调查,我们观察到跨境语言与非跨境语言在功用上主要有以下两个不同点。

### 一 与非跨境语言相比,跨境分布扩大了都龙镇少数民族母语的使用域

在一般情况下,语言功能的大小与使用域的大小成正比。都龙镇的苗、

壮、瑶、彝等少数民族在越南也有分布，两者同宗同源。如，都龙镇的壮族自称"侬"，在越南叫作"侬族"，有96.88万人（2009），占越南总人口的1.1285%，分布在越南的高平、谅山、河江、宣光、黄连山、广宁、林同等省及胡志明市。两国的"侬人"语言相通。又如，都龙镇的苗族自称"蒙"，有绿苗、花苗等支系。都龙镇自称"蒙"的支系在越南是一个独立的民族，叫作"赫蒙族"，共有106.8189万人，占越南总人口的1.2443%（2009）。越南的"赫蒙族"共有白苗、黑苗、花苗、绿苗、水苗、汉苗等多个支系。两国这些支系的苗族所通行的苗语同属苗语川黔滇方言中的川黔滇次方言第一土语，通解度很高，通话完全没有问题。在都龙镇通行的苗语，还在越南的河江、莱州、山罗、安沛、高平、义安、宣光、清化等省通行。再如，都龙镇的瑶族自称"金"，属于瑶族中的"蓝靛瑶"支系。越南也有瑶族，75.1067万人，占总人口的0.8749%（2009），居越南人口总数的第9位，有大板瑶、小板瑶、蓝靛瑶、白裤瑶、红瑶、青衣瑶等多个支系。瑶语在越南的河江、高平、宣光、老街、安沛、广宁、北太、莱州、谅山、山罗等省通行。都龙镇通行的瑶语属于瑶语金门方言，越南的蓝靛瑶也说这一方言。

从地域看，都龙镇南与越南河江省黄树皮、箐门两县接壤。全镇有151个寨子，其中有20个与越南接壤，边境线长达58.4公里，全镇有974户、3870人与越南直接接壤，有茅坪和南松2条对越通道，8条便道，目前正在修边境国防道。苗族所居住的大花山、小花山与越南的苗族寨子只有一山之隔。苗族聚居的韭菜坪与越南的南箐县有路相连且只有1公里的路程。韭菜坪小组组长王友亮（男，47岁，苗族）告诉我们说：他每周都骑着摩托车去越南的南箐县收购草药，在南箐县的苗族寨子只要讲苗语就行了，两国的苗语是一样的，交流起来没有一点问题。懂腊鱼小组的侯富宽（男，48岁，苗族）在越南老街省有亲戚，2002年他和弟弟去越南老街、安沛、河阳等三省修公路。兄弟俩在越南工作的两年时间内，只说苗语就可以满足交际需求。壮族聚居的自然寨，南松、上田房、下田房、牛街、堡梁街与越南山水相连。龙炭山西北边是都龙镇的南松、上田房、下田房、牛街、堡梁街，东南边是越南的侬族村寨。南北河的西边是都龙镇的南北寨，东边是越南侬族聚居的曼迈村。在南北寨，若不是看见221和222国界碑，很难想象河边的稻田和地里的牛是越南人的。南北寨很多人家和曼迈村的壮族都是亲戚朋友，他们往来非常密切。

都龙镇的苗、壮、瑶、彝等跨境民族，不仅在语言上与越南的苗、壮、瑶、彝等同一民族相同，而且在民族文化、风俗习惯、心理特征等方面也有共同的特征。这些共同点使得都龙镇的苗、壮、瑶、彝等语言迈出了跨界，扩大了交际范围,增强了语言功能。即便是在现代进程不断加快的未来,因跨境而扩大语言功能也会继续延续下去。

## 二 跨境交往提高了都龙镇少数民族母语的活力

越南有54个民族,除去主体民族越族以外,其余53个少数民族都有自己的语言和特色传统文化。24个少数民族有自己的文字如:赫蒙族、岱依族、侬族等。就同一民族的母语活力看,越南少数民族的母语活力比都龙镇少数民族的母语活力强。具体表现在:① 与都龙镇交界的越南少数民族中仍有不少母语单语人,他们只会说自己民族的语言,不会说自己国家的通用语——越南语。② 与都龙镇接壤的越南村庄,大多贫困落后。那里的少数民族受教育程度低,受到越南主体民族语言文化影响小,本族的语言文化得到较好保留。由于中越边境的民族交往较多,且交际用语为少数民族语言,这使得都龙镇少数民族语言的使用频率增加,因此,越南少数民族母语的高活力度必然能够促进都龙镇少数民族母语活力的提升。都龙镇跨境民族语言活力的提高还受到一些社会文化因素的制约。

### (一) 跨境族内婚促进了都龙镇少数民族习得母语

都龙镇的生活条件比越南好。在家庭关系中,男性负责养家糊口,女性负责照顾家庭,农业已实现机械化生产;但在越南的边境地区,农业生产基本还靠人背马驮,男性负责上山打猎,女性负责料理家事。越南妇女普遍认为中国的女人很幸福。所以,近30年来越南嫁入中国的人数呈上升趋势。在独龙镇娶越南媳妇的大约有200多户,分布在大多数村寨,民族成分涉及苗族、壮族、彝族等多个民族。

在茅坪村委会的懂腊鱼小组侯桂荣(男,30岁,苗族)家,我们见到他31岁的越南苗族妻子。他俩已经共同生活了9年,育有2女1子。他的越南妻子是"蒙诗"(苗族的一个支系),只会说苗语,不懂汉语。她家的三个孩子苗语都很好,平时在家里只说苗语。

上波龙自然寨有4位越南嫁入者,年龄最大的有60多岁,最小的20多岁。韭菜坪有4位,她们都是苗族,只讲苗语。南北寨有5位越南媳妇,都是"侬"族,只会说侬话。边境寨的瑶族和越南瑶族也通婚,通婚率有百分之二三十。这些嫁入都龙镇的越南妇女,都只会说本民族语言,她们的孩子母语保留得也很好。

由于有姻亲关系,都龙镇很多边境寨子的村民在越南有亲戚,近几年,与越南同一民族间的跨境婚姻明显增多。跨国婚姻家庭,语言和谐,家庭关系融洽,有婚丧大事,互相走动。韭菜坪下寨组长王富云(男,44岁,苗族)在谈到与越南姻亲关系时,激动地说:"我们村很多人在越南都有亲戚,虽然我们生活在两个国家，但在心里，我们都是苗族，就是一家人！"这些由同族人组建的跨境婚姻家庭，其家庭用语和第一语言均为母语，这为儿童习得母语和母语的代际传承创造了良好的语言习得环境。

（二）越南少数民族的劳务输入有利于都龙镇少数民族的母语保留

都龙镇请越南人的务工工资一般是 30—40 元一天，最多不超过 60 元一天。越南务工者对这个报酬比较满意，觉得都龙镇好挣钱。而都龙镇的人也因价格便宜而喜欢雇佣越南人劳动，因此在越南的农闲时节，经常有越南的蒙族、侬族、瑶族来都龙镇打工。

都龙镇南松寨的壮族，种植了大面积的香蕉和甘蔗，农忙时节，隔山相望的越南侬族和拉基族经常来南松找活干。南松壮族会雇佣这些越南侬人帮忙采收香蕉、甘蔗等，报酬为包吃住一天三四十元或四五十元，也有一些老板支付的工资比较高，割收香蕉 1 元钱一坨，体力好的一天能挣 100 多元。他们活干完后就回到越南家里。南松的壮族与越南侬族都只用壮语交流，便能满足双方的交际需求。7 月 13 日，在田坝心去岩头寨的山路上，我们遇到 3 位 20 来岁的越南侬族姑娘，她们身着黑色侬族服装。

7 月 24 日，课题组在瑶族新搬迁的寨子调查时，正值村民新建搬迁房。箐脚小组长宗仕荣（男，54 岁，瑶族）告诉我们说："我们这里前一段时间也请了五六个越南的瑶族修房子，50 元一天，包食宿，昨天他们刚刚回去。由于来的时间长了，他们需要回去给当地政府签到。"

7 月 26 日，在从国门街返回都龙镇的路上，遇见 4 位男子在路边行走，衣衫陈旧。年龄最大有 40 多岁，小的才 20 来岁。为我们开车的王司机（男，45 岁，苗族）用苗语问他们："去马关县城割牛草 60 元一天包吃住，干不干？"他们三人说："马关太远，不敢去。"王司机说："他们每过 15 天要回到越南签到，否则要被重罚，去马关太远，他们怕赶不回越南签到。"我们问王司机："怎么能一眼认出路边的人是越南的苗族？"他说："看一眼就知道。"看来，越南的苗族来都龙镇打工很多，本地苗族一眼就能识别。

从越南来的打工者多为苗族、壮族、瑶族，他们只会说本民族语言。他们进入都龙镇，从语言使用者的角度看，等于增加了一批只使用少数民族语言的语言群体，这一群体的加入提高本民族语言的使用频率，促进了民族语言的保留。

（三）中越边境贸易为都龙镇少数民族的母语活力创造了有利条件

都龙镇有两个中越边贸市场，当地人叫作"街子天"。星期二在茅坪，星期六在国门街。2014 年 7 月 26 日逢国门街赶集，课题组一行 17 人来到国门街考察跨境语言使用情况。与 2011 年相比，国门街变得更为繁荣了。中国边检站已经竣工，集市的路面已经硬化，新建了很多边境贸易小商店，露天的摊位也比原来的多,中越边贸在不断发展。集市上,随处可见身着苗族、壮族、瑶族服装的越南女性,从几岁的小女孩到上了年纪的老妇人都身着自己的民族服装。越南壮族、苗族、拉基族多是来购买中国生产的日用品和食品,如衣服、鞋子、麻辣薯条等。中国人也会从他们那里购买粮食、蔬菜、草药。在国门街出售苗族服装的摊位吸引了很多越南苗族。摊主告诉我们说:"越南的苗族很喜欢我们卖的苗族服装,每次赶街都要来看,很想买,但买得起的人不多。很多越南苗族妇女,一年辛辛苦苦的干活赚钱,就是为了到苗族过花山节时能够买上一套自己喜欢的苗族服装。"由于两国少数民族服装的新旧差异,当地人可以从她们的着装一下就认出她们的民族和国籍。边民的交流,是根据对方的服装来选择用语。集市上随处可见越南人用苗语、壮语、瑶语等少数民族语言讨价还价。少数民族语言成为最主要的交际用语。

周日是都龙镇区的街子天,每次街子天都有越南的"侬"人来摆摊卖缝制壮族服饰的布料,两国壮族用壮语讨价还价。看来只会壮语完全能够完成从越南到都龙镇的卖布生意。街子天都龙镇的苗族服饰摊也生意很好。摊主是来自金厂镇的绿苗(女,35岁,苗族),一口流利的苗语。我们课题组成员中有两位会说苗语。她用苗语告诉我们说,她到处赶街卖苗族服装,越南妇女很喜欢苗族服装,生意不错,整个交易都是讲苗语。

(四)中越边境的文化交流为少数民族的母语保留提供了很好的人文环境

中越边境的苗族、壮族、瑶族文化习俗相同,有共同的节日、共同的文化、信仰。文化交流也是跨境民族交往的途径之一。每年的花山节都会有越南的苗族来都龙镇踩花山,他们还会用苗语对山歌,两国苗族交流很顺利。从花山节的民歌表演看,越南的苗族口头文学传承更好,中青年人都会苗语歌曲,而都龙镇的中青年人大多都不会。都龙镇的壮族和越南的侬族都有请摩公和师公的习俗。南北寨的侬正弟(男,37岁,壮族)告诉我们,村里有老人过世,会请越南的摩公过来,越南的侬人信摩公比他们信得更深。

语言是文化的载体,是文化的一个构成要素。一个民族,其民族文化保留得好也能够促进语言的保留。

### 三 我国民族语文政策应该考虑跨境语言的特殊性

跨境语言与非跨境语言相比有特殊性,表现在以下几个方面:语言功能和语言活力;语言结构的特点;传媒的作用;跨境国度的语言政策等。我国在制定民族语文政策时应当充分考虑到跨境语言的特殊性,加强对民族语的保护。

在语言功能和语言活力上，同一语言分布在不同的国度对语言的功能和语言活力会产生升降的影响，一般是由于使用人口的增多增强了语言的功能。

在语言结构上，由于两地居民的来往，所使用的语言会受到对方语言的影响。轻则影响到词汇，重则影响到语言的语法和结构。

在多种语言共存的国度内，一种语言必然会受到其他语言的影响。在边境地区，随着境内外人民交往的加深，语言也会相互影响，境内语言里也可能出现跨境国度其他语言的借词。在调查的时候，箐脚瑶族就告诉我们，他们说的瑶语和越南瑶族说的瑶语虽然可以交流，但还是有一点区别。这种区别可能就出现在境内瑶语的汉语借词和越南瑶语的越南语借词之间。

跨国的传媒因不同国家的社会背景会出现不同的特点。传媒在输入的语言内容上必然会携带不同国家的文化意识和意识形态方面的内容。这当中，有正面影响也有负面影响。

境外媒体也会影响我国跨境民族。比如他们用民族语演唱的歌曲，用民族语制作的电影等的光盘会流传到境内。越南制作的苗族歌曲和苗语电影在中国边境流传较广，影响较大。这一方面有利于民族语的保留和发展，但另一方面光盘所体现的文化意识也会影响境内民族，这很容易就会出现文化倒灌甚至思想同化。

中越两国国情不同，民族分布情况不同，经济发展水平不同，意识形态不同，由此，民族政策会有不同的内容。民族政策的差异会影响到语言的演变和发展。

诸如此类的差异构成了跨境语言的特殊性。我国民族语言政策应该考虑到跨境语言的特殊性，制定出切合边疆跨境民族语言特点的政策措施，以保障跨境语言的演变和发展有利于民族团结和民族繁荣。比如，对跨境语言的活态级别要制定切合跨境语言的标准，不能按非跨境语言的标准来衡量跨境语言。在语言保护措施上，也有他的特殊措施，如怎样解决跨境语言的文字使用，怎样规范跨境语言的新词术语，怎样扶持衰退语言的活力等。在语言传媒方面，既要考虑有利于跨境两地居民的沟通，又要考虑非良性内容的进入对我国边民造成的影响。

都龙镇的很多村寨直接与越南接壤，我们需要了解越南的语言文字政策，从中得到一些启示。

越南是个由多民族组成的国家。1946 年、1960 年、1980 年和 1982 年颁布的宪法中都规定"少数民族有权使用本民族的语言文字"和"在法庭上使用母语的权利"；1991 年和 1998 年的《小学教育普及法》都明确规定"各少数民族有权使用本民族的语言文字和越语一起进行小学教育"。①越南对少数民族语言的包容态度有利于国家语言的多样化,也对少数民族语言的保护起到了积极作用,特别是可以在法庭这种公共场合使用自己的母语,不仅有利于少数民族语言的发展而且还可以增强少数民族的自豪感。

　　越南宪法规定"少数民族有权使用本民族的语言文字"和我国宪法规定"各民族有使用自己语言文字的权利"是一致的,但在2011年我国政府又提出了语言保护政策,如在《国家中长期语言文字事业改革和发展规划纲要》(2012—2020)的第二章"目标和任务"中写入了"科学保护各民族语言文字"②,这是越南所没有的。

---

① 唐庆华:《越南历代语言政策的嬗变》,《东南亚纵横》2009年第12期。
② 戴庆厦:《科学保护各民族语言文字研究的理论方法和思考》,《民族翻译》2014年第1期。

# 第十二章　都龙镇少数民族双语问题的理论分析

我国是一个多民族的国家。少数民族的语言生活除了使用自己的母语外，还要学习国家各民族的通用语——汉语，母语和通用语构成一种"互补兼用"的双语关系。课题组通过对都龙镇少数民族双语语言问题的考察，有了一些理论思考和理论分析。

## 第一节　都龙镇少数民族双语类型的多样性

双语现象是随着民族接触而产生的语言现象，通常指个人或语言（方言）集团除了使用自己的母语外，还能够使用另一种语言或多种语言进行日常交际。这里的双语包括两种或两种以上的语言。

都龙镇少数民族双语是复杂的、多样的。对都龙镇双语类型的分析不能搞"一刀切"。我们调查都龙镇的8个点具有语言能力的村民1593人，其中壮族682人，苗族647人，汉族84人，瑶族97人，傣族83人。这1509个少数民族村民双语类型主要有两种类型："母语—汉语"型和"母语—汉语—其他少数民族语"型。下面，对这两种类型作进一步分析。

### 一　"母语—汉语"型

由于汉语存在普通话和方言的区别，所以在这种双语型中，实际上还区分"母语—汉语方言"型、"母语—汉语方言—汉语普通话"型和"母语—汉语普通话"型。在这三种类型中，"母语—汉语方言"型最普遍，几乎兼用汉语的都以汉语方言形式出现，而且使用频率最高。"母语—汉语方言—汉语普通话"型主要出现在年龄在6—40岁受过学校教育的人群中。"母语—汉语普通话"型主要出现在长期跟随父母在外地生活的少量青少年中。

在都龙镇被调查的1509个少数民族村民中，母语使用人数1456人，有1446人能够熟练使用汉语，"母语—汉语方言"双语使用人数占总人数的

96%，属于普遍兼用汉语方言型。详见表 12-1 都龙少数民族双语使用情况表。

表 12-1　　　　　　　　都龙少数民族双语使用情况

| 民族 | 总人数（人） | 母语使用人数（人） | 汉语方言使用人数（人） | 双语使用百分比（%） |
| --- | --- | --- | --- | --- |
| 壮族 | 682 | 680 | 670 | 98 |
| 苗族 | 647 | 619 | 619 | 96 |
| 傣族 | 83 | 61 | 61 | 73 |
| 瑶族 | 97 | 96 | 96 | 99 |
| 合计 | 1509 | 1456 | 1446 | 96 |

在调查过程中，我们了解到除了使用汉语方言，都龙镇 6—40 岁村民普遍能够熟练使用汉语普通话，这些人的普通话大部分是在学校习得和外出打工习得。40 岁以上能够熟练使用普通话的相对比较少，根据调查中村民的说法，他们是在平时看电视时学会的。

## 二　"母语—其他少数民族语—汉语"

都龙镇少数民族除了普遍兼用汉语外，还存在少数民族兼用其他少数民族语的情况。

在调查的都龙镇壮族 682 人中，有 117 人兼用苗语，为"壮语—汉语方言—苗语"型。苗族 647 人中，有 80 人兼用壮语，为"苗语—汉语—壮语"型。瑶族 97 人中，有 2 人只兼用壮语，为"瑶—汉—壮"型；有 15 人只兼用苗语，为"瑶—汉—苗"型；有 15 人同时兼用壮语和苗语，为"瑶—汉—壮—苗"型。傣族 83 人中，有 61 人兼用壮语，为"傣—壮—汉"型。可以看出，少数民族兼用其他少数民族的语言主要是壮语和苗语，兼用壮语 179 人，兼用苗语 192 人。

值得一提的是，在都龙镇双语使用的调查中还发现汉族兼用少数民族语的情况。在被调查的 84 个汉族人中，有 50 人兼用苗语，为"汉—苗"型；有 5 人兼用瑶语，为"汉—瑶"型；有 26 人兼用壮语，为"汉—壮"型。

都龙镇少数民族双语类型的多样性主要是由少数民族的语言生活中实际需要决定的。他们为了和当地汉族和其他少数民族交流，必须学会汉语和少数民族语。在国家的普通话教育中，又学会了普通话。

都龙镇的双语生活具有丰富的内涵，它是由各种内外因素决定的。在实际生活中，起到了不可估量的作用。认识都龙镇的双语生活，弄清它的理论意义和运用价值是必须下功夫才能认识到位的。

## 第二节 都龙镇双语和谐促进了民族的发展

语言问题属于民族问题的一部分，语言关系也是民族关系的一部分。在过去长期的历史发展过程中，我国的语言关系由于所处的社会条件不同，呈现出复杂的特点。其中既有和谐的一面，也有不和谐的一面，但和谐与不和谐在不同的历史时期存在不同的比重。当民族矛盾激烈时，语言矛盾的一面会加剧，甚至会成为语言关系的主流；而当民族关系融洽时，语言和谐也会随之进入主流地位。

### 一 都龙镇双语和谐的表现

都龙镇的语言关系是和谐的，民族关系也是和谐的。不同民族之间相互尊重，团结友爱，互帮互助，携手迈向更美好的未来。调查组成员无不为这样和谐的景象而高兴，为民族同胞之间的友谊所感动。其双语和谐的表现主要有以下四个方面：

（一）少数民族普遍兼用汉语，承认汉语"共同语"的地位

都龙镇居住着壮、苗、傣、瑶、汉、彝等11个民族，多民族杂居带来了多种语言并用的语言现状。其共同点主要表现为：都龙的壮、苗、瑶等民族，除了稳定使用自己的母语外，基本都能兼用汉语。由于汉语共同语的地位，都龙镇的少数民族都积极学习汉语，把汉语作为最重要的兼用语。他们普遍认为掌握汉语是一种先进的表现。不学汉语，就不能较好地掌握现代科学文化知识，也无法与其他民族沟通；不学汉语就无法适应社会与时代发展的需要。而且认为，汉语与本族语不是相互排斥，而是相互补充的。在调查的都龙镇1509个少数民族村民中，兼用汉语的有1446人，占少数民族总人数的96%，属于全民兼用汉语型。

（二）少数民族之间有的也相互兼用对方的语言，不同语言的地位平等

都龙镇的少数民族互相兼用语言是自然的、和谐的。各民族的人们对待不同民族的语言都有一个共同的认识，就是民族不分大小，一律平等。对别的民族只能尊重，不能歧视，而且认为各民族语言都有它的作用，不能替代。在我们走访的几个杂居寨中，如田坝心—壮傣杂居。这里的傣族、汉族等村民基本都能兼用壮语；懂腊鱼—壮苗杂居，这个村寨的壮族和苗族基本能够互相兼用对方的语言。不同民族互相兼用语言，形成了双语、多语的并用共处，和谐互补，满足了各民族的语言交际需要。

### （三）母语与兼用语功能互补，适应不同交际需求

根据调查显示，都龙镇各民族母语一般通行于族内，兼用的民族语通行于族际。很多被调查者表示，和本族人就讲母语，和外族人交流会用那个民族的语言就首选那个民族的语言，不会就讲汉语方言，因为一般大家都会讲汉语方言。母语一般通行于家庭和村寨，兼用语通行于公共场合如医院、集市等。

### （四）对汉文化的高度认同及崇拜

我国的汉族是人口最多的民族，汉族的经济发达，随着现代化进程的推进，少数民族与汉族的交往越来越多。汉族文化对少数民族的影响也越来越深刻，深入生活的方方面面。语言文字、节日风俗、婚丧嫁娶等都与汉族趋同。例如，少数民族认为汉语是最重要的语言，在公共场合遇到别的少数民族都愿意选择汉语进行交流。他们普遍认为：汉语记载了世界上先进的科技和文化，掌握汉语是一种先进的表现，人们对汉语的学习是一种自觉的行为，是为了适应时代发展的需要。另外，都龙镇的许多少数民族在保留自己节日的同时，也会过一些汉族的节日，并且他们普遍认为汉族的春节是一年中最重要的节日。在婚丧嫁娶等礼俗上，少数民族也普遍接受汉族的传统礼仪，许多年轻人会在结婚当天选择穿婚纱、西装。总之，都龙镇少数民族对汉族文化持高度认同的态度，希望能向汉族学习更多的知识与技术，促进本民族的发展，与汉族一起迈向社会主义现代化建设新时期。

## 二　双语和谐促进了民族的发展

构建和谐社会，是我国进入现代化建设时期的一个重要任务；而构建语言和谐，则是构建和谐社会的一个重要组成部分。中国是一个统一的多民族国家，也是一个多语种、多文种的国家。不同民族的语言是各个民族的主要交际工具，也是社会得以正常运转的工具。双语和谐，对民族的发展、社会的进步都发挥了重要的作用。少数民族兼用汉语，能够以更加开放的思维思考问题，能够学习汉族先进的文化和生产技术，促进自身的发展。

### （一）双语和谐促进民族的团结

和谐的语言关系构建了和谐的民族关系，和谐的民族关系又反过来促进了和谐的语言关系，二者相辅相成，共同促进了民族之间的团结。都龙镇的各少数民族世代生活在一起，互相帮助，团结友爱，语言和谐是民族团结的一个重要因素。都龙镇的少数民族兼用汉语及其他民族的语言，使得他们在任何场合的交流都不会遇到阻碍，不会发生语言矛盾与冲突，语言的无障碍拉近了民族间的距离，不会感到陌生，民族关系自然会朝着越来越好的方向发展，民族之间也会更加团结。

## （二）双语和谐使得不同民族的交流成为可能

不同的民族在保留自己母语的同时还能够兼用汉语，汉语作为通用语使不同民族之间交流起来没有问题。都龙镇少数民族众多且基本都保留了自己的母语，但是他们在交流时能够使用共同的兼用语——汉语，这使得他们能够根据交际场合、交际对象的需要自由地进行语言转码，满足不同民族之间的交际需求。都龙镇的镇中心街道每个星期日都会有集市，当地人称为"街子天"。在街上，可以看到来自不同村寨的穿着不同服装的不同民族在进行买卖交易，谈笑风生，呈现一片热闹和谐的景象。

## （三）双语和谐提高了各民族的文化教育水平

少数民族通过掌握兼用语，开拓了眼界，从而提高了文化教育水平，促进了少数民族经济、文化、教育的发展。在我们走访的所有调查点中，九年义务教育都已普及，所有的适龄儿童都会进入学校学习文化知识，村民的文化层次较30年前有了明显的提高，年青一代中基本没有文盲，不少村寨还走出了大学生。人们的意识从根本上发生了转变，不再认为读书是没用的事。父母都希望孩子能够好好学习，走出村寨，改变落后的面貌。

## 第三节　都龙镇双语和谐的历史渊源

上面所描述、分析的是都龙镇双语和谐的现状和成因。本节着重对文山州马关县都龙镇双语和谐的历史进行回顾。从历史来看，双语和谐主要表现在：学习汉语和汉文化、民族文字、民间文学、民族传统文化等四个方面。

### 一　明代以来积极学习汉语和汉文化

明代以来，马关各族人民重视汉语和汉文的学习运用。除了使用母语和本族人交流外，还能使用汉语和其他民族人交流。

#### （一）壮族积极学习汉语和汉文化

文山州壮族的教育在明朝以前主要是通过父辈和子辈口传相授的方式进行。传授的内容以宗教祭祀、民间传说、神话故事、稻耕技术、民间医药、棉纺织染、刺绣等与生产生活息息相关的技术。明朝以后，伴随大批汉族的迁入，汉文字的传入，一些濮摩（祭司）采用借汉字或仿汉字的方式创造了土壮字（方块壮字）。并用土壮字将许多民间神话传说抄录下来，如《开天辟地》等。明朝后期设立了私塾、义学、府学。这些机构的建立，为壮族培养了一些科举人才。受教育的对象除了官家子弟外，还有百姓的子女；除了汉族子女外，也开始有少数民族的子女接受汉文化教育。苗族接受汉文化教育，就是在这样的条件下兴起来的。

宣统元年至二年（1909—1910），"云南开化府安平厅劝学所、教育研究所"在马关开设，这是历史上在马关开展国文教育的第一所教育行政机构。参加首批国文教育的学生中有29.6%是壮族学生。

民国时期新学开办。文山州各县劝学所改为教育局。马关设立了县立初级中学。县立初级中学中少数民族学生较少，少数民族学生中人数较多的是壮族。文山设立了"国立师范"，马关设立了"简易师范"、短师班等教育机构，录取了一些少数民族学生。马关的主要壮族村寨，自筹自办小学，使汉文化在马关壮族地区得到了运用和发展。

1955年，国家决定以广西北部壮语为基础方言，用武鸣壮语音为标准音创造拉丁字母"壮文方案"。1957年11月国务院批准壮文试行后，文山州曾分批派人到广西学习。

1982年后，文山州一中和包含马关在内的6个县的县一中开办了少数民族班。1984年，文山州民委语研室依秉真在广西壮文方案的基础上结合文山州的壮语实际，制定了一套壮语试行拼音方案，并加以培训和推广。

新中国成立后的50年间，马关壮族村寨与其他民族村寨一样设立了小学，村委会所在地设立了高小。乡（镇）所在地设有初中班，县设有中学。此外对成年文盲人进行了"扫盲班"培训，不少人具备了初小的文化基础。

（二）苗族地区开展苗文工作的同时提倡学习汉语和汉文化

1957—1958年，文山地委党校开办了两期苗文培训班，参加学习人数约80人。后来由于极"左"路线的干扰，苗文工作被迫停止。党的十一届三中全会后，民族语文政策得到进一步落实，苗文的试行工作得到了恢复和发展。1979年6月20日，文山人民广播电台开播苗语节目。1979年，文山州电影公司建立了苗语电影译制组。1982年10月20日，文山州民族干部学校开办了苗文培训班。1984年，文山州人民政府在州民族事务委员会成立了民族语言文字研究室。从此，文山的苗文工作进入了一个新的发展时期。

截至1995年年底，共开办各类苗文培训班47期，参加学习1846人。开办苗文扫盲班550个，参加学习24200人。先后在丘北县天星乡茶花小学、丘北县腻脚乡西里古小学、马关县夹寒箐水头小学、富宁县里达镇牛场小学、富宁县木央乡木腮小学、文山县德厚乡以奈黑小学等开办了苗汉双语双文试点班。1996年9月，熊朝荣创办了文山州第一所苗文学校——文山州苗文学校。

1983年，文山州民族干部学校编印了《苗文试用课本》（上、下册）。1985年，州民委编印了《苗文课本》。1986年，项保昌编写的《苗文课本》由云南民族出版社出版发行。项保昌等翻译出版的苗文课外读物有《尤首的故事》、《苗岭歌声》、《学知识》、《中国苗族歌曲选》、《云南农村八改养猪技术》等。1984年起，州民干校和州民委分别编印了苗文综合刊物《新生活》、苗文小报《民文学习通讯》，以及专集《苗族民歌选》（上、下集）、《苗族谚语选》等。此外，州内部分人员还曾参与翻译、编写和审定贵州苗文小学课本、云南苗文小学课本、云南苗文扫盲课本等。1978年，文山州人民广播电台成立，并设立苗语广播，全州都可收听。1979年，在文山州电影公司设立了苗语电影译制组，共译制汉语科教片、纪录片40多部。

马关苗族兴学开始于清末明初。民国二十六年至三十五年，先后创办了几所苗民小学，这些学校任教的教师多为苗族。此外，还有部分苗族家庭自发办私塾。新中国成立后，这些苗民学校先后停办。但不同程度地为苗族人民学习汉语和汉文化创造了条件。1952年，在云南省文教厅的要求和指导下，开办了少数民族师资班，招收初中或小学毕业生，最后分配到民族地区任民族小学教师，解决了师资问题。

### （三）瑶族积极学习汉语和汉文化

马关瑶族为蓝靛瑶。蓝靛瑶在日常生活中所使用的蓝靛瑶语中借或仿了少数壮语词汇。如鸡（鸡 ka$^{35}$）、八角（八角 ma$^{35}$ka$^{35}$）。此外还有部分汉语借词如"电视机"、"党"等。他们唱诵经书、民歌时主要用粤语中间夹杂着少数瑶语词汇，与现代粤语还是有差异。通常只有通过传习的道公和歌手才能听懂和唱念宗教经文、民歌，未经专门培训的本族人一般也听不懂经文和民歌。

## 二 古老民族文字中的和谐

历史上，各民族先民为便于记事和交流，充分发挥聪明才智创造了文字。据史料记载，11世纪，部分壮族根据汉字的形、音、义的规律，采用汉字记音记义和用汉字的偏旁相切组合构字方法发明了方块壮字。从结构上可分为会意、形声、自造、假借、汉借字五类。汉借字的形式主要有三种：其一是采用同音同义的语言。如"命"、"爱"、"宝"、"社会主义"、"共产党"等。其二是采用汉字注音语言，如"吃饭"注为"进扣"。其三是采用既不同音也不同义的记录方法，要加上括号，如"天黑啦"记成"发（黑）亚"。

## 三 历史长河中民间文学的和谐

马关壮剧在民间歌舞和说唱技艺的基础上产生，并借鉴了粤剧及其他地方戏剧，形成了独具马关特色和壮族特色的剧种。其剧目内容丰富、题材广泛，包含有本民族的神话传说故事，还有汉族剧目。如《梁山伯与祝英台》、《四姐下凡》等。

巫公歌是苗族民歌的一种。在巫公活动中，有说有唱，其中唱腔占80%。

有的用苗语唱，有的用汉语唱。一些不宜用苗语表达的内容，如驱赶"妖魔鬼神"等，通常采用汉语向特定对象表达。而布阵、祭师、招魂等内容则用苗语唱。

瑶族歌谣形式多样，内容丰富。过去多以古歌、情歌为主，现在多以歌唱新生活为主。过去主要是男人学习汉语和汉字、瑶字来抄写经典和歌书。现代女性也逐渐开始学习汉文和瑶文，按心愿写作"鸳鸯信歌"交流感情。

### 四　传统民族文化中的和谐

道教在宋代随汉族而传到文山。道教教义所提倡的"众生平等、劝人为善、在家尽孝、出门尽忠"等原则，与壮族的祖先崇拜和与人为善、谦和忍让的心理相符。因而广为壮族民众所接受，是壮族信仰的宗教之一。道教道德真经、文昌大洞仙经等经文，多为民间手抄本，其中有不少古壮字，而诵经的语言则是壮语、汉语杂用。

苗、壮、瑶三个民族有自己独特的传统节日。同时，还会过一些汉族节日，一直延续至今。过的节日及节日氛围和汉族一样热热闹闹，但具体的习俗与汉族有差异。如壮族过的汉族节日有春节、端午、中秋。春节时壮族有包粽粑的习惯。苗族过的汉族节日有春节、清明节和端午节。苗族清明节上坟的时间要比汉族、彝族提前几天。瑶族过春节的习俗是：大年三十晚上十二点前封门，意喻把一年的瘟疫、妖魔鬼怪关在外面。大年初一早上开门迎接好的事物，要取新水洗脸，洗掉旧的东西。只允许男人串门。改革开放后，过年贴汉字春联。对联内容各家不一，代表了各家的愿望。在入寨入户的途中，我们调查组发现苗、壮、瑶三族贴春联的习俗一直延续至今，有些人虽然不知道春联的含义，却一直延续着这种传统的做法。

## 第四节　都龙镇双语不和谐现象及对策建议

都龙镇的双语主流是和谐的，但也存在不和谐的，本节主要描写和分析不和谐的方面以及解决的对策建议。

### 一　都龙镇双语不和谐的表现

（一）双语关系中母语和兼用语的功能在有些方面存在不平衡

双语和谐应该是母语和通用语各在所位，各有所用，形成系统的互补关系。综观都龙镇不同民族的语言关系，应该说双语关系的主流是和谐的。比如，少数民族语言主要在家庭内和村寨内使用，通用语在学校、机关、医院等场合使用，二者界限分明。但在传媒中，如电视、广播、手机、网络等方面，少数民族语言没有被充分使用。我们在都龙镇赶集市场中听到，不时的有线广播，只有汉语，没有少数民族语言，产品推销的宣传，许多人似懂非懂，不会汉语的人根本听不懂。我们想如果能同时使用民族语言，势必在效果上更符合少数民族的心理要求。在学校，在加强通用语使用的同时也应当重视民族语的使用，民族语的使用只能对通用语的普及起到推动作用。

（二）一些地区有的民族语言出现衰退，活力下降

如田坝心是壮傣杂居的村寨，全村有374人，其中壮族258人，傣族83人，通过调查发现，壮族稳定使用母语，傣族的母语使用处于逐步衰退的状态，有接近一半的傣族人将壮语作为第一语言，傣族母语活力明显低于壮语。这是因为在田坝心这个村寨中，壮族人多于傣族人，傣语是弱势语言，壮语是强势语言，弱势语言把强势语言转用为自己的第一语言，而自己的母语则出现衰退现象，活力下降。

（三）有的民族母语消失，成了单语

如彝族聚居寨彝语基本消退。辣子寨上小组有37户，155人，其中彝族152人、壮族1人、汉族1人。下小组有39户，145人，其中彝族138人、壮族5人、苗族2人。倮倮坪小组有46户，170人，其中彝族169人、壮族1人。3个村寨都是彝族聚居寨，且互相之间交往频繁，但是彝族母语丢失，全部转用成汉语，成为单语民族。

（四）在双语教育中充分发挥母语作用不够

都龙镇是一个少数民族占大多数的城镇，理应大力开展双语教学，以提高少数民族的汉语文水平。但从目前的情况看，无论在教学组织上，或是在教学方法上，都尚未能建立符合科学要求的双语教学体系。特别是对小学1—3年级的学生，在语文教学上，未能实施针对母语特点的教学。另外，都龙镇壮族、苗族多，但壮族、苗族学生懂文字的几乎没有，并没有依靠本族语文的天然优势来提高汉语文的学习水平。

（五）在双语观念上，部分人存在忽视母语的倾向

在双语观念上，部分人更倾向于云南方言和普通话，忽视自己的母语。在调查过程中，当我们问到"您认为哪种语言或方言最有用"时，他们都说云南方言或普通话有用。他们长期在外面，跟本族人接触时间减少，使用母语范围变窄，在外面的时候，只能用云南方言或普通话交流，所以他们中有些更倾向于普通话或云南方言。

当我们问到"你本民族的人成为汉语单语人，你的态度是什么"这个问题时懂腊鱼的38岁的田朝永认为无所谓，当出去外面的人回来不说母语，他也表示可以接受。在苗族、壮族等其他7个调查点我们都发现有同样的语

言态度问题。外出打工的年轻人，多数倾向于普通话或云南方言，他们对母语的认同度下降，认为学好普通话走到哪都可以交流。

在杨超的访谈录中，当问到"你对自己母语是否担忧"这个问题时，他说："担心。当地有些苗族因为生活改善或在城里工作，他们的后代都不再使用苗语，即使他们会一小点苗语也只有在和父母要钱的时候才说几句拗口的苗语，甚至有人认为自己是苗族这是一个耻辱。"这是一个错误的语言态度，他们只喜欢汉语，只用汉语，不用自己的民族语，这样一直下去，母语会完全断裂。

## 二 对策建议

针对双语存在的问题，我们提出的解决对策主要有：

（一）开设母语课，把母语纳入学校教育体系，实现双语教学

在现在的学校教育中，把母语纳入学校教育。我们可以像学习英语一样，在1—3年级开设母语课程，每周两节课，主要提供学生学习、使用母语的环境，同时学习本民族简单的俗语、谚语，对本民族文化有所了解，有重视自己本民族文化的意识。

（二）发挥大众传媒的作用

在少数民族地区，政府应该在广播台、电视台等投入资金，支持民族语电台、广播、电视，让人民群众的生活中不仅有汉语电视节目，也有自己本民族的电视节目。使母语节目深入人心，使之有利于增进青少年学习母语的兴趣。我们在都龙镇赶集的时候，听到有一些汉语广播，我们觉得如果可能的话可以同时播放民族语的广播，这样也促进民族语的生存、发展。

（三）政府必须增大对边境少数民族文化语言保护的力度，使其民族文化像汉族文化一样传承发展下去

我们在和都龙镇党委副书记、政法委书记熊开良交谈的时候，他提道："我们能深切体会到各级政府对边疆民族的关怀，但我们希望上级能更加重视边境民族地区的传统文化保护，鼓励和资助民族地区展开传统文化活动。可以借鉴其他地区保护民族文化的一些做法，保护本地民族文化。"这样也可以对部分有错误语言态度的人起到一些熏陶作用，让他们学好普通话的同时也保留自己的母语，实现双语和谐共处。像辣子寨上、下小组，倮倮坪小组彝族聚居寨这种村寨，已经完全转用汉语，成为单语民族。这种类型的村寨，政府应该加大重视力度，帮助其恢复自己的民族语，实现他们母语和汉语的和谐。

## 第五节 现代化进程中少数民族双语问题的走向

一个多民族国家的语言生活，少数民族普遍存在双语问题，即母语和兼用语的使用关系。在现代化进程中，由于经济的快速发展，社会结构、意识观念的变化，少数民族的语言使用必然会受到通用语不同程度的冲击。那么，人口少的民族双语问题的走向是什么呢？应当怎样看待影响未来民族语的发展方向？如果我们能够客观地面对语言事实，处理好母语和兼用语的关系，做到真正的"科学保护"，这就既有利于少数民族的发展繁荣，也有利于不同民族的友好团结。

从都龙镇的现实情况以及历史渊源特点来看，我们认为现代化进程中，都龙镇双语使用的演变走向主要有以下几种表现：

### 一 都龙镇各少数民族母语和通用语汉语将长期并存使用，和谐发展

在未来较长一段时期，都龙镇各少数民族（除辣子彝族寨以外）的母语和通用语汉语将并存使用，和谐发展。本课题组选取都龙镇 8 个具有典型特点的村民小组，进行语言使用情况的调查和测试。通过对这些村民双语状况的类型及特点分析，我们看到 1509 名少数民族调查对象中，有 96% 都是民—汉双语人。少数民族母语与国家通用语汉语在这个区域内，和谐发展。

汉语对少数民族母语不构成强大的冲击，更谈不上威胁。各民族语将继续保持其族内强势交际语的地位；国家通用语将更广泛地用于不同民族之间的交流，使少数民族接受新知识，走上发家致富的道路。

如都龙镇人口最少的瑶族，只分布在箐脚村组，共有 97 人。该小组语言生活的一个重要特点是：全民熟练使用瑶语（除 1 名与母亲生活在都龙镇的青少年，她母亲为不会说瑶语的汉族，她也脱离了使用瑶语的大环境），100% 兼用汉语且水平较高，60 多岁的文盲老人也会熟练使用汉语。箐脚交通闭塞，被两条小溪包围，只有一条通到村里的土路，但下暴雨的时候，就会山洪爆发，公路会发生泥石流、坍方，人们被阻挡在寨子里，不能出来。这样一个人口少、周边被其他民族包围、交通闭塞的村寨，其村民也能达到全民双语，说明母语与通用语汉语已并存、和谐发展达 70 年以上，这种趋势在未来几十年也将长期存在。

### 二 都龙镇双语类型今后仍然会存在"母—汉"和"母—汉—少"两种语言模式

"母—汉"双语和谐模式，符合民族发展的需要和趋势，并有其历史的

承接性。除了"母—汉"双语模式,有的民族使用语言的模式还有"母—汉—少",即不但能够使用自己的民族母语,还能兼用汉语和其他少数民族语言。根据调查数据分析,都龙镇汉语的通用地位将不断加强,但"母—汉"和"母—汉—少"这两种语言使用模式将会长期并存下去。如"壮傣杂居寨"田坝心有壮族 258 人,傣族 83 人,苗族、瑶族、汉族三个民族共 33 人。壮族在田坝心这一区域范围内属于强势民族,壮语是最主要的交际用语,非壮族在村内部与壮族村民交流几乎全部使用壮语,甚至在 116 位非壮族村民中,有 109 人的壮语水平为"熟练",占总数的 93.9%,只有一位刚来到本村的汉族不会壮语。同时,田坝心所有村民都能够使用汉语,且绝大部分为"熟练使用"。我们通过语言态度调查问卷了解到,非壮族村民兼用壮语的比例很高,主要是村里人口较少的民族为了寻求顺畅生存,交流方便,这种需求是建立在交际功能基础上,并没有冲击到其母语生存空间。很多年长父母表示母语是民族的东西,要先掌握,再学别的语言也不迟;而很多年轻的父母则希望自己的孩子能够先学习汉语普通话,能够与更多人交流。汉语普通话的地位在年青一代中有所上升,这对未来的语言使用选择也会产生影响。

### 三 都龙镇各民族开放包容的心态,在现代化进程中,将会继续保持下去

调查发现,都龙镇各民族对母语有深厚感情,又能以开放包容的心态接纳通用语汉语和其他与之关系密切的民族语。他们深深认识到,拥有这种心态,有利于自己在社会中的生存发展。而他们也能够根据不同的交际对象、交际环境,自如地转换使用不用的语言,形成了一种宽松有序、多语和谐互补的语言生活。课题组连续走访了两个都龙镇赶街天(每周日为赶街天),看到的是一派民族和谐和语言和谐的景象。各民族同胞在集市上自由转换语言。汉语联通了不同民族的商品买卖者,民族语则亲切地聚合了同一民族群体。课题组成员用当地方言可以与绝大多数买卖方交流。甚至看到越南过来的苗、壮等民族经营者也能说几句简单的汉语方言。

随着现代化建设的不断深入,人们对自己的物质生活和精神生活也会有更高的要求。眼界打开了,思想也更开放包容了,人们必然会以更加宽容的心态去对待周围的民族和语言。

### 四 现代化进程中,民族关系同以往一样,是决定双语关系的重要因素

民族关系决定了双语关系,而双语关系又促进着民族关系。现代化进程中,民族关系的好坏,会决定双语关系发展的大方向。课题组所居住的旅馆服务员吴大姐,20 年前是水洞厂苗寨里唯一的汉族媳妇,在长期接触苗族

的生活中,已经学会了苗语。虽然不经常说,但也觉得苗语亲切。近年来,这个苗寨已有四五个汉族媳妇。有两天,吴大姐都是急急忙忙做完事情赶回寨子。她说是因为村里一位老人去世了,她要去帮忙。第三天,吴大姐请了一天假,去参加老人的出殡。她说,在她心里,根本没有民族之分,各民族都是一样的,谁家有事都是全村帮忙。正是这些内心平等包容的各民族人民,共同奏响着多民族和谐关系的乐章,而各民族语言,就是这和谐乐章中美丽的音符。

### 五 "两全其美"是现代化进程中解决少数民族双语问题的最佳模式

所谓"两全其美",是指对待少数民族的双语既要保护他们母语的使用和发展,又要帮助他们更好地学习、使用通用语——汉语,使得母语和通用语在现代化进程中分工互补、和谐发展。都龙镇的各少数民族语言,不但受到国家的保护,还为本民族和社会各民族所接纳和保护,不因使用人口少而被汉言所吞没,所以一直保持了稳定的民族自信心和与其他民族友好和谐的心态。随着民族地区经济、文化、教育事业的发展,各少数民族越来越感到学习国家通用语的重要性,对学习通用语的热情越来越高。可以预计,我国少数民族学习汉语的热潮在今后将会不断有新的发展。

# 附　录

## 一　上波龙苗语音系

上波龙是一个村民小组，隶属于云南省文山州马关县都龙镇大寨行政村。该小组的苗族自称"蒙北"（moŋ⁵⁵pfie²²），有300多户，是都龙镇苗族分布最多的一个村民小组。

上波龙小组所隶属的大寨行政村，辖29个村民小组，其中有12个是苗族聚居的村民小组。这12个苗族小组分布在上波龙、上半坡、老寨、秧田冲4个自然寨，周边的寨子分布着壮族、汉族、彝族等民族。上波龙苗族呈现出大杂居、小聚居的分布格局，苗语是寨内的强势语言，是族内最重要的语言交际工具。上波龙的苗人都兼通汉语，用于族际交际，是全民双语的语言群体。

上波龙的苗族是苗族"蒙"支系中的"蒙北"支系，所通行的苗语属苗语川黔滇方言第一土语。该支系所说的苗语与当地的蒙斯支系所说的苗语语音有一些差异，但能够通话。

本音系的发音人是陶发林，男，46岁，生于上波龙，高中文化。他从小在寨里长大，父母都是蒙北人，父亲小学毕业，母亲文盲。陶发林从小说苗语，直到8岁入学时才开始学习汉语。现在能熟练使用苗语和汉语。

下面分声母、韵母、声调等几部分对上波龙苗语的音系进行描写。

（一）声母

该点的苗语共有44个声母。其声母系统主要有以下特征：1. 送气和不送气体现在塞音、塞擦音上。2. 鼻冠音和非鼻冠音。3. 有小舌音。4. 双唇音和舌尖中音有带[-l]辅音的复辅音。

1. 声母表

| p | ph | mp | mph | m | f | v |
|---|---|---|---|---|---|---|
| pl | phl | mpl | mphl | | | |
| ts | tsh | nts | ntsh | s | z | |
| t | th | nt | nth | n | l | l̥ |
| tl | thl | ntl | nthl | | | |
| tɕ | tɕh | ȵtɕ | ȵtɕh | ȵ | | ɕ |

| k | kh | ŋk | ŋkh | | x |
| qqh | Nq | Nqh | | | |

2. 声母例词

| p | pau⁵⁴ | 垮 | paŋ⁵⁴ | 搬（家） |
|---|---|---|---|---|
| ph | phau⁴² | 刨 | phaŋ⁵⁴ | 上（面） |
| pl | plou⁵⁴ | 毛 | pləu⁴⁵ | 心脏 |
| phl | phlou⁵⁴ | 壳 | phləu⁴⁵ | 跳（吓一~） |
| mpl | mplou²¹ | 糯 | mpləu²¹ | 抽打 |
| mphl | mphla⁵³ | 啪嗒声 | | |
| m | mau⁴⁴ | 晚上 | mo⁵⁵ | 蜜蜂 |
| f | faŋ⁵⁴ | 茂盛（草~） | fau³³ | 盖（用土） |
| v | vaŋ⁴² | 园圃 | vau⁵⁵ | 女婿 |
| ts | tsai³³ | 接（东西） | tso⁴⁴ | 拧（毛巾） |
| tsh | tshai³³ | 三七（药材名） | tsho⁴⁴ | 抽（出） |
| s | sai³³ | 掐（用指甲） | so⁵⁵ | 线 |
| z | zai³³ | 藏（东西） | zo⁵⁵ | 看守 |
| t | taŋ⁴⁵ | 肋骨 | tau⁴⁴ | 得到 |
| th | thai⁴⁵ | 拦住 | thau⁴⁵ | 抠（洞） |
| tl | tlua⁴⁵ | 腰 | tla⁵⁴ | 黑头翁 |
| ntl | ntlua⁴⁵ | 浇（水） | ntla⁴⁵ | 浅（水） |
| thl | thlua⁴⁵ | 腻 | thla⁴⁴ | 跑 |
| n | noŋ⁵⁴ | 太阳 | nɦeŋ²¹ | 马 |
| l | lo⁵⁴ | 个（水果） | lɦeŋ²¹ | 认领 |
| ḷ | ḷou⁵⁴ | 生长 | ḷai³³ | 割（肉） |
| tɕ | tɕəu³³ | 皱 | tɕua⁴⁴ | 啃 |
| tɕh | tɕhəu³³ | 穿行 | tɕhua⁴⁴ | 拽 |
| ȵ | ȵoŋ²¹ | （虎）啸 | ȵo⁵³ | 牛 |
| ɕ | ɕoŋ⁴⁴ | 年 | ɕo²¹ | 学 |
| ʾ | ʾoŋ⁴⁴ | 绝食 | ʾo⁴² | 椿树 |
| k | ko⁵⁴ | 动物的角 | koŋ⁵⁴ | 针 |
| kh | kho⁵⁴ | 脏 | khoŋ⁵⁴ | 空 |
| x | xau³³ | 喝 | xa⁵⁴ | 编（用篾） |
| q | qau⁴² | 摇（用手摇物） | qa⁵⁴ | 鸡 |
| qh | qhau⁴⁵ | 洞 | qha⁴⁵ | 生姜 |
| mp | mpou⁴² | 蝶类 | mpua⁴⁴ | 猪 |

| mph | mphou⁴⁴ | 弄垮 | mphoŋ⁴⁴ | 撒（药粉） |
| nts | ntsai³³ | 吸 | ntso⁴⁴ | 浑浊 |
| ntsh | ntshai³³ | 女孩 | ntsho⁴⁴ | 嘈杂 |
| nt | ntaŋ⁵⁴ | 岩蜂 | ntau⁴⁴ | 爬（～完一段坡）|
| nth | nthaŋ⁵⁴ | 楼层 | ntha⁴⁴ | 撑 |
| ȵtɕ | ȵtɕəu³³ | 挖 | ȵtɕua³³ | （一）会儿 |
| ȵtɕh | ȵtɕhua⁴⁴ | 倒（水）| | |
| ŋk | ŋko⁴⁴ | 咳嗽 | ŋkɦoŋ²² | 结冰 |
| ŋkh | ŋkhau³³ | 弯 | ŋkhoŋ³³ | 铁的撞击声 |
| ɴq | ɴqai⁴⁴ | 钩子 | ɴqa⁴² | 肉 |
| ɴqh | ɴqhei³³ | 渴 | | |

3. 声母说明

（1）鼻冠音有 m、n、ȵ、ŋ、ɴ 多种变体。m 出现在双唇音前，n 出现在舌尖前和舌尖中音前，ȵ 出现在舌面音前，ŋ 出现在舌根音前，ɴ 出现在小舌音前。例词见上。

（2）"ɦ 化"出现在第 4 和第 6 调上。第 4 调的如：tɦie²¹ "手"，第 6 调的如 pɦau²² "手镯"。

（二）韵母

韵母共有 21 个。分单元音韵母、复合元音韵母和带鼻音尾韵母三类。单元音韵母 5 个，复元音韵母 9 个，共有 14 个，韵尾只有-ŋ 1 个。这 21 个韵母是：

ɿ　i　a　o　ʉ　ɚ
ai　ei　au　ou　əu　ua　ui　uai
iŋ　eŋ　aŋ　oŋ　uaŋ　iaŋ　ueŋ

举例如下：

| ɿ | tsɿ⁴⁵ | 逃走 | sɿ²¹na⁴⁴ | 今世 |
| i | l̥i⁴⁴ | 月 | mi⁴⁵ | 猫 |
| a | l̥a⁴⁵ | 聪明 | ta⁵⁴ | 裙子 |
| o | ko⁵⁴ | 金子 | mo⁴⁵ | 蜜蜂 |
| ʉ | lɦʉ²¹ | 茄子 | l̥ʉ⁵⁴ | 脑髓 |
| ɚ | ɚ²¹ɕoŋ⁴⁴ | 明年 | | |
| ai | qai⁴² | 斜 | lai⁴² | 犁 |
| ei | qei⁴² | 大蒜 | lei⁴² | 久 |
| au | tau⁴⁴ | （伤口）破 | lɦau²² | 轮子 |
| ou | tou⁴⁴ | 得到 | lɦou²¹ | 老 |
| əu | təu⁴⁴ | 脚 | ləu⁴⁵ | 跟随 |

| ua | ua⁴⁴ | 做 | pʰua⁴² | 木筏 |
| ui | sui⁴⁵pi⁴² | 钢笔 | kha⁵⁴xui²¹ | 开会 |
| uai | kuai⁵⁴ | 乖 | liaŋ⁴²kʰuai²¹ | 凉快 |
| iŋ | ʑiŋ⁵⁴ | 烟 | | 赢 |
| eŋ | neŋ⁵⁴ | 人 | xeŋ⁴⁵ | 很 |
| aŋ | nɦaŋ²² | 雨 | vaŋ⁴² | 园圃 |
| oŋ | çoŋ⁴⁴ | 年 | nɦoŋ²² | 鸟 |
| uaŋ | tsuaŋ⁵⁴ | 砖 | | 王 |
| iaŋ | liaŋ⁴² | 凉 | | （一）样 |
| ueŋ | ueŋ⁴²tsaŋ²¹ | 蚊帐 | xueŋ⁵⁴ | （头）晕 |

说明：

1. ʉ 的实际发音舌位略低，舌位在高和次高之间。

2. 在汉语借词中，出现单韵母 ɚ，复合元音韵母 ui、uai、iau，鼻韵母 iŋ、uaŋ、iaŋ、ueŋ。例词见上。

3. 复合元音韵母 ei、au 中的 e、u 不出现在单元音韵母上。

4. e 的读音不稳定，有 e、ei 两读，有的词多读 e，有的词多读 ei。多读 ei 的如 ntsei⁴⁵ "盐"、tsei⁴⁵ "房子"、tlei⁴² "水"、tlei⁴⁵ "狗"、tlei⁵⁴ "远"等。多读 e 的如 pe⁵⁴ "三"、te⁵⁴ "地" 等。但尚未发现有对立的词。

（三）声调

上波龙苗语有 8 个调，与古调类 8 个的对应均有较严整的对应。其中，第四调与第八调调值均为 21 调，不同的是第四调有浊流，第八调没有。第一调伴有后喉塞，但来源不是韵尾。第三调是轻微的声调，听感上与 55 非常近似。其调类调值、例词排列如下：

| 调类 | 调值 | 调类 |
| 第一调 | 55 | po⁵⁴ 喂（猪） |
| 第二调 | 53 | po⁴² 老婆 |
| 第三调 | 45 | po⁴⁵ 满 |
| 第四调 | 21 | tɦo²¹ 稳 |
| 第五调 | 44 | ko⁴⁴ 把子 |
| 第六调 | 22 | pɦau²² 手镯 |
| 第七调 | 33 | po³³ 蒙（上） |
| 第八调 | 21 | po²¹ 看见 |

二　岩头苗族普通话音系

本音系的发音人是杨超，男，苗族，1991 年出生于文山州马关县都龙镇岩头寨。大学毕业，第一语言是苗语。5岁读书时，开始接触汉语方言和汉语普通话。其父母亲均为苗族，家庭用语是苗语。

（一）声母：有21个。

| p | ph | m | f |
| t | th | n | l |
| k | kh | x | |
| ts | tsh | s | |
| tɕ | tɕh | ȵ | ɕ | j |
| w | ʒ | | |

声母例词：

| p | pu$^{53}$ | 布 | pa$^{55}$ | 八 |
| ph | phu$^{44}$ | 铺 | pha$^{44}$ | 趴 |
| m | mu$^{31}$ | 亩 | ma$^{53}$ | 骂 |
| f | fei$^{44}$ | 飞 | fa$^{44}$ | 发 |
| t | tau$^{53}$ | 道 | ta$^{44}$ | 搭 |
| th | thau$^{53}$ | 套 | tha$^{44}$ | 他 |
| n | nau$^{53}$ | 闹 | na$^{53}$ | 那 |
| l | lau$^{53}$ | 涝 | la$^{44}$ | 拉 |
| k | kau$^{53}$ | 告 | ku$^{44}$ | 姑 |
| kh | khau$^{53}$ | 靠 | khu$^{44}$ | 哭 |
| x | xau$^{53}$ | 号 | xa$^{44}$ | 哈 |
| ts | tsau$^{44}$ | 糟 | tsaŋ$^{44}$ | 张 |
| tsh | tshau$^{44}$ | 操 | tshaŋ$^{53}$ | 唱 |
| s | sau$^{44}$ | 搔 | səŋ$^{44}$ | 生 |
| tɕ | tɕau$^{44}$ | 教 | tɕa$^{44}$ | 家 |
| tɕh | tɕhau$^{44}$ | 敲 | tɕha$^{44}$ | 掐 |
| ȵ | ȵau$^{21}$ | 鸟 | ȵaŋ$^{35}$ | 娘 |
| ɕ | ɕau$^{21}$ | 小 | ɕa$^{53}$ | 下 |
| j | jau$^{21}$ | 咬 | ja$^{44}$ | 压 |
| ʒ | ʒəu$^{53}$ | 肉 | ʒau$^{53}$ | 绕 |
| w | wa$^{35}$ | 娃 | waŋ$^{35}$ | 玩 |

（二）韵母：共27个。

1. 单韵母有7个。

| i | mi$^{21}$ | 米 | ti$^{53}$ | 地 |
| a | ma$^{53}$ | 骂 | pha$^{53}$ | 怕 |

| | | | | |
|---|---|---|---|---|
| u | pu⁵³ | 布 | tu²¹ | 堵 |
| o | mo⁵³ | 磨 | pho⁴⁴ | 坡 |
| ə | ə³⁵ | 鹅 | ə⁵³ | 饿 |
| ɿ | tsɿ²¹ | 子 | tshɿ⁴⁴ | 吃 |
| y | y²¹ | 雨 | ȵy²¹ | 女 |

2. 复合元音有 11 个。复合元音的特点是：二合元音较多，有 9 个；三合元音较少，只有 2 个。例词：

| | | | | |
|---|---|---|---|---|
| ie | tie⁴⁴ | 跌 | pie³⁵ | 别 |
| iu | liu³⁵ | 刘 | ȵiu²¹ | 扭 |
| ue | tʃue²¹ | 嘴 | ʃue²¹ | 水 |
| uo | luo⁵³ | 落 | xuo⁵³ | 货 |
| ua | kua⁴⁴ | 刮 | khua⁴⁴ | 夸 |
| ai | lai³⁵ | 来 | nai²¹ | 奶 |
| au | pau⁴⁴ | 包 | phau⁵³ | 泡 |
| əu | təu⁵³ | 豆 | thəu⁴⁴ | 偷 |
| ye | tɕhye⁴⁴ | 缺 | lye⁵³ | 略 |
| iau | thiau³⁵ | 条 | tiau⁵³ | 掉 |
| uai | kuai⁵³ | 怪 | khuai⁵³ | 快 |

3. 鼻音尾的韵母有 9 个。例词：

| | | | | |
|---|---|---|---|---|
| iŋ | ɕiŋ⁴⁴ | 新 | ɕiŋ²¹ | 醒 |
| aŋ | aŋ⁴⁴ | 安 | khaŋ⁵³ | 抗 |
| əŋ | xəŋ³⁵ | 横 | xəŋ⁵³ | 恨 |
| oŋ | xoŋ³³ | 轰 | tshoŋ⁴⁴ | 聪 |
| yŋ | yŋ³⁵ | 云 | tɕhyŋ³⁵ | 群 |
| ieŋ | mieŋ³⁵ | 棉 | lieŋ³⁵ | 连 |
| iaŋ | liaŋ³⁵ | 凉 | liaŋ²¹ | 两 |
| uaŋ | kuaŋ⁴⁴ | 关 | kuaŋ⁴⁴ | 光 |
| ueŋ | kueŋ⁵³ | 棍 | xueŋ⁴⁴ | 婚 |

说明：元音[u]实际发音略有唇齿特征。

（三）声调：声调共有 4 个，名称及例词如下：

| | | | | |
|---|---|---|---|---|
| 阴平 44 | ma⁴⁴ | 妈 | kuaŋ⁴⁴ | 关 |
| 阳平 35 | ma³⁵ | 麻 | məŋ³⁵ | 门 |
| 上声 21 | ma²¹ | 马 | sau²¹ | 扫 |
| 去声 53 | ma⁵³ | 骂 | ti⁵³ | 地 |

说明：阴平 44 调不稳定，在实际发音中，有时可变读为 33 或 55。

## 三 岩头苗族汉语方言音系

本音系的发音人是杨超，男，苗族，1991 年出生于文山州马关县都龙镇岩头寨。大学毕业，第一语言是苗语。5 岁读书时，开始接触汉语方言和汉语普通话。其父母亲均为苗族，家庭用语是苗语。

（一）声母：有 26 个。

| p | ph | m | f | |
|---|---|---|---|---|
| t | th | n | l | |
| k | kh | ŋ | x | ɣ |
| ts | tsh | s | z | |
| tʃ | tʃh | ʃ | | |
| tɕ | tɕh | ȵ | ɕ | ʑ |
| w | | | | |

声母例词：

| p | pu²¹ | 布 | pa⁵³ | 八 |
|---|---|---|---|---|
| ph | pha²¹ | 怕 | phaŋ⁵³ | 盘 |
| m | ma³⁵ | 妈 | ma²¹ | 骂 |
| f | fei³⁵ | 飞 | fa⁵³ | 发 |
| t | tau²¹ | 道 | ta³³ | 打 |
| th | thau²¹ | 套 | tha³⁵ | 他 |
| n | nau²¹ | 闹 | na⁵³ | 拿 |
| l | lau⁵³ | 捞 | la³⁵ | 拉 |
| k | kau²¹ | 告 | ku³⁵ | 姑 |
| kh | khau²¹ | 靠 | khu⁵³ | 哭 |
| ŋ | ŋen²¹ | 硬 | ŋau²¹ | 熬 |
| x | xau²¹ | 号 | xo⁵³ | 河 |
| ɣ | ɣo²¹ | 饿 | ɣo⁵³ | 鹅 |
| ts | tsɿ³⁵ | 知 | tsa²¹ | 杂 |
| tsh | tshau³⁵ | 操 | tsha⁵³ | 擦 |
| s | sau³³ | 扫 | saŋ²¹ | 散 |
| z | zɿ⁵³ | 日 | zəŋ⁵³ | 人 |
| tʃ | tʃue³⁵ | 追 | tʃue³³ | 嘴 |
| tʃh | tʃhue⁵³ | 锤 | tʃhue³⁵ | 吹 |
| ʃ | ʃuai³⁵ | 衰 | ʃue²¹ | 睡 |
| tɕ | tɕau³⁵ | 教 | tɕa³⁵ | 家 |

| tɕh | tɕhau²¹ | 翘 | tɕha⁵³ | 掐 |
| ɲ | ɲy³³ | 女 | ɲue²¹ | 虐 |
| ɕ | ɕau³³ | 小 | ɕa²¹ | 下 |
| ʑ | ʑe³³ | 野 | ʑau²¹ | 要 |
| w | wei⁵³ | 危 | wa⁵³ | 娃 |

（二）韵母：共有 26 个。

1. 单韵母有 7 个。

| i | mi³³ | 米 | ti²¹ | 第 |
| ɑ | nɑ²¹ | 那 | phɑ²¹ | 怕 |
| o | mo⁵³ | 墨 | xo⁵³ | 河 |
| u | tu³⁵ | 都 | lu²¹ | 路 |
| ə | tə⁵³ | 德 | thə⁵³ | 特 |
| ɿ | tsɿ³⁵ | 资 | sɿ⁵³ | 时 |
| y | y³³ | 雨 | ny²¹ | 怒 |

2. 复合元音有 10 个。复合元音的特点是：二合元音较多，有 9 个；三合元音较少，只有 1 个。例词：

| ie | tie⁵³ | 跌 | pie⁵³ | 别 |
| iu | liu²¹ | 刘 | tiu³⁵ | 丢 |
| ei | fei³⁵ | 飞 | pei³⁵ | 背 |
| ue | tʃue³³ | 嘴 | tʃhue³⁵ | 催 |
| uɑ | kuɑ⁵³ | 刮 | xuɑ³⁵ | 花 |
| ai | lai⁵³ | 来 | nai³⁵ | 奶 |
| au | pau³⁵ | 包 | phau²¹ | 泡 |
| əu | xəu²¹ | 后 | kəu³³ | 狗 |
| ye | ɲye⁵³ | 虐 | tɕhye³⁵ | 缺 |
| uɑi | kuɑi²¹ | 怪 | khuɑi²¹ | 快 |

3. 鼻音尾的韵母有 9 个。例词：

| iŋ | tɕiŋ³⁵ | 今 | ɕiŋ³³ | 醒 |
| ɑŋ | tɑŋ³³ | 胆 | tɑŋ³³ | 党 |
| əŋ | kəŋ³⁵ | 根 | ləŋ³³ | 冷 |
| oŋ | poŋ²¹ | 蹦 | moŋ⁵³ | 蒙 |
| yŋ | yŋ⁵³ | 云 | tɕhyŋ⁵³ | 群 |
| iɑŋ | liɑŋ⁵³ | 凉 | liɑŋ³³ | 两 |
| uɑŋ | ʃuɑŋ³⁵ | 酸 | tʃuɑŋ³⁵ | 钻 |
| uɑŋ | kuɑŋ³⁵ | 关 | ʃuɑŋ³³ | 双 |

| | | | | | | |
|---|---|---|---|---|---|---|
| uŋ | kuŋ²¹ | 棍 | | xuŋ³⁵ | | 婚 |

说明：元音[u]实际发音为[ʉ]，而且略有唇齿特征。

（三）声调：声调共有 4 个。与普通话的四声对应如下：

| | | | | | | |
|---|---|---|---|---|---|---|
| 阴平 35 | mɑ³⁵ | 妈 | sɿ³⁵ | 诗 | tsɿ³⁵ | 资 |
| 阳平 53 | mɑ⁵³ | 麻 | sɿ⁵³ | 时 | xu⁵³ | 胡 |
| 上声 33 | mɑ³³ | 马 | sɿ³³ | 始 | tɕɯ³³ | 姐 |
| 去声 21 | mɑ²¹ | 骂 | sɿ²¹ | 是 | tɑu²¹ | 到 |

以上 4 个声调与中古汉语的四声八调对应如下：

| | | | | | |
|---|---|---|---|---|---|
| 阴平 35 | sɿ³⁵ | 诗 | tsɿ³⁵ | | 梯 |
| 阳平 53 | sɿ⁵³ | 时 | thi⁵³ | | 题 |
| 阴上 33 | sɿ³³ | 使 | thi³³ | | 体 |
| 阳上 21 | sɿ²¹ | 是 | ti²¹ | | 弟 |
| 阴去 21 | sɿ²¹ | 试 | thi²¹ | | 替 |
| 阳去 21 | sɿ²¹ | 事 | ti²¹ | | 第 |
| 阴入 53 | sɿ⁵³ | 识 | ti⁵³ | | 滴 |
| 阳入 53 | sɿ⁵³ | 石 | ti⁵³ | | 笛 |

说明：阴上与去声合一，阳平与入声合一。

## 四 南松壮族汉语普通话音系

本音系的发音人是陶斯琴，女，壮族，1996 年出生于文山州马关县都龙镇南松村。高中毕业，即将读大学。第一语言是壮语，1 岁多以后到镇上与外公外婆一起生活，就接触一些汉族小朋友。其父亲、母亲均为壮族，家庭用语是壮语。从小就跟外公一起看普通话电视节目等。读小学以后开始正式学习汉语普通话。

（一）声母：有 24 个。

| | | | | |
|---|---|---|---|---|
| p | ph | m | f | |
| t | th | n | l | |
| k | kh | x | | |
| ts | tsh | s | | |
| tɕ | tɕh | ɲ | ɕ | j |
| tʃ | tʃh | ʃ | ʒ | |
| w | | | | |

声母例词：

| | | | | |
|---|---|---|---|---|
| p | pu⁵¹ | 布 | pa⁵⁵ | 八 |
| ph | phu⁵⁵ | 铺 | pha⁵⁵ | 趴 |

| | | | | | |
|---|---|---|---|---|---|
| m | mu²¹⁴ | 亩 | mɑ⁵¹ | 骂 | |
| f | fei⁵⁵ | 飞 | fa⁵⁵ | 发 | |
| t | tau⁵¹ | 道 | ta⁵⁵ | 搭 | |
| th | thau⁵¹ | 套 | tha⁵⁵ | 他 | |
| n | nau⁵¹ | 闹 | na⁵¹ | 那 | |
| l | lau⁵¹ | 涝 | la⁵⁵ | 拉 | |
| k | kau⁵¹ | 告 | ku⁵⁵ | 姑 | |
| kh | khau⁵¹ | 靠 | khu⁵⁵ | 哭 | |
| x | xau⁵¹ | 号 | xa⁵⁵ | 哈 | |
| ts | tsau⁵⁵ | 糟 | tsa³⁵ | 杂 | |
| tsh | tshau⁵⁵ | 操 | tsha⁵⁵ | 擦 | |
| s | sau⁵⁵ | 搔 | san⁵¹ | 散 | |
| tʃ | tʃaŋ⁵⁵ | 张 | tʃau⁵⁵ | 招 | |
| tʃh | tʃhaŋ⁵¹ | 唱 | tʃhoŋ⁵⁵ | 冲 | |
| ʃ | ʃaŋ⁵⁵ | 商 | ʃəŋ⁵⁵ | 生 | |
| tɕ | tɕau⁵⁵ | 教 | tɕa⁵⁵ | 家 | |
| tɕh | tɕhau⁵⁵ | 敲 | tɕha⁵⁵ | 掐 | |
| ɲ | ɲau²¹⁴ | 鸟 | ɲaŋ³⁵ | 娘 | |
| ɕ | ɕau²¹⁴ | 小 | ɕa⁵¹ | 下 | |
| j | jau²¹⁴ | 咬 | ja⁵⁵ | 压 | |
| ʒ | ʒəu⁵¹ | 肉 | ʒau⁵¹ | 绕 | |
| w | wa³⁵ | 娃 | wan³⁵ | 玩 | |

（二）韵母：共 33 个。

1. 单韵母有 8 个。

| | | | | | |
|---|---|---|---|---|---|
| i | mi²¹⁴ | 米 | ti⁵¹ | 地 | |
| a | ma⁵¹ | 骂 | pha⁵¹ | 怕 | |
| o | mo⁵¹ | 墨 | pho⁵⁵ | 泼 | |
| u | pu⁵¹ | 布 | mu⁵¹ | 木 | |
| ə | ə³⁵ | 鹅 | ə⁵¹ | 饿 | |
| ɿ | tsɿ²¹⁴ | 子 | tshɿ³⁵ | 词 | |
| ʅ | ʃʅ³⁵ | 时 | tʃhʅ⁵⁵ | 吃 | |
| y | y²¹⁴ | 雨 | ɲy²¹⁴ | 女 | |

2. 复合元音有 12 个。复合元音的特点是：二合元音较多，有 10 个；三合元音较少，只有 2 个。例词：

| | | | | | |
|---|---|---|---|---|---|
| ie | tie⁵⁵ | 跌 | pie³⁵ | 别 | |

| | | | | | |
|---|---|---|---|---|---|
| iu | liu³⁵ | 刘 | ȵiu²¹⁴ | 扭 | |
| ue | tsue²¹⁴ | 嘴 | ʃue²¹⁴ | 水 | |
| uo | luo⁵¹ | 落 | xuo⁵¹ | 货 | |
| ua | kua⁵⁵ | 刮 | khua⁵⁵ | 夸 | |
| uə | muə³⁵ | 磨 | phuə⁵⁵ | 坡 | |
| ai | lai³⁵ | 来 | nai²¹⁴ | 奶 | |
| au | pau⁵⁵ | 包 | phau⁵¹ | 泡 | |
| əu | təu⁵¹ | 豆 | thəu⁵⁵ | 偷 | |
| ye | tɕhye⁵⁵ | 缺 | lye⁵¹ | 略 | |
| iɑu | thiɑu³⁵ | 条 | tiɑu⁵¹ | 掉 | |
| uai | kuai⁵¹ | 怪 | khuai⁵¹ | 快 | |

3. 鼻音尾的韵母有 13 个。例词：

| | | | | | |
|---|---|---|---|---|---|
| in | jin⁵⁵ | 因 | ɕin⁵⁵ | 新 | |
| iŋ | jiŋ⁵⁵ | 鹰 | ɕiŋ²¹⁴ | 醒 | |
| an | an⁵⁵ | 安 | pan⁵⁵ | 班 | |
| aŋ | aŋ³⁵ | 昂 | khaŋ⁵³ | 抗 | |
| ən | kən⁵⁵ | 根 | xən⁵¹ | 恨 | |
| əŋ | xəŋ³⁵ | 横 | ləŋ²¹⁴ | 冷 | |
| oŋ | xoŋ⁵⁵ | 轰 | tshoŋ⁵⁵ | 聪 | |
| yn | yn³⁵ | 云 | tɕhyn³⁵ | 群 | |
| ien | mien³⁵ | 棉 | lien³⁵ | 连 | |
| iaŋ | liaŋ³⁵ | 凉 | liaŋ²¹⁴ | 两 | |
| uan | kuan⁵⁵ | 关 | suan⁵⁵ | 酸 | |
| uaŋ | kuaŋ⁵⁵ | 光 | ʃuaŋ⁵⁵ | 双 | |
| un | kun⁵¹ | 棍 | xun⁵⁵ | 婚 | |

说明：

（1）[in]的鼻韵尾[n]靠后，接近[ŋ]。
（2）[oŋ]中的[o]实际发音略展。

（三）声调：声调共有 4 个，名称及例词如下：

| | | | | | |
|---|---|---|---|---|---|
| 阴平 55 | ma⁵⁵ | 妈 | kuan⁵⁵ | 关 | |
| 阳平 35 | ma³⁵ | 麻 | mən³⁵ | 门 | |
| 上声 214 | ma²¹⁴ | 马 | sau²¹⁴ | 扫 | |
| 去声 51 | ma⁵¹ | 骂 | ti⁵¹ | 地 | |

## 五　南松壮族汉语方言音系

本音系的发音人是陶斯琴，女，壮族，1996 年出生于文山州马关县都龙镇南松村。高中毕业，即将读大学。第一语言是壮语，1 岁多以后到镇上与外公外婆一起生活，就接触一些汉族小朋友，为低龄壮汉双语人。其父母亲均为壮族，家庭用语是壮语。

（一）声母：有 21 个。

| p | ph | m | f |
|---|----|---|---|
| t | th | n | l |
| k | kh | ŋ | x |
| ts | tsh | s | z |
| tɕ | tɕh | ɕ | j |
| w | | | |

声母例词：

| p | pu²¹ | 布 | pa⁴² | 八 |
|---|------|---|------|---|
| ph | pha²¹ | 怕 | phan⁴² | 盘 |
| m | ma³⁵ | 妈 | ma²¹ | 骂 |
| f | fei³⁵ | 飞 | fa³⁵ | 发 |
| t | tau²¹ | 道 | ta⁴² | 搭 |
| th | thau²¹ | 套 | tha³⁵ | 他 |
| n | nau²¹ | 闹 | na⁴² | 拿 |
| l | lau²¹ | 涝 | la³⁵ | 拉 |
| k | kau²¹ | 告 | ku³⁵ | 姑 |
| kh | khau²¹ | 靠 | khu⁴² | 哭 |
| ŋ | ŋen²¹ | 硬 | ŋo³³ | 我 |
| x | xau²¹ | 号 | xo⁴² | 河 |
| ts | tsau³⁵ | 糟 | tsa⁴² | 杂 |
| tsh | tshau²¹ | 操 | tsha⁴² | 擦 |
| s | sau³⁵ | 搔 | san³³ | 散 |
| z | zɿ²¹ | 日 | zu⁴² | 如 |
| tɕ | tɕau³⁵ | 教 | tɕa³⁵ | 家 |
| tɕh | tɕhau²¹ | 翘 | tɕha⁴² | 掐 |
| ȵ | ȵy³³ | 女 | ȵye²¹ | 虐 |
| ɕ | ɕau³³ | 小 | ɕa²¹ | 下 |
| j | jau³³ | 咬 | je³³ | 野 |
| w | wei³⁵ | 危 | wa³⁵ | 娃 |

（二）韵母：共有 32 个。

1. 单韵母有 7 个。

| | | | | | |
|---|---|---|---|---|---|
| i | mi³³ | 米 | ti²¹ | 第 | |
| ɑ | ɑ²¹ | 那 | phɑ²¹ | 怕 | |
| o | mo⁴² | 墨 | xo⁴² | 河 | |
| u | nu²¹ | 怒 | lu²¹ | 路 | |
| ə | lə²¹ | 乐 | sə⁴² | 蛇 | |
| ɿ | tsɿ³⁵ | 资 | sɿ⁴² | 时 | |
| y | y³³ | 雨 | ɕy³³ | 许 | |

2. 复合元音有 11 个。复合元音的特点是：二合元音较多，有 10 个；三合元音较少，只有 1 个。例词：

| | | | | | |
|---|---|---|---|---|---|
| ie | tie⁴² | 跌 | pie⁴² | 别 | |
| iu | liu²¹ | 刘 | tiu³⁵ | 丢 | |
| ei | fei³⁵ | 飞 | pei³⁵ | 背 | |
| ue | tsue³³ | 嘴 | tshue³⁵ | 催 | |
| uɑ | kuɑ⁴² | 刮 | xuɑ³⁵ | 花 | |
| ai | lai⁴² | 来 | nai³⁵ | 奶 | |
| au | pau³⁵ | 包 | phau²¹ | 泡 | |
| əu | təu²¹ | 豆 | thəu³⁵ | 偷 | |
| ue | lue²¹ | 累 | nue²¹ | 内 | |
| ye | lye²¹ | 略 | ȵye²¹ | 虐 | |
| uai | kuɑ²¹ | 怪 | khuɑ²¹ | 快 | |

3. 鼻音尾的韵母有 14 个。例词：

| | | | | | |
|---|---|---|---|---|---|
| in | tɕin³⁵ | 今 | ɕin³⁵ | 新 | |
| iŋ | tɕiŋ³⁵ | 经 | ɕiŋ³³ | 醒 | |
| an | tan³³ | 胆 | than³³ | 坦 | |
| ɑŋ | ɑŋ⁴² | 昂 | tɑŋ³³ | 党 | |
| ən | kən³⁵ | 根 | xən²¹ | 恨 | |
| əŋ |ləŋ³³ | 冷 | | | |
| oŋ | poŋ²¹ | 蹦 | moŋ³⁵ | 蒙 | |
| yn | yn⁴² | 云 | tɕhyn⁴² | 群 | |
| iaŋ | liaŋ⁴² | 凉 | liaŋ³³ | 两 | |
| ien | mien⁴² | 棉 | lien⁴² | 连 | |
| uan | suan³⁵ | 酸 | tsuan³⁵ | 钻 | |
| uɑn | kuan³⁵ | 关 | khuan³⁵ | 宽 | |
| uɑŋ | kuɑŋ³⁵ | 光 | suɑŋ³³ | 双 | |
| un | kun²¹ | 棍 | xun³⁵ | 婚 | |

说明：

（1）u 的实际发音嘴唇略展，舌位略靠前，相当于[ʉ]。

（2）ɑ 的实际发音略圆。与前元音 i 和舌尖鼻辅音[n]结合时，舌位靠前，接近[a]；与后元音[u]和舌根鼻辅音韵尾[ŋ]结合的时候，舌位靠近[ɑ]。

（3）三合元音[i]比较弱，有时候可以自由变读为二合元音[uɑ]。

（4）北京话的[əŋ]韵母在南松壮族说的云南方言中，大部分都转到[ən]和[oŋ]中，只有个别词还保留[əŋ]韵母。

（三）声调：声调共有 4 个。与普通话的四声对应如下：

| | | | | | | | |
|---|---|---|---|---|---|---|---|
| 阴平 35 | mɑ³⁵ | 妈 | sɿ³⁵ | 诗 | tsɿ³⁵ | 资 | |
| 阳平 42 | mɑ⁴² | 麻 | sɿ⁴² | 时 | xu⁴² | 胡 | |
| 上声 33 | mɑ³³ | 马 | sɿ³³ | 始 | tɕie³³ | 姐 | |
| 去声 21 | mɑ²¹ | 骂 | sɿ²¹ | 是 | tɑu²¹ | 到 | |

以上 4 个声调与中古汉语的四声八调对应如下：

| | | | | | |
|---|---|---|---|---|---|
| 阴平 35 | sɿ³⁵ | 诗 | tsɿ³⁵ | 梯 | |
| 阳平 42 | sɿ⁴² | 时 | thi⁴² | 题 | |
| 阴上 33 | sɿ³³ | 使 | thi³³ | 体 | |
| 阳上 21 | sɿ²¹ | 是 | ti²¹ | 弟 | |
| 阴去 21 | sɿ²¹ | 试 | thi²¹ | 替 | |
| 阳去 21 | sɿ²¹ | 事 | ti²¹ | 第 | |
| 阴入 42 | sɿ⁴² | 识 | ti⁴² | 滴 | |
| 阳入 42 | sɿ⁴² | 石 | ti⁴² | 笛 | |

说明：阴上与去声合一，阳平与入声合一。

## 六　上波龙苗语　南松壮语四百词

| 编号 | 例词 | 苗语 | 壮语 |
|---|---|---|---|
| 1 | 天 | nto⁴² | fa⁵⁵ |
| 2 | 太阳 | no⁵⁴ | en²⁴de²⁴ |
| 3 | 星星 | no⁵⁴ko⁵⁴ | dau²⁴di²¹ |
| 4 | 雷 | so⁵⁴ | fa⁴⁵om⁵⁶ |
| 5 | 风 | tɕua⁴⁴ | lam³³ |
| 6 | 云 | xua⁵⁴ | nam⁴⁵mɔ k²¹ |
| 7 | 雾 | xua⁵⁴ | nam⁴⁵mɔ k²¹ |
| 8 | 雨 | nfiaŋ²² | phen²⁴ |
| 9 | 火 | l̥ua⁵⁵tɕiəu²¹ | fei⁵⁵ |
| 10 | 火烟 | paŋ⁴⁴ntɕho⁴⁴ | jai²⁴ |

续表

| 编号 | 例词 | 苗语 | 壮语 |
|---|---|---|---|
| 11 | 山 | tsoŋ$^{54}$ | en$^{24}$po$^{24}$ |
| 12 | 河 | xaŋ$^{45}$tlei$^{42}$ | en$^{24}$ta$^{42}$ |
| 13 | 水井 | qhau$^{45}$tlei$^{42}$ | bo$^{21}$nam$^{45}$ |
| 14 | 路 | ki$^{45}$ | kha$^{24}$lo$^{42}$ |
| 15 | 土 | aŋ$^{45}$ | nam$^{42}$ |
| 16 | 旱地 | te$^{54}$ | ti$^{24}$dei$^{42}$ |
| 17 | 水田 | la$^{42}$ | ti$^{24}$na$^{55}$ |
| 18 | 石头 | ze$^{54}$ | mak$^{21}$pha$^{24}$ |
| 19 | 水 | tlei$^{42}$ | nam$^{45}$ |
| 20 | 水滴 | ntsɦo$^{22}$ | nam$^{45}$tɔk$^{45}$ |
| 21 | 盐 | ntsei$^{45}$ | kɯ$^{24}$ |
| 22 | 寨子 | zɦau$^{21}$ | en$^{24}$loŋ$^{21}$ |
| 23 | 坟 | ntsaŋ$^{44}$ | mo$^{42}$diu$^{42}$ |
| 24 | 悬崖 | pau$^{54}$tsua$^{44}$ | tə u$^{33}$daŋ$^{21}$ |
| 25 | 头 | tou$^{54}$xou$^{45/44}$ | thu$^{24}$ |
| 26 | 头发 | plou$^{54}$xou$^{45/44}$ | khuan$^{24}$thu$^{24}$ |
| 27 | 额头 | xou$^{45}$pla$^{42}$ | na$^{33}$phak$^{21}$ |
| 28 | 眉毛 | plau$^{54}$mɦua$^{22}$ | khuan$^{24}$tha$^{24}$ |
| 29 | 眼睛 | qhau$^{45}$mɦua$^{22}$ | tha$^{24}$ |
| 30 | 下巴 | pua$^{44}$tsɦai$^{22}$ | tɯ$^{33}$kaŋ$^{55}$ |
| 31 | 耳朵 | qhau$^{45}$ntsei$^{42}$ | bəu$^{24}$ɕiu$^{24}$ |
| 32 | 脸 | phlou$^{44}$ | na$^{33}$ |
| 33 | 嘴 | n.tɕou$^{42}$ | tɕiuk$^{42}$pak$^{21}$ |
| 34 | 嘴唇 | tli$^{44}$n.tɕou$^{42}$ | naŋ$^{21}$pak$^{21}$ |
| 35 | 胡子 | fɯ$^{42}$tsɿ$^{45}$ | mɔm$^{42}$ |
| 36 | 脖子 | tɕaŋ$^{42}$tlaŋ$^{54}$ | kok xo$^{55}$ |
| 37 | 肩膀 | so$^{54}$pfɯ$^{22}$ | luŋ$^{55}$ba$^{21}$ |
| 38 | 后背 | ntsou$^{44}$qou$^{21}$ | təu$^{42}$laŋ$^{24}$ |
| 39 | 膝盖 | xou$^{45}$tɕɦəu$^{21}$ | thu$^{24}$khəu$^{21}$ |
| 40 | 脚 | təu$^{44}$ | tin$^{24}$ |
| 41 | 脚踝 | qhau$^{45}$mɦua$^{22}$təɯ$^{44}$ | di$^{24}$kh$^{24}$ |

续表

| 编号 | 例词 | 苗语 | 壮语 |
|---|---|---|---|
| 42 | 手 | tɕie²¹ | moŋ⁵⁵ |
| 43 | 手指 | nti⁴⁵tɕie²¹ | niu⁴⁵moŋ⁵⁵ |
| 44 | 拇指 | na²¹nti⁴⁵tɕie²¹ | niu⁴⁵moŋ⁵⁵me⁴² |
| 45 | 指甲 | tsou⁴⁴tɕie²¹ | liap⁵⁵moŋ⁵⁵ |
| 46 | 指纹 | zɦi²¹ | em²⁴pen²¹ |
| 47 | 屁股 | tou⁵⁴qaŋ⁵⁴ | niu⁴⁵moŋ⁵⁵ |
| 48 | 腰 | tlua⁴⁵ | niu⁴⁵moŋ⁵⁵me⁴² |
| 49 | 血 | ntshaŋ⁴⁵ | liap⁵⁵moŋ⁵⁵ |
| 50 | 脉 | sou⁴⁵⁽⁵⁵⁾ | ȵien³³ |
| 51 | 拳 | ntsɦŋ²² | kam²⁴kin⁵⁵ |
| 52 | 骨头 | tshaŋ⁴⁴ | dok⁴⁵ |
| 53 | 牙齿 | kɦiou²¹na⁴⁵ | mak⁴²fen⁵⁵ |
| 54 | 门牙 | na⁵⁵taŋ⁵⁴meŋ²¹ | fen⁵⁵na³³taŋ²¹ |
| 55 | 舌头 | mplɦai²² | bəu²⁴lin⁵⁵ |
| 56 | 心脏 | pləu⁴⁵ | thu²⁴tɕau²⁴ |
| 57 | 肝 | sa⁵⁴ | tap⁴⁵ |
| 58 | 胆 | tsɿ⁵⁴ | tɕau²⁴ |
| 59 | 胃 | plaŋ⁵⁴ | toŋ⁴⁵tɕhi³³ |
| 60 | 肠子 | ȵo⁴⁵ | θei³³ |
| 61 | 屎 | qua⁴⁵ | tɕhi³³ |
| 62 | 尿 | zɦŋ²¹ | ȵio⁴² |
| 63 | 汗 | fʉ³³ | thui²¹ |
| 64 | 口水 | ko⁵⁴ȵtɕɦiou⁴²/²² | nam⁴⁵nai³³ |
| 65 | 鼻涕 | ntsɦʉ²² | nam⁴⁵daŋ²⁴ |
| 66 | 眼泪 | kua⁴⁴mɦua²² | nam⁴⁵tha²⁴ |
| 67 | 脓 | pɦau²² | no:ŋ²⁴ |
| 68 | 苗 | moŋ⁵⁴ | phu²⁴miao⁴² |
| 69 | 瑶 | tɕo⁴⁴ | phu²⁴/³³jao⁴⁵ |
| 70 | 壮 | lɦaŋ²² | phu²⁴/³³nuaŋ⁵⁵ |
| 71 | 孩子 | ȵua³³ | luk⁴²ʔe⁴⁵ |
| 72 | 老人 | neŋ⁵⁴lɦau²¹ | phu²⁴tɕe²¹ |

续表

| 编号 | 例词 | 苗语 | 壮语 |
| --- | --- | --- | --- |
| 73 | 女人 | po$^{42}$ | phu$^{24}$n̪iŋ$^{33}$ |
| 74 | 男人 | ʑɦəu$^{22}$ | luk$^{42}$bau$^{21}$ |
| 75 | 姑娘 | ntshai$^{33}$ | luk$^{42}$θa:u$^{24}$ |
| 76 | 病人 | neŋ$^{54}$mau$^{54}$ | phu$^{24}$pen$^{33}$tʃhei$^{21}$ |
| 77 | 傻子 | tsɦua$^{22}$qua$^{45}$ | phu$^{24/33}$va$^{33}$ |
| 78 | 儿子 | to$^{54}$ | luk$^{42/55}$tʃai$^{33}$ |
| 79 | 儿媳妇 | n̪aŋ$^{54}$ | luk$^{42}$lu$^{33}$ |
| 80 | 女儿 | ntshai$^{33}$ | luk$^{42}$n̪iŋ$^{33}$ |
| 81 | 孙子 | seŋ$^{54}$ntsfŋ$^{21}$ | lan$^{24}$ |
| 82 | 丈夫 | ʑɦəu$^{22}$ | lao$^{45}$tʃai$^{33}$/kun$^{33}$tʃai$^{33}$ |
| 83 | 妻子 | po$^{42}$ | ja$^{42}$niŋ$^{33}$/phu$^{24}$niŋ$^{33}$ |
| 84 | 嫂子（男称） | n̪aŋ$^{54}$ | naŋ$^{33}$ |
| 85 | 嫂子（女称） | n̪aŋ$^{54}$ | naŋ$^{33}$ |
| 86 | 牛 | n̪o$^{42}$ | vai$^{33}$ |
| 87 | 公牛 | phəu$^{44}$n̪o$^{42}$ | vai$^{33}$thak$^{45}$ |
| 88 | 母牛 | na$^{21}$n̪o$^{42}$ | vai$^{33}$me$^{42}$ |
| 89 | 毛（动物） | plou$^{54}$ | khuan$^{24}$ |
| 90 | 尾巴 | kʉ$^{44}$tʉ$^{45}$ | tha:ŋ$^{24}$ |
| 91 | 翅膀 | kou$^{42}$ti$^{44}$ | pik$^{45}$ |
| 92 | 马 | nfieŋ$^{21}$ | ti$^{33}$/tu$^{24}$ ma$^{45}$ |
| 93 | 山羊 | tshŋ$^{33}$ | ti$^{33}$be$^{33}$ |
| 94 | 猪 | mpua$^{44}$ | ti$^{33}$mu$^{24}$ |
| 95 | 狗 | tlei$^{45}$ | ti$^{33}$ma$^{24}$ |
| 96 | 鸡 | qa$^{54}$ | ti$^{33}$tʃei$^{21}$ |
| 97 | 兔子 | lua$^{45}$ | ti$^{33}$tha$^{24}$lo$^{21}$ |
| 98 | 鸭子 | o$^{33}$ | ti$^{33}$pat$^{55}$ |
| 99 | 鹅 | ŋɦo$^{21}$ | ti$^{33}$xan$^{21}$ |
| 100 | 老虎 | tso$^{45}$ | ti$^{33}$phiu$^{33}$ |
| 101 | 猴子 | la$^{54}$ | ti$^{33}$liŋ$^{33}$ |
| 102 | 野猪 | mpua$^{44}$te$^{54}$ | ti$^{33}$tɕiu$^{42}$ |
| 103 | 老鼠 | tsɦua$^{22}$ | ti$^{33}$nu$^{24}$ |

续表

| 编号 | 例　词 | 苗　语 | 壮　语 |
| --- | --- | --- | --- |
| 104 | 松鼠 | ȵaŋ³³(n̠)tɕua⁴⁵ | ti³³dɔk⁴² |
| 105 | 鸟 | nɦoŋ²² | ti³³nɔk³³ |
| 106 | 鸟窝 | zɦei²¹nɦoŋ²² | məŋ⁴⁵nɔk³³ |
| 107 | 老鹰 | tlaŋ⁴⁵ | ti³³lam⁴² |
| 108 | 猫头鹰 | plaŋ³³tʂhɨ³³ | nɔk³³kau⁴⁵ |
| 109 | 燕子 | lou⁴⁵ | nɔk³³ʔeːn²¹ |
| 110 | 麻雀 | n̠tɕhou⁵⁴zfɿ²² | nɔk³³ʔa⁴⁵ |
| 111 | 蝙蝠 | pua⁴⁵ | nɔk³³vaːu³³ |
| 112 | 乌鸦 | lou²¹ua⁵⁴ | nɔk²¹ʔa⁴⁵ |
| 113 | 啄木鸟 | ko⁵⁴n̠tɕəu³³ntoŋ⁴⁴ | nɔk²¹thu²⁴tʃok²¹ |
| 114 | 蛇 | ȵaŋ⁵⁴ | ti²⁴ŋu³³ |
| 115 | 孔雀 | khoŋ⁴⁴tɕho²¹ | nɔk³³khuŋ⁵³tɕho⁴² |
| 116 | 狼 | tlei⁴⁵tʃəu²¹ | ma²⁴piau⁴⁵ |
| 117 | 虫 | kaŋ⁵⁴ | ti³³nuaŋ²⁴ |
| 118 | 跳蚤 | mo⁵⁴tlei⁴⁵⁄⁴⁴ | ti³³mat⁴⁵ |
| 119 | 虱子 | to⁴⁵ | ti²⁴⁄²¹thəu²⁴ |
| 120 | 蝴蝶 | mpou⁴²npai²¹ | ti³³bi³³ |
| 121 | 苍蝇 | zoŋ⁴⁵ | mien³³fen³³ |
| 122 | 蚊子 | zoŋ⁴⁵(n̠)tɕou⁴²ntei⁴⁵⁄⁴⁴ | ti³³mien³³ |
| 123 | 蜘蛛 | kaŋ⁵⁴zɦau²²saŋ⁵⁴ | tʃhoŋ²¹tʃha²⁴ |
| 124 | 蚂蟥 | mpla⁴² x a⁵⁴ | ti²¹bin²⁴ |
| 125 | 蚂蚁 | ntsou²¹ | mien³³mat³³ |
| 126 | 蜜蜂 | mo⁴⁵ | ti³³to²¹ |
| 127 | 蚂蚱 | koŋ⁴² | ti³³tak⁴⁵ |
| 128 | 蜻蜓 | qou⁴²mɦua²²lɦei²² | ti³³pi³³ |
| 129 | 毛毛虫 | kaŋ⁵⁴ntsfɿ²² | ti³³nuaŋ²⁴ |
| 130 | 螃蟹 | kaŋ⁵⁴tsou⁴⁴tsɿ³³ | ti³³kei⁴⁵ |
| 131 | 螺蛳 | qəu⁴² | luk⁴²xui²⁴ |
| 132 | 树 | ntoŋ⁴⁴ | mei⁴⁵ |
| 133 | 根 | tɕɦaŋ²² | lak⁴² |
| 134 | 叶子 | mploŋ⁴² | bɯ²⁴mei⁴⁵ |

续表

| 编号 | 例词 | 苗语 | 壮语 |
|---|---|---|---|
| 135 | 花 | paŋ⁴² | dɔk²¹va²⁴ |
| 136 | 果核 | noŋ⁵⁴ | xui²¹ |
| 137 | 竹子 | ɕoŋ⁵⁴ | mei⁴⁵pəu⁵⁵ |
| 138 | 藤子 | kou²¹maŋ⁵⁴ | thəu²⁴ |
| 139 | 刺儿 | khou⁵⁴pfio²¹ | na:m²⁴ |
| 140 | 桃子 | tsʅ⁴⁵tlua⁴² | mak²¹phaŋ²⁴ |
| 141 | 梨 | tsʅ⁴⁵zua⁴² | mak²¹kuak⁴² |
| 142 | 石榴 | sʅ⁴²liu²¹ | mak²¹sʅ⁴²liu²¹ |
| 143 | 水稻 | mplei⁴² | tɕa³³khəu³³ |
| 144 | 糯米 | ntsa⁵⁴mplou²¹ | khəu³³/²¹nu²⁴ |
| 145 | 种子 | noŋ⁵⁴ | fən⁵⁵ |
| 146 | 谷穗 | naŋ⁵⁴mplfiei⁴²/²¹ | khəu³³/²¹doŋ³³ |
| 147 | 稻草 | n̥aŋ⁴⁵mplfiei⁴²/²¹ | faŋ⁵⁵ |
| 148 | 小麦 | mau³³ | khəu³³miak⁴² |
| 149 | 荞麦 | tɕi⁴² | khou²¹ka²⁵ |
| 150 | 玉米 | mfii²¹ | khəu³³xu⁴² |
| 151 | 棉花 | paŋ⁴² | phai³³ |
| 152 | 油菜 | zou⁵⁴qua³³tsau⁴² | phak⁴⁵fen⁵⁵ |
| 153 | 韭菜 | tshua⁴⁴ | phak⁴⁵/⁵⁵tɕep²¹ |
| 154 | 白菜 | zou⁵⁴tləu⁵⁴ | phak⁴⁵khau²⁴ |
| 155 | 芋头 | qau⁴⁴qai⁴⁴ | phik²¹tɕiu²⁴ |
| 156 | 蒜 | qei⁴² | θui²1 |
| 157 | 姜 | qha⁴⁵ | ɕiŋ²⁴ |
| 158 | 番茄 | tsʅ⁴⁵qou⁵⁴ | mak²¹min⁴⁵ |
| 159 | 黄豆 | tou²¹pou⁴⁵ | luk⁴⁵tʃhaŋ³³ |
| 160 | 蚕豆 | tou²¹qei⁴² | phak⁴⁵thu²¹ |
| 161 | 豌豆 | tou²¹mfiau²² | phak⁴⁵ma²⁴ |
| 162 | 红薯 | qau⁴⁴la⁵⁴ | mən³³diŋ²⁴ |
| 163 | 草 | ntsau⁴² | ȵia³³ |
| 164 | 鸡枞菌 | ntɕi⁵⁴ | xat⁴⁵khut²¹ |
| 165 | 蘑菇 | ntɕi⁵⁴ko⁴⁴zoŋ⁵⁴ | bəu²⁴xat⁴⁵ |

273

续表

| 编号 | 例词 | 苗语 | 壮语 |
| --- | --- | --- | --- |
| 166 | 米 | ntsa$^{54}$ | khəu$^{33}$θa:n$^{24}$ |
| 167 | 饭 | mau$^{45}$ | khəu$^{33}$ |
| 168 | 稀饭 | qua$^{44}$tɬɦi$^{22}$ | khəu$^{33}$tʃou$^{33}$ |
| 169 | 粑粑 | ɲtɕua$^{45}$ | khəu$^{33}$diak$^{21}$ |
| 170 | 肉 | ɴqa$^{42}$ | nɯ$^{45}$ |
| 171 | 瘦肉 | ɴqa$^{42}$ntshŋ$^{45}$ | nɯ$^{45}$nan$^{21}$ |
| 172 | 麻椒 | tsŋ$^{45}$sa$^{45}$ | mak$^{21}$man$^{42}$ |
| 173 | 鸡蛋 | qai$^{44}$ | ən$^{24}$tʃhei$^{21}$ |
| 174 | 蜂蜜 | zŋ$^{45}$mo$^{45/44}$ | thəŋ$^{24}$to$^{21}$ |
| 175 | 汤 | qua$^{44}$ | nam$^{45}$ |
| 176 | 酒 | tɕɔu$^{45}$ | ləu$^{33}$ |
| 177 | 药 | tshua$^{42}$ | ja$^{24}$ |
| 178 | 糠 | sua$^{44}$ | dam$^{33}$ |
| 179 | 线 | so$^{45}$ | mei$^{24}$ |
| 180 | 布 | ntou$^{54}$ | phaŋ$^{24}$ |
| 181 | 衣服 | tshau$^{44}$ | koŋ$^{33}$θɯ$^{33}$ |
| 182 | 衣领 | ko$^{44}$tlaŋ$^{42}$tshau$^{44}$ | xɔ$^{55}$θɯ$^{33}$ |
| 183 | 衣袖 | tɕie(i)$^{21}$tshau$^{44}$ | ɕien$^{24}$θɯ$^{33}$ |
| 184 | 扣子 | ɲɦəu$^{21}$tsŋ$^{45}$ | ən$^{24}$tɕɛt$^{45}$ |
| 185 | 裤子 | tsfŋ$^{22}$ | koŋ$^{33}$khat$^{21}$ |
| 186 | 帽子 | mau$^{21}$ | en$^{24}$tu$^{33}$ |
| 187 | 裤带 | l̥aŋ$^{45}$tsfŋ$^{22}$ | θai$^{24}$kha$^{33}$ |
| 188 | 鞋子 | khou$^{44}$ | ku$^{42}$xa:i$^{55}$ |
| 189 | 梳子 | zɦua$^{22}$ | mak$^{42}$vi$^{24}$ |
| 190 | 项圈 | pɦou$^{22}$ko$^{44}$tlaŋ$^{42}$ | pɔk$^{21}$xo$^{55}$ |
| 191 | 耳环 | kou$^{42}$ntsɦei$^{22}$ | ku$^{42}$ven$^{24}$ |
| 192 | 戒指 | mphlai$^{54}$ | pɔk$^{21}$moŋ$^{55}$ |
| 193 | 枕头 | xou$^{45}$ɲtɕoŋ$^{44}$ | thu$^{24}$mɔn$^{24}$ |
| 194 | 斗笠 | mau$^{21}$mploŋ$^{42}$ | kɯ$^{33}$la$^{33}$jou$^{42}$ |
| 195 | 房子 | tsei$^{45}$ | an$^{24}$dən$^{33}$ |
| 196 | 牛圈 | ŋkua$^{42}$ɲo$^{42}$ | laŋ$^{21}$vai$^{55}$ |

续表

| 编号 | 例词 | 苗语 | 壮语 |
|---|---|---|---|
| 197 | 瓦片 | ɦua²¹ | tɕik⁴⁵ |
| 198 | 木头 | ntoŋ⁴⁴ | mei⁴⁵ |
| 199 | 柱子 | ko(ŋ)⁴⁴ ȵtɕi⁴² | mei⁴⁵/⁵⁵θəu²⁴ |
| 200 | 门 | qhau⁴⁵tsoŋ⁴² | pak²¹tu²⁴ |
| 201 | 床 | tsaŋ⁴² | en²⁴tʃua⁴⁵/moŋ³³tʃua⁴⁵ |
| 202 | 扫帚 | khou⁵⁴tshua⁴⁵ | ȵiu³³pat⁴⁵ |
| 203 | 柴 | tɦəu²¹ | xun³³ |
| 204 | 菜刀 | pɦo²²tau⁵⁴ | mak⁴²/⁵⁵pa⁴⁵ |
| 205 | 碗 | ntɦii²² | en²⁴/²¹van²¹ |
| 206 | 筷子 | tsɦəu²² | ku⁴²thu²¹ |
| 207 | 斧头 | tou³³ | mak⁴²/⁵⁴khan²⁴ |
| 208 | 钱 | tsa⁴² | tɕen³³ |
| 209 | 针 | koŋ⁵⁴ | mak⁴²tʃham²⁴ |
| 210 | 锁 | ntsɦo²¹ | tɕi³³tʃa⁴² |
| 211 | 钥匙 | zəu²¹sɿ⁴² | tɕi³³ θa²¹ |
| 212 | 雨伞 | kou³³ | kɯ³³lɯŋ³³ |
| 213 | 船 | ɴqau⁴² | en²⁴tʃhuan⁴² |
| 214 | 锄头 | l̥ou⁴⁵ | mak⁴²/⁵⁵bai²⁴ |
| 215 | 扁担 | ntaŋ³³ | lam³³kan³³ |
| 216 | 绳子 | l̥ua⁴⁴ | θən³³tɕək⁴² |
| 217 | 镜子 | a⁴⁵ | tɕiŋ²¹na³³ |
| 218 | 簸箕 | vaŋ⁴⁵ntsua⁵⁴ | en²⁴/²¹dɔŋ³³ |
| 219 | 石磨 | ze⁵⁴ | en²⁴xu⁴⁵ |
| 220 | 话 | lɦo²² | xa⁴⁵khau²¹ |
| 221 | 前边 | tau(ŋ)²¹ntei⁴² | pei²⁴na³³ |
| 222 | 后边 | tau²¹qaŋ⁵⁴ | pei²⁴laŋ²⁴/tə⁴²laŋ²⁴ |
| 223 | 今天 | no⁵⁴na⁴⁴ | van³³nei⁴² |
| 224 | 明天 | tɕa⁴⁴kɦi²¹ | van³³bɯk⁴² |
| 225 | 后天 | naŋ³³kɦi²¹ | van³³lɯ³³ |
| 226 | 早晨 | tai³³kɦi²¹ | tʃaŋ²⁴nəu²⁴ |
| 227 | 晚上 | mau⁴⁴nto⁴² | tʃaŋ²⁴xan⁴² |

续表

| 编号 | 例词 | 苗语 | 壮语 |
|---|---|---|---|
| 228 | 年 | ɕoŋ⁴⁴ | pi²⁴ʔɯ⁴⁵ |
| 229 | 今年 | ɕoŋ⁴⁴na⁴⁴ | pi²⁴nei⁴² |
| 230 | 去年 | tse⁵⁴na⁴⁴ | pi²⁴ka²¹ |
| 231 | 明年 | ɚ²¹ɕoŋ⁴⁴ | pi²⁴laŋ²⁴ |
| 232 | 后年 | saŋ⁵⁴ɕoŋ⁴⁴ | pi²⁴na³³ |
| 233 | 一 | i⁵⁴ | diu²⁴ |
| 234 | 二 | au⁵⁴ | θɔŋ²⁴ |
| 235 | 三 | pe⁵⁴ | θam²⁴ |
| 236 | 四 | plou⁵⁴ | θi²¹ |
| 237 | 五 | tsɿ⁵⁴ | xa³³ |
| 238 | 六 | tsou⁴⁴ | tʃhɔk⁴⁵ |
| 239 | 七 | ɕaŋ⁴⁴ | tɕet⁵⁵ |
| 240 | 八 | ʑɦi²² | piet²¹ |
| 241 | 九 | tɕua⁴² | kəu³³ |
| 242 | 十 | kou²¹ | θip⁴⁵ |
| 243 | 十一 | kou²¹i⁵⁴ | θip⁴⁵ʔat⁴⁵ |
| 244 | 百 | pua⁴⁴ | pak²¹ |
| 245 | 千 | tsha⁵⁴ | thiaŋ²⁴ |
| 246 | （一）根（绳子） | tso⁴² | θen³³ |
| 247 | （一）个（人） | tɦo²¹ | kɔn³³ |
| 248 | （一）个（碗） | lo⁵⁴ | an²⁴ |
| 249 | （一）颗（米） | ntsa⁴⁴ | mat³³ |
| 250 | （一）双（鞋） | ŋkɦəu²² | ku⁴² |
| 251 | （一）段（路） | tsua³³ | tu:n⁴² |
| 252 | （一）群（人） | phɨ⁵⁴ | pon²⁴ |
| 253 | （一）拃 | tlou³³ | xo⁵⁵pu⁴² |
| 254 | 你 | kau⁴² | məu³³ |
| 255 | 你们 | me⁴² | tɕhɯ²⁴ |
| 256 | 他 | nɦi²¹ | ke:i²⁴/di⁴⁵ |
| 257 | 他们 | la³³pua⁵⁴ | poŋ⁴⁵ |
| 258 | 这 | qhai⁴⁴ | nei⁴² |
| 259 | 这些 | qhai⁴⁴na⁴⁴ | lie²⁴nei²¹ |
| 260 | 远 | tle⁵⁴ | kei²⁴ |

附 录

续表

| 编号 | 例 词 | 苗语 | 壮语 |
|---|---|---|---|
| 261 | 深 | to$^{54}$ | dak$^{45}$ |
| 262 | 满 | po$^{45}$ | tam$^{24}$ |
| 263 | 多 | ntou$^{44}$ | la:i$^{24}$ |
| 264 | 少 | tsɦəu$^{22}$ | nie$^{45}$/nɔi$^{45}$ |
| 265 | 尖 | ntsei$^{44}$ | liem$^{24}$ |
| 266 | 弯 | ŋkhou$^{33}$ | biu$^{45}$ |
| 267 | 黑 | tlou$^{54}$ | dam$^{24}$ |
| 268 | 白 | tləu$^{54}$ | kha:u$^{24}$ |
| 269 | 红 | la$^{54}$ | diɛn$^{24}$ |
| 270 | 黄 | tlaŋ$^{42}$ | xe:n$^{33}$ |
| 271 | 绿 | ntsua$^{54}$ | lɔk$^{55}$ |
| 272 | 蓝 | laŋ$^{42}$ | təu$^{42}$ |
| 273 | 重 | ȵaŋ$^{45}$ | nak$^{45}$ |
| 274 | 轻 | sɿ$^{54}$ | nəu$^{33}$ |
| 275 | 锋利 | ntsei$^{44}$ | khəu$^{33}$ |
| 276 | 胖 | maŋ$^{44}$ | pi$^{55}$ |
| 277 | 瘦 | ntsɦou$^{22}$ | phom$^{24}$ |
| 278 | 干 | khua$^{45}$ | tɕho$^{33}$ |
| 279 | 硬 | təu$^{45}$ | ȵap$^{21}$ |
| 280 | 好 | zoŋ$^{44}$ | da:i$^{24}$/tɕa:i$^{42}$ |
| 281 | 贵 | kui$^{21}$ | pe:ŋ$^{55}$ |
| 282 | 热的 | sou$^{45}$ | dat$^{21}$ |
| 283 | 冷的 | tsɦa$^{21}$ | tɕhit$^{45}$ |
| 284 | 酸 | qou$^{54}$ | θam$^{33}$ |
| 285 | 甜 | qaɨ$^{54}$ | nim$^{42}$ |
| 286 | 辣 | ntsɦɿ$^{22}$ | phat$^{45}$ |
| 287 | 咸 | tləu$^{44}$ | daŋ$^{21}$ |
| 288 | 涩 | sei$^{21}$ | phat$^{21}$ |
| 289 | 拔 | tlau$^{54}$ | lɔk$^{45}$ |
| 290 | 耙 | xai$^{45}$ | xɔk$^{45}$na$^{55}$ |
| 291 | 剥 | tei$^{45}$ | buak$^{42}$ |
| 292 | 补 | ntsɿ$^{45}$ | thap$^{45}$ |
| 293 | 踩 | tso$^{42}$ | nian$^{24}$ |

续表

| 编号 | 例词 | 苗语 | 壮语 |
|---|---|---|---|
| 294 | 炒 | ki$^{54}$ | tʃhao$^{33}$ |
| 295 | 称 | lo$^{42}$ | tɕian$^{42}$ |
| 296 | 盛（饭） | xa$^{33}$ | tak$^{45}$ |
| 297 | 吃 | nau$^{42}$ | tɕin$^{24}$ |
| 298 | 舂（米） | tua$^{45}$ | tam$^{24}$ |
| 299 | 抽（烟） | xau$^{33}$ | pɔp$^{42}$ |
| 300 | 出去 | təu$^{21}$mɦoŋ$^{21}$ | ʔok$^{21}$pei$^{24}$ |
| 301 | 穿（衣） | naŋ$^{45}$ | noŋ$^{42}$ |
| 302 | 穿（鞋） | tsou$^{44}$ | noŋ$^{42}$ |
| 303 | 吹（喇叭） | tsho$^{44}$ | pəu$^{21}$ |
| 304 | 搓（搓绳） | sua$^{54}$ | θɯ$^{55}$ |
| 305 | 打（人） | ntou$^{33}$ | vət$^{45}$ |
| 306 | 戴（帽子） | ntoŋ$^{44}$ | thɯ$^{24}$ |
| 307 | 读（书） | kəu$^{21}$ | tɔk$^{42}$ |
| 308 | 过（河） | ɻaŋ$^{44}$ | kham$^{33}$ |
| 309 | 断（了） | to$^{44}$ | tak$^{45}$ |
| 310 | 放（牛） | ʑɦo$^{22}$ 荞 | tʃoŋ$^{21}$ |
| 311 | 飞 | ʑaŋ$^{44}$ | bɯŋ$^{24}$ |
| 312 | 盖（土） | fou$^{44}$ | ja$^{55}$ |
| 313 | 缝（衣服） | sou$^{33}$ | thap$^{45}$ |
| 314 | 孵（小鸡） | pua$^{33}$, pɦua$^{21}$ 坏 | fak$^{33}$ |
| 315 | 干（活儿） | ua$^{44}$ | xɔk$^{45}$ |
| 316 | 割（肉） | ɻai$^{44}$ | xe$^{42}$/xuan$^{24}$ |
| 317 | 给（东西） | khəu$^{44}$ | xaɯ$^{33}$ |
| 318 | 够（得着） | ntɕaŋ$^{45}$ | tu$^{42}$ |
| 319 | 关（门） | kəu$^{44}$ | khat$^{45}$ |
| 320 | 害羞 | thɯ$^{44}$tsaŋ$^{42}$ | lai$^{55}$lom$^{24}$ |
| 321 | 害怕 | ntshai$^{44}$ | bu$^{24}$/meŋ$^{24}$ma:u$^{45}$ |
| 322 | 喝 | xau$^{33}$ | dət$^{24}$ |
| 323 | 换（东西） | ɻou$^{45}$ | le$^{24}$ |
| 324 | 回（家） | lɦo$^{21}$ | təu$^{42}$pei$^{24}$ |
| 325 | 会（做） | tsəu$^{42}$ | du$^{45}$ |
| 326 | 夹（菜） | tai$^{44}$ | ʔip$^{45}$ȵiap$^{21}$ |

附 录    279

续表

| 编号 | 例 词 | 苗 语 | 壮 语 |
| --- | --- | --- | --- |
| 327 | 嚼（饭） | nau$^{42}$ | məu$^{33}$ |
| 328 | 教（书） | qha$^{44}$ | θon$^{24}$ |
| 329 | 叫（公鸡打鸣） | qua$^{44}$ | doŋ$^{24}$ |
| 330 | 揭开（盖子） | tɕi$^{21}$ | ʔa$^{55}$ |
| 331 | 借（钱） | tsai$^{33}$ | liŋ$^{42}$ |
| 332 | 借（锄头） | tsai$^{33}$ | liŋ$^{42}$ |
| 333 | 开（门） | qhei$^{45}$ | ʔa$^{33}$ |
| 334 | （水）开 | mpou$^{44}$ | puɔk$^{33}$ |
| 335 | （花）开 | tɕhəu$^{22}$ | ʔa$^{33}$ |
| 336 | 磕（头） | pei$^{44}$ | ŋak$^{45}$ |
| 337 | 咳嗽 | ŋko$^{44}$ | ŋap$^{42}$ |
| 338 | 哭 | qua$^{42}$ | xei$^{33}$ |
| 339 | 痛哭 | ȵa$^{45}$ | ok$^{21}$liŋ$^{33}$xei$^{33}$ |
| 340 | 拉（向前） | tɕaŋ$^{45}$ | tɔk$^{33}$ |
| 341 | 来 | tua$^{42}$ | ma$^{55}$ |
| 342 | 连接 | tsua$^{33}$ | tɯŋ$^{42}$θup$^{55}$ |
| 343 | 皲裂 | to$^{44}$ | thiak$^{21}$ |
| 344 | （脚）麻 | tɕo$^{44}$ʑo$^{21}$ | kha$^{24}$ȵiet$^{45}$ |
| 345 | 骂 | tshau$^{21}$ | maŋ$^{24}$ |
| 346 | 埋 | lȵau$^{21}$ | mɔk$^{45}$ |
| 347 | 买 | mɦua$^{21}$ | θɯ$^{45}$ |
| 348 | 卖 | mua$^{33}$ | kha:i$^{24}$ |
| 349 | 磨（刀） | xo$^{45}$ | phen$^{24}$ |
| 350 | 拿 | mua$^{54}$ | au$^{45}$ |
| 351 | 呕吐 | ntua$^{45}$ | ʔuɔk$^{21}$ |
| 352 | 爬（山） | ȵtɕi$^{45}$ | pin$^{24}$ |
| 353 | 跑 | thla$^{44}$ | ʔak$^{21}$ |
| 354 | 劈（柴） | phua$^{44}$ | pha$^{21}$ |
| 355 | 骑（马） | tɕai$^{42}$ | khi$^{21}$ |
| 356 | 牵（牛） | tɕaŋ$^{54}$ | lat$^{42}$ |
| 357 | 切（菜） | tshoŋ$^{45}$ | tɕhien$^{21}$ |
| 358 | 染 | tsou$^{44}$ | ȵɔm$^{24}$ |
| 359 | 解开 | tləu$^{33}$ | tɕe$^{33}$ |

续表

| 编号 | 例 词 | 苗 语 | 壮 语 |
|---|---|---|---|
| 360 | 杀（人） | tua$^{44}$ | kha$^{33}$ |
| 361 | 筛（米） | tshou$^{44}$ | ɕiaŋ$^{24}$ |
| 362 | 晒（衣服） | ʐa$^{54}$ | thak$^{21}$ |
| 363 | 晒（太阳） | ʐa$^{54}$ | thak$^{21}$ |
| 364 | 是 | zɦau$^{22}$ | tʃəu$^{42}$ |
| 365 | 割（草） | l̥ai$^{33}$ | xuan$^{24}$ |
| 366 | 梳（头） | ntsɿ$^{33}$ | vi$^{24}$ |
| 367 | （饭）熟 | sa$^{45}$ | θok$^{45}$ |
| 368 | 睡觉 | pʉ$^{44}$ | nie$^{55}$ |
| 369 | 说 | xa$^{33}$ | xa$^{45}$ |
| 370 | 抬（东西） | ɴqaŋ$^{44}$ | thai$^{45}$ |
| 371 | 舔 | ʑai$^{21}$ | la:i$^{45}$ |
| 372 | 挑选（东西） | sai$^{45}$ | luɯk$^{42}$/thap$^{21}$ |
| 373 | 听 | ɲɦoŋ$^{22}$ | piak$^{33}$ |
| 374 | 偷 | ɲɦa$^{22}$ | lak$^{33}$ |
| 375 | 吐（口水） | nto$^{44}$ | phei$^{21}$ |
| 376 | 推 | tshəu$^{45}$ | tʃhəu$^{24}$ |
| 377 | 挖 | ȵtɕəu$^{33}$ | khəu$^{24}$ |
| 378 | 闻 | na$^{44}$ | mɛn$^{24}$ |
| 379 | 问 | ɲɦoŋ$^{22}$ | tʃham$^{24}$ |
| 380 | 洗（脸） | ntsua$^{45}$ | θak$^{45}$/θui$^{21}$ |
| 381 | 笑 | tso$^{33}$ | khu$^{24}$ |
| 382 | 摇（头） | ʑau$^{21}$ | vei$^{24}$ |
| 383 | 舀（水） | xa$^{33}$ | tak$^{45}$ |
| 384 | 扶 | tɕaŋ$^{54}$ | fu$^{55}$ |
| 385 | 有（钱） | mua$^{42}$ | mi$^{55}$ |
| 386 | 晕（头） | xueŋ$^{54}$ | xuən$^{24}$ |
| 387 | 种（树） | tɕɦau$^{22}$ | dam$^{24}$ |
| 388 | 摘（花） | tlei$^{44}$ | bit$^{45}$ |
| 389 | 帮忙 | paŋ$^{54}$ | θei$^{42}$ |
| 390 | 摆（东西） | pa$^{45}$ | pa:i$^{55}$ |
| 391 | 肿（了） | au$^{44}$ | fɔk$^{33}$ |
| 392 | 煮（饭） | ua$^{44}$ | thoŋ$^{24}$ |

续表

| 编号 | 例词 | 苗语 | 壮语 |
|---|---|---|---|
| 393 | 醉（酒） | qfiou$^{22}$ | mi$^{55}$ |
| 394 | 坐下 | nau$^{54}$ | naŋ$^{42}$ |
| 395 | 做（事情） | ua$^{44}$ | xɔk$^{45}$ |
| 396 | 张（嘴） | tsua$^{44}$ | ʔa$^{33}$ |
| 397 | 织（布） | nto$^{44}$ | θa:n$^{24}$ |
| 398 | 捉（小鸡） | ntfie$^{21}$ | tɕen$^{33}$ |
| 399 | 追赶 | lou$^{45}$ | nan$^{45}$ |
| 400 | 眨（眼睛） | ntsai$^{33}$ | jet$^{45}$ |

### 七 调查日志

2014 年 6 月 21 日

戴庆厦院长、罗骥副院长就此次课题《民族语文活态保护与双语和谐乡村建设研究——云南马关县都龙镇个案调查研究》做了总动员，阐述了课题的性质、价值和意义。余金枝主编对调查大纲内容进行分工，全体成员就本书的具体章节问题进行了讨论。戴庆厦院长强调：一要做好充足的先前准备，做好经费预算，购买需要的器材，与州县相关领导提前联络好；二要每个人都必须做好自己的事情，必须严格服从纪律，在都龙镇完成书稿再返回。

课题组初步拉出了调查提纲并进行了分工。确定成员由云南师范大学、云南民族大学、云南大学等单位师生组成，共 15 人。

2014 年 6 月 22 日—7 月 10 日

课题组成员按分工进行资料、器材、资金等准备工作。

2014 年 7 月 11 日

余金枝和李敬敬先到文山州打前战。到文山州后，先拜访了文山州老龄委主任何锦文，何主任热情接待了余金枝等人，介绍了文山州的民族情况、经济发展等，并为余金枝联系了民族宗教局民族研究所所长田维香和教育局语言文字办朱玲莉。州政府联系马关县都龙镇镇政府，要求他们协助课题组做好调查。

2014 年 7 月 12 日

余金枝、李敬敬拜访了文山苗族网站站长张元奇。张元奇站长详细介绍了 30 多年来苗语、苗文的推广情况。

2014 年 7 月 13—15 日

余金枝、李敬敬、杨超去马关都龙镇选点，在了解都龙镇各个村寨民族情况的基础上，选定了边境和非边境 6 个村寨——南北壮族聚居村寨、韭菜坪苗族聚居村寨、懂腊鱼苗壮杂居村寨、田坝心壮傣杂居村寨、箐脚瑶族聚居村寨、南松壮族聚居村寨。这 6 个村寨能够代表都龙镇语言的具体情况。

2014 年 7 月 15 日

上午 10 点，田阡子、陈娥、王育弘、娄朦朦、杨伟芬、刘丽媛、张洁、赵静、杨茜然等 9 人从云南师范大学出发，下午 5 点 30 分到达马关县。晚上 8 点召开全体课题组成员会议，余金枝对近三天的行程进行安排，分配了每个小组的任务。

2014 年 7 月 16 日

上午 8 点 30 分全体课题组成员一起到县政府，访问苗学会会长熊天武。熊会长热情接待了课题组。主持召开专门会议，给全体课题组成员细致地介绍了马关苗族的分布及语言使用情况。熊会长还向课题组赠送了《马关县壮族志》等书籍。

10 点 30 分全体课题组成员到民族宗教局，访问民族宗教局局长李涛。李局长非常热情地为大家介绍了马关县各民族的宗教信仰情况，并为课题组联系瑶学会、壮学会会长，安排民族宗教局工作人员下午给课题组成员带路。

下午 2 点 30 分田阡子、王育弘、和智利、杨伟芬、刘丽媛、张洁在民族宗教局工作人员的带领下找到壮学会会长，向会长了解马关壮族情况。余金枝、娄朦朦、赵静找到马关县教育局局长。局长详细介绍了马关县教育情况。杨露、李敬敬找到瑶学会会长，向会长了解马关县瑶族情况。

晚上，召开课题组会议，课题组成员互相交流白天所获信息。余金枝对第二天的行程及任务进行了安排。

2014 年 7 月 17 日

早上 7 点全体课题组人员从马关县乘车到都龙镇。8 点 30 分，全体课题组成员在都龙镇镇政府与都龙镇党委书记、人大主席、副书记、副镇长、政法委书记、边防派出所所长等领导进行座谈。余金枝说明本次课题组的目的，出示了国家语委的相关材料。党委书记详细介绍了都龙镇的情况，为我们课题组安排下乡的车辆。

10点，田阡子、杨茜然访谈了副镇长赵永进，向赵镇长了解了都龙镇各民族和社会经济发展情况。王育弘访谈了人大主席黄有德，向黄主席了解了都龙镇少数民族教育、民族语言文字的使用等情况。和智利、赵静访谈了政法委书记熊开良，向熊书记了解了都龙镇苗族、苗语、苗文字的情况。11点30分，和智利、张洁到派出所拿村民户籍资料。

中午，镇政府领导在政府食堂热情招待了课题组成员。下午，课题组成员在旅馆准备第二天调查所需材料。

晚上，人大主席热情邀请课题组所有成员参加彝族火把节。全体成员享受了一场视觉的盛宴，感受到了都龙镇少数民族的热情以及民族之间的和谐。

2014年7月18日

早上8点，全体课题组成员乘坐镇政府安排的车辆前往南松小组。南松组是壮族聚居的村寨。到达后，村长向全体成员详细介绍了南松小组的民族基本情况、风俗习惯等情况。课题组成员按各自任务，对南松小组语言使用情况及双语和谐现状进行了调查。

余金枝、杨露访谈了南松村唯一一个"先生"唐本钱，了解了很多关于丧葬的习俗。陈娥、娄朦朦访谈了南松小组长陶玉英，向她了解了南松小组的民族、语言等情况。杨伟芬访谈了辣子寨村委会主任张正平，向他了解辣子寨村委会的民族情况以及政府对边境寨的特殊照顾等。其他成员对南松小组语言使用的具体情况及村民的语言态度进行了问卷调查。

中午，村长热情招待了全体课题组成员。吃完午饭，课题组全体成员立即赶赴南北小组。南北小组是个边境村寨，这里的民族主要是壮族。下午2点到达南北小组，在组长家，课题组成员详细了解了南北小组的民族关系、边境交流、语言使用等情况。接下来，课题组成员按照各自分工，对南北小组语言使用情况进行了调查。

王育弘、赵静访谈了堡梁街村委会主任杨代能，向杨主任了解了堡梁街的民族情况、民族教育、村民经济来源等情况。田阡子、杨伟芬访谈了南北小组组长李开云，向组长了解了边境民族的交往情况以及语言使用情况。其他成员对南北小组语言使用的具体情况及村民语言态度进行了问卷调查。

下午5点30分，全体课题组成员从南北村返回都龙镇。晚上9点，全体课题组成员就白天的调查进行交流，余金枝主编对一天的工作进行总结。经过全体课题组商量讨论，决定增加水洞厂中寨、辣子寨、倮倮坪、上波龙四个点。

2014 年 7 月 19 日

上午，全体课题组成员在旅馆整理前一天调查的材料。下午冒雨徒步前往苗汉杂居的水洞厂中寨进行调查。在水洞厂中寨，课题组成员首先向村民了解了寨子的基本情况、民族关系等。接着，按各自分工，对水洞厂中寨的语言使用情况进行深入调查。

晚上，课题组成员就各自获得的水洞厂苗汉杂居中寨的信息进行交流、讨论。

2014 年 7 月 20 日

白天，全体课题组成员在旅馆整理材料。

晚上，余金枝对全书写作框架进行规范，就如何撰写个案的特点各成员进行交流、讨论。余金枝对接下来两天的工作进行了安排。

2014 年 7 月 21 日

早上 8 点，张洁、刘丽媛、娄朦朦、赵静到派出所取户口簿。8 点 30 分，课题组 12 名成员冒着暴雨，乘车到彝族聚居寨辣子寨上组、下组和倮倮坪进行调查，旨在探讨彝族语言转用的基本特点及其成因。在辣子寨上组家，组长向课题组成员详细介绍了辣子寨上组、下组、倮倮坪的民族情况及语言使用情况。接着，课题组成员按各自分工，对辣子寨上组、下组和倮倮坪语言使用情况进行了深入调查。

刘丽媛在辣子寨上组组长家，向组长及其家人了解其家庭语言使用情况。张洁、娄朦朦、赵静访谈了辣子寨下组组长牟学文，向牟学文组长了解了辣子寨上组、下组民族基本情况和村民经济来源。张洁访谈了倮倮坪小组会计尹余洪，向尹组长了解了倮倮坪彝族的基本情况、彝族文化以及传统节日的传承等。其他课题组成员到村民家了解具体语言的使用情况。

上午 8 点 30 分，和智利、杨伟芬、杨棋媛冒雨前往水洞厂苗汉杂居中寨进行调查。和智利、杨伟芬、杨棋媛访谈了水洞厂中寨组长罗开贵、村民杨林、村民项廷珍，向他们了解水洞厂中寨的苗族与汉族通婚、苗族服装、苗族文化的传承、民族节日等情况。

晚上，课题组成员就白天调查所得信息进行交流，对辣子寨上组、下组和倮倮坪彝族不再使用彝语的原因进行了探讨。和智利等对水洞厂苗汉杂居寨的语言和谐情况进行了交流讨论。余金枝对第二天的工作进行了细化安排。

2014 年 7 月 22 日

早上 8 点，全体课题组成员冒雨乘车至大寨苗族聚居村委会上波龙小组，对上波龙小组苗族进行了调查，旨在探讨苗族聚居村寨语言活态及双语和谐现状。在上波龙小组，课题组成员首先向小组组长陶发林了解了上波龙小组村民的基本情况以及语言使用情况。

余金枝、田阡子、李敬敬等访谈了陶发林组长，向组长了解了苗语、苗文的使用，苗族传统节日，与境外苗族的交往等情况。其他成员按各自分工，对上波龙语言使用情况进行了深入调查。

晚上，全体课题组成员就白天调查所得信息进行交流、汇总，余金枝对今天的调查进行了总结。

2014年7月23日

白天，全体课题组成员在旅馆内整理资料，撰写个案。

晚上9点，全体课题组成员开会，课题组成员就个案撰写中遇到的问题进行交流、讨论。余金枝详细安排了第二天赴田坝心小组和箐脚小组调查的任务及分工。

2014年7月24日

早上7点40分，全体课题组成员乘车赴田坝心小组。到达田坝心后，课题组成员分成两队。余金枝带领几位同学，顶着烈日，爬了两个多小时的山到达箐脚苗族聚居小组。其他成员在田坝心小组对壮傣杂居小组进行了深入调查。

在田坝心小组，张洁访谈了金竹山村委会主任熊正光和田坝心上组组长梅国松。熊主任详细介绍了金竹山的民族情况、村民经济来源、村民与锌铟公司的关系等。梅组长详细介绍了田坝心小组村民语言使用情况，介绍了傣族习得语言的顺序和傣族的风俗习惯等。刘丽媛访谈了下组组长梅国兵，向梅国兵组长了解了壮傣民族关系以及和境外交流的情况，民族通婚，风俗习惯等。其他课题组成员到村民家深入调查具体家庭语言使用情况。

在箐脚小组，杨伟芬访谈了箐脚小组组长宗仕荣。宗组长详细介绍了箐脚小组的基本情况、民族通婚情况、传统节日及民间传说等。其他课题组成员到村民家进行问卷调查和访谈。

晚上8点，两队成员就白天调查情况进行交流、总结。余金枝对第二天的工作进行了安排。

2014年7月25日

早上7点，余金枝主编带领7位同学赴懂腊鱼小组调查苗壮杂居村寨语言使用情况。赵静对村民侯朝文进行了访谈，对其家庭内部语言使用情况、本地苗族和壮族的迁徙历史、苗壮互相兼用语言的情况等进行了解。其他课题组成员到村民家深入调查具体家庭语言使用情况并做了问卷调查。

上午 10 点 30 分，戴庆厦总主编和李春风老师到达都龙镇，刚到旅馆戴庆厦院长就开始检查课题组成员的工作，并给出指导意见。

晚上，课题组成员就今天调查所得信息进行了交流、讨论，发现懂腊鱼小组的苗族、壮族都会讲苗语和壮语，语言活态度及双语和谐度比较高。戴庆厦院长对课题组成员前期工作进行了评价、总结，并对此次调查提出了几个问题，要求大家在后期写作过程中思考这几个问题。余金枝对第二天的工作进行分配、安排。

2014 年 7 月 26 日

早上 7 点，全体课题组成员乘车赴韭菜坪苗族聚居小组，调查苗语的使用现状，探讨苗语活态及双语和谐现状。戴庆厦、余金枝、田阡子、陈娥等对两位村民做了关于苗语音系的访谈，并记录了苗语词汇。李春风访谈了韭菜坪下组组长王富云。王组长详细介绍了韭菜坪苗族的基本情况，以及与越南苗族的交往、村里的风俗习惯等情况。其他课题组成员根据各自的任务，对韭菜坪语言使用情况进行深入的调查。

中午，苗族村民给课题组送来亲手磨的新鲜豆腐，做了苗族人招待客人最好的菜——鲜鸡血拌鸡杂及炖鸡。课题组全体成员感受到苗族同胞的热情好客。

下午，村长带领课题组成员到中越边境国门街，参观我国新老国门。在国门街，我们看到中越边境村民友好往来，互相购买商品。

2014 年 7 月 27 日

白天，全体课题组成员在旅馆撰写个案。

晚上，召开课题组会议。戴庆厦院长检查了每个人的工作完成进度，对个案的撰写提出要求，对全书最后两章进行任务分配。

2014 年 7 月 28 日

余金枝、李敬敬、杨超三人赴岩头寨补充苗语材料。其他成员在旅馆撰写个案。

晚上，全体课题组成员开会。戴庆厦院长要求大家在撰写个案时尽量事实多一点儿，大道理不要讲太多，要结合实际。还提出：活态级别怎么定，语言生存的条件有哪些，跨境语言对语言活态的保护是否有一定的作用，未来的世界究竟是一元还是多元，是不是弱小的语言都是要面临濒危等问题。大家对这几个问题进行了讨论。

2014年7月29日

白天，课题组成员在旅馆撰写个案，戴庆厦院长对已写好的个案进行审查。

晚上7点，召开课题组会议。戴庆厦院长检查大家的工作，对访谈录的具体格式做出了规定，对个案中看到的亮点进行点评，并希望大家在写作过程中，挖掘有价值的东西。撰写个案要有具体生动的材料，包括数据的统计，大道理不多说，新观点要论述。

2014年7月30日

李春风对水洞厂新寨村民吴绍梅进行访谈，对苗汉通婚家庭的生活、语言使用、最近几十年村寨的变化等情况进行了了解。李春风还对苗族人说汉语方言和普通话音系，汉族说方言和汉族说普通话音系进行记录整理。

其他课题组成员在旅馆撰写个案。

2014年7月31日

白天，课题组成员在旅馆撰写个案，戴庆厦、余金枝记录整理苗语音系。

晚上9点，召开课题组会议。戴庆厦对已完成的个案进行点评，对亮点进行肯定，对不足之处提出意见，对个案体例做了统一规范。对接下来几天的工作进行了安排。

2014年8月1—3日

课题组成员在旅馆撰写个案，戴庆厦修改已完成的个案。

8月3日下午，召开课题组会议。戴庆厦对这段时间的工作进行总结，对接下来的工作做了细致的安排，并对全书最后两章的撰写提出建议。

2014年8月4日

白天，全体课题组成员在旅馆撰写个案和最后两章的理论总结。

晚上，召开全组会议。对最后两章的撰写提出要求，对最后两天的工作进行安排。

2014年8月5日

上午，全体课题组成员在旅馆撰写全书最后两章。

下午，召开课题组会议，对最后两章的撰写提出建议，要求大家在撰写时，学会分析材料，提高自己归纳的能力，对理论进一步深化。

晚上，课题组在都龙镇政府食堂请政府人员吃晚饭，感谢政府这段时间对课题组工作的大力支持。政府领导及工作人员纷纷表示,希望课题组今后还能有机会再来都龙镇调查。

2014年8月6日

白天,戴庆厦逐个修改每位成员所写的最后两章部分。

下午5点,召开课题组会议,对本次调查工作进行总结。戴庆厦谈道:这次调查,对语文活态以及语言和谐有了新的认识;对跨境语言的保护有了新的认识。本次调查获得了大量的第一手材料,提出了一些新的观点,锻炼了一批语言活态研究、语言和谐研究的人才。总的来看,这是一本比较有价值的书,可以出版。还谈了统稿、审稿的工作。

## 八 照片

1　都龙矿山

2　都龙彝族火把节

3　来都龙镇赶街的苗族少女

4　新搬迁的箐脚瑶族村寨

5　韭菜坪苗族旧居

6 韭菜坪苗族新居

7 辣子寨彝族旧居

附 录 293

8 辣子寨彝族服饰

9 都龙镇苗族服装

10　都龙镇苗族新娘装

附 录 295

11　戴庆厦、余金枝在核对苗语语音

12　田阡子采访壮学会会长

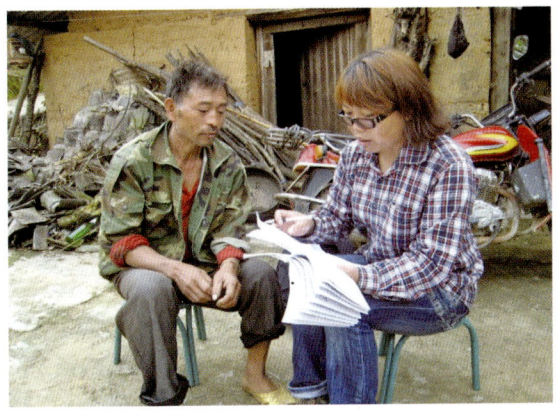

13　王育弘在测试母语四百词

14　陈娥在做问卷调查

15　"国门街什么时候赶街呢？"李春风

16　"我觉得壮语最好听"和智利

17　杨露向韭菜坪小组组长询问村寨概况

18　四百词测试中的杨伟芬

19　四百词测试中的刘丽媛

20　四百词测试中的张洁

21　赵静在懂腊鱼调查壮族母语使用情况

22　四百词测试中的娄朦朦

附　录　　　299

23　四百词测试中的李敬敬

24　访谈中的杨棋媛

25　访谈中的杨茜然

26　越南壮族妇女来都龙销售自织的粗布

27　课题组全体成员在都龙镇

# 参 考 文 献

[1] 戴庆厦：《"科学保护各民族语言文字"研究的理论方法思考》，《民族翻译》2014年第1期。

[2] 马关县壮学会编：《马关县壮族志》，昆明美雅奇印务有限公司制作，2008年。

[3] 文山壮族苗族自治州苗学发展研究会编著：《马关县苗族志》，云南民族出版社2008年版。

[4] 文山壮族苗族自治州民族宗教事务委员会：《文山壮族苗族自治州"民族志"》，云南民族出版社2008年版。

[5] 戴庆厦：《开展我国语言和谐研究的构想》，《黔南师范学院学报》2013年第3期。

[6] 蒋颖：《构建统一多民族国家语言和谐的几个问题》，《语言与翻译》（汉文）2010年第3期。

[7] 牛强、李开拓：《都市国际化进程中语言和谐环境构建的长远意义》，《北华大学学报》（社会科学版）2008年第12期。

[8] "中国语言生活状况报告"课题组：《中国语言生活状况报告》，商务印书馆2006年版。

[9] 冯广义：《语言和谐论》，《修辞学习》2006年第2期。

[10] 戴庆厦：《构建我国多民族语言和谐的几个理论问题》，《中央民族大学学报》2008年第2期。

[11] 戴庆厦：《开展我国语言和谐研究的构想》，《黔南师范学院学报》2013年第3期。

[12] 戴庆厦：《语言竞争与语言和谐》，《中央民族大学学报》2008年第2期。

[13] 戴庆厦：《语言和谐与语言竞争》，《语言教学与研究》2006年第2期。

[14] 高林波、葛俊青：《构建和谐社会语言生活的几点思考》，《吉林师范大学学报》2007年第6期。

[15] 冯广义：《语言和谐论》，人民出版社2007年版。

[16] 周耘、崔梅：《试论和谐语言生活的构建——以云南省语言生活现状

为例》，《修辞学习》2006年第6期。
[17] 冯广艺：《再论语言和谐——从语言和谐所面临的几个关系谈起》，《海南师范学院学报》2007年第1期。
[18] 冯广艺：《影响语言和谐的几个重要因素》，《湖北师范大学学报》（哲学社会科学版）2007年第3期。
[19] 冯广艺：《再论语言和谐》，《海南师范学院学报》（社会科学版）2007年第1期。
[20] 牛强：《全球化背景下构建语言和谐环境的长远意义》，《北华大学学报》2008年第6期。
[21] 夏莉、张雪莲：《构建和谐的语言生活——访教育部语信司司长李宇明》，《语言文字周报》，2005年11月9日。
[22] 赵江民：《新疆民汉语言的竞争、互补与和谐》，《中南民族大学学报》（人文社会科学版），2008年版。
[23] 张先亮、陈菲艳：《城市化进程中的语言和谐》，《东南亚纵横》2010年第107期。
[24] 彭泽润：《"英汉双语教学"跟"国家汉语战略"相矛盾——语言学家、南开大学博士生导师马庆朱教授访谈录》，《北华大学学报》（社会科学版），2005年第2期。
[25] 冯广艺：《关于语言和谐的研究》，《江汉大学学报》（人文科学版）2007年第5期。
[26] 田广谷：《马关县壮族志》。

# 后　记

　　2011年7月，为了完成国家社科基金项目"中泰跨境苗语对比研究"，我第一次来到云南省文山州马关县都龙镇金竹山村岩头寨调查苗语。在都龙镇，我目睹了苗语、壮语等少数民族语言的强劲活力及其不同语言的和谐共存，深深地感触到在现代化进程中小语种的生存力量和遇到的新问题、新挑战。

　　2014年5月，云南师范大学汉藏语研究院获得了国家语委和国家民委的联合项目"民族语文活态保护与双语和谐乡村建设研究"。我们在项目设计时，从全国选取了6个个案点作为课题研究的抽样标本，云南文山州都龙镇是其中的第一个个案点。

　　6月初，我们即筹划云南文山州都龙镇个案点的筹备和组织工作。第一步是论证项目的目的、要求和实施方案，确定参加此次调查的成员。我们共组织了一共18人的队伍，除了云南师范大学外，还有云南民族大学、云南大学、北京华文学院和云南文山州都龙镇的苗族。我们在昆明做了半个多月的筹备工作，包括资料收集、框架设计、调查点的联络以及经费、设备等准备工作。7月11日，我带着我的硕士生李敬敬在都龙镇苗族杨超的协助下来文山州打前战。在文山州老龄委何锦文主任的协助下，我们访问了文山州民族局和文山州教育局，对文山州民族语文的整体情况有个大致的了解。7月13日，我和李敬敬、杨超来到都龙镇，在王怡副镇长和马关县一中陶正文主任的协助下，我们完成了选点工作。

　　7月15日，调查组来到马关县正式揭开田野调查的序幕。16日对马关县民族宗教局局长李涛和苗族协会会长进行了访谈，在局长李涛的帮助下，我们基本掌握了马关县民族语文的使用现状。17日，调查组来到都龙镇，与镇政府领导进行座谈。18日开始9个点的入寨调查。我们先后调查了辣子寨的南松小组、南北小组、辣子寨上组和下组，都龙社区的水洞厂中寨，金竹山的田坝心小组和箐脚小组，茅坪村的董腊鱼小组，冬瓜林村的韭菜坪小组。这期间正值雨季，雨下个不停，很多村寨道路都被冲垮了，但队员们还不辞劳苦，冒雨进寨调查。没有预料到的是，这里的蚊虫使很多队员患上蚊虫叮咬引起的过敏症，两腿红肿，奇痒难忍。但大家并没有因此而退却，而是打完点滴后继续工作。20多天下来，我们基本上完成了预定的任务，收集了大量的、非常宝贵的第一手材料，并使我们对这一地区的语言活态和双语和谐有了真切的、理性的认识。队员们都说：这次调查，收获实在太大了。8月7日，我们完成了全书的写作任务，班师回昆明。

　　一个多月的课题研究过去了，课题组的成员都有实实在在的收获。我作为一位苗族语言工作者，有深切的感受，深入田野的语言调查，能够使我们看到、感受到都龙镇少数民族语言的活力和双语和谐，认识到我国少数民族语言活态和双语和谐研究大有可为；少数民族语文工作者必须深入群众，为促进少数民族的语言活态和双语和谐做出自己的贡献。

　　在这里，我们要特别感谢帮助过我们的各个部门、各位领导和各位朋友。他们是：云南省文山州老龄委何锦文主任，文山州民族宗教局局长张如黎和民族研究所所长田维香，文山苗族网站站长张元奇，马关县副县长罗家祥，苗族学会会长熊天武，马关县民族宗教局局长李涛，马关县教育局股长易全德，都龙镇书记李保能，都龙镇副镇长张国民，都龙镇副镇长赵永进，都龙镇副镇长王怡，都龙镇人大主席黄有德，都龙镇边防派出所干事蔡加贵及9个调查点的村委会领导、小组领导和群众，没有他们的帮助，我们寸步难行，也不会有这部调查书稿。

　　我们愿把这部用辛勤汗水铸成的书稿献给都龙镇的苗族、壮族、瑶族、傣族、彝族、汉族等各族人民，愿他们的生活蒸蒸日上，早日踏进小康社会。

余金枝